钢铁企业标准化管理体系

那宝魁　编著

北　京
冶　金　工　业　出　版　社
2015

内 容 简 介

企业标准化管理的整合和一体化不仅有利于提高企业的管理水平，也会增强企业的市场竞争力，促进企业获得更大的发展。本书共10章，分别介绍了钢铁企业的主要产品、钢铁企业的生产过程、钢铁企业的主要生产设备、钢铁产品的监视和测量、钢铁企业的质量管理、钢铁企业的环境管理、钢铁企业的职业健康安全管理、钢铁企业的能源管理、钢铁企业的“两化融合”管理、钢铁企业标准化管理体系一体化。

本书可供钢铁企业从事管理工作的领导和技术人员以及大专院校相关专业师生阅读参考。

图书在版编目(CIP)数据

钢铁企业标准化管理体系/那宝魁编著．—北京：冶金工业出版社，2015.7

ISBN 978-7-5024-6925-2

Ⅰ.①钢… Ⅱ.①那… Ⅲ.①钢铁企业—工业企业管理—标准化管理—中国 Ⅳ.①F426.31

中国版本图书馆CIP数据核字(2015)第141309号

出版人 谭学余
地　　址 北京市东城区嵩祝院北巷39号 邮编 100009 电话 (010)64027926
网　　址 www.cnmip.com.cn 电子信箱 yjcbs@cnmip.com.cn
责任编辑 李培禄 美术编辑 彭子赫 版式设计 孙跃红
责任校对 卿文春 责任印制 李玉山
ISBN 978-7-5024-6925-2
冶金工业出版社出版发行；各地新华书店经销；固安华明印业有限公司印刷
2015年7月第1版，2015年7月第1次印刷
169mm×239mm；21.25印张；345千字；322页
69.00元

冶金工业出版社 投稿电话 (010)64027932 投稿信箱 tougao@cnmip.com.cn
冶金工业出版社营销中心 电话 (010)64044283 传真 (010)64027893
冶金书店 地址 北京市东四西大街46号(100010) 电话 (010)65289081(兼传真)
冶金工业出版社天猫旗舰店 yjgycbs.tmall.com

序　言

目前全国钢铁行业步入到了微利时代，许多钢铁企业很少盈利，甚至处于困境。2014 年，中国钢铁工业协会会员的钢铁企业实现利润前 10 名的企业盈利额占全行业盈利额的 60%，其中有 7 家企业实现利润保持增长，而亏损前 10 名企业的亏损额占全部亏损额的 90%。效益比较好的钢铁企业，不仅产品市场竞争力强，而且企业管理水平也比较高；而亏损企业不仅产品竞争力弱，管理水平也存在一些问题，特别是成本管理不力成为其效益不好的重要原因。钢铁企业间的经营分化在加剧。如何脱困已成为钢铁企业关注的要点，而加强标准化管理和企业管理创新是提升企业盈利能力的重要方向。

目前钢铁企业的产品竞争，实质上是成本竞争、质量竞争和市场竞争，也就是企业管理水平的竞争。目前钢铁企业的管理水平也存在一定的问题。为了扭转当前亏损形势，从粗放式管理转向标准化管理非常重要。

企业标准化管理是为了企业的生产经营和管理范围获得最佳秩序，对实际的或潜在的问题贯彻实施规则的活动。一个企业推行标准化管理，才能实现管理的科学化，对提高企业管理水平、降低生产成本、提高产品质量、提升生产效益、增强企业市场竞争力具有重要作用。

建立企业标准化管理体系，不仅应提高对“标准”重要性的认识，更应加快建立健全整合的标准体系。企业标准化管理是一项系统工程，要做好企业标准化管理工作，企业首先应使标准化工作在组织机构上形成一个完整的工作体系。另外，也应做好教育培训工作，提高员工的素质。为保证企业建立好标准化管理体系，并持续有效运行，企业应按照 PDCA 循环管理模式进行策划、实施、检测和改进。

近年来许多钢铁企业建设与创立了标准化管理体系，但在实施过程中还存在一些问题。例如岗位与流程关系不具体，职责与管理不统一，局部管理与全局管理不协调，质量、环境、安全、能源和“两化融合”管理没有得到有效的整合。

标准化管理体系应将质量、环境、安全、能源和“两化融合”管理进行整合。通过流程、标准和管理制度一体化，质量、环境、安全、能源和“两化融合”将在标准、流程和管理上进行匹配，可实现产品标准和流程管理协同与整合。

将标准化管理体系融合既可以提高产品质量，也可建立节能减排、降低风险和信息化与工业化融合，形成一体化管理体系，有效地防范经营风险，提高竞争优势和提升企业遵纪守法的水平。

以流程梳理为基础，可建立流程绩效体系。实施流程绩效考核，将对最终结果的考评细化到形成过程，推动绩效管理向注重工作过程与结果并重的考核方式转变，提升考核的客观性和科学性，实现员工与企业共同发展。

建立标准化管理体系不仅以流程梳理为基础，还应建立关键的绩效监控和分析体系，采集业务和管理数据，使企业持续优化和改进业务流程，提升运营效率和竞争优势。

那宝魁同志编著的《钢铁企业标准化管理体系》一书强调钢铁企业标准化管理体系（包括质量、环境、职业健康安全、能源和“两化融合”）的优化和整合，通过建立规范化流程与先进性标准、强调技术创新和优化企业管理，实现标准化管理基于流程协同和动态管理，促进管理体系的整合和优化，有利于标准化管理体系的一体化，促进不同管理体系相互融合、相互协同和改进，有效提升企业管理水平和盈利能力。

国际标准化组织（ISO）主席

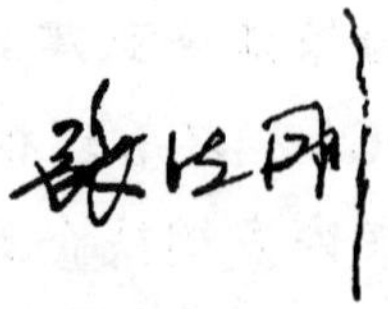

2015 年 3 月

前　言

2014年，我国钢铁行业化解产能过剩初见成效，质量管理、节能减排、安全生产、“两化融合”和企业效益均有所好转，并取得了一定的新进展。但是，市场对钢铁产品的需求仍然减弱，钢材价格大幅下跌，全行业仍处于严重形势和转型升级的关键时期。因此，2015年钢铁行业面临全面深化改革和战略调整的新机遇，必须坚持以提高质量和效益为核心，节能减排、安全生产和深化“两化融合”，提高钢铁行业竞争力和提升企业效益。面对这种形势，中国钢铁工业协会提出应加强钢铁行业规划、化解产能过剩矛盾、推进上下游产业协作和加强与改善行业管理。工业和信息化部也将重新修订《钢铁行业规范条件》，加强节能环保等标准的约束，并出台《钢铁行业规范企业管理办法》，对钢铁企业开展动态管理。

企业标准化管理涉及企业的整体管理，其中包括质量管理、环境管理、职业健康安全管理、能源管理和信息化与工业化融合管理（简称“两化融合”管理）等，同时还涉及组织管理、岗位管理、人力资源管理、设备管理、财务管理、物控管理、营销管理、采购管理、研究开发管理、生产管理、节能减排和信息化管理等。特别是钢铁企业应进一步完善信息化管理制度，优化业务流程和组织结构，并与技术进行匹配性调整，建立考核机制；同时应围绕材料性能和质量控制、安全生产和节能减排、物料管理和产品流通、数字化研发和服务等，加快制定、修订一批有关数据采集、传输、交换及接口、信息安全、智能监测及监管等“两化融合”的关键技术标准，实现物料、产品、设备编码和各种接口标准的统一，为推进企业“两化融合”过程的制度化与规范化、提高企业经营水平提供引导和支撑。

企业标准化管理的整合和一体化不仅有利于提高企业的管理水平，也会增强企业的市场竞争力，促进企业获得更大的发展。贯彻实施标准化管理的主要目的就是使企业能够获得最大的经济效益。企业通过标准化管理可以对产品品种规格合理简化，对产品质量水平改进提高，也可以提高生产效率，节能减排、安全生产、降低生产成本，提高经济效益。例如标准化管理是宝钢所有管理的基础，确定了宝钢的管理水平，提高了宝钢的核心竞争力。鞍钢在进行标准化管理过程中，始终坚持和运用统一化、通用化和系统化等方法，使标准化管理体现了鞍钢企业管理的科学性和适用性。武钢通过标准化管理推进自主创新，提高了钢种精品质量，促进了企业可持续发展，呈现了武钢的创新精神。沙钢将贯彻实施标准化管理贯穿于企业整个生产、技术和管理活动的全过程，重视、运用和充分发挥标准化管理的作用，为企业获得经济效益提供保障。

我认为标准化管理对钢铁企业非常重要，建立和执行标准化管理体系将对企业管理创新和提升盈利水平具有重要作用。本书是我学习的理解和工作的收获。我非常感谢国际标准化组织（ISO）主席张晓刚同志为本书撰写序言，这是对我的鼓励与支持。但是本书肯定会有不足之处，敬请读者指导与谅解。

那宝魁

2015年3月

目　录

1

钢铁企业的主要产品

根据 GB/T 13304《钢分类》中的有关规定，钢按化学成分、主要质量等级、主要性能或使用特性分类。如果按照用途不同可以把钢分为碳素结构钢、优质碳素结构钢、低合金高强度结构钢、合金结构钢、弹簧钢、碳素工具钢、合金工具钢、高速工具钢、轴承钢、不锈钢、耐热钢和电工用硅钢；另外还有易切削钢、钢轨钢、冷镦钢；精密合金和高温合金也是钢铁企业的重要产品。

1.1 碳素结构钢

碳素结构钢是碳素钢的一种。碳含量为 0.05% ~0.70%。碳素结构钢包括普通碳素结构钢和优质碳素结构钢，主要用于铁道、桥梁和各类建筑工程。

GB/T 700—2006 中碳素结构钢的牌号共分为五种，即 Q195（1 号钢）、Q215（2 号钢）、Q235（3 号钢）、Q255（4 号钢）、Q275（5 号钢）。其中 Q235 分为 A、B、C、D 四级。

1.1.1 普通碳素结构钢

普通碳素结构钢的标准是 GB/T 700—2006。

普通碳素结构钢对碳含量、性能范围以及磷、硫和其他残余元素含量的限制较宽。普通碳素结构钢分为三类：甲类钢（A 类钢）是保证力学性能的钢；乙类钢（B 类钢）是保证化学成分的钢；特类钢（C 类钢）是既保证力学性能又保证化学成分的钢。

通常Q195、Q215和Q235碳含量低，焊接性能、塑性和韧性好，有一定强度，通常用于轧制成薄板、钢筋、焊管、低碳钢丝、钢丝网、屋面板等，也用于桥梁、建筑等结构或普通零部件螺栓、铆钉、拉杆和连杆等。

Q255和Q275碳含量比较高，强度也高，塑性、韧性比较好，通常轧制成型钢、钢带和钢板作结构件或零部件，也可用作钢筋和铁路鱼尾板。

根据一些特殊性能要求，对普通碳素结构钢的成分可以稍加调整而形成一系列专业用钢，例如铆螺钢、桥梁钢、压力容器钢、船体钢、锅炉钢。专业用钢除严格控制化学成分、保证常规性能外，还规定某些特殊检验项目，如低温冲击韧性、时效敏感性、钢中气体、夹杂和断口等。

1.1.2 优质碳素结构钢

优质碳素结构钢的标准是GB/T 699—1999。

优质碳素结构钢的碳含量小于0.8%，硫、磷及非金属夹杂物含量也比普通碳素结构钢少，力学性能比较好。

优质碳素结构钢中含有碳、硅和锰，但不含其他合金元素。硫、磷含量一般控制在0.035%以下，控制在0.030%以下的是高级优质钢，其牌号后面应加“A”，例如20A；若磷含量控制在0.025%以下、硫含量控制在0.020%以下时，是特级优质钢，其牌号后面应加“E”。其他残余合金元素，如铬（Cr）、镍（Ni）、铜（Cu）等的含量一般控制在$w(\text{Cr}) \leqslant 0.25\%$、$w(\text{Ni}) \leqslant 0.30\%$、$w(\text{Cu}) \leqslant 0.25\%$。有的牌号锰（Mn）含量达到1.40%，称为锰钢。

根据碳含量的高低，优质碳素结构钢又可分为：

（1）低碳钢。碳含量一般小于0.25%，如08号、10号钢等，多用于保证冲压性能的薄板，如汽车深冲板、搪瓷板、油桶板和锅炉板等；08Al是深冲压专用钢板；10号、15号钢多用于机械上的渗碳零件、紧固零件、冲锻模件等；20号钢的板材多用于制造锅炉和容器等，型材多用于渗碳、渗氮工件以及无缝钢管。

（2）中碳钢。碳含量一般在0.25%~0.60%之间，如35号、45号钢等；其中用量最多的是45号钢，主要用于制作各种轴、辊、拉杆、齿轮、活塞等。

（3）高碳钢。碳含量一般大于0.60%。其中60号、65号钢主要用于生产钢丝，也用于制作弹簧、垫圈等高强度零件；70号~80号钢大多用于制作弹簧和工具。

优质碳素结构钢产量比较大，用途比较广，一般加工成圆、方、扁等型材、板材和无缝钢管，主要用于制造一般结构及机械结构零、部件。

1.2 低合金钢

低合金钢是指合金含量比较低，而比碳素钢具有更好综合性能的钢种。根据 GB/T 13304—2008 中的分类，低合金钢包括低合金高强度结构钢、低合金耐候钢、低合金钢筋钢、低合金钢轨钢和矿用低合金钢。

（1）低合金高强度结构钢。低合金高强度结构钢的标准是 GB/T 1591—2008。

合金元素总含量小于 3.5% 的合金钢叫做低合金钢。低合金高强度结构钢是在普通钢中加入微量合金元素，但硫、磷杂质的含量保持普通钢的水平，因而具有较好的综合力学性能，主要适用于制造锅炉汽包、压力容器、压力管道、桥梁、重轨和轻轨等。低合金高强度结构钢是指在普通碳素钢中加入少量或微量合金元素，而使钢材性能发生变化，得到比一般碳钢性能更为优良的钢，还具有耐高温、耐低温等特殊性能。由于在这种钢中加入的合金元素总量不多，这类合金钢属于低合金钢。

低合金高强度结构钢由于韧性、焊接性和冷成型性能的要求高，因而碳含量比较低，一般不超过 0.20%。其中合金元素以锰为主，另外加入铌、钛或钒等辅加元素，少量的铌、钛或钒在钢中形成细碳化物或碳氮化物，有利于获得细小的铁素体晶粒，提高钢的强度和韧性。此外，加入少量铜（不大于 0.4%）和磷（0.1% 左右）等，可提高抗腐蚀性能。加入少量稀土元素，可以脱硫、去气，使钢材净化，改善韧性和工艺性能。钢的强度比较高，强度级别超过 500MPa 后，铁素体和珠光体组织难以满足要求，于是发展了低碳贝氏体钢。加入 Cr、Mo、Mn、B 等元素，有利于空冷条件下得到贝氏体组织，使强度更高，塑性、焊接性能也较好，多用于高压锅炉、高压容器等。一般屈服强度在 300MPa 以上，韧性也高，伸长率为 15% ~20%，室温冲击韧性大于 600 ~800kJ/m。对于大型焊接构件，还要求有较高的断裂韧性、良好的焊接性能和冷成型性能、低的冷脆转变温度和良好的耐蚀性。这类钢一般在热轧空冷状态下使用，不需要进行专门的热处理。

低合金高强度结构钢是在碳含量不大于0.20%的碳素结构钢基础上，加入少量的合金元素发展起来的，韧性高于碳素结构钢，同时具有良好的焊接性能、冷热压力加工性能和耐腐蚀性，部分钢种还具有较低的脆性转变温度。另外还具有其他特殊性能，如耐磨损性、阻尼性以及高导磁性等。

常用的低合金高强度结构钢中16Mn是我国低合金高强度结构钢中用量最多、产量最大的钢种，使用状态的组织为细晶粒的铁素体-珠光体，强度比普通碳素结构钢Q235高20%~30%，耐大气腐蚀性能高20%~38%；15MnVN是中等级别强度钢中使用最多的钢种，强度较高，且韧性、焊接性及低温韧性也较好，主要用于制造桥梁、船舶、车辆、锅炉、高压容器、输油输气管道、大型钢结构等。

Q295（09MnV、09MnNb）具有良好的塑性、韧性、冷弯性能、冷热压力加工性能和焊接性能，且有一定的耐蚀性能，用于制造各种容器、螺旋焊管、建筑结构、车辆用冲压件和船体等。Q295（12Mn）具有良好的综合力学性能、焊接性能、冷弯性能和冷热压力加工性能，已大量用于制造低压锅炉、车辆、容器、油罐和造船等焊接结构。

Q345（18Nb）具有良好的综合力学性能、低温冲击韧性、焊接性能和冷热压力加工性能，用于建筑结构、化工容器、管道、起重机械和鼓风机等。

Q345（16Mn）具有良好的综合力学性能、低温冲击韧性、冷冲压性、切削加工性、焊接性能等，但缺口敏感性较大，广泛用于受动载荷作用的焊接结构，如桥梁、车辆、船舶、管道、锅炉、大容器、油罐、重型机械设备、矿山机械和-40℃低温压力容器。

（2）低合金耐候钢。低合金耐候钢分为高耐候结构钢和焊接结构用耐候钢。

高耐候结构钢的标准是GB 4171—2008，其主要用于车辆、建筑、塔架和其他结构用的高耐候性热轧、冷轧钢板（包括卷板）和型钢，可制作螺栓连接、铆接和焊接的结构件。作焊接结构用时，厚度一般应限制在16mm以上。

焊接结构用耐候钢的标准是GB 4172—2008，其主要用于桥梁、建筑和其他结构件用具有耐候性能的热轧钢材，包括钢板（卷板）和型钢。厚度在50mm以内。

（3）低合金钢筋钢。GB 1499分为三个部分：第1部分是热轧光圆钢筋（GB 1499.1—2007），第2部分是热轧带肋钢筋（GB 1499.2—2007），第3部分是钢筋焊接网（GB 1499.3—2002）。其中的钢号有 20MnSi、25MnSi、20MnNb、20MnSiV、20MnTi、45Si2MnV、45SiMnV 和 45SiMnV 等，均属低合金钢筋钢。

（4）低合金钢轨钢。GB 2585、GB 8603 和 GB 11264 规定的 U71Cu、U71Mn、U79MnSi、U71MnSiCu、45SiMnP、50SiMnP 等铁道重轨和轻轨用钢均属低合金钢。这些钢除了保证规定的强度和硬度外，还要有良好的耐磨性、抗压溃性、耐疲劳断裂性。

（5）矿用低合金钢。GB 4697 规定的 16MnK、20MnK、25MnK、20MnVK、25MnVK 等是矿机设备和支护用低合金型钢。这类钢除保证规定的强度性能外，还应有较好的耐磨性。因此，钢中碳含量比通用的低合金结构钢要高，但焊接性能相对差一些。

1.3 合金结构钢

合金结构钢的标准是 GB/T 3077—1999。

合金结构钢的牌号通常以“数字 + 元素符号 + 数字”的方法来表示。牌号中起首的两位数字表示钢的平均碳含量的万分数，元素符号及其后的数字表示所含合金元素及其平均含量的百分数；若合金元素含量小于 1.5%，则不标其含量；高级优质钢在牌号尾部增加符号“A”，例如，16Mn、20Cr、40Mn2、30CrMnSi、38CrMoAlA 等。

合金结构钢比碳素钢有更好的力学性能，特别是热处理性能优良。

合金结构钢一般分为调质结构钢和表面硬化结构钢。

（1）调质结构钢。这类钢的碳含量一般为 0.25% ~0.55%，对于既定截面尺寸的结构件，在调质处理（淬火加回火）时，如果沿截面淬透，则力学性能良好，如果淬不透，显微组织中出现有自由铁素体，则韧性下降。对具有回火脆性倾向的钢如锰钢、铬钢、镍铬钢等，回火后应快冷。这类钢的淬火临界直径，随晶粒度和合金元素含量的增加而增大，例如，40Cr 和 35SiMn 钢为 30 ~40mm，而 40CrNiMo 和 30CrNi2MoV 钢则为 60 ~100mm。调质结构钢常用于制造承受较大载荷的轴、连杆等结构件。

（2）表面硬化结构钢。这类钢用于制造表层坚硬耐磨而心部柔韧的零部件，如齿轮、轴等。为使零件心部韧性高，钢中碳含量应低，一般在 0.12%

~0.25%，同时还应含有适量的合金元素，以保证适宜的淬透性。氮化钢还需加入易形成氮化物的合金元素（如Al、Cr、Mo等）。渗碳或碳氮共渗钢，经850~950℃渗碳或碳氮共渗后，淬火并在低温回火（约200℃）状态下使用。氮化钢经氮化处理（480~580℃）后直接使用，不再经淬火与回火处理。

另外，合金结构钢也分为普通合金结构钢和特殊用途合金结构钢。普通合金结构钢包括低合金高强度钢、低温用钢、超高强度钢、渗碳钢、调质钢和非调质钢；特殊用途合金结构钢包括弹簧钢、滚柱轴承钢、易切削钢、冷冲压钢等。

根据钢种和钢的质量要求，合金结构钢的冶炼可采用氧气顶吹转炉、电弧炉，或再加电渣重熔、真空除气。不同的冶炼技术对钢的纯度具有不同的影响。为了降低钢中气体含量应采用真空冶炼和真空处理。喷吹技术可以脱硫和脱氧。钢包精炼能够使成分波动小、纯度高、氧含量低、温度均匀，是生产合金结构钢的重要精炼方法。电渣重熔是钢液精炼和快速凝固相结合的方法。

铸锭可采用连铸或模铸。钢锭应缓慢冷却或热送锻造、轧制。钢锭加热时，应力求温度均匀并有足够的保温时间，以改善偏析缺陷和避免锻、轧时变形不均匀。锻、轧后的钢材，尺寸小的特别是碳含量在0.2%左右的渗碳钢，在600℃以上时应快速冷却，以免加重带状组织；截面较大的锻件，应采取措施消除内应力和白点。调质钢应尽可能淬火成马氏体组织，然后回火成索氏体组织。渗碳钢在渗碳过程中，渗层浓度梯度不宜过大，以免在渗层晶界上出现连续网状碳化物。氮化钢必须先经热处理得到所需的性能，再经最后精加工才能进行氮化。氮化处理后除将脆薄的“白层”研磨除去外，不再加工。

合金结构钢的合金元素含量都相当高，主要有耐蚀钢、耐热钢、耐磨钢、磁钢以及具有其他特殊物理和化学性能的特殊钢。

合金结构钢广泛用于船舶、车辆、飞机、导弹、兵器、铁路、桥梁、压力容器、机床等结构上。

1.4 非调质机械结构钢

非调质机械结构钢的标准是GB/T 15712—2008。

非调质机械结构钢是指在热加工和控制冷却后，取消调质热处理，不进行重结晶热处理而使用的或只进行回火处理的钢。非调质机械结构钢为建筑结构用的低碳钢和低碳低合金钢，以及现代控轧（锻）、控冷技术而形成的低碳微合金化高强度低合金钢和中碳微合金化非调质钢。

非调质钢是在中碳钢的基础上加入一定量的锰和微量的钒、钛、铌等元素。非调质钢的强化方式是沉淀强化、细化铁素体晶粒强化和固溶强化。起沉淀强化作用的元素主要是钒，这是因为钒在1100℃可完全溶入奥氏体，在钢冷却时析出细小、弥散的VC或V(C,N)，提高铁素体的强度。铌沉淀强化的作用是次要的，其主要作用是阻碍奥氏体的再结晶，含铌钢在通常的热加工条件下不发生再结晶，在热加工时晶粒被拉长，增加奥氏体晶界面积。另外，由于形变诱发析出Nb(C,N)质点，阻止奥氏体发生静态再结晶。在钢冷却过程中，先共析铁素体不但可以在奥氏体晶界上形核，还能在奥氏体晶粒内的位错阵列上形核，因而细化了铁素体晶粒，并使其分布均匀。钛的主要作用是细化奥氏体晶粒，使钢在加热或热加工时保持细小的奥氏体晶粒。锰的作用是固溶于铁素体中引起固溶强化，提高铁素体的强度；由于增加过冷奥氏体的稳定性而增加相变的过冷度，细化铁素体和珠光体；促进钒在高温下溶解而提高钒的沉淀强化作用。应该强调指出，细化铁素体晶粒在提高强度的同时又改善了钢的韧性，是非调质钢最有效的强韧化措施。

非调质钢在生产中遇到的主要问题是强度、硬度有余而韧性不足。为了改善其韧性，在合金设计上采取了降碳增锰，即通过降低碳量增加铁素体的体积分数提高其韧性，通过锰的固溶强化来补偿由于降碳而损失的强度；另外，可采用V-Nb、V-Ti复合微合金化，钒主要起沉淀强化作用，铌或钛主要起细化晶粒作用。

非调质钢按使用加工方法不同分为两类：

（1）直接切削加工用非调质机械结构钢（UC）；

（2）热压力加工用非调质机械结构钢（UHP）。

非调质钢牌号有三种：

（1）牌号前的“Y”字去掉，用牌号前加“F”表示非调质机械结构钢，而在牌号后加“S”表示含硫钢。如原标准中“YF35V”修改为“F35VS”。

（2）标准中F45V、F35MnN和F40Mn三个牌号，分别合并到本标准的F45VS、F35MnS和F40MnS之中。为保证钢材力学性能，允许钢中添加氮，推荐氮的含量范围为0.0080%～0.0200%，以此可保证生产及使用要求。

(3) 增加了目前国内应用量最大的F30MnVS、F38MnVS、F49MnVS及贝氏体型非调质钢F12Mn2VBS。

非调质钢主要用于制造汽车发动机、拖拉机发动机、空压机的连杆，机床零件、轴类零件等。

1.5 易切削钢

易切削钢的标准是GB/T 8731—2008。

易切削钢（简称易切钢）牌号通常由三部分组成：

第一部分：易切钢表示符号Y。

第二部分：Y后的数字表示碳含量，例如平均碳含量为0.3%的易切削钢，其钢号为“Y30”。

第三部分：易切元素符号，如含钙、铅、锡等易切元素的易切钢分别以Ca、Pb、Sn表示，加硫和加硫磷易切钢，通常不加易切元素符号S、P。锰含量较高的加硫和加硫磷易切钢，本部分为锰元素符号Mn；为区分牌号，对高硫含量的易切钢，在牌号尾部加硫元素符号S。易切削钢的硫含量在0.08%～0.30%范围内，锰含量在0.60%～1.55%范围内。钢中的硫和锰以硫化锰形态存在，硫化锰很脆并有润滑效能，从而使切屑容易碎断，并有利于提高加工表面的质量。

易切削钢是通过加入某些化学元素（易切削元素）来提高钢的切削性能。主要易切削元素有硫、铅，其次是硒、碲、铋等，上述这些元素可以单独加入，也可以复合加入。易切削钢按所含易切削元素可分为以下几种：

(1) 硫易切削钢。硫是使钢产生热脆性的元素，但与锰形成硫化锰MnS，可以减轻危害性，有利于改进切削性，在切削时促使断屑形成小而短的卷曲半径，易于排除，减少刀具磨损，降低加工表面粗糙度，提高刀具寿命。通常钢的被切削性随钢中硫含量的增多而增高。但钢的纵向和横向的力学性能差别大，横向塑、韧性差，疲劳及耐蚀性能也有所降低。钢中硫含量过高时，会导致热脆性，对钢的热加工造成困难，恶化钢的力学性能。通常硫含量为0.08%～0.30%，有的可提高到0.4%，易切削工具钢和不锈钢中的硫含量均应在0.06%～0.10%之间。

磷多与硫复合加入钢中，磷固溶于铁素体中会提高硬度和强度，降低韧性，使切屑易于折断和排除，从而获得良好的加工表面粗糙度。通常磷含量在0.04%～0.12%，但磷含量过高会显著降低塑性，提高硬度，反而对钢的切削性起有害作用。

（2）铅易切削钢。为了提高钢的切削性，在碳素结构钢、合金结构钢或不锈钢中加入0.10%～0.35%的铅，铅在钢中呈细小金属颗粒形态，均匀分布或附着于硫化物的周围。由于铅的熔点较低，切削时融熔渗出起润滑作用，降低摩擦，提高切削性，但并不影响常温力学性能。因为铅的密度大，如含量过高，容易引起严重的偏析并形成大颗粒夹杂物，反而降低铅对切削加工的有利作用。铅和硫复合加入低碳结构钢中，可以明显改善钢材的切削性。

（3）钙易切削钢。钙在钢中与铝、硅结合形成低熔点的复合氧化物（主要是 $CaO \cdot Al_2O_3 \cdot SiO_2$），高速切削时，钙系氧化物附着于切削工具表面起润滑和减摩作用，从而提高刀具的使用寿命。如果同时含硫、铅等元素，它们的复合作用会使切削效果更好。由于钙易切削钢生产过程公害问题少，切削性能好，力学性能与基础钢相近，成本也比较低，所以发展很快。

（4）硒、碲、铋易切削钢。硒以硒化物如 FeSe、MnSe 等形态存在于钢中，其作用与硫相似，对于既要求高的切削性，又要求较好塑性的钢，在钢中加硒要比硫好。碲可单独加入，也可与铅或硫同时加入钢中，形成复合夹杂物，以降低切削抗力和切削热，使切屑容易排除，显著提高钢的切削性，得到良好的加工表面粗糙度，不过加碲后会使钢的塑性、韧性稍有降低。硒和碲一般多用于合金钢。铋在钢中的作用与铅相似，呈细小的金属颗粒夹杂物，均匀分布或附着于硫化物周围。碲、铋含量为0.03%～0.10%，硒的含量可达0.15%。

易切削钢主要用于制作受力较小而对尺寸和粗糙度要求严格的仪器仪表、手表零件、汽车、机床和其他各种机器；对尺寸精度和粗糙度要求严格，而对力学性能要求相对较低的标准件，如齿轮、轴、螺栓、阀门、衬套、销钉、管接头、弹簧座垫及机床丝杠、塑料成型模具、外科和牙科手术用具等。

1.6 弹簧钢

弹簧钢是制作各种弹簧的主要钢材。弹簧钢的用量比较大，用途比较广，作用也比较重要。弹簧钢从化学成分来区分，有碳素弹簧钢和合金弹簧钢。

（1）碳素弹簧钢。碳素弹簧钢牌号的表示方法与优质碳素结构钢相同。主要牌号有65、70、85、65Mn，在GB/T 1222和GB/T 699两个标准中同时分别存在。

碳素弹簧钢的碳含量一般为0.62%~0.90%。其锰含量分为一般锰含量0.50%~0.80%（如65、70、85）和较高锰含量0.90%~1.20%（如65Mn）两类。

碳是弹簧钢的最重要的元素，碳对钢的硬度、弹性极限、强度极限、抗疲劳性能和抗弹性减退性能具有重要影响。为了保证上述性能，弹簧钢碳含量较高，一般均在0.50%~0.70%之间，只有少数钢种碳含量较低，例如30W4Cr2VA。但碳含量过高对塑性、韧性、脱碳敏感性、成型性等有不利影响。例如RK360的碳含量为0.4%。

（2）合金弹簧钢。合金弹簧钢牌号的表示方法与合金结构钢相同。

合金弹簧钢是在碳素钢的基础上，通过适当加入一种或几种合金元素来提高钢的力学性能、淬透性、工艺性能和赋予某些特殊性能（如耐高温、耐蚀）等其他性能，以满足制造各种弹簧所需性能的钢。

合金弹簧钢的基本组成系列有：硅锰弹簧钢（如60SiMn）、硅铬弹簧钢（如60Si2CrA）、铬锰弹簧钢（如60Si2Mn）、铬钒弹簧钢（如50CrV）、钨铬钒弹簧钢（如30W4Cr2VA）等。在这些系列的基础上，有一些牌号为了提高某些方面的性能而加入了钼、钒或硼等合金元素。

生产弹簧钢的冶炼设备及工艺有电炉、转炉和精炼，并以连铸代替模铸。钢材品种有热轧（锻）和冷轧（拉）两类。热轧（锻）产品有圆钢、方钢、扁钢、钢板，锻制圆钢和方钢。冷轧（拉）产品有钢丝、钢带、冷拉材（冷拉圆钢）等。

弹簧钢主要用于制造汽车、拖拉机、铁道车辆及一般机械用的弹簧。

1.7 工具钢

1.7.1 碳素工具钢

碳素工具钢的标准是GB/T 1298—2008。

碳素工具钢是基本上不含合金元素的高碳钢，碳含量在0.65%~1.35%范围内，其性能除与冶炼、加工有关外，主要决定于碳含量。碳是碳素工具钢的主要强化元素，只有一个钢种含有少量锰（At8 含有0.4%~0.60%的锰），所以属于低淬透性的工具钢。碳素工具钢的生产成本低，原料来源易取得，切削加工性良好，处理后可以得到高硬度和高耐磨性，所以是被广泛采用的钢种，用来制造各种刃具、模具和量具。

但这类钢的红硬性差，即当工作温度大于250℃时，钢的硬度和耐磨性就会急剧下降而失去工作能力。另外，碳素工具钢如制成较大的零件则不易淬硬，而且容易产生变形和裂纹。

碳素工具钢的牌号通常由四部分组成：

第一部分：碳素工具钢表示符号“T”；

第二部分：以两位阿拉伯数字表示平均碳含量（以万分之几计）；

第三部分：较高锰含量碳素工具钢加锰元素符号 Mn；

第四部分：钢材冶金质量，即高级优质钢以 A 表示，优质钢不用字母表示。

用作冷作模具的碳素工具钢主要有 T7A、T10A、T11A 等，其中以 T10A 钢应用最为普遍。T10A、T11A 钢在淬火后组织中还保留一些剩碳化物，可提高模具的耐磨性，这是 T10A 钢应用比较普遍的原因。

T7 主要用于制造承受振动与冲击负荷且要求具有较高韧性的工具；T8 和 T8Mn 主要用于制造承受振动与冲击负荷且要求具有足够韧性和硬度的工具；T10 主要用于制造不受突然振动且在刃口上要求有少许韧性的工具；而 T12 主要用于制造不受振动且要求具有高硬度的工具。

工具行业现代化生产要求碳素工具钢退火材具有稳定的质量，包括适宜的硬度、均匀的组织、改善网状碳化物和减少脱碳。

1.7.2 合金工具钢

合金工具钢的标准是 GB/T 1299—2000。

低合金工具钢是以铬为主要合金元素和具有较高碳含量的钢。低合金工具钢的碳含量为0.75%~1.50%，高碳可以保证高硬度，并形成足够的合金碳化物，提高耐磨性。主加元素有硅、锰、铬、钼，可起到固溶强化的作用，以提高硬度和淬透性；辅加元素为钼、钨、矾，可起到细化晶粒的作用，以形成特殊碳化物，提高硬度和耐磨性。低合金工具钢主要用于制作形状复杂、尺寸不大的低速切削刀具，如铣刀、拉刀、板牙、丝锥、钻头、铰刀等。常用的钢种有9SiCr、CrWMn、9Mn2V。

9SiCr具有高的淬透性和回火稳定性，工作温度可达300℃。9SiCr多采用分级或等温淬火，减少变形，适宜制造形状复杂的薄刃刀具，如板牙、丝锥、钻头等。

CrWMn的碳含量为0.90%～1.05%，铬、钨、锰同时加入，使钢具有更高的硬度（64～66HRC）和耐磨性，但热硬性不如9CrSi。CrWMn钢热处理后变形小，也称为微变形钢。主要用来制造较精密的低速刀具，如长铰刀、拉刀等。

9Mn2V是一种综合力学性能比碳素工具钢好的低合金工具钢，它具有较高的硬度和耐磨性。淬火时变形较小，淬透性很好。由于钢中含有一定量的钒，细化了晶粒，减小了钢的过热敏感性。同时碳化物较细小且分布均匀。

合金工具钢是在碳素工具钢基础上加入铬、钼、钨、钒等合金元素以提高淬透性、韧性、耐磨性和耐热性的一类钢种。它主要用于制造量具、刃具、耐冲击工具和冷、热模具及一些特殊用途的工具。

3Cr2W8V是常用的压铸模具钢，有较高的强度和硬度，耐冷热疲劳性良好，且有较好的淬透性，但其韧性和塑性较差。适用于制作高温、高应力下，不受冲击负荷的凸模、凹模，如压铸模、热挤压模、精锻模、有色金属成型模等。

5CrNiMo具有良好的韧性、强度和高耐磨性，属热作模具钢。它在室温和500～600℃时的力学性能几乎相同。在加热到500℃时，仍能保持住300HB左右的硬度。由于钢中含有钼，因而对回火脆性并不敏感。从600℃缓慢冷却下来以后，冲击韧性仅稍有降低。

5CrMnMo属热作模具钢，是不含镍的锤锻模具钢，性能与5CrNiMo钢接近。5CrMnMo模具钢适于制作边长不大于400mm的中型锤锻模。

4Cr5MoSiV1相当于美国的H13空淬硬化热作模具钢。其性能、用途和H13钢基本相同，但因其钒含量高一些，故中温（600℃）性能比4Cr5MoSiV钢要好，是热作模具钢中用途很广泛的一种代表性钢号。

Cr12属于莱氏体钢，所以有很高的淬透性、淬硬性和耐磨性，淬火变形小，但当碳化物不均匀时，变形量多向性且不规则，它的组织不良是其主要缺点。不均匀的碳化物很难用热处理方法改善。

Cr12MoV 是冷作模具钢，钢的淬透性，淬火回火的硬度、耐磨性、强度均比 Cr12 高。适于制作形状复杂、工作条件繁重下的各种冷冲模具和工具，如冲孔凹模、切边模、滚边模、钢板深拉伸模、圆锯、标准工具和量规、螺纹滚模等。

CrWMn 钢具有高淬透性，由于钨形成碳化物，这种钢在淬火和低温回火后具有比铬钢和 9SiCr 钢更多的过剩碳化物和更高的硬度及耐磨性。这种钢用于制造量具和刃具，例如制作刀、长丝锥、长铰刀、专用铣刀、板牙和其他类型的专用工具，以及切削软的非金属材料的刀具。

1.8 高速工具钢

高速工具钢的标准是 GB/T 9943—2008。

高速工具钢是以钨、钼、铬、钒有时还有钴为主要合金元素的高碳高合金莱氏体钢，通常用于制作高速切削工具。高速工具钢牌号的表示方法与合金结构钢相同，但在牌号头部一般不加表示碳含量的阿拉伯数字。

W18Cr4V、W6Mo5Cr4V2 和 W9Mo3Cr4V 是常用的高速工具钢，这三个钢号的产量占目前国内生产和使用高速工具钢的 95% 以上。

W18Cr4V 硬度为 62 ~ 65HRC，适用于制作切削工具，如麻花锚、拉刀、攻牙、铣洗、切断、铰刀等。W18Cr4V 也适用于制作冲孔、成型和冲压等工具。

W6Mo5Cr4V2 具有碳化物细小均匀、韧性高、热塑性好等优点，可以取代 W18Cr4V 而成为高速工具钢的主要钢号。W6Mo5Cr4V2 的韧性、耐磨性和热塑性都优于 W18Cr4V，而硬度、红硬性、高温硬度与 W18Cr4V 相当，因此 W6Mo5Cr4V2 除用于制造各种类型的一般工具外，还可制作大型及热塑成型刀具。

W9Mo3Cr4V 是以中等含量的钨为主，加入少量钼，适当控制碳和钒含量的方法来达到改善性能、提高质量、节约合金元素目的的具有中国特色的通用型钨钼系高速工具钢。另外也有低合金高速工具钢（例如 301 和 D601）和粉末高速工具钢（有含钴的、无钴的和超级耐磨的高速工具钢）。

粉末高速工具钢的碳化物细小，分布均匀，韧性、可磨削性和尺寸稳定性等均很好。粉末高速工具钢可分为三类，第一类是含钴高速工具钢，其特点是具有接近硬质合金的硬度，而且还具有良好的可锻性、可加工性、可磨性和强韧性；第二类是无钴高钨、钼、钒超硬高速工具钢；第三类是超级耐磨高速工具钢，其硬度虽不太高，但耐磨性极好，主要用于要求高耐磨并承受冲击负荷的工作条件。

高速工具钢主要用来制造中、高速切削刀具，如车刀、铣刀、铰刀、拉刀、麻花钻等。

1.9 模具钢

模具钢是用来制造冷冲模、热锻模压铸模等模具的钢种。

模具钢大致可分为冷作模具钢、热作模具钢和塑料模具钢三类，用于锻造、冲压、切型、压铸等。

(1) 冷作模具钢。主要用于制造冲裁、冲压、冷挤压、冷镦、拉伸和压印模具的材料。冷作模具钢的主要性能要求是好的耐磨性、韧性、红硬性及良好的工艺性能。目前通用的冷作模具钢可分为三种类型：

1) 低合金冷作模具钢，典型牌号为 GB/T 24594—2009 中的 9Cr06WMn；

2) 中合金冷作模具钢，典型牌号为 GB/T 1299—2000 中的 Cr5Mo1V；

3) 高碳高铬型冷作模具钢，典型牌号为 GB/T 24594—2009 中的 Cr12Mo1V1。

长期以来，我国广泛采用 Cr12、Cr12MoV 或 Cr12Mo1V1 作为冷作模具钢的主选材料。但由于其化学成分中含有较高的 C 和 Cr 元素，钢在铸造凝固过程中形成大量莱氏体碳化物且偏析严重，导致模具在使用过程中经常因韧性不足出现崩刃、脆裂而失效。

(2) 热作模具钢。主要用于制造加热到再结晶温度以上的金属或液态金属压制成型的模具，如锤锻模、机锻模、热挤压模和压铸模等。热变形模具在工作中除要承受巨大的机械应力外，还要承受反复受热和冷却的作用，而引起很大的热应力。热作模具钢除应具有高的硬度、强度、红硬性、耐磨性和韧性外，还应具有良好的高温强度、热疲劳稳定性、导热性和耐蚀性，此外还要求具有较高的淬透性，以保证整个截面具有一致的力学性能。对于压铸模用钢，还应具有表面层经反复受热和冷却不产生裂纹，以及承受液态金属流的冲击和侵蚀的性能。这类钢一般属于中碳合金钢，碳含量为0.30%～0.60%，属于亚共析钢，也有一部分钢由于加入较多的合金元素（如钨、钼、钒等）而成为共析或过共析钢。常用的钢类有铬锰钢、铬镍钢、铬钨钢等。

热锻模用钢有5CrMnMo、5CrNiMo，但5CrNiMo的淬透性也不能满足大截面锤锻模的需要，截面尺寸大于300mm时，心部硬度已不能满足要求。5CrNiMo的使用温度也不能超过500℃。为此，国内外研发了一系列提高合金含量的高淬透性、耐高温的锻模钢，如3Cr2MoWVNi、45Cr2NiMoVSi和5Cr2NiMoVSi等牌号。这类钢适用于制造4000t以上机械压力机锻模，其寿命可比5CrNiMo及5CrNiMoV提高1～1.5倍。

压铸模用钢的传统牌号是3Cr2W8V，其热稳定性高，使用温度可达650℃。但钨系热作模具钢的导热性低、冷热疲劳性能差，所以，有时用H13顶替。

热挤压模具用钢4Cr5MoSiV1（H13）是最典型、应用范围最广泛的热作模具钢。虽然它具有淬透性、韧性、耐磨性、可加工性及综合力学性能好，疲劳寿命较高等许多优点，但它却只是中耐热性用钢，尤其被用作压铸模时更显得不足。

（3）塑料模具钢。塑料模具钢可分为如下几类：

1）非合金型：采用中碳结构钢，典型牌号为55号钢。

2）预硬型：为中碳合金钢，典型牌号为GB/T 24594中的3Cr2MnMo、3Cr2MnNiMo。在模具加工前先进行硬化处理，可有效避免模具制成后热处理的变形，从而提高模具的尺寸加工精度。

3）时效硬化型：通过添加Ni、Al、Ti、Cu等合金元素，进行时效处理，达到硬度要求，典型牌号为GB/T 24594的1Ni3Mn2CuAl。

4）耐蚀型：采用中碳铬不锈钢制作耐蚀型塑料模具钢，典型牌号为GB/T 24594中的30Cr17Mo、40Cr13，主要用来制作在酸、碱气氛中服役的耐蚀塑料模具。

对塑料制品表面质量要求在不断提高，塑料模具钢的切削性能、抛光性能、蚀刻性能显得非常重要。非合金型塑料模具钢55号钢等一般只用于制作模架，型芯模则采用硬度均匀性更好的预硬型或沉淀硬化型塑料模具钢。

当前，塑料模具钢的市场十分巨大，发展也非常迅速。某些先进国家的塑料模具钢已发展成为一个新的专用系列，其中包括碳素塑料模具钢、预硬型塑料模具钢、易切削型塑料模具钢、耐蚀型塑料模具钢、时效硬化型塑料模具钢、非调质型塑料模具钢、高耐磨型塑料模具钢、渗碳型塑料模具钢等。有大电炉、大电渣炉、大快锻机、大热处理炉和适当完善的辅助设施的企业，发展优质的塑料模具钢前途是会非常广阔的。

（4）特殊要求模具钢。如无磁模具钢 7Mn15Cr2Al3V2WMo，耐高温热作模具钢 GH4169、GH2135、K3，钼基、钨基难熔合金特殊模具钢，性能特别均匀的粉末冶金模具钢 CPM 及硬质合金模具钢等。

1.10 轴承钢

轴承钢是用来制造滚珠、滚柱和轴承套圈的钢。轴承在工作时承受着极大的压力和摩擦力，所以要求轴承钢有高而均匀的硬度和耐磨性，以及高的弹性极限。轴承钢对化学成分的均匀性、非金属夹杂物的含量和分布、碳化物的分布等要求都十分严格，是所有钢铁生产中要求最严格的钢种之一。

按化学成分分类，轴承钢分为高碳铬轴承钢、渗碳轴承钢、高碳铬不锈轴承钢及高温轴承钢四大类。目前，除高温轴承钢尚无专门的国家标准外，其他三类轴承钢均有相应的国家标准。其现行有效版本分别为《高碳铬轴承钢》（GB/T 18254—2002）、《渗碳轴承钢技术条件》（GB/T 3203—1982）、《高碳铬不锈轴承钢》（GB/T 3086—2008）。最新修订发布的《高碳铬不锈轴承钢》（GB/T 3086—2008）是原《高碳铬不锈轴承钢技术条件》（GB/T 3086—1982）的修订版本。

轴承钢除了大量生产应用的以 GCr15、GCr15SiMn 为主的高碳铬轴承钢以外，还有以 G20CrNiMo、G20CrNi2Mo、G20Cr2Ni4 为主的渗碳轴承钢，以 SAE1070 为主的中碳轴承钢，以 9Cr18、9Cr18Mo 为主的不锈轴承钢，以 Cr4Mo4V、W18Cr4V 为主的高温轴承钢，以及无磁轴承钢 70Mn15Al3Cr2V2WMo 等。但真正代表特殊钢企业水平的还是高碳铬轴承钢。

（1）高碳铬轴承钢。高碳铬轴承钢的标准是 GB/T 18254—2002，包括的钢种有 GCr15、GCr15SiMn、GCr4、GCr15SiMo、GCr18Mo。高碳铬轴承钢是一种碳含量为 1% 左右，另外加入 1.5% 左右的铬，并含有少量的锰、硅元素的过共析钢。铬既可以改善热处理性能，提高淬透性、组织均匀性、回火稳定性，又可以提高钢的防锈性能和磨削性能。但当铬含量超过 1.65% 时，淬火后会增加钢中的残余奥氏体，降低硬度和尺寸稳定性，增加碳化物的不均匀性，降低钢的冲击韧性和疲劳强度。为此，高碳铬轴承钢中的铬含量一般控制在1.65%以下。只有严格控制轴承钢中的化学成分，才能通过热处理工序获得满足轴承性能要求的组织和硬度。

高碳铬轴承钢的牌号通常由两部分组成：

第一部分：（滚珠）轴承钢表示符号“G”，不标明碳含量；

第二部分：合金元素符号“Cr”及其含量（以千分之几计），其他合金元素含量以化学元素符号及阿拉伯数字表示，表示方法同合金结构钢的第二部分。

（2）渗碳轴承钢。渗碳轴承钢标准GB/T 3203—82中的钢种有G20CrMo、G20CrNiMo、G20CrNi2Mo、G20Cr2Ni4、G10CrNi3Mo、G20Cr2Mn2Mo。

在牌号头部加符号“G”，采用合金结构钢的牌号表示方法，高级优质渗碳轴承钢在牌号尾部加“A”。

采用渗碳轴承钢制作的轴承等部件用于对各种机械部件的支承，其工作环境是超高温、超低温、强真空，以及强冲击、高磨损和超高转速等。渗碳轴承钢的结构特点和工作条件要求轴承零件必须具备高的硬度、耐磨性、接触疲劳强度，良好的韧性、尺寸稳定性、耐蚀和冷热加工性能。用渗碳轴承钢等制造的套圈和滚动体，其硬度为60~64HRC，一般适用工作温度为-40~140℃，油与脂润滑正常，能在较大冲击振动条件下使用，如机车车辆及轧钢机用轴承等，但该钢种的热处理工艺比较复杂。

（3）高碳铬不锈轴承钢。高碳铬不锈轴承钢有9Cr18、9Cr18Mo，主要用于制作耐蚀、耐高低温及微型轴承，以及在水蒸气、海水、蒸馏水及硝酸等腐蚀性介质中使用的轴承，如潜水泵部件中的轴承、石油和化工机械的轴承及腐蚀对性能有很大影响的测量仪器中的微型轴承等；另外，1Cr18Ni9Ti用于制作要求高度耐海水腐蚀或耐某些化学药品腐蚀的防锈轴承，以及经渗碳后可用于高温、高速、高耐磨、低载荷的轴承等；0Cr17Ni7Al、0Cr17Ni4Cu4Nb用于制作耐蚀轴承和关节轴承的外套等。

（4）高温轴承钢。高温轴承钢有Cr4Mo4V、Cr15Mo4、W9Cr4V2Mo、W18Cr4V、W6Mo5Cr4V2，用于制作高温轴承，如发动机和燃气涡轮的发动机等主轴轴承及一般高温轴承；而Cr4Mo4V广泛用于制作315℃以下工作温度下的轴承零件。

1.11 钢 轨

钢轨按每米大致重量的公斤数，可分为重轨和轻轨。

1.11.1 重轨

重轨是一种非对称的工字形断面钢材，通常以每米长的重量表示其规格，每米公称重量大于30kg的钢轨属于重轨，重轨又分为一般钢轨和起重机轨两种。重轨型号有：38kg/m、43kg/m、50kg/m、60kg/m，材质为U71Mn、50Mn。

一般钢轨指铺设铁路干线、专用线、弯道及隧道用轨。其中，标准轨长度有12.50m和25.00m两种；铺设弯道曲线轨长度稍短，有12.46m、12.42m和24.96m、50.92m等。一般钢轨的规格为50kg/m、60kg/m、75kg/m、100kg/m。

GB 2585—2007规定了我国38~50kg/m钢轨的技术条件。

钢轨钢的牌号通常由三部分组成：

第一部分：钢轨钢表示符号“U”，冷镦钢（铆螺钢）表示符号“ML”；

第二部分：以两位阿拉伯数字表示平均碳含量，优质碳素结构钢钢轨同优质碳素结构钢第一部分，合金结构钢钢轨同合金结构钢第一部分；

第三部分：合金元素含量以化学元素符号及阿拉伯数字表示，表示方法同合金结构钢的第二部分。

起重机轨的断面为工字形，由轨头、轨腰、轨底三大部分组成。起重机轨有QU120、QU100、QU80、QU70四种，材质一般为锰钢，单重最大的是QU120可达118kg/m。用于各种起重机导轨用的特种截面钢轨，其化学成分和制造工艺与铁路用钢轨相同。

重轨还可按所用钢材钢种分为普通含锰钢钢轨、含铜普碳钢钢轨、高硅含铜钢钢轨、铜轨、锰轨、硅轨等。重轨主要有38kg、43kg、50kg三种。此外还有用于少数线路上的45kg轨，已计划在运量大和车速高的线路上用的60kg轨。

1.11.2 轻轨

轻轨的标准是GB/T 11264—2012。

轻轨是窄轨运输车辆用的轨道，主要用于矿业、林业、建筑和城市交通轨道，其品种有5kg/m、8kg/m、11kg/m、15kg/m、18kg/m、24kg/m。轻轨主要由碳素钢制造，少部分使用低合金钢制造。一般对轻轨要求耐腐蚀，为此钢中加入适量的铜、铬、磷、钒等合金元素。型号有6kg/m、8kg/m、12kg/m、15kg/m、18kg/m、22kg/m、24kg/m、30kg/m。材质有普碳钢50Q和55Q，低合金钢45SiMnP、45SiMnP和36CuPCr。

城市轨道交通中的“轻轨”与“地铁”相对应。城市轨道交通中的轻轨指的是在轨距为1435mm国际标准双轨上运行的列车，列车运行利用自动化信号系统。

轻轨是异型断面型钢，断面金属分配不对称，轨底又宽又薄，比其他型钢生产难度大。主要是应改进轨段斜度和头部弯曲度。

1.12 冷镦钢

冷镦和冷挤压用钢的标准是GB/T 6478—2001。

用冷镦加工方法制造紧固件、连接件用钢称为冷镦钢。冷镦钢是成型用钢，冷镦是在室温下进行一次或多次冲击加载，广泛用于生产螺钉、销钉、螺母等标准件等。冷镦工艺可节省原料，降低成本，而且还能通过冷作硬化提高工件的抗拉强度，改善性能。冷镦用钢必须具有良好的冷顶锻性能，钢中硫和磷等杂质含量很少，对钢材的表面质量要求严格，经常采用优质碳钢，如钢中碳含量大于0.25%，应进行球化退火热处理，以改善钢的冷镦性能。

冷镦钢是标准件制造行业所需的主要原材料，用于制作各种规格的螺栓、螺帽、螺钉等工件。此钢种由于冷镦加工过程中变形量大，要求钢中硫、磷等含量低、杂质少，加工性能和力学性能良好，轧制公差尺寸精确。常用冷镦钢的牌号有ML08、ML35和ML40Cr，规格为$\phi5.5 \sim 16$mm线材。

冷镦钢的特性主要包括：

（1）良好的强度、塑性和韧性；

（2）较低的碳、硫、磷含量和较高的洁净度；

（3）表面和内部质量好。

冷镦钢应通过磁探伤，保证钢坯轧制前的表面质量。采用单线多通道柔性切换技术，具备超强冷却控温控轧能力，实现750℃低温轧制。

1.13 不锈钢

不锈钢具有耐蚀性，合适的力学性能，良好的冷、热加工性和焊接性等工艺性能。不锈钢钢种主要有铁素体不锈钢、奥氏体不锈钢、奥氏体铁素体双相不锈钢和马氏体不锈钢。

1.13.1 铁素体不锈钢

铁素体不锈钢以铬为主要合金元素，铬含量为12%～30%，碳含量不大于0.25%，有些钢种还含有Mo、Ti等元素，如1Cr17、1Cr25、0Cr18Mo2Ti等。一般呈单相铁素体或半铁素体组织。由于此类钢是单相组织，没有相变，因而无法通过热处理使之强化。此类钢热导率较大而热膨胀系数较小，抗氧化性强，而且耐蚀性随钢中铬含量增加而提高，故多用于制造耐大气、蒸汽、水及氧化性酸和有机酸腐蚀的零部件与耐热部件。它们耐氯化物应力腐蚀的性能优于一般Cr-Ni奥氏体钢，但对晶间腐蚀比较敏感。当钢中增加硫含量（硫含量为0.35%）时，还具有良好的易切削性能。如果钢中铬含量不小于15%，铁素体不锈钢的韧性-脆性转变温度会升到室温以上，而且在不低于900℃加热时会出现晶粒长大而导致出现脆性。在550～750℃和475℃长期停留也会出现σ相脆性和475℃脆性，但碳、氮总含量低于$150\times10^{-4}\%$的高纯高铬铁素体不锈钢如高纯Cr18Mo2、高纯Cr26Mo1等，基本上不产生室温脆性。如果作为焊接部件使用，焊接过程要采取防止增加碳、氮的措施才能获得满意性能。

1.13.2 奥氏体不锈钢

奥氏体不锈钢铬含量约为18%、镍含量为8%～10%、碳含量约为0.1%时，具有稳定的奥氏体组织。奥氏体铬镍不锈钢包括著名的“18-8”钢和在此基础上增加Cr、Ni含量并加入Mo、Cu、Si、Nb、Ti等元素发展起来的高Cr-Ni系钢。奥氏体组织的钢无磁性而且具有高韧性和塑性，但强度较低，不能通过相变使之强化，仅能通过冷加工进行强化。如果把S、Ca、Se、Te等元素加入钢中，它便具有良好的易切削性。此类钢除耐氧化性酸介质腐蚀外，还能耐硫酸、磷酸以及甲酸、醋酸、尿素等的腐蚀。不锈钢中的碳含量如低于0.03%或含 Ti、Nb，就可以显著提高其耐晶间腐蚀性能。高硅的奥氏体不锈钢对浓硝酸有良好的耐蚀性。为了节约价格较高的 Ni 并使钢仍具奥氏体组织，以 Mn、N 代替 Ni，发展出了 Cr-Mn-Ni-N 和 Cr-Mn-N 不锈钢。它们除耐氧化性酸、尿素、醋酸等介质外，还具有屈服强度远高于 Cr-Ni 奥氏体钢的优点，在一定条件下可代替 Cr-Ni 系不锈钢。

1.13.3 奥氏体铁素体双相不锈钢

目前大量生产与应用的双相不锈钢的组织结构特点是既有奥氏体又有铁素体。化学成分特点是在碳含量较低的情况下，铬含量为 18% ~28%，镍含量为3% ~10%。有些牌号还含有 Mo、Cu、Si、Ti、Nb、N 等合金化元素。双相不锈钢的性能特点是兼有奥氏体和铁素体不锈钢的特性。与铁素体不锈钢相比较，双相不锈钢的塑、韧性更高，无室温脆性，其耐晶间腐蚀性能和焊接性能均显著提高；同时还保持有铁素体不锈钢的 475℃脆性和 σ 相脆性以及导热系数高、线膨胀系数小、具有超塑性等特点。与奥氏体不锈钢相比较，双相不锈钢的强度高且耐晶间腐蚀和耐氯化物应力腐蚀性能有明显提高。含有 Mo、N 等合金元素的双相不锈钢还具有优良的耐孔蚀性能。

20 世纪 30 年代开发的第一代双相不锈钢铬、钼含量较高，耐局部腐蚀性能好，其特点是超低碳，铬含量为 18%，焊接及成型性能良好，可广泛代替 304L、316L 用作耐氯离子应力腐蚀的材料。70 年代以来，采用 AOD 和 VOD 等方法冶炼出超低碳的钢，同时发现氮作为奥氏体形成元素对双相不锈钢有提高耐腐蚀性能的重要作用，改进了第一代双相不锈钢的缺点，从而开创了第二代新型的含氮双相不锈钢并开发了双相不锈钢新的应用领域。第二代双相不锈钢不论是18Cr 型，还是22Cr 或25Cr 型大多数属于超低碳型钢种。80 年代后期发展的超级双相不锈钢属于第三代双相不锈钢，这类钢的特点是碳含量很低，钼、氮含量较高，钢中铁素体含量 40% ~50%，具有优良的耐孔蚀性能。我国自 70 年代中期开始发展双相不锈钢，北京钢铁研究总院最早开展这方面研究工作，研制的 00Cr18Ni5Mo3Si2 双相不锈钢已纳入国家标准 GB1220、GB3280、GB4237。由于双相不锈钢镍含量较低，因而它也是一种节镍不锈钢。主要用于化工、石油、原子能工业中作为结构材料使用，典型用途是制造各种换热设备。

1.13.4 马氏体不锈钢

马氏体不锈钢根据化学成分不同可分为马氏体铬钢和马氏体铬镍钢两类；根据组织和强化机理的不同则可分为马氏体和半奥氏体沉淀硬化不锈钢以及马氏体时效不锈钢等。

（1）马氏体铬钢。钢中除含铬外还含一定量的碳。铬含量决定钢的耐蚀性，碳含量越高则强度、硬度和耐磨性越高。此类钢的正常组织为马氏体，有的还含有少量的奥氏体、铁素体或珠光体。主要用于制造对强度、硬度要求高，而对耐腐蚀性能要求不太高的零件、部件以及工具、刀具等。典型钢号有 2Cr13、4Cr13、9Cr18 等。

（2）马氏体铬镍钢。包括马氏体沉淀硬化不锈钢、半奥氏体沉淀硬化不锈钢和马氏体时效不锈钢等，都是高强度或超高强度不锈钢。此类钢碳含量较低（低于 0.10%），并含有镍，有些牌号还含有较高的钼、铜等元素，所以此种钢在具有高强度的同时，强度与韧性的配合以及耐蚀性、焊接性等均优于马氏体铬钢。Cr17Ni2 是最常用的一种低镍马氏体不锈钢。马氏体沉淀硬化不锈钢通常还含有 Al、Ti、Cu 等元素，它是在马氏体基体上通过沉淀硬化作用析出 Ni3Al、Ni3Ti 等弥散强化相而进一步提高钢的强度，如 Cr17Ni4Cu4 等牌号；而半奥氏体（或称半马氏体）沉淀硬化不锈钢，由于淬火状态仍为奥氏体组织，所以淬火态仍可进行冷加工成型，然后通过中间处理、时效处理等工艺进行强化，这样就可以避免马氏体沉淀硬化不锈钢中的奥氏体淬火后直接转变为马氏体，导致随后加工成型困难的缺点。常用的钢种有 0Cr17Ni7Al、0Cr15Ni7Mo2Al 等。此类钢强度较高，一般达 1200 ~ 1400MPa，常用于制作对耐蚀性能要求不太高但需要高强度的结构件，如飞机蒙皮等。马氏体时效不锈钢，是在超低碳马氏体时效钢的基础上加入高于 10% 的铬制成的，既保有马氏体时效钢的良好综合性能，又提高了耐蚀性。此类钢碳含量低于 0.03%，铬含量为 10% ~ 15%，镍含量为 6% ~ 11%（或钴含量为 10% ~ 20%），并加入 Mo、Ti、Cu 等强化元素。

1.14 耐热钢

耐热钢常用于制造锅炉、汽轮机、动力机械、工业炉和航空、石油化工等工业部门中在高温下工作的零部件。这些部件除要求高温强度和抗高温氧化腐蚀外，根据用途不同还要求有足够的韧性、良好的可加工性和焊接性，以及一定的组织稳定性。我国自1952年开始生产耐热钢，以后研制出一些新型的低合金热强钢，从而使珠光体热强钢的工作温度提高到600～620℃；此外，还发展出一些新的低铬镍抗氧化钢种。

耐热钢和不锈耐酸钢在使用范围上互有交叉，一些不锈钢兼具耐热钢特性，既可用作为不锈耐酸钢，也可作为耐热钢使用。

预计到2020年我国全国电站装机容量将达到10亿千瓦，其中火电装机容量仍将占70%以上。发展超超临界机组将是我国火力发电提高效率、节约能源、改善环境、降低成本的必然趋势。

超超临界锅炉用耐热钢可分为两大类：

（1）奥氏体类耐热钢，包括15% Cr、18% Cr、20% ～25% Cr，以及高Cr高Ni系列。

（2）铁素体类耐热钢，包括珠光体、贝氏体和马氏体及其两相钢。

我国自行研究开发的钢研102（12CrMoWVTiB），在570～595℃范围内具有足够的抗氧化性能，而且比12Cr1MoV具有更高的许用应力，是性能价格比好，而且经实践考验的低合金热强钢种。

HCM2S是在T22（2.25Cr-1Mo）钢的基础上，吸收了钢研102的优点而改进的。在600℃时的强度比T22高93%，与钢研102相当。但由于碳含量降低，加工性能和焊接性能优于钢研102，可以焊前不预热，焊后不热处理。该钢已获得ASME锅炉压力容器规范CASE2199认可，被命名为SA213－T23。目前HCM2S已用于制作大口径钢管，性能达到小口径管的水平。

1.15 电 工 钢

电工钢也称硅钢片，主要用作各种电机、变压器和镇流器铁芯，是电力、电子和军事工业不可缺少的重要软磁合金。电工钢包括硅含量小于0.5%电工钢和硅含量为0.5% ～6.5%硅钢两类。一般硅含量为0.5% ～4.5%。加入硅可提高铁的电阻率和最大磁导率，降低矫顽力、铁芯损耗（铁损）和磁失效。

冷轧硅钢产品的轧制包括热轧和冷轧两个工序，传统的采用热轧直接生产硅钢成品的工艺目前已经很少采用。根据产品不同，冷轧工序分为多机架轧制和单机架轧制两种，其中单机架轧制主要生产取向硅钢产品。

冷轧电工钢分为取向电工钢和无取向电工钢，牌号通常由三部分组成。

第一部分：材料公称厚度（单位：mm）100倍的数字。

第二部分：普通取向电工钢表示符号“Q”、高磁导率级取向电工钢表示符号“QG”或无取向电工钢表示符号“W”。

第三部分：取向电工钢，磁极化强度在1.7T和频率在50Hz，以W/kg为单位及相应厚度产品的最大比总损耗值的100倍；无取向电工钢，磁极化强度在1.5T和频率在50Hz，以W/kg为单位及相应厚度产品的最大比总损耗值的100倍。

一般要求电机、变压器和其他电器部件效率高、耗电量少、体积小和重量轻。电工钢板通常是以铁芯损耗和磁感应强度作为产品磁性保证值。对电工钢板性能的要求包括铁芯损耗低、磁感应强度高、冲片性良好、钢板表面光滑、平整和厚度均匀、绝缘薄膜性能好和磁时效现象小。

电工钢成分组成基本包括三大类元素：

第一类为基本合金元素，如Si、Al、Mn等是有益的合金元素，可使铁的磁各向异性常数 K_1 和饱和磁滞伸缩常数 λ_s 值降低，磁化更容易。

第二类为杂质元素，如C、S、N、O、Ti、Zr等为有害元素，这些元素的存在可在钢中形成细小弥散的碳化物、硫化物、氮化物及氧化物，阻碍成品退火时晶粒长大，对磁性能不利，因此要求钢中这类元素的含量越低越好。

第三类为微量元素如Sb、Sn等，在无取向硅钢中添加少量的Sb、Sn，可以改善无取向电工钢再结晶退火后的织构，使（100）和（110）有利织构组分明显增加，使（111）不利织构组分明显减弱，从而降低铁损，提高磁感。添加少量的此类元素，还可以抑制内氧化层和氮化层的形成，改善磁性。

另外，为了降低总铁损应有一个合适的临界晶粒尺寸。无取向电工钢中夹杂物和杂质元素应尽量降低，这是提高磁性的最重要措施。钢板厚度减薄，磁滞损耗增高。但厚度减薄，涡流损耗明显降低。因此对总铁损来说也有一个合适的临界厚度。钢板表面平整光洁，表面自由磁极减少，静磁能降低，畴壁移动阻力减小，则磁滞损耗和矫顽力降低。

1.16 高温合金

高温合金和金属间化合物高温材料的分类和牌号的标准是 GB/T 14992—2005。

高温合金是以铁、镍、钴为基的，在600～1200℃高温和复杂应力作用下长期使用的单一奥氏体的合金。

高温合金主要用于制造航空涡轮发动机和火箭发动机部件，以及地面燃气轮机和石油化工设备零部件。

高温合金的分类有以下几种：

（1）按合金基体元素种类分为铁基合金、镍基合金和钴基合金。

铁基合金含有一定量的铬和镍等元素，是在中等温度（600～800℃）条件下使用的重要材料，具有中温力学性能和良好的热加工塑性，合金成分比较简单，成本较低。主要用于制作航空发动机和工业燃气轮机上的涡轮盘，也可以制作导向叶片、涡轮叶片、燃烧室，以及其他承力和紧固部件。

镍基合金是以镍为基体（含量一般大于50%）、在650～1000℃范围内具有较高的强度和良好的抗氧化性、抗燃气腐蚀能力的高温合金。镍基合金是高温合金中应用最广、高温强度最高的合金。根据强化作用方式又可分为固溶强化合金和沉淀强化合金。固溶强化元素为钨、钼、钴、铬、钒等；沉淀强化元素为铝、钛、铌和钽；晶界强化元素为硼、锆、镁和稀土元素等。

钴基合金是钴含量为40%～65%的奥氏体高温合金，在730～1100℃下，具有一定的高温强度、良好的抗热腐蚀和抗氧化能力。用于制作工业燃气轮机、舰船燃气轮机的导向叶片等。钴是一种重要的战略资源，世界上大多数国家缺钴，以至于钴基合金的发展受到限制。

（2）按热处理强化类型分为固溶强化型和时效沉淀强化型合金。

固溶强化型合金是某些金属元素钨、钼固溶于合金的奥氏体基体中而达到强化的高温合金。

时效沉淀强化型合金是通过时效处理，从过饱和固溶体中析出第二相强化的高温合金。

（3）按成型工艺可分为变形合金、铸造合金和粉末合金。

变形合金是指通过热、冷变形加工的高温合金。铸造合金是指用铸造方法成型零件的高温合金。粉末合金是用合金粉末经热等静压成型的高温合金。

另外，还有金属间化合物高温材料。金属间化合物高温材料是近期研究开发的一类有重要应用前景的、轻密度高温材料。即在 Ti-Al、Ni-Al 和 Fe-Al 系材料的制备加工技术、韧化和强化、力学性能以及应用研究方面取得了很大成就。

随着现代航空和航天技术不断发展，要求进一步提高高温合金质量指标。目前我国生产的高温合金已经形成系列，有使用温度为 1000℃ 的镍基板材合金、950℃ 的镍基变形叶片合金、650 ~ 750℃ 的铁镍基涡轮盘合金和 1000℃ 的精密铸造叶片合金等。

1.17 精密合金

精密合金是具有特殊物理性能（如磁学、电学、热学和部分特殊化学等性能）的金属材料。

精密合金包括软磁合金、永磁合金、弹性合金、膨胀合金、热双金属、电性合金、非晶微晶合金、贮氢合金、形状记忆合金、磁致伸缩合金、阻尼减振合金、隐身材料、磁记录材料和其他新型精密合金等。

（1）软磁合金。软磁合金是指矫顽力低于几百 A/m 的铁磁性材料，具有很高的饱和磁感应强度和磁导率，低的矫顽力。对于在交流磁化状态下使用的材料还需要有较低的功能损耗。

软磁材料有高饱和磁感合金（1J22）、高初磁导率合金（1J76、1J77、1J79、1J80、1J85 和 1J86 等）、高磁导率较高饱和磁感应强度合金（1J46、1J50、1J54、1J06 和 1J12 等）、高硬度高电阻率高磁导率合金（1J87、1J88、IJ89、1J90 和 1J91 等）、矩磁合金（1J51、1J52、1J83、1J34、1J65、IJ67 和 IJ40 等）、恒磁导率合金（IJ66）、磁温度补偿合金（1J30、1J311、J32、1J33 和 1J36 等）和磁致伸缩合金（IJ13）。

从成分分类有纯铁和低碳钢、铁硅系合金（硅钢片）、铁铝系合金、铁硅铝系合金、镍铁系合金（坡莫合金）、铁钴系合金、软磁铁氧体、非晶态软磁合金和超微晶软磁合金等。

应用最多的软磁材料是铁硅合金（硅钢片）以及各种软磁铁氧体等 。20 世纪 80 年代发明的一种软磁材料，由小于 50nm 左右的结晶相和非晶态的晶界相组成，具有比晶态和非晶态合金更好的综合性能，不仅磁导率高、矫顽力低、铁损耗小，而且饱和磁感应强度高、稳定性好。

（2）永磁合金。永磁合金是指矫顽力大于 10^4A/m 的铁磁性材料。永磁合金的作用是在磁路间隙内提供一定强度的磁场，因此永磁合金的主要性能参数是剩磁（B_r）、矫顽力（H_c）、最大磁能积（BH_{max}）以及表示温度特性的磁感温度系数和矫顽力温度系数等。

永磁合金主要用于仪器仪表、电机、通讯、电声、自动控制和计算机等方面。

常用的永磁材料分为铝镍钴系永磁合金、铁铬钴系永磁合金、永磁铁氧体、稀土永磁材料和复合永磁材料。

稀土永磁分钐钴（SmCo）永磁体和钕铁硼（NdFeB）永磁体。其中SmCo磁体的磁能积在15～30MGOe之间，NdFeB系磁体的磁能积在27～50MGOe之间，是目前磁性最高的永磁材料。

（3）弹性合金。弹性合金是具有特殊弹性性能的材料，广泛用于制作精密仪器仪表、精密机械、自动化装置的各种弹性元件。弹性合金包括Fe-Ni-Cr系、Ni-Ct系、Ni-Cr-Nb系、Ni-Co-Cr系、Nb-Ti系、Fe-Ni-Co系等。

弹性合金一般分为高弹性合金和恒弹性合金。高弹性合金具有高弹性模量（$E=176\sim216$GPa）、高弹性极限、高强度和硬度（例如3J01、3J21和3J40）。恒弹性合金具有很小的或恒定的弹性模量温度系数或频率温度系数（例如3J53和3J63）。

（4）膨胀合金。膨胀合金是具有特殊热膨胀性能的材料，按线膨胀系数的大小分为低膨胀合金（因瓦型合金）、定膨胀合金（可伐型合金）和高膨胀合金。

低膨胀合金在弯曲点以下的平均线膨胀系数低于 3×10^{-6}/℃；定膨胀合金在弯曲点以下的平均线膨胀系数为 $(4\sim10)\times10^{-6}$/℃；高膨胀合金在弯曲点以下的平均线膨胀系数为 $(16\sim26)\times10^{-6}$/℃。膨胀合金主要有Fe-Ni系、Fe-Ni-Co系和Fe-Ni-Cr系合金等，高铬钢和Co-Fe-Cr系合金也用作膨胀合金，但用量不大。

（5）热双金属。热双金属是指由两层（或多层）具有不同线膨胀系数的金属或合金组元层牢固地结合在一起的复合材料。

热双金属中的一组元层具有低的线膨胀系数，为被动层；另一组元层具有高的线膨胀系数，为主动层。有时，为了得到性能特殊的热双金属，还可以加入第三层或第四层金属或合金。通常，被动层都采用含 Ni 34% ~50% 的因瓦型合金；主动层则采用黄铜、镍、Fe-Ni-Cr、Fe-Ni-Mn 和 Mn-Ni-Cu 合金等。通过主动层和被动层材料的不同组合，可以得到不同类型的热双金属，如高温型、中温型、低温型、高敏感型、耐蚀型、电阻型和速动型等。

热双金属带材标准（GB 4461—2007）中有：高敏感性（如 5J20110）、通用型（如 5J1413、5J1416、5J1580）、低温型（如 5J1380）、高温型（如 5J1070、5J0756、5J1070 和 5J0756）、耐腐蚀型（如 5J14140、5J15120）、电阻型（如 5J1306、5J1411 和 5J1455）、特殊型（如 5JL017）等。

热双金属是由两层或两层以上具有不同线膨胀系数的合金牢固结合的复合材料。这种合金用于温度控制、温度补偿、电流限制、温度指示等自动控制装置和仪器仪表中的热敏元件。

（6）电性合金。电性合金是具有特殊电学性能的合金，包括精密电阻合金、应变电阻合金、电热合金、热电偶合金和触头材料等。

精密电阻合金是电阻温度系数和对铜热电动势较小、稳定性好的电阻合金，广泛用于精密仪器仪表。6J12、6J08 和 6J13 是典型的精密电阻合金。6J22、6J23 和 6J24 是镍铬改良型精密电阻合金。

应变电阻合金是电阻应变灵敏系数大、电阻温度系数小的电阻合金。4YC3 是 Fe-Cr-Al 系 550℃高应变电阻合金；4YC4 是 Fe-Cr-Al 系 750℃高温应变电阻合金，4YC9 是 Ni-Mo 系 500℃自补偿应变电阻合金，4YC8 铜镍锰钴合金精密箔材。

电热合金主要有两大类：一类是铁素体组织的铁铬铝合金；另一类是奥氏体组织的镍铬合金。这两类合金由于组织结构不同，在性能上也不尽相同。但作为电热材料，它们都各自具备较多的优点，因而在各国得到大量的生产和广泛的使用。电热合金分为 Ni-Cr-(Fe)型和 Fe-Cr-Al 型两类。Ni-Cr-(Fe)型的最高使用温度为 1100℃。Fe-Cr-Al 型的最高使用温度可达 1050℃、1200℃和 1300℃。

（7）非晶微晶合金。非晶微晶合金通过超急冷凝固而成，合金凝固时原子来不及有序排列结晶，得到的固态合金是长程无序结构，没有晶态合金的晶粒、晶界存在。这种非晶合金具有许多独特、优异的性能，生产工艺简单。铁基非晶合金可以代替硅钢做配电变压器，可节能 60% ~70%。铁基非晶合金的带材厚度为0.03mm左右，广泛应用于配电变压器、大功率开关电源、脉冲变压器、磁放大器、中频变压器及逆变器铁芯，适合于10kHz以下频率使用。

非晶微晶合金是一种金属晶粒细化至微米级的铸造合金材料，具有这种超微晶粒的合金可以表现出比其他同类合金更加优异的综合力学性能、超强的性能稳定性和尺寸稳定性、良好的减摩性和耐磨性。采用非晶微晶合金制造的轴瓦、轴套、蜗轮、滑板、丝母等系列减摩产品，已经成功地在锻压设备制造行业、数控机床制造行业、减变速机制造行业、重型矿山设备制造行业、工程机械制造行业得到了应用。

（8）贮氢合金。贮氢合金是一种新型合金，一定条件下能吸收氢气和放出氢气。循环寿命性能优异，并可被用于大型电池，尤其是电动车辆、混合动力电动车辆、高功率应用等。贮氢合金可以用真空电弧炉及真空中频感应炉熔炼，可以采用真空吸铸的方法浇铸。熔炼的合金易活化，最高贮氢容量达4.0%（质量分数），合金适合用作氢气净化器合金和燃料电池氢源合金。

（9）形状记忆合金。形状记忆合金是拥有“记忆”效应的合金，在航空航天领域内的应用有很多成功的范例。人造卫星上庞大的天线可以用记忆合金制作。发射人造卫星之前，将抛物面天线折叠起来装进卫星体内，火箭升空把人造卫星送到预定轨道后，只需加温，折叠的卫星天线因具有“记忆”功能而自然展开，恢复抛物面形状。形状记忆合金具有三种记忆效应：

1）单程记忆效应：形状记忆合金在较低的温度下变形，加热后可恢复变形前的形状，这种只在加热过程中存在的形状记忆现象称为单程记忆效应。

2）双程记忆效应：某些合金加热时恢复高温相形状，冷却时又能恢复低温相形状，称为双程记忆效应。

3）全程记忆效应：加热时恢复高温相形状，冷却时变为形状相同而取向相反的低温相形状，称为全程记忆效应。

（10）磁致伸缩合金。磁性材料在磁化时发生的尺寸变化称为磁致伸缩，在饱和磁化情况下所产生的磁致伸缩称为饱和磁致伸缩。饱和磁致伸缩系数$\lambda_s \geq 30 \times 10^{-6}$的合金一般称为磁致伸缩合金或高磁致伸缩合金，主要有铁镍合金、铁铝合金和稀土合金等。可制成超声波发生器和接收器，力、速度、加速度的传感器，滤波器、稳频器和磁声存储器。

（11）阻尼减振合金。阻尼减振合金是一种阻尼（内耗）大，能使振动迅速衰减的特种金属材料。采用阻尼合金减振防噪，具有结构简便、体积小、轻量化等优点。

常用的阻尼合金包括：

1）均质金属类，包括复相型、强磁性型、位错型和孪晶型；

2）复合板类，包括非拘束型和拘束型；

3）粉末金属类，包括有色金属型和黑色金属型。

阻尼合金已用于航空航天、船舶、汽车、铁路、家用电器及军用车辆等工业中。

（12）隐身材料。隐身材料可以降低被探测率，提高自身的生存率，是隐身技术的重要组成部分。按频谱可分为声、雷达、红外、可见光、激光隐身材料。按材料用途可分为隐身涂层材料和隐身结构材料。

（13）磁记录材料。磁记录材料是指利用磁特性和磁效应输入（写入）、记录、存储和输出（读出）声音、图像、数字等信息的磁性材料。分为磁记录介质材料和磁头材料。前者主要完成信息的记录和存储功能，后者主要完成信息的写入和读出功能。

磁记录材料按形态分为颗粒状和连续薄膜材料两类，按性质又分为金属材料和非金属材料。广泛使用的磁记录介质是 γ-Fe_2O_3 系材料，此外还有 CrO_2 系、Fe-Co 系和 Co-Cr 系材料等。磁头材料主要有 Mn-Zn 系和 Ni-Zn 系铁氧体 、Fe-Al 系、Ni-Fe-Nb 系及 Fe-Al-Si 系合金材料等。

（14）其他新型精密合金。纳入新型精密合金范畴的有阻尼减振合金、隐身合金、磁记录合金、超导合金、微晶非晶合金等。

超导合金是由难熔金属和海绵活性金属制成的，其特征在于：合金的多组元都能熔化，在强搅拌下各组分熔体充分混合，避免了宏观不熔块的形成与存在，其工艺技术简单。

超导合金的熔铸制造方法是：将高熔点金属锭用电子束法提纯，将较低熔点的海绵活性金属压型成棒，在惰性气体保护下将两者焊接成自耗电极；其特征在于：在真空自耗炉中将自耗电极进行一次大功率熔化，熔化功率为 250～460kW，各组元熔体滴入深阔的熔池并剧烈搅拌熔体，熔铸成一次超导合金锭；将一次合金铸锭再进行至少一次的大功率熔铸过程。

2 钢铁企业的生产过程

钢铁生产过程是一个复杂的系统，如图 2-1 所示，由炼焦、烧结（和球团）、炼铁、炼钢（包括转炉和电炉、精炼、模铸或连铸）和轧钢所组成。

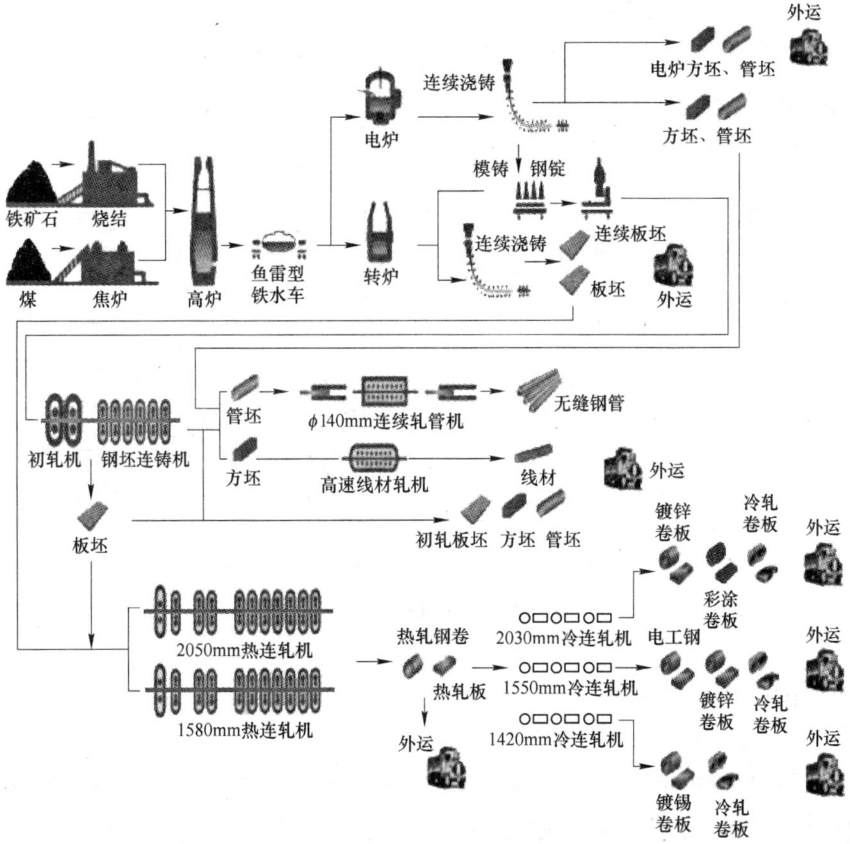

图 2-1　钢铁生产流程示意图

钢铁产品最终以钢材为主，包括型钢（方钢、棒材、扁钢、螺纹钢、角钢、槽钢、重轨、轻轨、工字钢等）、中厚板、热轧带钢、冷轧带钢、镀锌（或镀铝或镀锡）钢板、彩色涂层钢板、钢管（包括无缝钢管和焊管）、线材、钢丝和钢丝绳等产品。

钢铁生产过程主要包括焦化生产过程、烧结生产过程、炼铁生产过程、炼钢生产过程和轧钢生产过程。

我国是世界上第一钢铁生产大国，具有所有流程和主要产品，特别是钢铁联合企业，产品范围和过程范围比较全面，审核员应对流程和产品有所了解，对生产过程控制的重点比较清楚。

2.1 焦化生产过程

焦化生产主要是生产冶金焦供高炉炼铁使用，同时回收焦炉煤气和焦炉煤气中的煤化工产品。焦化厂一般由备煤、炼焦、煤气回收和精制（包括脱氨、脱苯和苯精制）、焦油加工等工序组成，如图 2-2 所示。焦化过程的产品除焦炭外，还有焦炉煤气和焦油。

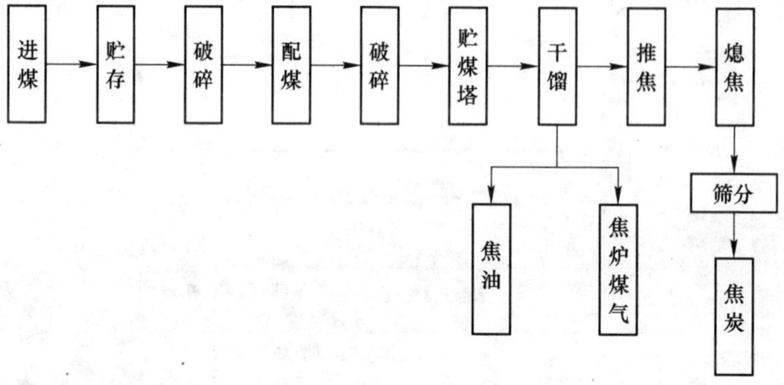

图 2-2 焦化过程流程示意图

2.1.1 炼焦生产流程

炼焦是钢铁联合企业生产流程中的重要组成部分，它为高炉提供铁矿石还原所需要的碳和热。炼焦是将煤在焦炉中隔绝空气的状态下加热，放出水分和吸附的气体，分解出煤气和焦油，并形成以碳为主体的焦炭。

（1）原煤或精煤的验收和贮存。原煤是没有经过洗选的煤，灰分和硫含量比较高；精煤是经过洗选的煤，灰分和硫含量比较低。灰分不结焦，对焦炭的强度和块度以及节能有不利影响，硫也是有害杂质，影响炼铁的生铁质量。多数钢铁企业采用的是经矿山洗选的精煤。即使是精煤，也应在进货时进行严格的验收，按标准或合同进行化验分析，不符合技术要求的不应卸在储煤场中。

煤在贮存过程中应对储备量和储存期有规范性要求，并防止积压变质和氧化。不同煤种和牌号应单独存放，并有一定的堆存高度要求。一般采取“平铺”、“直切”的方法，保证煤的均匀化。

（2）破碎。将大块和硬块煤进行预粉碎，粉碎后的粒度应小于3mm。粉碎后混匀使粒度分布合理，粒级性质均匀，提高装煤密度，有助于提高焦炭质量。按不同粉碎度的要求，将粉碎和筛分（或风力分离）结合，使煤料粒度更加均匀。粉碎有机械选择粉碎和风力选择粉碎。我国炼焦煤中难粉碎的气煤配比较高，采用风力选择粉碎工艺比较合适。

（3）配煤。所谓“配煤”就是把不同的煤种按一定的比例配合起来炼焦。不同的煤种其黏结性不同，主焦煤的结焦性最好。但国内主焦煤储量少，以气煤、肥煤为基础，适当地配入焦煤，使黏结成分、瘦化成分比例适当，并尽可能多配一些高挥发分弱黏结煤。在保证焦炭质量的同时，尽可能增加焦化产品的产量和焦炉煤气的发生量。在装炉煤中配入适量的黏结剂和抗裂剂等非煤添加物，可改善其结焦性。为了保证焦炭的质量，在确定配煤比之前，先进行配煤试验，包括小型焦炉试验和炉孔或全炉试验，确定配煤比。目前也有些根据煤的特性与焦炭质量之间的关系建立了配煤计算软件，这种软件计算的结果可以简化试验，但还不能完全取代试验。有些企业不仅有计算软件，还有不同地区和不同煤种的特性数据库，对优化配煤过程具有重要作用。

为了提高焦炭质量，首先必须严格控制配煤中的灰分、硫分及挥发分。一般硫分应小于1%，灰分不高于10%，挥发分应保持在24%～30%。装炉煤水分对结焦过程有较大影响，一般应小于10%，水分每增加1%，结焦时间延长20min，影响炼焦速度。装炉煤水分还影响堆密度，煤料水分低于7%时，随水分降低，堆密度增高；水分为7%～10%时，煤料的堆密度最小；水分大于10%时，堆密度也增高，但水分过高，不仅延长结焦时间和增加耗热量，而且会影响焦炭质量，所以装炉煤水分不宜过高。可以通过“煤调湿”技术来控制装炉煤的水分，把水分调整稳定在相对低的水平（一般为5%~6%），利用“煤调湿”技术可以提高焦炉生产能力、降低炼焦耗热量、提高焦炭质量、减少环境污染、稳定焦炉操作等。

（4）粉碎。配煤粒度要求在3mm以下，目前有“先粉碎后配合”和“先配合后粉碎”两种流程。“先粉碎后配合”是先把各单种煤粉碎到配煤的洗度要求（小于3mm），然后再进行配煤。其优点是单种煤单独粉碎，有利于提高配煤的精度和粒度；“先配合后粉碎”是将粉碎和混合一起进行，简化操作，但配煤的精度和粒度差一些。

（5）贮煤塔。为了给焦炉装煤，将配煤后的煤送入贮煤塔，从煤塔放入装煤车，分别送至各个炭化室装炉。炼焦车间一般由两座炼焦炉组成。如果两座炼焦炉布置在同一中心线上，中间可设一个贮煤塔。在贮煤塔的下部沿焦炉长度方向设置装煤口，装煤口的数量与装煤车的煤斗数相同。

（6）干馏。焦炉炼焦是煤在炭化室内高温干馏形成的，热量来自两侧的燃烧室，蓄热室在炭化室和燃烧室下部，利用废气预热燃烧室燃烧所需要的高炉煤气和空气。炼焦过程主要有下列几个阶段：

干燥预热阶段：炼焦煤在常温下装入焦炉的炭化室后，受到来自炭化室两侧和底部高温（1000~1100℃）的热流加热。装入的炼焦煤在热流加热过程中，首先在20~200℃干燥放出水分和吸附于煤中的二氧化碳及甲烷等气体。

热分解阶段：当炼焦煤被加热到200~350℃时，气煤、肥煤、焦煤、瘦煤等陆续开始热分解，形成化合水、二氧化碳、一氧化碳、甲烷和焦油蒸气等。

胶质体产生和固化阶段：当温度达到350~450℃时，煤将进一步分解，产生焦油和沥青，于是与残余的固体形成胶体。当温度达到450~500℃时，胶体进一步分解并固化，形成半焦。

半焦收缩阶段：当温度达到500~650℃时，形成的半焦进一步分解，并收缩产生裂纹。

焦炭形成阶段：当温度达到650~950℃时，半焦进一步分解和收缩，形成焦炭。

（7）推焦。当炭化室内的焦饼成熟后，由推焦机和拦焦车分别摘下机侧和焦侧的炉门。在导焦槽装好和熄焦车就位后，启动推焦机把焦饼从炭化室中推出落到熄焦车中。为了防止推焦过程中设备或焦炉炉体发生故障和防止机侧焦饼撞碎，一般采用推焦系数（包括计划推焦系数、执行推焦系数和总推焦系数）控制推焦过程。

（8）熄焦。从炭化室推出来的赤热焦炭（红焦）不能直接使用，必须冷却。熄焦有湿法熄焦和干法熄焦。

湿法熄焦就是用大量的水来熄焦，熄焦不仅是熄火，更重要的是必须均匀熄焦，减少焦炭中的水分波动。喷洒的水在熄焦后不应外排，而循环再利用。

干法熄焦不用水熄焦，而是在隔绝空气的条件下，从熄焦室下部送入惰性气体对红焦进行冷却，热气体从上部排出，冷却气体再从下部进入进行循环。将红焦热量带走的气体进入锅炉，进行热交换。采用干熄焦可以回收约80%的红焦显热。平均每熄1t红焦可回收3.9MPa、450℃、0.45～0.58t蒸汽，可直接送入蒸汽管网，也可以发电，并避免了生产等量蒸汽燃煤而对大气的污染。干熄焦也可以改善焦炭质量，降低高炉焦比。在保持焦炭质量不变的情况下，可在配煤中多用10%～15%的弱黏结性煤。采用干熄焦技术可大大减少环境污染。

（9）筛分。从焦炉推出来的焦炭粒度范围很大，不能直接用于高炉，必须进行整粒。大块的焦炭应经碎焦机进行破碎，然后进行筛分，筛分就是为了使焦炭粒度符合标准要求（15～25mm）。

焦炭用途很多，除冶金焦外，还有铁合金焦、铸造焦等，但用于炼铁的冶金焦占2/3以上。用于炼铁的冶金焦的主要质量指标有化学组成（碳、氢、挥发分、灰分、硫分、磷分、水分含量等）、燃烧性质（发热量、着火点等）、物理特性（密度、气孔率、比热容、弹性模量、导热系数、线膨胀系数和导电性等）、机械特性（强度、耐磨性、微硬度等）和反应性等。

《冶金焦炭》（GB/T 1996—2003）规定了供高炉冶炼用的冶金焦炭的技术要求、试验方法、检验规则、包装、运输、贮存和质量证明书。

2.1.2 焦炭生产过程控制要点

（1）配煤的成分和质量。焦炭中的灰分、硫分和磷分取决于配煤成分。

焦炭的强度和块度也与配煤的性质有关。如果配煤中的气煤多，挥发分高，焦炭的块度就小；如果配煤中的瘦煤多，焦炭的收缩裂纹减少，焦炭的块度就大。配煤中的杂质多也会影响焦炭的强度。特别应控制配煤中胶质体的数量和质量，保证煤粒之间得到很好的熔融和黏结。配煤中水分过大会降低堆密度，对焦炭的强度不利。一般在配煤过程中，增加低挥发分煤，可以提高焦炭强度、快度、反应性以及反应后强度。

(2) 炼焦的加热制度。为了提高焦炭质量，应注意控制加热制度（包括加热温度、炼焦速度、炼焦终温和焖炉时间）和堆密度。另外结焦时间也会影响焦炭冷态、热态性能和显微特性。炼焦炉燃烧室的温度最高为1400℃（平均为1300℃），最低为900℃（平均为1173℃）。燃烧室两侧的温度与平均炉温差也应控制在适当的范围内。燃烧室内燃烧时的空气过剩系数一般控制在1.2~1.3之间。提高加热温度或速度，可以增加胶质体的流动性，焦炭强度比较高；但是裂纹多，块度小。特别是结焦末期的温度，能够增加焦炭的耐磨性，但也会降低焦炭的块度。

炼焦速度是指炭化室平均宽度与结焦时间的比值。炼焦速度反映炭化室内煤料结焦过程的平均升温速度。根据煤的成焦机理，提高升温速度可使塑性温度间隔变宽，流动性改善，有利于改善焦炭质量。但是在室式炼焦条件下，炼焦速度和升温速度的提高有限，所以其效果仅使焦炭的气孔结构略有改善，而对焦炭显微组分的影响不明显。提高炼焦最终温度有利于降低焦炭挥发分和氢含量，提高焦炭显微强度、耐磨强度和反应后强度。但抗碎强度则有所降低。焦饼成熟后适当延长焖炉时间，有利于提高焦炭石墨化程度，也有助于改善微观性质。

(3) 煤料的堆密度。提高煤料的堆密度，也可以改善焦炭质量。堆密度提高，煤粒间的间隙减小，在炼焦过程中胶质体易于填满空隙，气体不易析出，胶质体的膨胀性和流动性都增加，使煤粒间的接触更加紧密，形成结构坚实的焦炭。提高炭化室内煤料的堆密度，有利于煤粒黏结和提高焦炭强度，所以很多企业采用了预热煤技术、捣固炼焦和型煤炼焦技术。煤捣固工艺、配型煤工艺、煤干燥工艺和煤预热工艺等方法，都可以使煤的堆密度增加。这样，可以多用高挥发分弱黏结性气煤，也可配用适量的不黏结煤和弱黏结性煤，以扩大炼焦用煤资源。配入少量延迟焦和煤料中掺加少量油料也会增加堆密度，稳定焦炭质量。

（4）煤料的偏析。煤料偏析会影响配煤的均匀性，使密度产生变化，也是焦炭质量不均匀的原因。造成煤料偏析的主要原因是粉碎不均匀，为此应采用高挥发分煤预破碎工艺。

2.1.3 焦炉煤气精制过程

产生的荒煤气含有许多杂质，需要精制才能使用。焦炉荒煤气中的杂质有苯类（30～40g/m^3）、氨（6～8g/m^3）、硫化氢（4～7g/m^3）、萘（1～2g/m^3）、焦油雾（1～2g/m^3）、氰化氢（1～2g/m^3）。除去这些杂质后可以获得以氢和甲烷等不凝性气体为主要成分的精制焦炉煤气。

图 2-3 所示为焦炉煤气精制过程流程，主要包括荒煤气冷却、焦油氨水分离、脱萘、脱硫、脱氨、硫铵生产过程、脱苯过程和粗苯精制过程。

（1）荒煤气冷却。从炭化室出来的高温荒煤气，具有 650～700℃ 的高温，其中含有焦油气、苯类蒸气、水蒸气、氨蒸气和硫化氢等。为了回收上述这些焦化产品，首先在桥管处用循环氨水对煤气进行初步冷却，煤气温度降到 80～85℃，轻质焦油也同时冷凝下来。为了进一步回收煤气中的化学产品，用鼓风机将煤气送入初冷器再冷却。近年来采用联合初冷工艺的比较多，即先将焦炉煤气间接冷却到 55℃左右，再直接冷却到 30℃以下。为了提高荒煤气冷却效果需要控制循环氨水的质量、温度和压力，以及进入初冷器的水质、水温和水压。循环氨水应不带焦油，出口压力控制在 196kPa，温度控制在 72～75℃。冷却水应防止或减少结垢。进口水温控制在 25℃，出口水温控

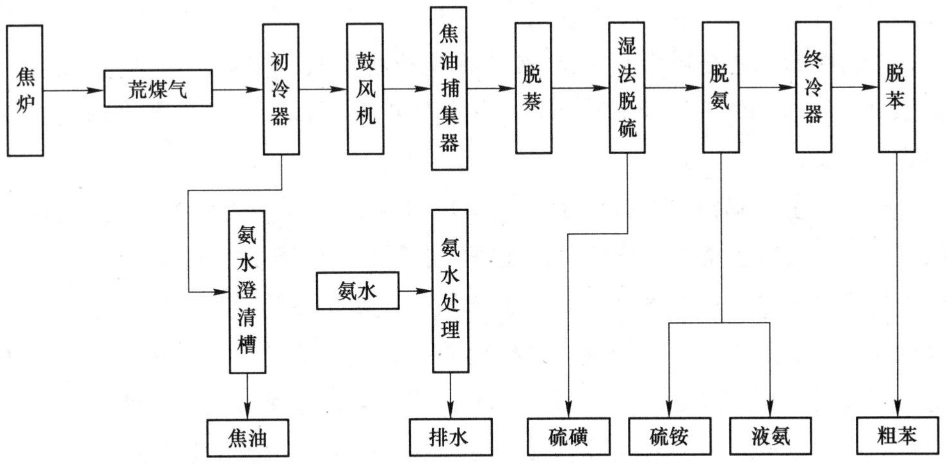

图 2-3 焦炉煤气精制过程流程示意图

制在40~50℃。水的硬度越高，水温应越低，以保证煤气出初冷器的温度为25~35℃。

（2）焦油氨水分离。荒煤气中的焦油在桥管处被喷洒的循环氨水冷却，并与氨水一起流入焦油氨水澄清槽内。没有冷却下来的焦油与煤气一起，经鼓风机进入焦油捕集器，将悬浮在煤气中的焦油蒸气除去，也进入焦油氨水澄清槽内。焦油氨水澄清槽内氨水与焦油和焦油渣分层。氨水返回桥管处循环喷洒，焦油送去加工。剩余部分用泵送至酚萃取装置和氨水蒸馏装置处理。

（3）脱萘。焦炉煤气经初冷器初冷后，温度降至30℃，一部分萘呈微小结晶使煤气含萘处于过饱和状态。这样，初冷后煤气沿煤气管道流向后续的煤气净化设备时，如果流速减缓或温度下降，煤气中的萘就会析出沉积在煤气管道和净化设备中，造成堵塞，因此煤气必须进行脱萘。常用的煤气脱萘方法有水洗萘法和油洗萘法两种。水洗萘法利用冷水洗涤煤气以降低煤气温度，同时使萘从煤气中析出；油洗萘法利用洗油洗涤煤气并吸收煤气中的萘。水洗萘法脱萘效率较低，需要较低的洗萘温度才能使萘大量析出，而且从冷却水中分离萘较为复杂；油洗萘法脱萘效率较高。另外，从洗油中分离萘可以同富油蒸出粗苯一起进行，比较方便。因此，水洗萘法已为油洗萘法所替代。在进入脱硫塔之前用洗油将煤气中的萘先脱掉。

（4）脱硫。煤气脱萘后进入脱硫过程。脱硫方法有两大类：一是湿法脱硫；二是干法脱硫。湿法脱硫一般有两个工序：一个工序是将焦炉煤气中的硫化氢（H_2S）和氰化氢（HCN）吸收，即脱硫（也能同时脱萘）；另一个工序是对含硫化氢（H_2S）和氰化氢（HCN）的脱硫液进行处理，即废液处理。代表性的工艺是塔卡哈克斯-希罗哈克斯脱硫法。该工艺属于氨水脱硫，脱硫效率可达95%~99%，脱HCN的效率可达85%~90%，既可以用煤气中的氨，又无二次污染。

（5）脱氨。喷洒冷却高温荒煤气剩余的氨水经酚萃取后通过换热器进入蒸馏塔，经反应塔将固定氨分解，在塔的下部蒸出游离氨。氨气从塔顶排出，经冷凝浓缩成浓氨水。浓度为12%的浓氨水供给希罗哈克斯装置，余下的残液和氨气送给塔卡哈克斯装置。处理后的废氨水送活性污泥处理。目前，焦化生产过程回收方法有生产浓氨水、生产硫铵、氨分解或生产无水氨等。回收氨的最佳方法应是用磷酸溶液吸收煤气中的氨生产浓氨水和无水氨。

（6）硫铵生产过程。硫铵生产是当前比较常见的工艺。但是由于需要消耗大量的硫酸，对设备腐蚀比较严重，对环境也有一定的污染，将逐步被淘汰。其生产过程是：从冷凝鼓风车间出来的含氨的煤气进入饱和器（即酸洗塔）之前，应将煤气预热到60~70℃，然后进入饱和器。在饱和器中煤气中的氨与喷洒的稀硫酸吸收形成硫铵。当在饱和器中蒸馏使硫铵的浓度大于溶解度时便析出结晶沉淀在饱和器底部，经离心分离和干燥生产出硫铵成品。

生产硫铵除上述的饱和器法外，还有无饱和器法，即用吸收塔代替饱和器。

对饱和器法应注意控制硫酸铵母液的温度（一般控制在50~55℃）和游离酸含量或浓度，即酸度（一般控制在4%~6%）、母液的相对密度(1.26)、晶比（40%~50%）和杂质。当结晶的硫酸铵离心分离和洗涤后，应控制晶体表面沾着的游离酸和油性杂质含量以及从离心分离机卸出来的硫酸铵晶体的水分等。

由于在形成硫铵的过程中温度升高，为了不影响粗苯回收过程，煤气经终冷塔后再进行脱苯。

（7）脱苯过程。煤气中含有粗苯，如果不回收，煤气用于炉窑加热时燃烧不完全，并容易产生积碳事故。从焦炉煤气中脱苯（或回收粗苯）的方法有洗油吸收法、冷冻法和吸附法。洗油吸收法比较常用。在脱苯塔中洗油将煤气中的粗苯脱掉，使焦炉的荒煤气变成了以氢、甲烷等为主的精制的净煤气。从脱苯塔出来的含苯的洗油（由贫油变为富油后）进入蒸馏塔蒸馏。洗油吸收法主要控制从硫酸铵车间饱和器出来的煤气冷却后进入吸苯塔时的吸收温度（一般控制在20~36℃）、洗油的质量、贫油中粗苯的含量（一般控制在0.2%~0.4%）、富油中粗苯的含量（一般控制在2%~3%）以及两苯塔的塔顶轻苯的回流量（回流比为1.5~3）和塔顶温度（73~77℃）等。

（8）粗苯精制。粗苯的蒸馏是分步进行的。重苯和轻苯的分离过程主要是控制两苯塔塔底温度（150℃左右）和塔顶温度（75℃左右）。一般塔顶温度用回流比来调节，回流比的调节全部采用自动阀进行。在180℃以前经两苯塔分离轻苯和重苯，然后对轻苯进行初步精馏，把初馏分、苯、甲苯、二甲苯等混合馏分分离，再对苯、甲苯、二甲苯的混合馏分酸洗净化。混合分酸洗净化过程应控制反应温度（一般在35~45℃）、硫酸浓度（93%~95%）、反应时间（10min）；在催化加氢过程中主要控制纯苯的纯度（噻吩小于5×10^{6}，结晶点为5.3~5.4℃）；精馏过程主要控制初馏塔的塔顶温度

(45～50℃)、回流比（0.6～0.9)、塔底残油温度（90～95℃)、塔底压力(小于39200Pa)。净化后混合馏分用碱中和，最终精馏提取纯苯、纯甲苯、工业二甲苯和轻溶剂油等产品。图2-4是粗苯精制过程流程图。

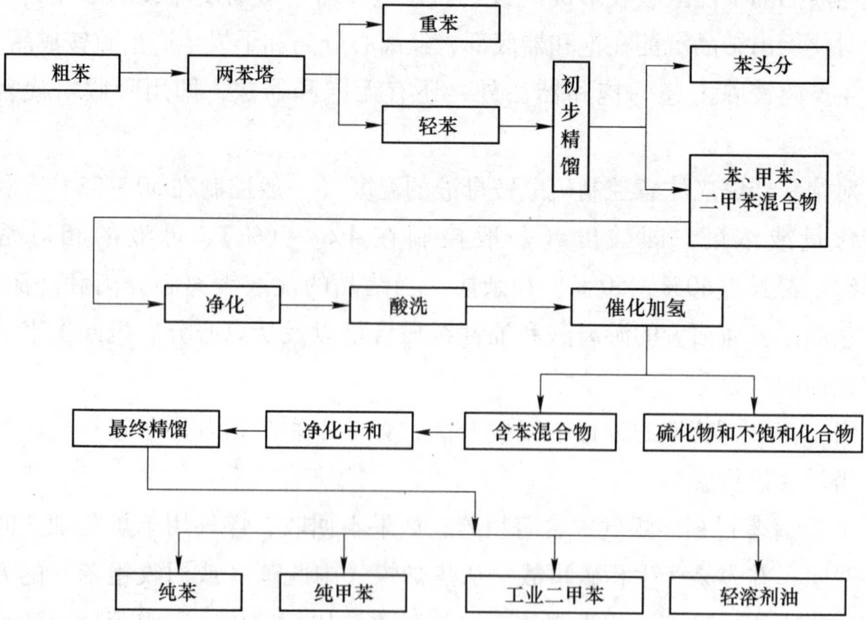

图2-4 粗苯精制过程流程图

2.1.4 焦油加工过程

2.1.4.1 焦油加工流程

焦油加工流程如图2-5所示。

2.1.4.2 焦油加工过程控制要点

焦化生产过程中产生的荒煤气在高温作用下裂解形成高温煤焦油，焦油是由无数化合物所组成，蒸馏时可回收化合物。焦油蒸馏有两种流程，一种是间歇蒸馏，另一种是连续蒸馏。连续蒸馏有单塔式、双塔式和切取混合分式三种形式。

经过冷凝形成液态焦油，焦油中含有轻粗苯、酚油、萘油、洗油、蒽油、二蒽油和沥青等。焦油经过加工（主要是蒸馏）可以回收上述产品。如果将上述产品进一步加工，还可以制取苯酚、邻甲酚、间对甲酚、二甲酚、工业萘、α-甲基萘、古马隆-茚树脂、精蒽、咔唑、工业菲、吡啶和炭黑等产品（见表2-1)。

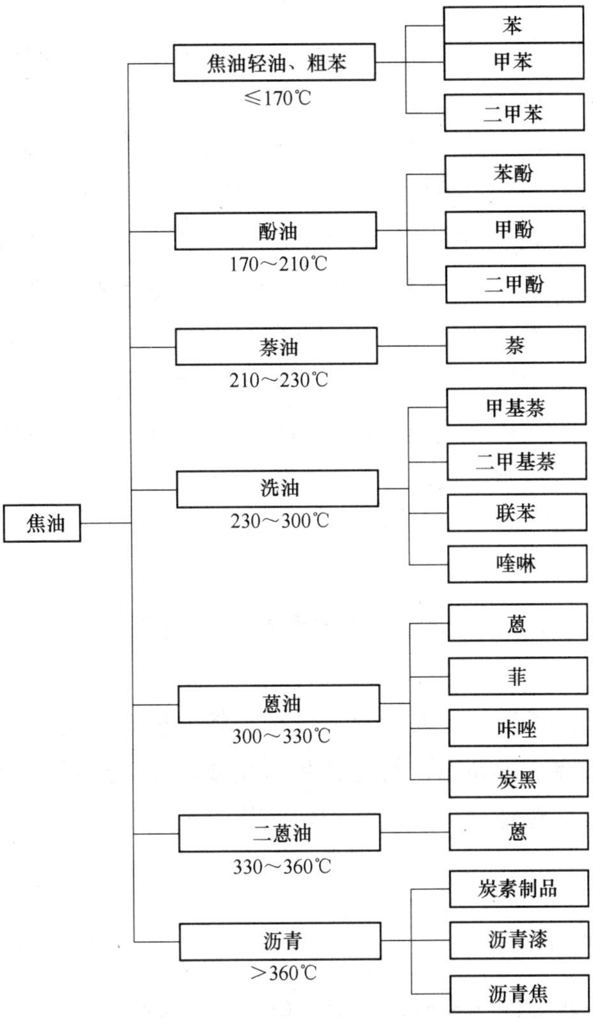

图 2-5 焦油加工流程图

表 2-1 焦油加工的主要产品

产　品	分馏温度/℃	分馏产品
轻油、粗苯	≤170	苯、甲苯、二甲苯
酚　油	170～210	苯酚、甲酚、二甲酚
萘　油	210～230	萘
洗　油	230～300	甲基萘、二甲基萘、联苯、喹啉
蒽　油	300～330	蒽、菲、咔唑、炭黑
二蒽油	330～360	蒽
沥　青	>360	炭素制品、沥青漆、沥青焦

焦油加工应对原料焦油的质量进行控制，特别是水分必须有严格要求，一段蒸发器前焦油的含水量应小于2%，一段蒸发器后焦油的含水量应小于0.5%。焦油中的酚含量和萘含量也必须稳定。

焦油在加工前，应进行混匀、脱水和脱盐。如果是双塔式连续蒸馏系统，就是有一个馏分塔和一个蒽塔。馏分塔主要集中提萘，而蒽塔主要保证提蒽。在低于170℃时分馏焦油轻油和粗苯，在170～210℃时分馏酚油，在210～230℃时分馏萘油，在230～300℃时分馏洗油，在300～330℃时分馏蒽油，在330～360℃时分馏二蒽油，在高于360℃时分馏沥青。馏分塔应保证最大限度地提高萘的集中度，减少酚油、洗油和蒽油中的萘含量。主要控制和调节塔顶温度、回流量、过热蒸汽量、馏分采出量和侧线位置等。蒽塔应保证蒽油质量，所以应控制塔顶温度（一般为250～260℃）和洗油的回流量（一般为0.15～0.25m^3/m^3无水焦油）。

2.2　烧结生产过程

烧结矿是高炉炼铁的主要原料。烧结是将铁精矿或粉矿与燃料和溶剂混合，通过燃料燃烧产生高温，将混合料熔化或软化，经过物理化学反应生产出具有一定强度和粒度、化学成分稳定的烧结矿。目前多数企业采用带式烧结机生产烧结矿。

2.2.1　烧结生产流程

烧结生产流程如图2-6所示，主要包括以下内容：

（1）配料。为了保证烧结矿的化学成分和物理性质，必须对不同种类的原料进行配料。烧结的原料有以含铁的精矿或粉矿为主的原料、炼铁造渣过程需要的辅料、燃烧用的固体燃料、返矿和铺底料。配料应保证烧结矿的品位、碱度、硫含量和FeO含量等控制在规定的范围内。在生产现场根据经验

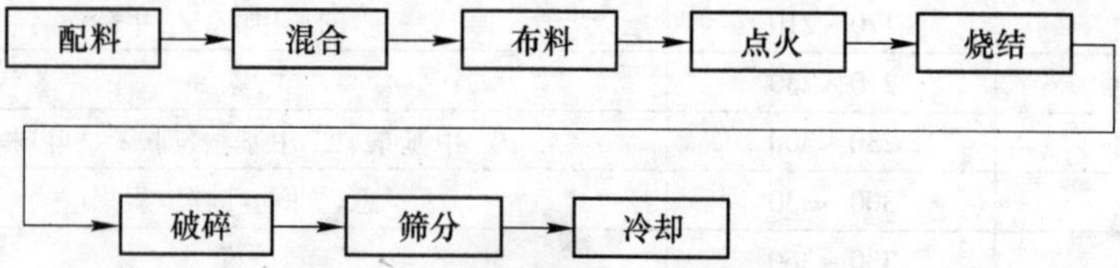

图2-6　烧结生产流程图

配料计算法进行配料，经过验算和调整。

常用的配料方法是容积配料法和重量配料法。容积配料法是根据物料堆积密度和原料的重量与体积成比例这一原则进行的，准确性较差。重量配料法是按原料的重量配料，比容积法准确，便于实现自动化。

（2）混合。为了使烧结料的化学成分均匀，水分合适，易于造球，获得必要的温度和粒度，并具有适宜的透气性，应对配好的料进行混合，以保证烧结矿的质量和产量。一般采用二次混合。一次混合是加水润湿和混匀，二次混合是混匀和制粒。混合在混料机中进行，应注意控制混料机的转速、倾角、填充系数和混料时间等。富矿粉烧结时，因其粒度已经达到造粒要求，可采用一次混合。精矿粉烧结时，因粒度过细，料层透气性差，为改善透气性，必须在混合过程中造粒，所以采用二次混合，我国钢铁企业的烧结大多采用二次混合。

（3）布料。为了防止高温烧结矿烧损炉箅和未烧结料从炉箅中漏掉，一般在炉箅上先铺粒度为10～25mm、厚度为30～50mm的铺底料，铺完底料后布料。目前多采用圆辊布料机布料。布料时要求混合料的粒度和化学成分等沿台车纵横方向均匀分布，并且有一定的松散性，同时用刮料板刮平，使表面平整。布料应保证料层的透气性，防止粗颗粒向下偏析，让焦炭上面多些，下面少些。一般厚料层，可以提高烧结矿的强度，降低燃料消耗。

（4）点火。点火是对台车上的料层表面进行点燃，并使其燃烧和表层结块。点火要求有足够的点火温度，适宜的高温保持时间，沿台车宽度点火均匀。点火炉点火温度取决于烧结生成物的熔化温度，一般控制在1250℃±50℃，点火时间一般为40～60s，点火真空度为4～6kPa，点火深度为10～20mm，点火煤气空气过剩系数为1.4～1.8。如果点火温度过高、时间过长会使表层过熔，透气性差，烧结速度低，烧结矿变脆；点火温度过低、时间过短会使表层欠烧，烧结矿强度低，返矿多。为了保证烧结矿的质量应控制合理的点火制度。

（5）烧结。烧结过程是将混合料借助点火和抽风，使料层中的炭燃烧产生热量，并使料层不断发生还原、分解、氧化和脱硫等反应。在反应的同时料层内熔融和冷凝使粉状料转变成多孔的块状烧结矿。

在烧结过程中的烧结原料会发生干燥、预热、燃烧和熔融等反应。料层的最下部接近炉箅的位置是湿料，经过加热和反应，从下面到表面水分、C、

CO_2 等逐步消失，铁含量逐步提高。在烧结过程中料层的温度也发生变化。在接近燃烧带前，料层温度在50℃左右，进入燃烧带迅速上升到1100℃，燃烧后料层温度有可能达到1250～1400℃，料层出现熔融状态。然后冷却到1100℃开始凝固，析出各种新的矿物组成。

（6）破碎。烧结矿从机尾卸下来时温度很高，块度不均，必须进行破碎、筛分和冷却。烧结矿的破碎一般在烧结机的机尾采用单辊破碎机进行。一般破碎到100mm以下，以避免在储运过程中卡槽和撞损设备。

（7）筛分。在烧结机机尾单辊破碎机的下面采用振动筛对破碎后的烧结矿进行筛分，筛分的目的在于把小于5mm的烧结矿粉筛除，返回作为烧结原料使用。

（8）冷却。为了降低高炉炉顶温度，保护炉顶设备，提高炉顶压力，便于采用皮带运送，改善高炉料槽的工作环境，应对烧结矿进行冷却。一般采用带式冷却机或环式冷却机进行强制冷却。

2.2.2 烧结生产过程控制要点

烧结是一个包括水分蒸发、燃料燃烧、挥发分挥发、氧化铁还原和氧化、石灰石分解、有害杂质去除和氧化铁晶相转变的复杂的物理化学过程。

为了保证烧结矿质量，必须控制烧结过程以下问题：

（1）原料的化学成分和物理性质。原料的化学成分和物理性质，例如矿石的类型，如果是磁铁矿，堆密度就大，结构致密，挥发物少，熔融温度低，重量损失小，烧结矿的强度和还原性好；如果是赤铁矿，熔融温度高，重量损失大，烧结矿的还原性就比较差。如果矿粉中含有酸性脉石（SiO_2）成分，为了降低液相生成温度必须添加石灰石，但会影响烧结矿的品位；如果酸性脉石（SiO_2）成分太少，液相少，也会影响烧结矿的质量。对作为烧结矿原料的精矿，作为溶剂的石灰石、白云石和石灰，作为燃料的焦粉和无烟煤的化学成分、粒度和夹杂物应符合规定要求。

（2）料层的透气性。影响料层透气性的因素有原料的粒度、湿度、温度、料层厚度和真空度。

原料的粒度直接影响料层的透气性，粒度大，透气性好，烧结速度快，产量高；粒度小，透气性差，烧结速度慢，产量低。但是粒度过大，烧结速度快，来不及烧好，强度低。

料层的湿度会影响原料的粒度、料层的透气性、燃烧和烧结速度，最终会影响烧结矿的强度和产量。一般初期料层湿度控制在6%左右。

由于在烧结过程中冷空气从料层上部抽入，料层下部被加热的助燃空气预热，料层温度上部低、下部高，烧结质量不一致。通过多点保温和双层布料可以消除料层温度的影响。

料层厚度有利于提高烧结矿强度，降低FeO含量，改善还原性。采用厚料层、高负压、大风量是烧结矿实现优质高产的有效措施。一般料层厚度为250~500mm。

(3) 真空度。真空度是影响烧结过程的必要条件，真空度与料层透气性、风机能力、抽风阻力和漏风损失有关，并会影响燃烧和传热速度，一般铁精矿烧结的真空度为10~15kPa，粉矿烧结的真空度控制在7~10kPa。

(4) 主风机特性。烧结机台车上的混合料借助下向强制抽风方式进行烧结。主风机的特性影响烧结料层的真空度和风量，风量不足燃料燃烧不充分，烧结达不到所需要的温度；风量过大时，会带走大量的热量，使烧结料层温度下降，对烧结矿的质量均有不利影响。

2.3 球团生产过程

球团矿也是一种人造富矿。球团矿生产方法是1912年在瑞典发明的，后来1946年在美国采用竖炉开始用于生产。最初主要是为有效利用铁燧岩矿而开发的。铁燧岩矿只含有35%左右的铁，这种低品位的铁矿只有粉碎到粒度为44μm占90%以上时才能够分选。这么细的精矿用烧结工艺是无法处理的，于是引进了球团矿生产方法。球团矿生产装备有竖炉、带式焙烧机和链箅机-回转窑。后两种装备的生产能力比较大。现在球团矿以酸性为主，但是有些国家也在探讨生产自熔性球团矿或添加MgO的自熔性球团矿。

2.3.1 球团矿生产流程

球团矿生产流程如图2-7所示。

2.3.1.1 原料准备

原料准备包括粉碎、脱水和调整。

粉碎有湿式粉碎和干式粉碎。湿式粉碎是将原料以矿浆状态进行粉碎，

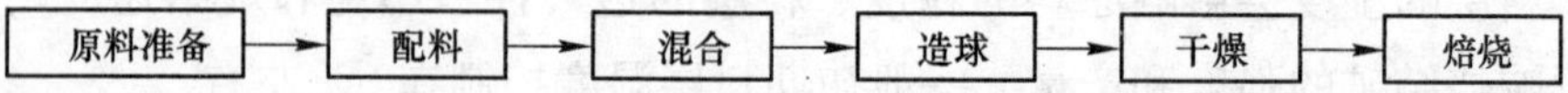

图 2-7 球团矿生产流程图

一般用于难粉碎的原料，粉碎效率比较高，但是需要脱水；干式粉碎是对含水分在1%左右原料的粉碎。对磁选的精矿一般采用湿式粉碎，对品位高的矿粉采用干式粉碎。粉碎设备为棒磨机或球磨机。粉碎后原料贮存在料斗中，因为原料很细，含有9%～10%的水分，黏结性强，很容易黏结在料斗上。为此，料斗的形状应是圆锥形，角度在70°以上。内表面贴有聚乙烯塑料衬板，降低摩擦，易于下料。干式粉碎原料在添加水前先贮存在空气混料器中，除混匀外，还能使成分稳定和卸料均匀。原料状态不同，采用的混合装备也不一样。如果原料是干粉，而且颗粒非常细时，为了防止跑料，一般采用转动叶轮定量给料机或旋转输送机。如果是含有9%左右水分的湿粉，为了防止黏结，一般采用平板给料机或皮带给料机。混合设备一般采用滚筒式混料机或碾压式混料机等。

湿式粉碎后的原料需要脱水。脱水作业程序是先在40～46.7kPa的真空状态下将矿浆吸附在滤布上，再在66.7～80kPa真空状态下脱水，然后用240～340kPa的压缩空气把滤饼剥离，最后再把残余压力卸掉。真空度越高，吸附性越强；压缩空气适量，剥离越好；过滤机的转速高，矿浆浓度大，过滤的效率高。滤布的材质也有一定的影响。

对造球的原料进行调整，主要是使其水分、黏结剂等达到最佳条件。如果矿粉干燥是不可能成球的，必须加水润湿。水分调整可以在滚筒式混料机+造球机两个场所进行，也可以在碾式混料机+滚筒式混料机+造球机三个场所进行。黏结剂一般多采用膨润土，它可以改善粉料的成球性和生球的强度。

2.3.1.2 配料

在设计球团配料时首先应考虑高炉冶炼对化学成分的要求，同时也应考虑成球性。配料中的精矿粉表面的亲水性、表面形状、湿度和粒度对成球性有影响。为了改善成球性，在配料时加入适当的添加物，例如膨润土或消石灰等可以提高原料的黏结力，加入石灰粉效果会更明显。一般膨润土的加入量为0.8%～2.5%。

2.3.1.3 混合

混合是在干粉状态下用混料仓进行的。从下部吹入压缩空气进行混合，在混料仓中矿粉呈流动状态。这种干粉在碾压式混料机中加水，在滚筒式混料机中混合，然后再在对辊机中混练。经过混练，造球原料的水分和成分比较稳定，与黏结剂混合良好，膨润时间长，可以改善生球的性能。

2.3.1.4 造球

造球设备有筒式造球机和盘式造球机。为了保证生球在运送过程中不破损，生球必须具有足够的落下强度和抗压强度。另外，为了在造球后筛分时不破损和在焙烧过程中不膨胀破裂，并在高炉使用时具有适宜的粒度，必须对造球过程进行控制。

在造球过程中首先应注意控制原料添加量，如果添加量多，在造球机内停留时间就短，生球直径小。原料粒度越粗，长大速度越快，生球直径容易变大；原料粒度越细，落下强度和抗压强度越高。原料中水分加入量越多，落下强度和抗压强度越高；但是超过最佳值后下降。黏结剂的加入量多，有助于提高落下强度。另外，造球机的旋转速度也是重要的影响因素，速度大相当于在单位时间内原料旋转距离长，生球直径就大。造球机的倾角大，相当于原料在造球机中旋转范围小，造球机内原料收容量少，停留时间短，生球直径就小。造球机的边缘高度越高，造球机的原料容量越多，停留时间就长，球团也就越大。对生球的质量要求主要有粒度均匀，抗压强度、落下强度高和热稳定性好。

2.3.1.5 焙烧

焙烧是影响球团质量的关键工序，也可以说是球团矿生产过程中最重要的工序。另外，该工序的操作不仅对质量有影响，对单位产品能源（燃料）和资源（矿石）消耗也有影响，从成本角度来说，也非常重要。

球团的焙烧方法主要有三种：竖炉、带式焙烧机和链箅机-回转窑。另外，也有环型焙烧机。这些焙烧方法各有特色，可根据矿石种类、产品质量和生产规模进行选择。由干燥、加热、焙烧和冷却等组成的球团焙烧过程，应严格按规程注意控制以下技术参数：

（1）干燥温度。干燥的目的在于降低生球中的水分。原料中水分过高，生球在高温时容易破裂。如果干燥温度过高，容易引起爆裂。特别是原料为磁铁矿时，为了致密化需要长时间保持低温干燥。

（2）加热温度和时间。磁铁矿如果加热温度和时间不够、氧化不充分，则中心部位强度低。

（3）焙烧温度和时间。如果温度和时间不够，球团强度低；如果温度过高或时间过长，气孔率下降，还原性差。一般来说赤铁矿的焙烧温度比磁铁矿高。如果脉石含量多，温度可以低一些。镜铁矿反应性比较差，焙烧时间应长一些。

（4）冷却时间。为了使球团在冷却过程中不烧损和不变质，应进行充分的冷却。

2.3.2 球团矿的主要焙烧工艺

2.3.2.1 竖炉工艺

竖炉是生产球团矿的主要工艺之一，该系统包括脱水工序、造球工序、焙烧工序和返矿处理与产品交付工序。

竖炉本体中间是焙烧带，两侧是燃烧带。焙烧带下端有卸料装置，上部有球团料进口，下部有供风喷口和燃料喷嘴。焙烧带中央设有导风墙。竖炉的特点是燃料直接在炉内燃烧，炉宽方向温度均匀，热效率高，焙烧供热足，球团产量高、质量好。竖炉焙烧带的截面是矩形的，竖炉规格以炉口面积表示。

竖炉的焙烧过程是借助于在炉的外部设置燃烧带产生高温气体进行的。从竖炉的上部装料，球团料在下降过程中被对流的高温气体干燥、预热和焙烧，然后进入下部的冷却器，借助于冷风冷却。竖炉的特点是使球团与加热的煤气充分接触，热效率高。

国外的竖炉没有专门的干燥设备，生球借上升的热气进行干燥。我国的竖炉采用屋脊形干燥床，从预热带上升的热气和从导风墙出来的热气在干燥床的下面混合，温度在550～750℃，与从干燥床顶部向下滑的生球进行热交换，可以使生球干燥。竖炉采用干燥床干燥生球，能够提高干球质量，防止湿球入炉，改善料层的透气性，保证炉料顺行。

竖炉燃烧带温度一般控制在1150℃左右，有的低到1050℃，以保证竖炉料层温度在1200℃左右。特别是磁精矿品位较低，SiO_2 含量较高，如果焙烧温度过高，球团会产生黏结，不利于炉况顺行。另外，燃烧带吹出的热气流量应保持稳定，有利于对料柱的穿透能力，使燃烧带固定，温度也比较均匀和稳定。控制燃烧用空气量、竖炉用空气量和烧嘴燃烧用空气过剩系数，保证料柱气流中 O_2 含量不得低于 2% ~4%，即气流应属氧化气氛，否则铁氧化物会还原生成 FeO，应尽量避免中性或还原性气氛。竖炉的上部控制球团装料和布料，下部控制风口流速和风口间配合，保证透气性和透气的均匀性以及沿炉径温度分布的均匀性。在操作过程中应注意调整球团质量或热制度，防止发生炉瘤、偏料或气流不均匀。在极端的情况下应停炉除去炉瘤。为了进一步提高热效率，防止球团出炉温度和炉顶煤气温度过高，应控制料面高度和空气分配比。

2.3.2.2 带式焙烧机

带式焙烧机包括主机和布料器、燃烧室、炉罩、风箱、风机等附属装置，是目前使用最广的焙烧方法，适用于各种不同原料（赤铁矿浮选精粉、磁铁矿磁选精粉或混合粉）球团矿的焙烧。我国目前有两座带式焙烧机（包钢 $162m^2$ 和鞍钢 $321.6m^2$），生产球团矿 330 万吨左右。带式焙烧机与带式烧结机相似，但抽风和供热系统与带式烧结机不同。带式焙烧机适应性广、单机生产能力大，但投资及运行成本高，必须用高热值煤气和重油作燃料，所以只能建在钢铁厂内。带式焙烧机在长度方向根据温度可分为干燥带、预热带、焙烧带、均热带和冷却带。在焙烧前先在台车上铺上 10cm 厚的铺底料，在其上面再铺 30cm 厚的生球团，在台车两个侧面也铺 5 ~10cm 的铺底料，先鼓风、后抽风，使台车上大部分生球团脱除水分，然后料层从上到下逐步加热到焙烧温度，使球团中的磁铁矿大部分氧化成赤铁矿。赤铁矿结晶和晶粒长大，亦可出现少量渣相，使生球团中分散的小矿粒相互联结，出现所谓的"固结"。带式焙烧机的燃料有固体、液体或气体。如果使用固体燃料，便在生球表面滚附，点火后燃烧给焙烧供热。如果使用液体或固体燃料，在台车上部燃烧，在下部的抽风机将高温废气抽过料层，给焙烧供热。在焙烧带后半部分的风箱中安装热电偶，检测焙烧的温度，通过其与各部位风量的关系自动控制风量。另外，应控制带式焙烧机的运行速度以保证料层稳定。焙烧后的球团在冷却带被上升的空气冷却。小粒度部分被筛除并经细磨后作为返矿使用，筛上物分出边、底料之后送给高炉使用。为了保证球团质量，排矿温度应控制在 150℃ 左右。为了提高热效率，废气应循环使用。带式焙烧机采用鼓风和抽风干燥相结合对提高球团矿的质量有利。用鼓风冷却球团矿，并直接利用冷却带的热空气用于干燥和助燃，只将温度低和含水分高的废气排入烟囱，有利于节能减排。

2.3.2.3 链箅机-回转窑

链箅机-回转窑由链箅机、回转窑和冷却机组合而成。链箅机周围砌有耐火材料。生球经辊式布料器装到链箅机上，进行干燥（脱去吸附水分和结晶水）和预热，在回转窑里焙烧固结，在环形冷却机中冷却。加热的气体与球团逆向从冷却机进入，冷却机分两个区，接近排矿一侧的是低温区，接近回转窑一侧的是高温区。在高温区冷却球团的空气升温成900℃的热风，可以用于回转窑燃烧时需要的空气，低温区的空气也可以回收用于干式磨矿或其他方面。在回转窑内焙烧，是在高温滚动状态下进行的，受热均匀，所以球团的质量比较好。链箅机与带式焙烧机相似，带式链箅机不用铺底料，料层比较薄，加热温度也比较低。回转窑的最佳温度可以在比较窄的范围内调节，所以可以生产自熔性球团。在链箅机部分主要是控制布料状态，防止生球磨碎或压碎影响料层的透气性。在干燥和预热过程中应注意控制加热制度，防止热球团强度低，进入回转窑后粉化。在回转窑部分主要应控制窑内温度分布和球团的滚动状态。在冷却机上冷却也应使料层均匀和稳定，保证良好的透气性。

2.3.3 球团生产过程控制要点

（1）球团矿的强度。球团矿必须具有一定的强度，防止在运输和装料时粉碎，影响高炉的透气性。球团矿在高炉内被还原，应具有良好的还原性。在还原过程中不应粉化或膨胀影响高炉内的透气性。

表征强度的特性参数有抗压强度、落下强度和转鼓指数。一般抗压强度平均值应在100～200kg，而落下强度不应大于15%，转鼓指数一般应不大于25%。

（2）球团矿的还原性。球团矿的还原性是指球团在高炉内的还原程度，以试样在还原温度和气氛下试样减重（被还原铁的氧化物氧含量）占试样中铁的氧化物总氧含量的比例来表示。一般自熔性球团的还原率为70%～90%。另外，也希望荷重软化率和膨胀率低。

（3）球团矿的化学成分。球团矿的化学成分对球团的质量也有很大影响，例如提高碱度能降低膨胀率，降低FeO含量可改善还原性，MgO可以改善荷重软化性和膨胀率。开发新型高效黏结剂，部分或全部替代膨润土，可提高球团矿铁品位。碱金属和P、S是有害的。从碱度来分类，有酸性球团和自熔性球团。目前高炉一般采用酸性球团和高碱度烧结矿，既可保证炉料的强度，又使炉渣碱度适于脱硫。

采用提铁降硅工艺，强化铁精矿细磨深选，提高铁精矿品位（TFe＞68%），降低SiO_2含量（小于5%），改善粒度组成，生产适于球团使用的铁精矿。

铁精矿品位要求TFe≥68%，细磨精粉粒度－0.074μm（－200目）≥85%，精矿水分应控制在8.0%～8.5%有利于造球。增加润磨设备和原料混匀料场，使铁精矿与膨润土充分混合，有利于造球。目前，国外球团矿膨润土的添加量不大于1%。按照每增加1%的膨润土球团矿品位降低0.6%的经验数据，如果球团矿膨润土的使用量降到1.5%～2.0%，则将对高炉产生巨大的经济效益。

2.4 高炉炼铁过程

高炉炼铁是以铁矿石（包括烧结矿和球团矿）、焦炭、石灰石等为原料，从高炉上部装入，从高炉下部的风口吹入热风，使焦炭在炉内燃烧，借此产生的煤气还原铁矿石，使之熔化，生成生铁和炉渣。

2.4.1 高炉炼铁生产流程

高炉炼铁是一个复杂的物理化学反应过程，主要包括上料、送风、渣铁反应和喷吹煤粉等过程。图2-8是高炉炼铁生产流程示意图。

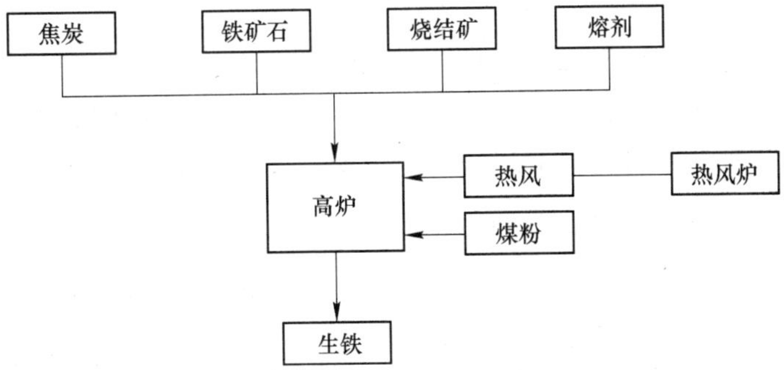

图2-8 高炉炼铁生产流程示意图

（1）上料。高炉的原料主要是铁矿石（包括烧结矿和球团矿）、焦炭和石灰石。为了保证高炉内料柱具有最佳的透气性和还原性，铁矿石应品位高、杂质少；烧结矿和球团矿应具备适宜的化学成分、碱度、粒度和强度，这样会有利于降低焦比和提高产量。焦炭既是高炉炼铁的热源又是还原剂。作为高炉炼铁用的焦炭应在粒度和强度方面保证高炉的透气性，而且硫含量和灰分低，有利于燃料消耗和提高生铁质量。石灰石是熔剂，与铁矿石中的杂质化合熔化成为炉渣。上料系统的关键是采用精料，即提高熟料比和入炉品位，改善炉料结构（高碱度烧结矿和酸性球团混合使用），提高焦炭质量等。

（2）送风。热风从风口吹入炉内，热风中的氧气与加热变红的焦炭发生反应，形成 CO_2，高温下 CO_2 与碳反应形成 CO，将炉料中的氧化铁还原成铁。送风要求大风量、高风温。大风量有利于提高冶炼强度，高风温有利于降低焦比。控制炉顶煤气成分，实行高压操作，有利于提高冶炼强度、改进还原过程、降低炉尘和焦比。

（3）渣铁反应。炉料在下降过程中，经过块装带、软熔带、滴下带和燃烧带，最终到达渣铁带。炉渣从固相反应开始，经过软化和熔融形成初渣，然后经过滴下带和燃烧带形成终渣，最后定期出渣。炉渣的重要功能是脱硫，控制炉渣碱度、熔点和黏度等，有利于渣铁分离和提高脱硫效率。

（4）喷吹系统。喷吹燃料是指从高炉风口喷入气体（煤气）、液体（重油）或固体（煤粉）等燃料，代替一部分焦炭在风口前燃烧，形成还原气体和热量，如果再进行富氧鼓风还能够降低焦比，提高产量，改善还原，促进高炉顺行。

2.4.2 高炉炼铁生产过程控制要点

目前，高炉生产过程逐步实现大型化、机械化、自动化、智能化，但仍然可以从生铁合格率、有效容积利用系数、入炉焦比、冶炼强度、焦炭负荷和休风率等方面来判断高炉生产的控制水平和效果。

（1）精料。为了提高铁水质量，应采取提高熟料比和入炉品位、改善炉料结构（高碱度烧结矿和酸性球团混合使用）、提高焦炭质量等措施。烧结矿和球团矿是熟料，还原性、透气性和造渣性都比生矿好。目前大多数高炉都100%地采用熟料，有助于提高冶炼强度和降低焦比。提高烧结矿强度、保证烧结矿粒度的均匀性和提高焦炭质量（降低灰分和硫分），对提高生铁质量也非常重要。必须尽量减少炉料中的磷、硫等有害元素。

(2) 送风。送风技术一般包括高温送风、调湿送风、富氧送风、喷吹燃料和高压操作等。

送入高炉的热风在风口前使焦炭燃烧，产生还原性气体，高风温有利于降低焦比。为了防止大风量使高炉上下部压差过大妨碍顺行，应注意上下部调剂和适当的技术措施，例如扩大料批、提高料线和及时出铁出渣等。提高风温也有一定的界限，最高在1300～1350℃。凡是能够降低炉缸燃烧温度和改善炉料透气性的措施，都对高风温有利。

吹入高炉的热风中含有的水分，不仅冬夏不同，日夜也有差异。水分与碳会形成吸热反应，产生还原性气体（$CO+H_2$）。虽然产量可能有所增加，但燃料比会有所上升。如果鼓风中水分变化，会导致高炉温度波动，一般不采用调湿送风。

影响高炉还原性气体生成的是送风中的氧。添加氧对增产有效，但富氧率过高，焦比反而升高。适宜的富氧率为鼓风氧含量的24%～25%。

通过煤气管道上的高压阀组提高炉顶煤气压力，使整个高炉中的煤气处于压力状态，气体体积缩小，有利于增加送风量，可以提高冶炼强度和降低焦比。

(3) 渣铁反应。炉渣形成过程是伴随铁矿石还原而发生的，炉渣的组成和性质对高炉生产过程和生铁质量具有很大影响作用。主要作用是高碱度炉渣促进脱硫反应，而且影响炉料下降和煤气上升，同时对炉衬也能够起到一定的保护作用。为了充分发挥炉渣的上述作用，应严格控制炉渣碱度、熔点和黏度。

(4) 喷吹系统。为了降低焦比，在风口喷吹煤粉、重油或天然气等燃料。喷吹燃料既可以降低焦比，又能够改善生铁质量、降低生产成本和提高生铁产量。喷吹燃料后，由于中心气流发展容易发生边缘堆积和上部气流不稳，所以应稳定上部气流和活跃炉缸。上部调剂主要是扩大料批，增加倒装，提高料线。下部调剂是扩大风口，缩短风口长度，增加风量。

2.5 转炉炼钢过程

2.5.1 转炉炼钢生产流程

转炉炼钢是以铁水和废钢为主原料，向转炉熔池中吹入氧气，使杂质元素氧化，杂质氧化的热量提高钢水温度，一般在半个小时内完成精炼的快速炼钢法。

目前转炉炼钢是世界上最主要的炼钢方法。转炉炼钢又分为顶吹（LD）、底吹（Q-BOP）和顶底复合吹工艺。转炉炼钢的基本生产流程如图 2-9 所示。

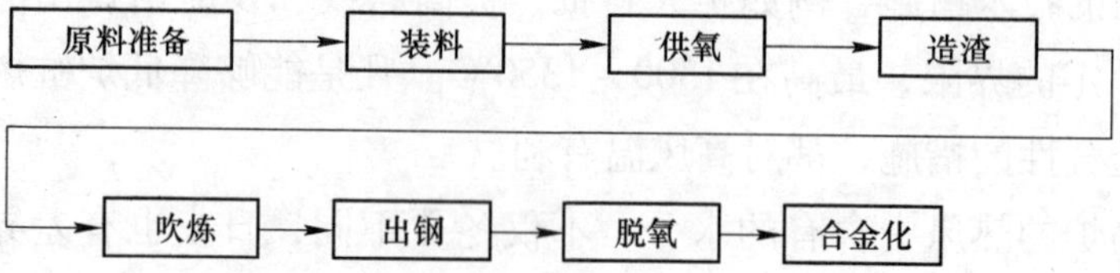

图 2-9　转炉炼钢生产流程

2.5.2　转炉炼钢生产过程控制要点

为了保证转炉炼钢过程生产的钢水成分和温度满足规定要求，应对其装料、吹氧、造渣、温度、终点、出钢、脱氧和合金化等进行控制。

（1）装料控制。主要原料有炼钢生铁、废钢、氧化剂、造渣剂、增碳剂和铁合金等。

炼钢生铁：铁水在转炉内作为热源，通常占全部金属料装入量的 70% ~ 90%，当然也可以加入 100% 的铁水。在铁水不足时也可以加入生铁块，但不能超过 10%。生铁成分和温度对转炉操作影响比较大，所以对铁水的成分和温度应有具体要求。

废钢：废钢是转炉炼钢的主原料之一，也是比较稳定的冷却剂，有本企业废钢、加工废钢和市场废钢。要求容积密度大、表面积小、杂质元素含量低，特别是应限制有色金属和低熔点元素含量；不应含有大量水分和混入危险品。为此废钢应注意回收、分类和保管。

氧化剂：主要是铁矿石，要求含铁高，酸性成分低，S、P 含量低，坚硬致密，块状少粉，水分低。

造渣剂：主要是石灰、萤石、白云石和合成造渣剂。合成造渣剂是用石灰和溶剂预先在炉外制成的低熔点造渣材料，然后用于炉内造渣。

增碳剂：石油焦碳含量应大于 95%，硫含量尽量低，粒度适中。

铁合金：应符合标准要求。

装料控制主要是指对装入的铁水与废钢的数量和质量进行控制。装料是确定转炉合理的装入量和合适的铁水废钢比。首先必须使炉容比和铁水配比符合规定。目前我国规范规定炉容比 V/T 为 $0.7 \sim 1.05m^3/t$，铁水配比为 75% ~90%。合理的装入制度主要是靠装准铁水来保证的。装入过多，容易造成喷溅；装入不足，会影响温度和成分。废钢对造渣、温度和钢的纯净度有影响，先加入轻废钢形成高温，有利于脱硫；后加入重废钢降低温度，增加碱度，有利于脱磷。目前装入的模式有定量装入、定深装入和分阶段装入。定量装入是在整个炉役期间，每炉的装入量保持不变。优点是生产组织简便、操作稳定，有利于实现自动控制；缺点是炉役前期和后期炉容变化使得熔池由深变浅。定深装入是在整个炉役期间随炉容不断扩大，逐步增加装入量，使熔池深度保持不变。优点是氧枪操作稳定，减少喷溅；缺点是出钢量变化，适于连铸，不适于模铸。分阶段装入是以定深装入为基础，在整个炉役期间分阶段定量装入，是一种适用性比较强的装入方法。

（2）供氧控制。供氧制度就是使氧气合理地供给熔池创造良好的物理化学反应条件，使得熔池得到激烈与均匀的搅拌，加速反应。增加吹氧压力或降低氧枪高度，熔池就激烈搅拌，加速氧化反应，提高脱碳速度，但对化渣不利，主要控制内容包括：确定合理的喷头结构、供氧强度和流量、氧压和枪位控制。目前普遍使用的氧枪喷头是超音速的拉瓦尔喷管。一般供氧强度为 $3.0 \sim 5.0m^3/min$，氧压为 0.8 ~1.2MPa，枪位根据不同冶炼时期的冶金特点调整，以控制冶炼过程。目前多数采用的是分阶段恒压变枪操作，一般适用于冶炼初期；降低吹氧压力或提高氧枪高度，熔池就降低搅拌，减缓氧化反应，脱碳速度也降低，有利于化渣，一般适用于冶炼后期。冶炼中期控制枪位的原则是不喷溅、好化渣、快速脱碳、熔池均匀升温、炉渣不返干。当采用分阶段恒压变枪操作时，应以基本枪位为主要吹炼枪位。为了快速化渣采用高枪位；为了搅拌熔池，加快脱碳，采用低枪位。

（3）造渣控制。造渣的主要目的是去除钢中的磷、硫，达到钢种规定的要求。为此要确定加入什么造渣材料，加入多少，什么时间加入，并与供氧相结合控制炉渣碱度、黏度和氧化性。常用的造渣方法有单渣法、双渣法和双渣留渣法。

单渣法：只造一次渣，中途不出渣，脱磷率可达 90%，脱硫率为 30% ~40%。

双渣法：共造两次渣，中途出一次或几次渣，适于冶炼中、高碳钢。

双渣留渣法：将上炉终点炉渣留一部分改善操作，适用于冶炼中、高磷铁水，脱磷、脱硫率都比较高。

造渣控制参数包括化渣速度、炉渣碱度、炉渣黏度、炉渣数量和炉渣的氧化性。只有快速造渣，才能有效地去除磷和硫。炉渣碱度决定炉渣去除磷、硫的能力，并对炉衬侵蚀、炉渣氧化性、黏度和氧化还原反应具有一定影响，一般碱度控制在3.0～4.5。冶炼前期应防止炉渣过稀，中期炉渣黏度适当，后期应化透作黏。在冶炼过程中渣量必须适当，以保证有效地去除磷和硫，在铁水含磷比较低的情况下，渣量为装入量的10%～15%。所谓炉渣的氧化性技术是指炉渣对碳、硅、锰、磷的氧化能力，控制炉渣氧化性的主要措施有：枪位和氧压、脱碳速度和熔池温度、终渣中氧化铁含量（ΣFeO 12%～15%）等。

（4）温度控制。温度控制主要指冶炼过程熔池温度控制和终点温度控制。温度过低，脱碳速度和化渣速度慢，对脱硫反应也不利。温度过高，对脱磷不利，气体和杂质含量也提高。温度控制的重点是保证冶炼过程均衡升温，终点时温度和成分同时达到规定要求。温度控制的主要措施是根据冶炼的具体情况，控制冷却剂的种类、用量和加入时间。吹炼过程分为三期，初期是硅和锰的氧化期，中期是碳的氧化期，后期是精炼期，主要任务是使钢水成分和温度达到规定的出钢水平。炼钢过程的温度控制主要是控制吹炼过程的熔池温度和终点钢水温度。转炉炼钢的热源来自铁水的物理热和化学热。由于铁水的物理热、各种元素氧化放出的化学热和成渣热，在用于炼钢和出钢外，仍然有富余热量，因此需要加入一部分冷却剂（废钢、铁矿石或氧化铁皮）。由于脱硫比脱碳复杂，所以先脱硫和脱磷，然后再在终点只对碳和温度进行控制，所以把终点停止吹氧叫做“拉碳”。经验控制终点的吹炼方法有“拉碳法”和“增碳法”两种。自动控制终点的吹炼方法有静态控制和动态控制两种。出钢是转炉炼钢过程的最后环节。当钢水成分和温度达到出钢要求后，将炉体转向出钢侧，挡渣出钢，将钢水倒入钢包。目前，我国钢铁企业多用挡渣球法。出钢后再将炉体转向装料侧，并向渣罐放渣。

（5）终点控制。终点控制主要是控制终点成分和温度。控制的方法有经验控制和自动控制。自动控制有静态控制和动态控制。静态控制是以物料平衡和热平衡为基础，建立数学模型进行控制；而动态控制是通过冶炼过程的废气分析、钢水成分和温度测量，进行直接控制。

（6）脱氧控制。转炉炼钢到达终点时，钢水中氧含量比较高，如果不进行脱氧，就无法浇铸出合格的钢锭。目前，转炉炼钢一般采用沉淀脱氧，即用铁合金和铝脱氧，铁合金中的锰、硅或铝脱氧后形成脱氧氧化物，应镇静上浮排除，吹氩搅拌有助于上浮排除。镇静钢是完全脱氧的钢，沸腾钢是不完全脱氧的钢。对于镇静钢，在炉内加硅锰合金预脱氧，然后在钢包内补充脱氧，脱氧效果好，但是占用转炉作业时间，容易回磷。如果全部脱氧剂加入钢包内进行脱氧，不占用转炉作业时间，但脱氧产物容易留在钢中。对于沸腾钢，在钢包内用锰铁脱氧。出钢时加少量铝调整钢水氧化性。半镇静钢介于镇静钢和沸腾钢之间。一般先在钢包内用锰铁、硅铁或铝脱去一部分氧，然后再在模内用铝粒补充脱氧。

（7）合金化。为了保证钢水达到规定的质量要求，还需要向钢水中添加合金元素，进行合金化。多数情况下，脱氧和合金化同时进行。一般在出钢过程（钢水流出 1/4 开始添加，到 3/4 添加完毕），将全部合金都加入到钢包中，收得率比较高。

2.6 电炉炼钢过程

2.6.1 电炉炼钢生产流程

电炉炼钢是借助于电能产生的热量进行的。电炉有电弧炉和感应炉，但主要是采用电弧炉。过去电弧炉主要是以废钢为原料，现在已经掺用铁水。电弧炉有交流和直流两种，电炉主要适合冶炼特殊钢。随着电炉大型化，电能消耗显著降低，再加上炉外精炼的发展，电炉也适于生产不同的钢种。电炉的优点在于投资低，可以使用多种原料，而且高效灵活，容易实现自动控制。图 2-10 是电炉炼钢的流程示意图。

图 2-10　电炉炼钢流程示意图

2.6.2 电炉炼钢生产过程控制要点

（1）冶炼前的准备工作。冶炼前的准备工作包括配料、补炉、装料等事项。过程控制要点为：配料是电炉炼钢中重要的环节，应根据冶炼的钢种正确计算、准确称量、合理搭配、保证顺行。合理利用返回料，尽可能降低原料和能源消耗，配好碳和合金元素。补炉是指在冶炼过程中炉衬受到高温钢水和炉渣的冲击浸蚀，每次出钢后应及时进行修补，以延长炉龄。因为补炉是在停电的高温状态下进行的，所以应以快补和热补为原则。装料就是将炉料（废钢、生铁、返回料或软铁以及铁合金等）按布料顺序装入炉中。装料应迅速和密实，缩短冶炼时间和减少热损失。目前，电炉多采用炉顶装料，可以做到合理布料。布料原则是下部致密些，上部疏松点，中间高一些，四周低一点，炉口不要有大块料。

（2）熔化期。熔化期是将装入炉内的炉料迅速熔化和升温，并造渣，覆盖在钢液上防止金属吸气或挥发和提前除磷。过程控制的要点为：按起弧、穿井、电极上升和熔清等阶段控制供电制度和电极位置。在通电起弧后，根据装料情况对送电功率进行适当调整，在熔化前期和中期应输入最大功率，熔化后期减小功率以保护炉壁和炉盖不受热辐射损伤。

控制造渣过程的渣量、碱度和氧化性、除磷和防止钢液吸气和热损失。熔化期的炉渣主要由装入的造渣料组成，在熔池形成后再加入一些石灰调整炉渣成分，促进脱磷，将炉渣碱度控制在2.5～3.0。为了促进炉渣和液体金属之间的反应，应控制熔池温度，低碳钢控制在1550℃，高碳钢控制在1500℃。

在熔化期，采用吹氧助熔、控制合理供电，加快熔化，尽快造渣，促进脱磷，保证钢液成分和温度达到氧化期的要求。

（3）氧化期。氧化期主要是在熔清后脱磷、脱碳、升温、去气和非金属夹杂物。过程控制的要点为：为了控制氧化前期的温度，输入的功率应大一些。在吹氧脱碳时反应激烈，温度升高，供电功率可以减小。吹氧脱碳生成的CO气泡使钢水沸腾，增大与炉渣接触的界面，控制吹氧压力（0.6～0.8MPa）和炉渣碱度（2～3）有利于脱磷。同时也将钢水中的氮、氢气体随之扩散排除。控制氧化期终点碳和温度。熔清后的温度不低于1550℃。氧化前期先加矿石后吹氧，先脱磷再脱碳，先低温后高温。当钢水温度和成分达到要求时迅速扒渣。

（4）还原期。还原期主要是脱氧、脱硫、调整成分和温度。过程控制的要点为：加入稀薄渣料，供给中电压大电流化渣，加入碳粉形成还原渣。脱氧方法有沉淀脱氧（直接加入脱氧剂的直接脱氧）、扩散脱氧（利用炉渣脱氧的间接脱氧）和综合脱氧（交替采用直接脱氧和间接脱氧），目前大部分是采用综合脱氧。为了脱氧和脱硫主要控制炉渣中 FeO 含量、碱度（大于2.5）和渣量。缩短还原期和正确控制还原期温度（1550～1650℃）。

（5）出钢。出钢过程的控制要点为：控制温度和成分达到规定要求，一般出钢温度高于钢熔点 80～100℃；钢液脱氧状态和炉渣流动性好。

2.7 炉外精炼过程

炉外精炼是把炼钢过程的精炼转移到钢包或专门精炼设备中进行，把精炼功能分离出来。炉外精炼有很多方法，根据需要，可以选择适合本企业产品的方法。图 2-11 是炉外精炼的各种工艺方法。

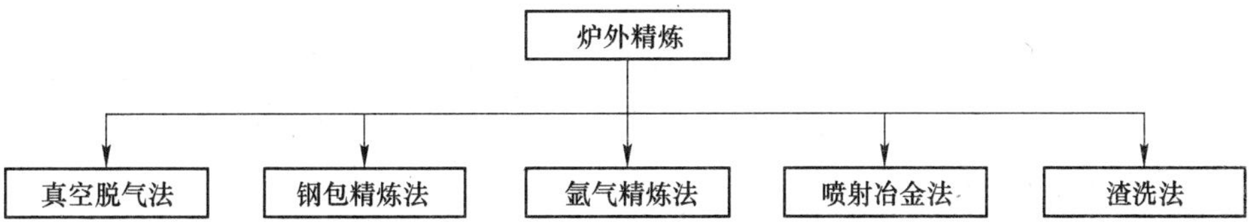

图 2-11 炉外精炼的各种工艺方法

2.7.1 真空脱气法

真空脱气法包括钢包脱气法、倒包处理法（BV）、出钢脱气法（TD）、真空浇注法、提升脱气法（DH）和循环脱气法（RH）等。

真空脱气法主要的精炼功能是脱除钢中的气体（主要是氢气）和增强碳的脱氧能力。应用最多的是真空提升脱气（DH）和真空循环脱气（RH）两种方法。

真空提升脱气法（DH）所用设备由真空室、升降装置、加热装置、加料装置和抽气系统组成。根据压力平衡原理，借助于真空室和钢包的相对运动将钢水经吸嘴分批吸入真空室内进行脱气处理。处理时抽真空后真空室内外形成压力差，钢水在真空室内产生激烈沸腾，进行脱气处理。这种方法脱气效果比较好，但是设备复杂、投资高，一般用于大、中型转炉钢水处理。

真空循环脱气法（RH）所用设备由带两根升降管的真空室和抽气系统组

成。通过真空将钢水从上升管进入真空室进行脱气处理，然后再由下降管返回钢包中。一般反复循环3~4次，大约20min达到脱气要求。这种方法脱气效率比较高。

这两种方法过程控制的要点是真空度和真空处理时间。但也可以加入合金料，处理过程都有一定程度的温降。为此，又出现RH的吹氧升温和CO二次燃烧升温技术，即RH-OB法和RH-KTB法。RH的真空度可达到66.66Pa，钢中氢含量为$(1\sim2)\times10^{-6}$，氧含量为10×10^{-6}左右。

2.7.2 钢包精炼法

钢包精炼法过程控制的要点是精炼温度、真空度和搅拌强度或时间。

钢包精炼法包括：

（1）ASEA-SKF法，即真空＋电弧加热＋电磁搅拌。

（2）VAD法，即真空＋电弧加热＋氩气搅拌。VAD法所用设备由一个有多孔塞的钢包、电极加热密封盖、真空室、多极蒸气喷射泵和加料装置组成。将接受出钢的钢包放在真空室内，加热、脱气和吹氩精炼。

（3）VOD法，即真空＋吹氧脱碳＋氩气搅拌。VOD法是将钢包放在真空罐内从顶部的氧枪向钢包中吹氧脱碳，同时从钢包底部向上吹氩搅拌。这种精炼方法适合于生产超低碳不锈钢。

（4）LF法，即电弧加热＋氩气搅拌。LF法是将出钢后的钢包放到精炼位置，加入合成渣料，用电极加热，同时在底部吹氩搅拌。如果再配置真空盖进行真空处理，也可以精炼超低碳不锈钢。

2.7.3 氩气精炼法

氩气精炼法包括CAS、CAS-OB和AOD等。CAS是封闭式钢包吹氩成分微调，钢包的吹氩强度提高，有利于熔池混匀和夹杂物上浮。CAS-OB是在CAS装置上加一支吹氧枪和加铝丸的装置，通过熔入钢水中的铝丸氧化发热，使钢水升温。CAS和CAS-OB一般用于精炼普通钢。AOD是利用吹入氩气和氧气混合气体，稀释熔池上的CO分压加速脱碳反应，抑制铬的氧化，用于精炼不锈钢。CAS和CAS-OB精炼过程的控制要点是吹氩压力、强度、时间、浸渍深度等，CAS-OB还应控制吹氧参数。CAS的成分命中率比较高，CAS-OB还可以提高温度命中率。

2.7.4 喷射冶金法

喷射冶金法包括钢包喷粉（SL 或 TN）和喂丝法（WF）。钢包喷粉主要是向炉内或钢包中喷入 CaC_2、Ca-Si 等粉剂，降低钢中硫化物含量（钢中硫含量可降到0.002%～0.009%）。喂丝法（WF）是向钢包中喂送包芯（Ca-Si 或 Ti）线或铝线，实现脱硫、脱氧和成分微调。控制要点是喷入数量或喂入速度。利用喂丝法加铝，钢中[Al]s 的标准差从0.01%降到0.008%。喂丝法设备简单、操作方便、成本低，是脱氧、脱硫和成分微调及控制夹杂的简易精炼方法。

2.7.5 渣洗法

渣洗法是在出钢过程将钢水通过事先熔化的合成渣净化，去除钢中夹杂，提高钢的质量。渣洗既可以快速脱硫，又能脱氧和去除夹杂。关键是控制合成渣成分、渣量和渣洗时间。为了达到精炼的目的，必须控制合成渣的碱度、FeO 含量、熔点和流动性。目前采用的合成渣主要有 $CaO\text{-}SiO_2\text{-}Al_2O_3$、$CaO\text{-}Al_2O_3$ 和 CaO-CaF 系等。在渣洗过程中渣中的 CaO 与钢水中的硫反应生成 CaS，脱出钢中的硫，并随渣上浮排除。为了提高精炼效果，一般在渣洗后进行吹氩搅拌，扩大钢水与炉渣的接触面积，促进夹杂物上浮，达到精炼的目的。

2.8 模铸和连铸过程

2.8.1 模铸

模铸就是把钢水浇注在钢锭模中，凝固成具有一定形状的钢锭。钢锭一般是倒锥形的，但断面有圆形、方形、矩形和多边形等。近年来，模铸已经被连铸所取代，但是对于某些钢种或大型锻件仍然需要模铸。模铸按浇注方法分有上注法和下注法；按浇注工艺分有镇静钢模铸、沸腾钢模铸和半镇静钢模铸。

2.8.1.1 浇注方法

上注法：是将钢包中的钢水直接从钢锭模的上部注入，每次只浇一个钢锭。适于注大锭和内部质量要求比较高的钢。半镇静钢适于上注。上注法的优点是设备简单，耐火材料消耗少，金属损失小，收得率高，非金属夹杂物低，钢锭头部填充好。缺点是锭数少，表面差，浇注时间长，注流开闭次数多。

下注法：是将钢包中的钢水浇入底盘上的中心注管内，使钢水从中心注管的底部流出，沿底槽从钢锭模底部自下向上进入钢锭模中。适于注小锭和表面要求高的钢。沸腾钢适于下注。下注法的优点是锭数多，表面好，浇注时间短，注流开闭次数少。下注法的缺点是设备复杂，耐火材料消耗多，非金属夹杂物多，金属损失多，收得率低，填充差。

2.8.1.2 浇注工艺

镇静钢是在出钢时进行脱氧，在凝固时不析出气体，所以叫做镇静钢。

上大下小的镇静钢钢锭在浇注时应注意钢水在钢包中的镇静时间为5～15min，确定合适的注温、注速和钢锭冷却方式。上小下大的镇静钢钢锭浇注时应注意小钢锭采用稳开快注、缓收齐锭、水冷封顶、合理补注、贯满注管；大钢锭采用敞口模加绝热板浇注。

沸腾钢是浇注前不脱氧或脱氧不充分，在浇注后，钢水中的碳和氧反应产生激烈沸腾，所以叫做沸腾钢。沸腾钢在浇注时应控制钢水氧化性、浇注温度、浇注速度和封顶操作。

半镇静钢的脱氧程度比镇静钢弱，比沸腾钢强。半镇静钢浇注时应控制脱氧方式、注温和注速。

模铸工艺对钢的质量具有重要的影响，所以在模铸过程应注意控制浇注方法，正确地选择上注或下注、浇注温度和浇注速度、合理锭型和结构尺寸以及镇静或传搁时间等。

2.8.2 连铸

连铸是首先将钢水从钢包通过与空气隔绝的长水口放入中间包中，再从中间包通过事先预热的浸入式水口流入结晶器形成连铸钢坯。连铸过程流程如图2-12所示。

与模铸相比，连铸每吨钢水形成钢坯的收得率可以提高10%，达到95%。连铸机有立式、立弯式、圆弧形式和椭圆形式，现在又有薄板坯和水平连铸机。

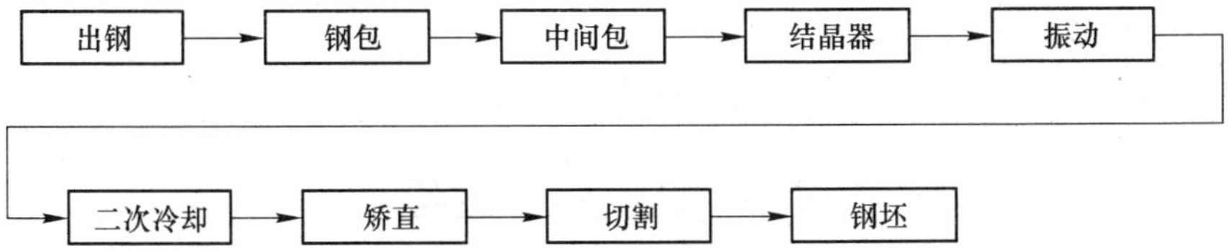

图 2-12 连铸过程流程示意图

为了提高连铸坯质量，应注意控制注温、注速、拉坯速度、保护浇注、结晶器、二次冷却制度、电磁搅拌、拉坯矫直和铸坯切割。

（1）浇注温度。不同的钢种浇注温度是不同的。浇注温度过高，结晶器内铸坯外壳过薄，容易出现拉断漏钢，铸坯中心也会产生疏松、缩孔、偏析和裂纹。浇注温度过低容易出现冷凝、结瘤和断裂。一般连铸时出钢温度比模铸高 20～40℃。

（2）浇注速度和拉坯速度。浇注速度和拉坯速度是一致的。为了防止拉漏，起步拉速为正常拉速的一半或三分之一。等到铸坯拉出二冷一段一半后可以达到正常拉速。不同钢种、不同断面形状和尺寸的结晶器，拉速也不同。

（3）保护浇注。保护浇注是对连铸过程中的钢水采取保护，以避免钢水被空气二次氧化。保护浇注就是在隔绝空气的条件下浇注。钢包向中间包浇注流采用长水口保护，中间包采用保护罩或液面吹氩气保护，中间包液面和向结晶器浇注流采用浸入式水口保护，结晶器钢液面采用保护渣保护。

（4）结晶器。结晶器是连铸机的重要组成部分，应具有良好的导热性，使钢水能够快速凝固。结晶器为刚性结构，拆卸方便，工作寿命长。为了防止铸坯在凝固过程中与结晶器铜板黏结，保证拉坯顺行，结晶器有振动装置。

（5）二次冷却制度。二冷区的冷却强度和坯面冷却水量的分配称为二次冷却制度，不同钢种和不同断面二次冷却制度也不同，一般在 0.3～1.2kg/t 之间。

（6）电磁搅拌。为了改善凝固组织和提高铸坯质量，在结晶器、二冷区和凝固末端装有电磁搅拌装置。根据钢种、铸坯断面、搅拌方式等来控制电磁搅拌。

（7）拉坯矫直。主要是调整拉速和拉矫辊间距和压力，防止高温铸坯变形。

（8）铸坯切割。有火焰切割和机械剪切。火焰切割适用于大断面铸坯，机械剪切适用于小方坯。

2.9 轧钢生产过程

2.9.1 型钢生产过程

型钢品种按加工方法分类主要有：热轧型钢、冷轧型钢、挤压型钢、冷弯型钢；按尺寸规格分类主要有：大型型钢、中型型钢、小型型钢；按断面形状分类主要有：简单断面型钢，如圆钢、方钢、扁钢、螺纹钢等，复杂断面型钢，如角钢、槽钢、重轨、轻轨、工字钢等。各种型钢断面如图 2-13 所示。

a

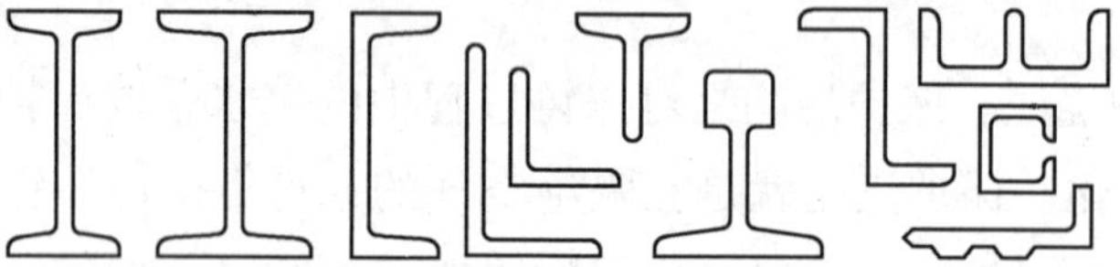

b

图 2-13 型钢断面示意图

a—简单断面；b—复杂断面

型钢生产流程如图 2-14 所示，主要包括坯料准备、加热、轧制、冷却和切断（或切断和冷却）、矫直、检验和包装等过程。

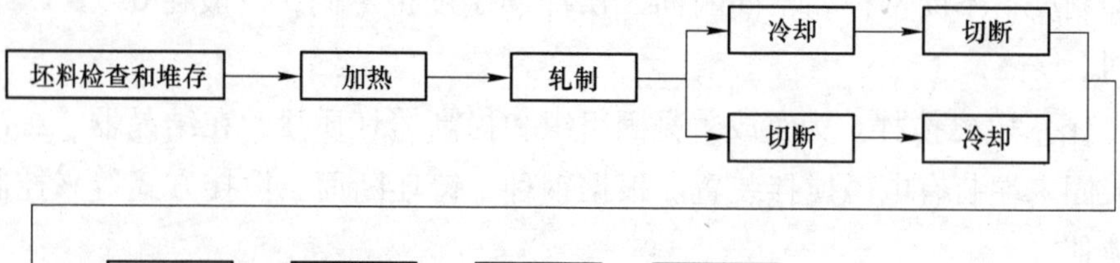

图 2-14 型钢生产流程示意图

型钢的质量要求包括内部质量、表面质量、尺寸和外形质量。型钢的内部质量主要是要求钢质纯洁和性能强韧。防止内部缺陷和表面缺陷，保证尺寸和外形精确，并且按规定以定尺或倍尺交付。

首先对连铸坯进行检查，坯料的化学成分、表面质量和尺寸形状应符合要求；如果表面有缺陷应进行清理。合格的坯料堆放在加热炉附近，按计划和规程进行加热。

为了控制尺寸精度，应使钢坯加热均匀。加热过程应注意控制加热温度（加热段和均热段）、加热速度和加热时间，并防止加热过程产生氧化、过热、过烧、脱碳和加热不均等缺陷和问题。一般在加热到1200～1250℃时出炉进行轧制。

轧制过程应按轧制规程控制开轧温度、终轧温度和轧制程序。轧辊材质和加工质量也非常重要。提高轧机的刚度，采用AGC厚度自动控制，并采用在线检测。

轧制后小型钢材先冷却后切断，大型钢材先切断后冷却，一般用热锯切头切尾和切定尺；在冷床进行冷却，一般冷却到600℃左右；有的钢材需要进行缓冷然后进行矫直，应根据钢种选择矫直方式；最终经过检验和试验，合格品包装和交付。

2.9.2 中厚板生产过程

中厚板是指厚度为4.5～200mm的钢板，主要用于船舶、锅炉、压力容器、桥梁、管线、车辆、机械和建筑等行业。

一般来说，中厚板的原料是以连铸板坯为主，采用步进式加热炉加热，高压水除鳞后，采用大刚度轧机和液压AGC控制厚度，热矫后进行冷却，在线进行探伤，有的需要热处理，剪切后打印交付。图2-15是中厚板生产流程示意图。

中厚板生产过程主要控制钢坯质量、加热、除鳞、轧制、热矫、冷却、剪切、探伤和热处理等过程。

对板坯要求冶金质量好，夹杂和偏析少，无表面缺陷，必要时应进行表面清理。加热最好采用步进式加热炉，控制合理的热工制度，均匀加热，减少氧化和脱碳。除鳞是清除加热过程中产生的氧化铁皮，一般采用高压水（15～20MPa）除鳞，防止在轧制过程中产生表面缺陷，根据板坯厚度调整喷

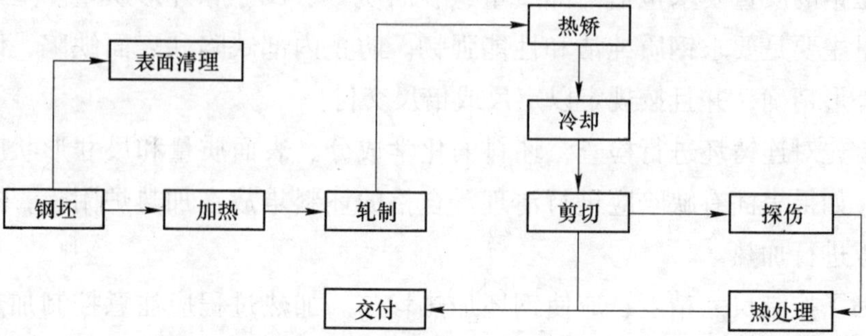

图 2-15 中厚板生产流程示意图

水距离。

在轧制过程中应控制厚度偏差和板形。控制厚度偏差的方法有液压 AGC 和电动 AGC，可使中厚板的厚度偏差控制在 ±0.035mm。控制板形的方法有液压弯辊、交叉轧制、工作辊横向移动、改变轧辊凸度等，在平面形状、长度、宽度控制上也应有具体措施。为了消除板形上存在的问题应进行热矫。

中厚板的冷却一般在冷床上进行。步进式冷床是比较先进的。

剪切是最简单的控制长度和宽度的方法。有圆盘剪和滚切剪两种，厚度超过 50mm 的钢板一般采用火焰切割。剪切用于切头、切尾、切定尺，要求尺寸精确无缺陷。

根据顾客要求，一般采用超声探伤，特殊用途的钢板在探伤后还要经过酸洗、涂油或喷丸等。

有些品种需要常化和调质处理。在热处理过程中应注意控制热处理温度时间和冷却速度。

2.9.3 热轧带钢生产过程

热轧带钢一般是指厚度为 1 ~ 20mm 的成卷带钢，宽度一般为 600 ~ 2000mm。热轧带钢可以作为热轧钢板直接使用，也可以供给冷轧带钢作为坯料。图 2-16 是热轧带钢生产流程示意图。

热轧带钢生产过程主要控制坯料准备、加热、除鳞、粗轧、切头、精轧、冷却、卷取和精整等过程。

热轧带钢的坯料一般为连铸板坯或初轧板坯，化学成分、尺寸公差、弯曲度和端部形状应符合要求，对于冷装的坯料应进行检查，对于热装的坯料

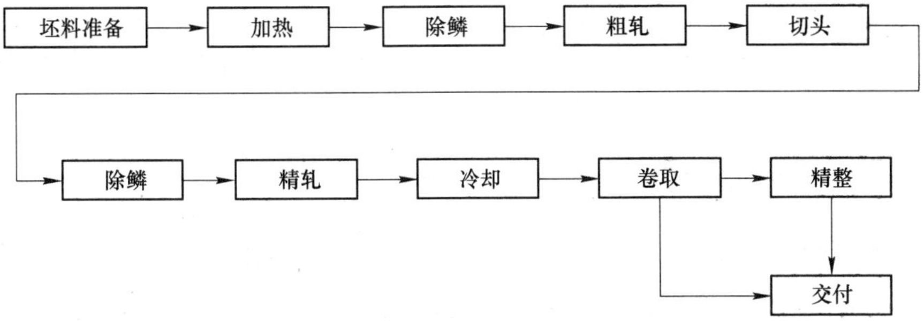

图 2-16 热轧带钢生产流程示意图

应提供无缺陷坯，即表面不得有肉眼可见的缺陷，内部不应有缩孔、疏松和偏析等。

加热主要控制加热温度、时间、速度和温度制度（包括预热段、加热段和均热段温度）。防止出现过热、过烧、氧化、脱碳或黏钢等现象。最好采用步进式加热炉，对表面质量有利。

除鳞的装置有平辊除鳞机、立辊除鳞机和高压水除鳞箱。目前广泛采用的是经立辊轧边后，再用高压水（10～15MPa）去除氧化铁皮。

粗轧的作用是压缩和延伸坯料，向精轧提供尺寸和板形符合要求的坯料。在粗轧过程中应按设定的各道次压下量和速度进行控制，尽可能提高粗轧机组的出坯温度，并保证粗轧坯的厚度和宽度。为了缩短机架之间的距离，粗轧机组最后两架采用连续式布置。

切头是将粗轧坯切除头尾，便于精轧机咬入和卷取机卷取。

精轧是按轧制规程规定各机架的压下量、轧制温度、速度进行轧制。一般是按秒流量相等或恒张力模式进行控制。采用液压或电动 AGC 控制厚度，轧制过程的温度控制包括终轧温度和头尾温差控制。为了控制板形，采用辊型和预弯辊装置，保证钢带的横向厚度差。

精轧后钢带温度为 900～950℃，必须在几秒钟内冷却到 600～650℃才能卷取。一般采用层流冷却和水幕冷却。层流冷却是采用低水压大水量冷却，根据带钢厚度和终轧温度自动调整水量。水幕冷却的带钢横向冷却均匀、冷却速度快且冷却能力高。

为了保证热轧带钢的组织和性能符合要求，轧后必须在较低的温度和较高的速度下进行卷取，卷取温度一般在 500～650℃。卷取温度过高，晶粒粗大。

精整是将热轧钢带开卷，经过切头、切边、切成定尺和矫平，可以包装成卷交付，也可以包装单张交付。

2.9.4 冷轧带钢生产过程

冷轧带钢的重要品种有冷轧碳素钢板（带）、冷轧低碳钢板（带）、冷轧碳素结构钢板（带）、低合金高强度冷轧钢板（带）、冲压用冷轧钢板（带）、加磷高强度冷轧钢板（带）、烘烤硬化高强度冷轧钢板（带）和双相高强度冷轧钢板（带）。

冷轧带钢的原料是热轧板卷，首先进行酸洗，去除热轧带钢的表面氧化铁皮。酸洗后为了防锈和润滑，一般要涂油。冷轧有单机架可逆轧制或多机架连轧。轧后进行脱脂、退火和精整，然后即可检验交付。图 2-17 是冷轧带钢生产流程示意图。

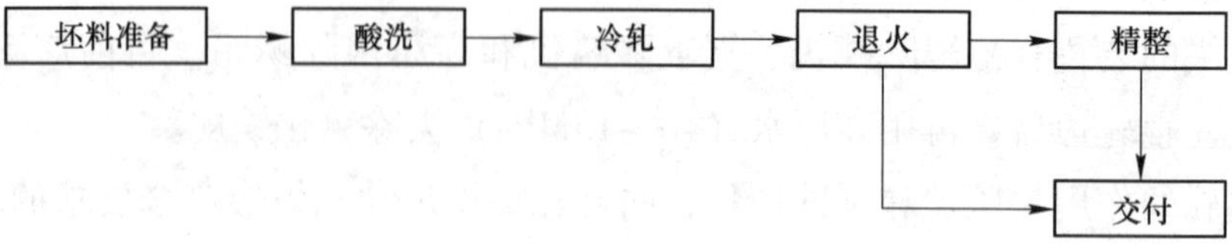

图 2-17 冷轧带钢生产流程示意图

冷轧带钢生产过程主要控制坯料准备、酸洗、冷轧、退火和精整。

坯料准备要求化学成分、宽度和厚度尺寸公差（三点差和同条差）、镰刀弯应符合要求，表面光洁，不得有裂纹、折叠、分层、气孔、非金属夹杂缺陷等。

酸洗前带钢应矫直和对焊，以便进行连续酸洗。酸洗主要是为了清除氧化铁皮。在酸洗过程中应控制酸溶液浓度和温度、酸溶液中亚铁盐含量。

为了控制厚度和板形，应调整压下、速度、张力和辊型。厚度主要采用 AGC 控制，板形主要靠调整辊型（轧辊凸度和凸度补偿措施）来控制，例如 HC、CVC 等。

退火分为中间退火和成品退火。中间退火是为了消除加工硬化，产品退火是为了得到所需的组织和性能。退火炉有连续退火炉和罩式退火炉。罩式退火炉退火过程应控制炉内保护气体的比例、加热时间、冷却时间；连续退火炉退火过程应按退火曲线控制温度、速度、时间和气氛。控制炉内带钢张力保证板形，控制炉辊凸度可以防止带钢跑偏。

精整包括平整、剪切、涂油和包装等。平整能够改善板形、净化表面和得到需要的性能。平整过程应控制带钢的伸长率，剪切主要控制尺寸和表面质量，涂油应均匀，包装应符合规定要求，有利于保管、运输和交付。

2.9.5 热镀锌钢板生产过程

热镀锌钢板生产工艺有线外退火（溶剂法）和线内退火（还原法），在还原法中有森吉米尔法、改良森吉米尔法、美钢联法、赛拉斯法和沙伦法等。目前，我国普遍采用改良的森吉米尔法。图 2-18 是改良的森吉米尔法热镀锌钢板生产流程示意图。

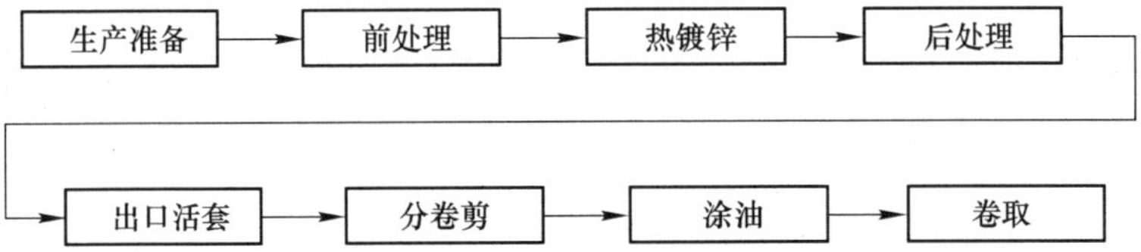

图 2-18 改良的森吉米尔法热镀锌钢板生产流程示意图

生产准备是将待热镀锌的钢板（带钢）开卷、粗矫并通过焊接连接起来，经过入口活套，准备进入前处理、热镀锌和后处理。

前处理是为了去掉油脂、氧化铁皮和进行再结晶，主要控制无氧化预热炉的预热、还原和冷却温度。

热镀锌主要是控制锌液温度（450 ~ 465℃）。为了提高镀锌层的黏附性，应当采用沸腾钢作基板，但由于普及了连铸，也可采用镇静钢作基板。采用镇静钢时应降低钢中 C、Si、Al 含量，即 $w(\mathrm{C}) < 0.08\%$、$w(\mathrm{Si}) < 0.03\%$、$w(\mathrm{Al}) < 0.04\%$。锌液中应保持 0.15% ~ 0.20% 的 Al 含量。针对不同用途应采用不同材质的基板，其中一般或冲压用途采用低碳钢或超低碳钢，如一般用途采用 St01Z、St02Z、St03Z，或冲压用途采用 St01ZR、St02ZR；深冲或超深冲用途采用超低碳钢，如 St05Z、St06Z；结构用途采用碳素钢或低合金钢；冷成型用途采用超低碳钢、低合金高强度钢、加磷或烘烤硬化高强度钢等。

对基板表面质量要求是：FB 较高级 O3，FC 高级 O4，FD 超高级 O5。镀锌层种类、形式、结构和表面处理包括纯锌、锌铁、等厚、差厚、锌花、铬酸钝化或涂油。

后处理包括退火、锌花控制、冷却、光整、矫直和钝化。为了提高热镀锌板的深冲性，采用罩式退火或改进原板钢质、控制退火制度和镀后进行合金化处理等。采用铬酸盐钝化或加入铝等元素可提高耐蚀性。采用小锌花或光整锌花可以提高镀层的均匀性和涂着性。热镀锌钢板品种有无锌花 F、大锌花 N（正常锌花）、小锌花 M、光整锌花 S、合金化板差厚镀层板和单面镀锌板。

出口段功能包括使出口活套保持空套、分卷剪、涂油和卷取。

2.9.6 电镀锌钢板生产过程

电镀锌钢板与热镀锌钢板相比，表面镀锌量比较薄，一般只有热镀锌板的六分之一。但是，电镀锌钢板的表面锌层分布均匀，结晶细致，不存在凹凸不平的锌花，因此具有较好的加工、涂装和焊接性能。电镀锌钢板生产流程如图 2-19 所示。

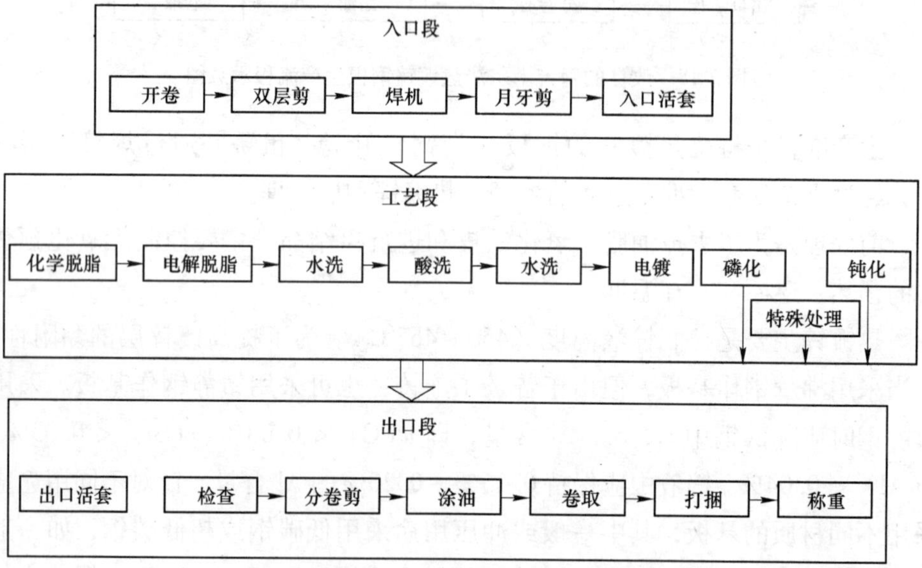

图 2-19　典型电镀锌钢板生产流程示意图

电镀锌的原板一般是冷轧退火的带钢，但经过酸洗和平整的热轧带钢也可以作为电镀锌基板。镀前主要是碱洗和酸洗处理。对电镀锌原板的表面质量要求比较高，包括表面的清洁度和平坦度。

2.9.7 镀锡板生产过程

镀锡板是一种表面镀有一层极薄的纯锡层的钢板，又称作马口铁，具有良好的抗腐蚀性能。镀锡板的最大用途是用于食品包装，约占全部用量的60%；也用于制作包装油类、润滑脂、涂料、化学品以及其他产品用的容器、喷雾罐和各种瓶盖。

镀锡板生产流程有两种，一种是热镀锡法，另一种是电镀锡法。图2-20是典型的镀锡板生产流程示意图。

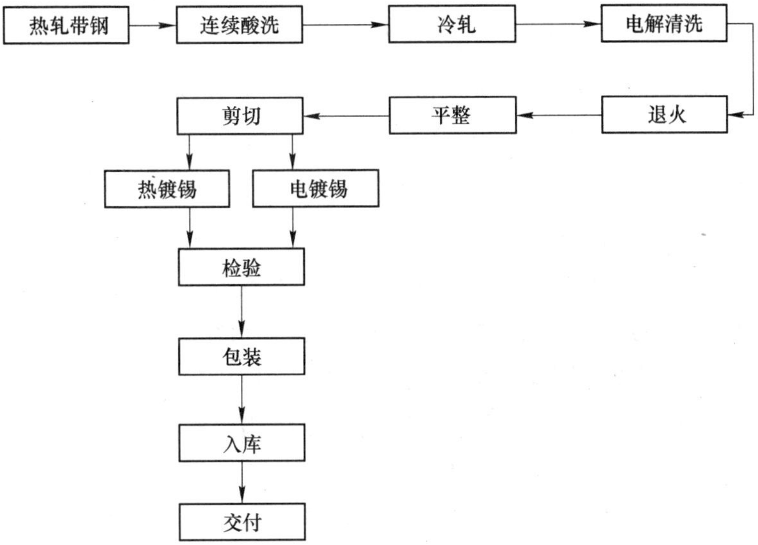

图2-20 典型镀锡板生产流程示意图

镀锡板原板用钢需严格控制化学成分，钢中C、N、O含量应低，硬度均匀合适，抑制大型夹杂物，并降低Cu、Cr、S、P等杂质含量。在转炉炼钢前采用铁水预处理，炼钢后挡渣出钢，并进行炉外精炼，采用RH-OB脱氢脱碳尤其适于生产镀锡板原板，既可以减少非金属夹杂，又能保证钢水温度。连铸后进行热连轧和高精度冷轧，镀锡板原板厚度一般为0.2～0.5mm，长度方向上厚度偏差不大于5μm，因此在高精度轧机中配备有液压AGC、ASC系统。冷轧后进行连续退火，退火温度为680～720℃。在应用双机架平整机生产二次冷轧镀锡板时则应考虑平整机兼二次冷轧机。在镀锡前必须对冷轧板带先进行表面预处理，去除表面的氧化物，使带钢表面呈活化状态，为获得良好的电镀层提供优良的条件。

热镀锡实际称为热浸镀锡，是将经过精加工的带钢，在剪切成规定尺寸的原板后，送往热浸镀锡工序。在热浸镀锡工序，先对原板表面氧化膜进行清洗，然后通过喂料机先进入溶剂槽，再进入锡锅进行镀锡。溶剂是氯化锌和氯化铵组成的混合物，加入适量的水，在180～220℃保持沸腾状态。在原板上所黏附的水不断加入到溶剂中作为补充的水。溶剂因加水分解而生成盐酸，将原板表面的氧化物除去。镀锡温度一般控制在300～400℃。进入锡锅的原板经过导向板进入棕榈油槽，棕榈油的作用是防止发生氧化和使原板上所镀的锡保持熔融状态，并通过浸没在棕榈油中的镀锡辊调节镀锡层厚度和分布情况。棕榈油的温度应保持在比锡的熔点（232℃）稍高一些，一般控制在235～240℃。镀锡辊表面必须保持清洁，控制镀锡板表面光泽。

电镀锡是锡离子在直流电流的作用下，从电镀液中被电解沉积到带钢上的一种电化学反应过程，也是一种氧化还原过程，这种过程是通过锡离子在阴极带钢上得到电子来实现的。

电镀锡分碱性型和酸性型两种生产方式的四种方法：

（1）硫酸亚锡法：带钢垂直运行的立式镀锡机组，这种方法电解液电流密度范围和工作温度范围宽，电解液成分稳定，电流效率高。

（2）卤素法：带钢水平运行的卧式镀锡机组，这种方法电解液电导率高，电流密度大，电流效率高；但腐蚀性大，污染环境。

（3）氟硼酸亚锡法：与硫酸亚锡法的设备基本一致，这种方法电导率高，电流密度范围大，湿润性能好。

（4）碱性锡酸盐法：这是一种老方法，目前很少使用。

这四种方法中，卤素法和硫酸亚锡法应用比较多。

电镀锡生产过程的控制要点包括预处理、电镀锡、软熔和后处理。

2.9.8 彩色涂层钢板生产过程

彩色涂层钢板是将有机涂层涂敷于钢材表面，使钢板具有外表美观、色彩艳丽、强度高、耐蚀性好、加工成型方便等优点。

彩色涂层钢板是以冷轧钢板、电镀锌钢板、热镀锌钢板或镀铝锌钢板为基板经过表面脱脂、磷化、铬酸盐处理后，涂上有机涂料经烘烤而制成的产品。彩色涂层钢板常用的涂料是聚酯（PE），其次还有硅改性树脂（SMP）、高耐候聚酯（HDP）、聚偏氟乙烯（PVDF）等，涂层结构分二涂一烘和二涂二烘，涂层厚度一般表面为20～25μm，背面为8～10μm，建筑外用时不应该低于表面20μm，背面10μm。

各种彩色涂层钢板的特点是：

（1）冷轧基板彩色涂层钢板：由冷轧基板生产的彩色板，具有平滑美丽的外观，但是表面涂层的任何细小划伤都会生锈。因此对这类产品一般要求不高。

（2）热镀锌彩色涂层钢板：热镀锌彩涂板除具有锌的保护作用外，表面上的有机涂层还起到隔绝保护、防止生锈的作用，使用寿命比热镀锌板更长。

（3）热镀铝锌彩涂板：根据要求，也可以采用热镀铝锌钢板作为彩涂基板（55% Al-Zn和5% Al-Zn）。

（4）电镀锌彩涂板：以电镀锌板为基板，通常锌含量为20g/m^2，因此该类产品只适用于室内制品。

常见的二涂二烘彩涂生产线的工艺流程为：开卷→缝合→入口活套→清洗→预处理→初(精)涂装→初(精)固化→冷却→出口活套→剪切→卷取，如图2-21所示。

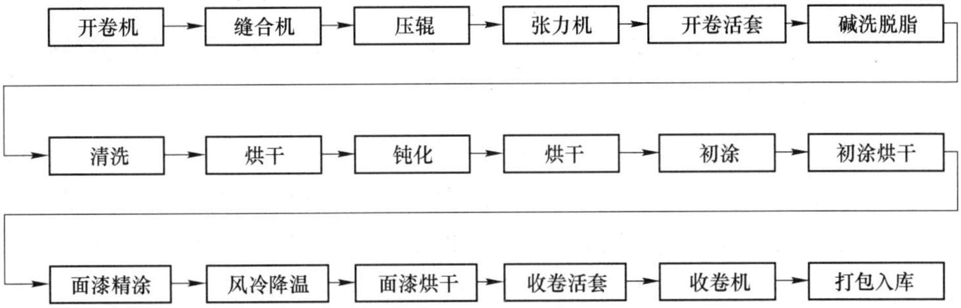

图2-21 二涂二烘型连续彩色涂层机组工艺流程

彩色涂层钢板生产过程控制应注意以下几点：

（1）采用高质量基板。对基板的表面、板形及尺寸精度要求都越来越高，如室外用的小锌花平整热镀锌钢卷、无锌花平整热镀锌钢卷及目前兴起的锌合金热镀卷；室内用的电镀锌钢卷、贴膜冷轧板及铝板卷。

（2）改进预处理工艺及预处理液。设备数量少、成本低成为主流工艺，需不断改进预处理液的稳定性、抗蚀性、环保性能。

（3）注重新涂料的开发。对一般聚酯、聚偏氟乙烯（PVDF）和塑料溶胶进行改良，获得超级颜色重现性，抗紫外线、抗二氧化硫、提高耐蚀性；开发耐污染、吸热等功能性涂料。

（4）机组设备更完善。如采用新型焊机、新型辊涂机、完善固化炉、配置先进的自动化仪表等。

（5）由于冷压花比热压花成本低，具有美观、立体感强、强度高等特点，冷压花生产技术成为发展趋势。

（6）注重产品的多样化、功能化、高档化，如深冲型彩涂板、“柚子皮”彩涂板、防静电彩涂板、耐污染彩涂板、高吸热型彩涂板等。

2.9.9　热轧钢管生产过程

热轧钢管的主要品种有：

（1）锅炉管。分为中低压、高压、超高压、亚临界压力和超临界压力锅炉管。低压锅炉（<2.5MPa）一般采用20g、22g等；中压锅炉（2.5~4.0MPa）一般采用20g、22g、12Mng、16Mng、15MnVg等；高压锅炉（4.0~10MPa）一般采用14MnMoVg、18MnMoNbg等；超高压锅炉（10~13.7MPa）一般采用14MnMoVg、18MnMoNbg等；亚临界锅炉（13.7~16.7MPa）采用SA335/P91钢管；超临界锅炉（22MPa）采用P91/P92钢管；超超临界锅炉（>22MPa）采用S30432。

（2）油井管。主要包括油管、套管和钻杆。油管是石油或天然气从井底到地面的管道，主要钢种有J55、N80、L80、C90和P110等。套管是封隔地层和防止坍塌用管，主要钢种有H40、J55、N80、P110、Q125和V125等。钻杆是油气井钻具部件，主要钢种有E75、X95、G105和S135等。

（3）地质钻探用管。包括钻杆、套管、岩心管、钻铤、主动钻杆和钻头，主要钢种有DZ40、DZ50、SZ55、DZ65、DZ75、DZ85、DZ95等。

（4）机械与结构用管。包括机械、汽车、航空用汽缸、活塞、容器、汽车传动轴或半轴套、滚筒、机械构件等，主要钢种有10、20、35、45、Q345、15CrMo、12Cr1MoV、A53A、A53B、SA53A、SA53B等。

（5）高压输送用管。主要钢种有10、20、Q295、Q345等。

热轧钢管的生产方法有两种分类，一种是根据穿孔方式分类，另一种是根据轧管机形式分类。按穿孔方式分类有辊式穿孔法（曼内斯曼穿孔法）和压力穿孔法。按轧管机形式分类有自动轧管机、皮尔格轧管机、连轧管机、顶管机、内挤压机、三辊轧管机和狄塞尔方法等。如图 2-22 所示，热轧钢管生产过程主要包括管坯准备、穿孔、延伸、轧管、均整、定径或减径、冷却、矫直、切管、检查、水压试验和包装交付等。

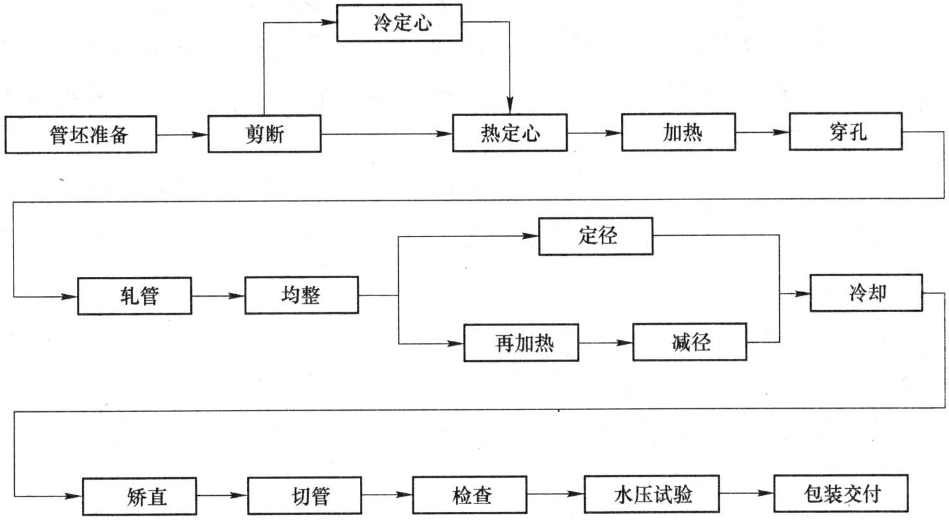

图 2-22 热轧钢管生产流程示意图

为了满足使用要求，对无缝钢管的化学成分、尺寸精度、力学性能、表面质量和工艺性能均有严格规定，因此生产过程必须严格控制，达到规定的要求。热轧钢管生产过程的控制要点主要包括：坯料准备、剪断、定心、加热、穿孔、轧管、均整、定径或减径、冷却、矫直、切管和检验等。

管坯应符合技术要求，包括几何尺寸及允许偏差、表面质量、低倍组织和显微组织。如有表面缺陷应进行清理，并执行按炉送钢制度。

根据成品钢管定尺确定管坯长度，进行剪断。剪断的断面应平齐、无毛刺，椭圆度和长度偏差符合技术要求。为了穿孔对准中心，必须定心。定心有冷定心和热定心。除不锈钢和高合金钢外，一般均采用热定心。定心时应控制定心孔的形状和尺寸。偏心度应小于 2mm。

加热时应控制加热温度、加热时间和加热速度，防止过热或过烧，尽可能减少氧化铁皮和脱碳。

穿孔时应控制穿孔温度和调整穿孔参数（轧辊距离、顶头位置、导板距离、顶杆位置、轧辊倾角和轧辊转速等）。

轧管时应控制轧制温度，根据轧制表要求控制轧制道次、轧辊孔型、顶头尺寸、顶杆直径、荒管外径和壁厚。

均整主要是扩径和减壁，并改进内外表面质量。通过调整轧辊距离、导板距离、顶杆位置和轧辊倾角进行均整。

定径的目的是减小直径偏差，达到成品尺寸要求；减径的目的是使大直径穿孔、轧管和均整后的钢管减径成为小直径（<70mm）的钢管。在定减径时应控制来料钢管的温度和尺寸，调整各机架轧辊转速、轧制线、孔型高度和导位位置等。

为了矫直、切管、检查、包装等作业，必须进行冷却。冷却有缓冷和急冷，强制冷却和自然冷却。一般在冷床上冷却。根据钢种的不同选择不同的冷却制度。

为了达到规定的弯曲度，必须进行矫直。通过调整矫直辊的倾斜角度和压下量，特别是第二对矫直辊和导板的位置，来实现矫直。

切管包括切头、切尾和切成定尺长度。端面应与钢管的中心线垂直，平滑无毛刺。

按定货要求进行检查（包括化学成分、力学性能、表面质量、尺寸公差等），判断是否符合要求。

用于承受流体压力的钢管需要进行水压试验。根据需要也可进行超声波探伤（检查外表缺陷）、磁粉探伤（检查表面缺陷）或涡流探伤（检查内部缺陷）。按规定包装交付。

2.9.10 冷轧（拔）钢管生产过程

冷轧（拔）钢管的主要品种有：精密机械结构用冷轧精密无缝钢管、高尺寸精度和表面质量要求高的锅炉钢管、石油化工用耐酸耐蚀不锈钢管和机械与结构用轴承钢管等。

冷轧（拔）是钢管的冷加工，是生产精密、薄壁和高强度钢管的主要加工方法。其流程如图2-23所示。

冷轧（拔）钢管生产过程的控制要点主要是坯料在加工前的退火和酸洗、涂料润滑、冷加工、加工后的退火、切头、修磨等过程。

首先进行管坯准备，管坯就是热轧管，根据产品要求，应选择尺寸适宜的热轧管作为坯料。

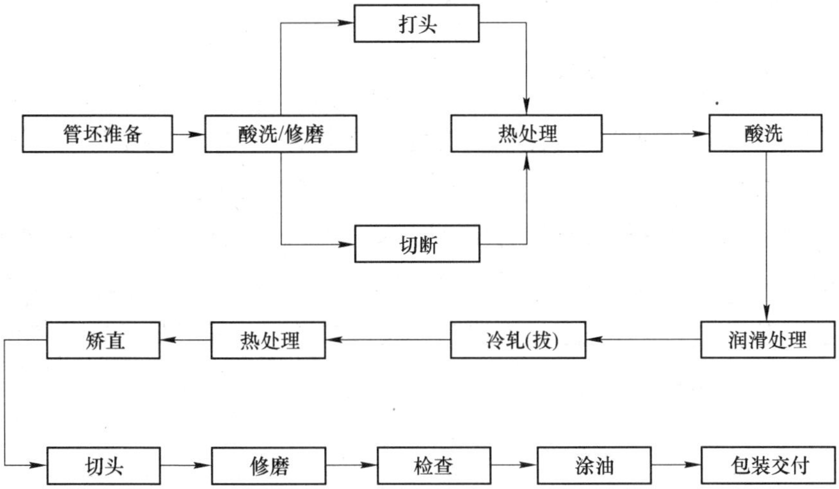

图 2-23 冷轧（拔）钢管生产流程

在冷加工生产前应进行酸洗或修磨以去除氧化铁皮和表面缺陷。酸洗过程应注意控制酸的浓度和氧化亚铁的含量；修磨应控制修磨深度和修磨效果。

冷轧的坯料应根据成品管的尺寸切断，以保证成品的尺寸公差；冷拔的坯料应打头，以便冷拔机夹住。

有些钢种在冷加工前需进行退火，消除应力，并使组织均匀化，有利于冷加工。退火过程应注意控制加热温度和时间。在热处理后再进行酸洗，去除氧化铁皮。酸洗过程应控制酸的浓度和氧化亚铁含量。

润滑处理一般是涂皂，降低冷加工压力，减少轧辊或模具损耗，降低动力消耗。润滑处理过程主要是控制润滑剂配方和涂敷。

冷轧过程应控制轧制程序（轧制道次和变形量）。冷拔过程有无芯棒冷拔，只能减径，不能减壁；短芯棒冷拔既可以减径，也可以减壁；长芯棒的变形量大。冷拔时应控制变形量，变形量过大会产生折叠或裂纹等缺陷。

冷轧后切除钢管头尾不规则的部分，注意切除的多少，过多会影响成材率，过少会影响成品管头尾质量。

对成品钢管进行修磨，去除冷轧制或冷拔所产生的表面缺陷，使表面光洁无缺陷。涂油主要是为了防腐。涂油应均匀。包装交付按规定进行包装、标识和交付。

在线检查主要是无损探伤或水压试验。如果是油井管还可能要求进行压渍性或抗腐蚀试验；锅炉管要求检验持久蠕变性能等。

2.9.11　焊接钢管生产过程

焊接钢管主要的品种有流体输送管、电焊锅炉管、不锈钢焊管、石油用钢管、石油和天然气输送管线、精密焊管、异型管及涂层管等。

焊接钢管是以钢板或钢带为坯料用各种方法焊成的。焊接方法有炉焊法、电阻焊法和电弧焊法，目前采用的主要生产方法是电弧焊法。UOE 电焊管法、直缝电焊管法、螺旋电焊管法和辊式弯曲电焊管法都属于电弧焊法。其流程如图 2-24 所示。

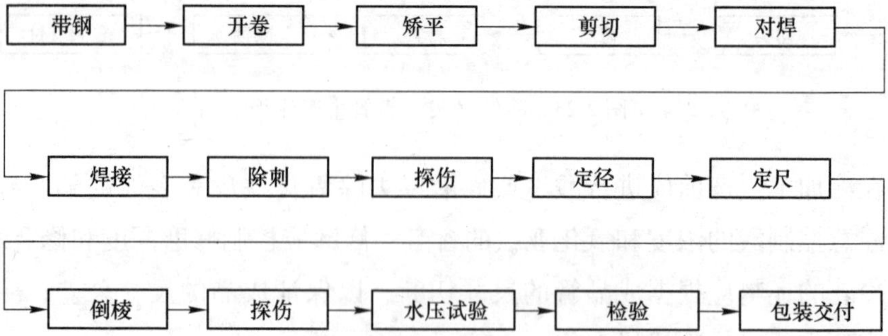

图 2-24　焊接钢管生产流程示意图

焊接钢管生产过程的控制要点主要是控制开卷纵剪、矫平剪切、对焊接长、成型焊接、剔除毛刺、无损探伤、水冷定径、飞锯定尺、平头倒棱、水压试验和检验包装等。

带钢是焊管的原材料，要求成分均匀、纯净，控制碳含量；力学性能也应均匀稳定；表面无缺陷；尺寸符合公差要求；对晶粒度有一定要求。

带钢通过拆卷机开卷，然后用矫平机平整以便顺利通过活套和成型。

剪切是为了切除夹层和带头，使前后带钢端面对齐。然后对焊接长以便连续成型生产。

成型焊接是通过对辊成型，使管坯具有符合要求的管筒尺寸，管缝对接平直，并使开口角度符合要求。通过高频焊机将管缝焊接。有的品种要求焊后进行热处理。焊接是特殊过程，焊接温度低碳钢为 1350～1500℃，控制焊接功率和速度，焊接挤压力为 0.2～0.4MPa，V 形开口角控制为 2°～6°。

在焊接过程中设备本身就带有内外毛刺清除装置，使焊缝光滑平整。

在焊接后进行无损探伤，主要用于检验焊缝质量和缺陷。另外焊后的钢管经过水冷，在定径机上控制钢管的直径，并使钢管外表面光洁平直，通过飞锯或飞剪将钢管切成定尺长度。

为了控制管端形状和垂直度，对管端进行加工、平头和倒棱。与无损探伤一样，采用水压试验检验焊缝质量。在检验尺寸性能后进行包装和入库交付，并要求账目清楚、先入先出和交付及时。

2.9.12 线材生产过程

线材是最小直径的钢材，一般直径为 $\phi5\sim90$mm 的热轧圆钢称为线材，将其盘成卷就是盘条。线材用途主要有两个方面，一是直接作为钢筋使用；另一是再加工，制成钢丝、丝网或钢丝绳使用。

线材的生产流程如图 2-25 所示。

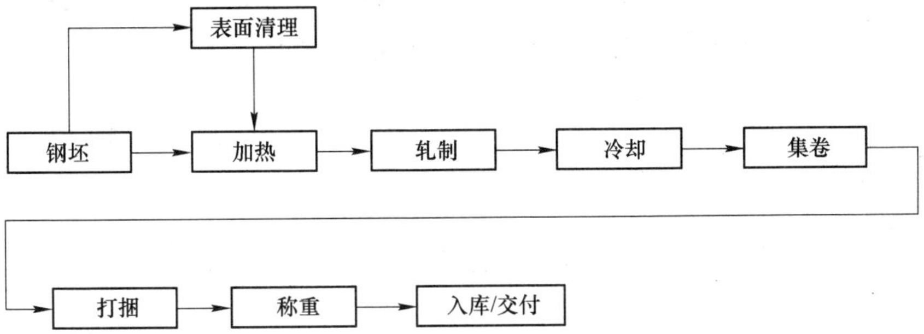

图 2-25 线材生产流程示意图

线材生产过程主要控制坯料准备、加热、轧制、冷却和集卷等过程。

坯料应保证化学成分合格、控制中心偏析和夹杂、表面无缺陷，更不能有皮下气泡、裂纹、划痕和尺寸超差等现象。必要时进行表面清理。

在加热时应保证加热均匀，减少头尾温差。超过规定温度或加热时间过长，会增加烧损、脱碳和晶粒长大。

目前，线材生产多采用高速线材轧机，粗、中轧是微张力轧制，预精轧是活套轧制，精轧机组是微张力轧制。精轧机组轧辊质量是控制线材表面质量的关键。轧制的温度和变形制度是影响线材性能的重要因素。因此应严格控制开轧温度和终轧温度，包括轧件进入精轧机组的温度、卷线温度和散冷温度。

线材轧后的控制冷却是影响线材组织和性能的重要环节。目前多数线材轧机采用斯太尔摩冷却工艺（有适用于高碳钢的标准型、适用于低碳钢的缓冷型和适用性比较宽的延迟型）。根据钢种的不同，应在控制终轧温度的基础上，设定吐丝温度（760～950℃）、冷却速度和集卷温度。为了保证线材的性能一般在250℃以下集卷，最高不能超过400℃。打捆一般采用自动打捆和打印标牌，并电子秤称重和入库。

2.9.13　钢丝和钢丝绳生产过程

钢丝的主要品种有：镀锌钢丝、结构钢丝、工具钢丝、轴承钢丝、不锈钢丝、弹簧钢丝、焊接用钢丝和预应力混凝土用钢丝等。

钢丝绳的主要品种有：一般用途钢丝绳、矿用钢丝绳、密封钢丝绳、石油用钢丝绳、航空用钢丝绳和电梯用钢丝绳等。

钢丝是线材加工的一次产品，钢丝绳是钢丝捻制的产品，是线材加工的二次产品。图2-26和图2-27分别为钢丝和钢丝绳的生产流程。

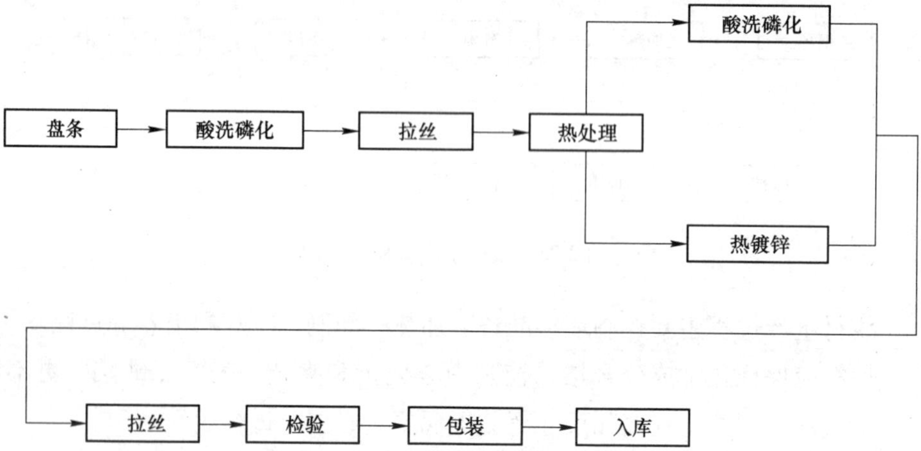

图2-26　钢丝生产流程示意图

钢丝和钢丝绳生产过程主要控制盘条质量、酸洗、磷化、拉丝、热处理、热镀锌、表面处理、拉拔、捻股和合绳。

盘条是钢丝和钢丝绳的原料，要求盘条的表面质量好，外形尺寸和公差在规定的范围，化学成分符合要求，硫、磷和气体含量低，金相组织应索氏体化，以减少冷拔过程中的退火次数。盘重应在1～2t。

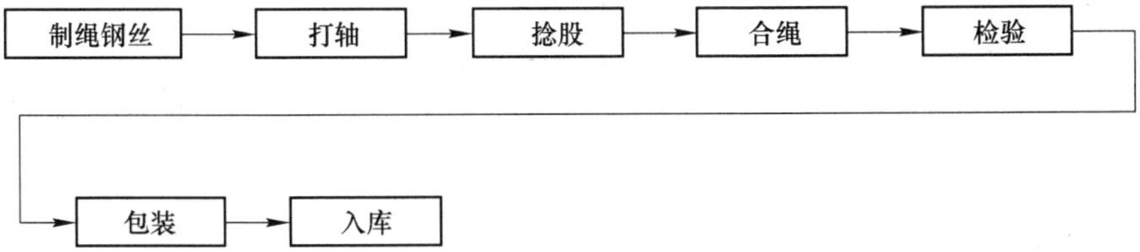

图 2-27　钢丝绳生产流程示意图

酸洗是为了去除表面氧化铁皮，酸洗过程主要控制酸的浓度和氧化亚铁的含量；磷化是增加润滑作用，应控制总酸度与游离酸的比值以及氧化锌的含量等。

拉丝过程主要控制润滑、模具和冷却。粗拉采用固体润滑剂，细拉采用液体润滑剂。在拉丝过程中模具对钢丝质量有影响，除选用适合的模具材质外，关键是孔型的设计和变形量的分配，即拉拔道次的设定。

在拉丝过程中为了消除加工硬化，需要经过中间退火，控制加热温度、钢丝温度、退火温度以及速度。

如果是生产镀锌钢丝，还需要进行热镀锌，热镀锌过程主要是控制锌液温度、镀锌时间和引出的速度，冷却方式也有一定影响。

镀锌后拉丝与拉丝过程相似，应控制润滑、模具和冷却。

捻股主要是通过压线瓦和预变形器控制合理的成型压力，保证捻股的结构紧密、不松散、不反拨。

合绳与捻股相似，主要是通过压线瓦和预变形器控制合理的成型压力，保证合绳的结构紧密、不松散、不反拨。

钢丝生产过程中的输出不能仅仅由后续的监视或测量加以验证的过程是热镀锌过程，应对热镀锌过程规定操作规程、设备鉴定和人员认可条件等作为过程确认，并有过程确认的记录。

3 钢铁企业的主要生产设备

中国钢铁工业协会于2004年12月颁发了《钢铁企业主要生产设备装备技术水平等级划分办法》（以下简称《办法》），该《办法》对大型钢铁企业生产设备进行了分类和分级。钢铁企业主要生产设备装备有原料场、烧结机、焦炉、高炉、电炉、转炉、连铸机、钢梁轧机、轨梁轧机、中型材轧机、小型材轧机、棒材轧机、线材轧机、中厚板轧机、热轧宽带钢轧机、冷轧宽带钢轧机、连续热镀锌板轧机、彩色涂层板轧机、无缝钢管轧机和冷轧硅钢轧机。设备装备技术水平划分为四个等级：A级：领先水平；B级：先进水平；C级：一般水平；D级：落后水平。

3.1 原料加工主要设备

3.1.1 原料场的堆取料设备

炼铁原料场是炼铁过程的最前工序，主要设备有对进厂原燃料（包括铁矿石、锰矿石、熔剂、矿石代用品和燃料等）进行接卸、储存、筛分、加工和工料等的设备，其中主要的设备是斗轮式堆取料机。斗轮式堆取料机设有回转机构、取料机构、变幅机构、行走机构和皮带机。

原料场卸、堆、取、运工艺系统，以卸船机（港口）或翻车机、堆料机、取料机、定置配料设备、混匀堆料机、混匀取料机及带式输送机等为主体的连续工作的机械设备组成，全部实现机械化、自动化作业。

炼铁原料场作业区属于露天料场，因季节变化，受风、雨影响使物料流失，不但造成经济损失，而且污染环境。针对上述问题，对堆取料机、水枪喷头、原料场防水墙、沉淀池等设备设施进行技术改造，解决了原燃料流失、含水、节能降耗、污染减排等问题。

原料场卸、堆、取、运各系统的产尘、扬尘点应设有有效的防尘、除尘设施，贮料场进行喷洒除尘，料场地表水进行污水处理，含尘气体及污水排放应符合国家有关标准。

炼铁原料场设备组成如图 3-1 所示。

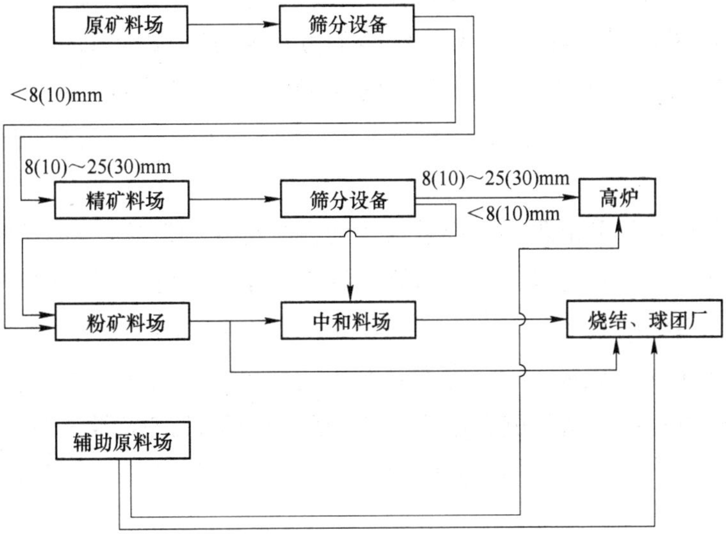

图 3-1 炼铁原料场设备组成

3.1.2 烧结机

烧结机适用于钢铁企业的烧结作业，它是抽风烧结过程中的主体设备，可将不同成分、不同粒度的精矿粉、富矿粉烧结成块，并部分消除矿石中所含的硫、磷等有害杂质。烧结机有效烧结面积一般应不小于 300m^2。

主要设备有：

（1）配料和装料装置。配料和装料装置包括贮矿槽、给料机、混合机、输送机、布料矿槽、铺底料槽、布料装置等。

粉矿、石灰石、轧钢皮和焦炭等烧结原料由皮带运输机从原料场运到贮矿槽贮存。给料机用于将原料从贮矿槽给出并进行称量。混合机用于将原料均匀混合并形成假球，保证在烧结台车上的烧结料床具有良好的透气性。运输机的作用是为了减少烧结机上的布料偏移，而将均匀组成的原料运到布料矿槽中。布料矿槽用于把来自混合机的混料连续布给烧结机台车的给料斗。铺底料槽由料槽和摆动漏斗组成，可以改善烧结矿质量。布料装置包括从台车布料的往复式输送机起到将料层表面刮平的刮料板为止的一系列装置。烧结料层厚度应不小于600mm。

（2）烧结机。烧结含铁原料以精矿为主的，采用球团烧结法或强化制粒及燃料分加工艺。烧结机是烧结生产的系统设备，主体设备有支撑各机器的机架、以循环方式移动台车的导轨装置、在导轨上运行并进行原料烧结的台车、抽吸烧结用空气的风箱、用于驱动台车的给排矿链轮和驱动装置；附属设备有下部粉尘贮槽、给油装置、润滑脂刮落装置和台车清扫器等。

主机驱动装置采用两点啮合柔性传动、交流变频调速，布料采用偏析控制效果良好的新型布料器，风箱两侧及端部采用密封性与可挠性好的密封装置。烧结机系统漏风率不大于40%。

（3）点火炉。点火炉用于点燃台车上的原料，由点火装置和燃烧装置构成。点火炉有马弗炉型的侧部燃烧器和开放式的顶部燃烧器两种，但大部分是采用后者。点火采用节能型（预热）点火（保温）炉，实现低温、直接点火。

（4）主排气装置。烧结机台车中的混合料，采用自下面强制抽风的方式进行烧结。吸入的冷风与烧结料层起化学和物理变化而成为废气，然后经风箱、主废气管道、除尘器进入主风机和烟囱。

（5）产品处理设备。产品处理是将烧结矿分成成品矿、返矿和铺底矿。主要设备有破碎机、冷却机、筛分机，以及连接这三项设备的链板运输机和皮带运输机。产品处理设备包括有烧结矿冷却废气余热回收装置，产生二次能源。

（6）焦粉破碎筛分设备。烧结料中焦粉粒度适当（以0.25～3mm为宜），对烧结过程非常重要。一般采用棒磨机作为焦炭破碎机，但也有采用反击式破碎机的。

（7）电气自动控制和测试设备。包括电动机、自动控制设备和测试设备。采用基础自动化级（L1）、过程控制级（L2）和生产控制级（L3）计算机控制系统对生产过程进行自动操作、监视、控制及管理，实现优化控制。

（8）辅助设备。包括采样设备、给油脂装置、鼓风机和压缩机。

（9）环境保护设备。包括除尘设备、烟气脱硫设备等。原料、机头、机尾、整粒系统采用干式电除尘器或高效布袋除尘器除尘，粉尘排放浓度不大于50mg/m^3；废水处理和循环使用设施，水的循环使用率大于90%；另外，主抽风机、冷却鼓风机、除尘风机等产生噪声的设备设置有消声器和隔音墙（罩）。

烧结机设备组成如图3-2所示。

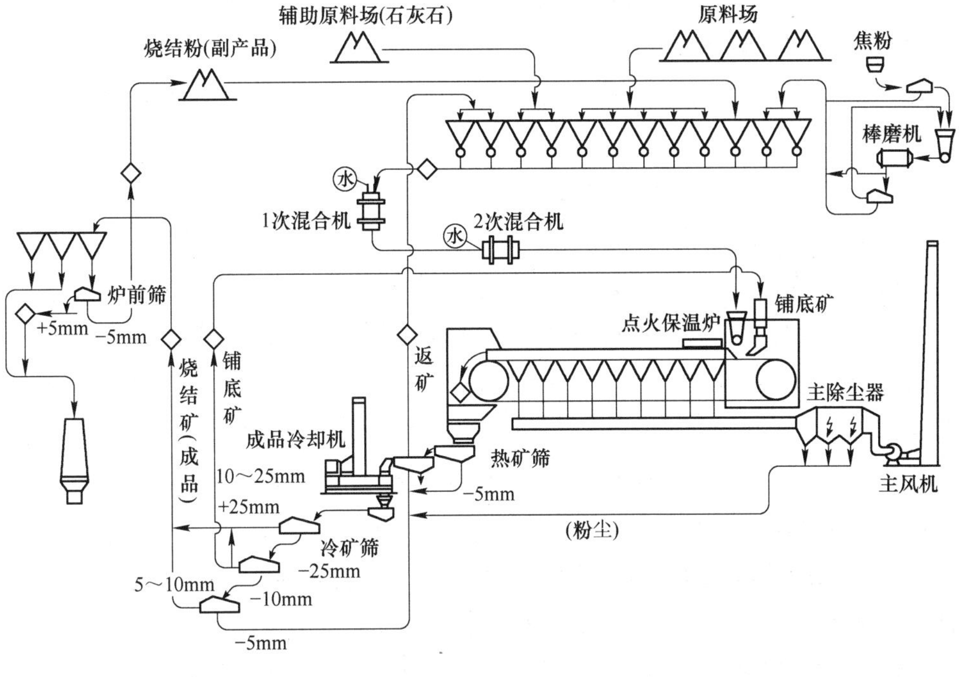

图3-2 烧结机设备组成

3.1.3 球团生产设备

球团是生产人造块状原料的一种方法，是一个将粉状物料变成物理性能和化学组成能够满足下一步加工要求的过程。焙烧球团矿的方法有三种：竖炉焙烧、带式焙烧、链箅机-回转窑焙烧。

各种工序所配置的主要设备包括以下部分：

（1）磨矿设备。磨矿工艺的主要机械设备，在干式磨矿情况下有给料用的定量给料机、磨矿用的中心传动式球磨机、分级用的风力分级机、输送用的风送溜槽、链式运输机、斗式提升机、除尘用集尘器、多管除尘器、电除尘器和干燥用重油式热风炉等。

（2）配料、原料准备。配料设备与烧结过程相同，用于将铁矿石、石灰石和返矿等按品种贮存在配料槽中。原料准备是调整造球原料的水分和添加剂添加量达到最佳条件，并且进行原料混合和混磨。将经磨矿工序细磨的铁矿石装入矿仓中。为了使细磨矿粉在矿仓中呈流动状态贮存，从矿仓下部送入压缩空气。

（3）混合与混磨设备。在球团生产过程中必须大量进行原料混合，一般均采用简单的混合设备——圆筒混合机。在混合机内进行水分调节和与黏结剂混合，以获取强度最高的生球。混合后采用润湿式混磨机进行混磨。

（4）造球设备。造球过程是在原料混合和混磨后采用圆筒造球机和圆盘造球机造成生球，并使生球具有必要的生球强度、黏结性和粒度。

（5）焙烧设备。焙烧设备用于将生球加热焙烧成为高炉原料，包括脱水干燥、预热、焙烧和冷却过程。焙烧设备有竖炉、带式焙烧机和链箅机-回转窑三种方式。我国的球团生产是以竖炉法开始的，而大规模生产应采用带式焙烧机和链箅机-回转窑。也有冷固结球团法，但是由于没有经过加热焙烧，在球团中仍然含有硫、碱性金属和结晶水等，不能满足高炉对炉料的要求。

（6）成品检验设备。成品检验项目主要包括化学成分、粒度组成、抗压强度、落下强度、转鼓指数、还原率和膨胀率等。

（7）除尘设备。球团生产过程中产生粉尘的工序比较多，所以必须采用各种除尘设备。除尘器有干式除尘器（包括旋风除尘器、多管旋风除尘器、袋式收尘器和电除尘器）、湿式除尘器（包括贮水式、加压水式和旋转式）。

（8）输送设备。球团生产过程中使用的输送设备有湿料输送设备和干料输送设备，皮带输送机是最常用的输送设备。

（9）电气设备与计控设备。电气设备有变压器、发电机和电动机。计控设备包括计测装置和控制装置，是随着球团生产规模和方法不同而配置的。计测装置有温度、压力、流量、重量和其他指示调节器，并设置在控制系统中。

在链箅机-回转窑控制系统中，应结合生产实践设计基于动态专家控制的链箅机机速自动控制系统，解决链箅机料层厚度的自动控制问题，并且根据链箅机机速和料层厚度变化采用智能控制策略实现回转窑和环冷机的速度自动调节与控制。

球团生产设备组成如图 3-3 所示。

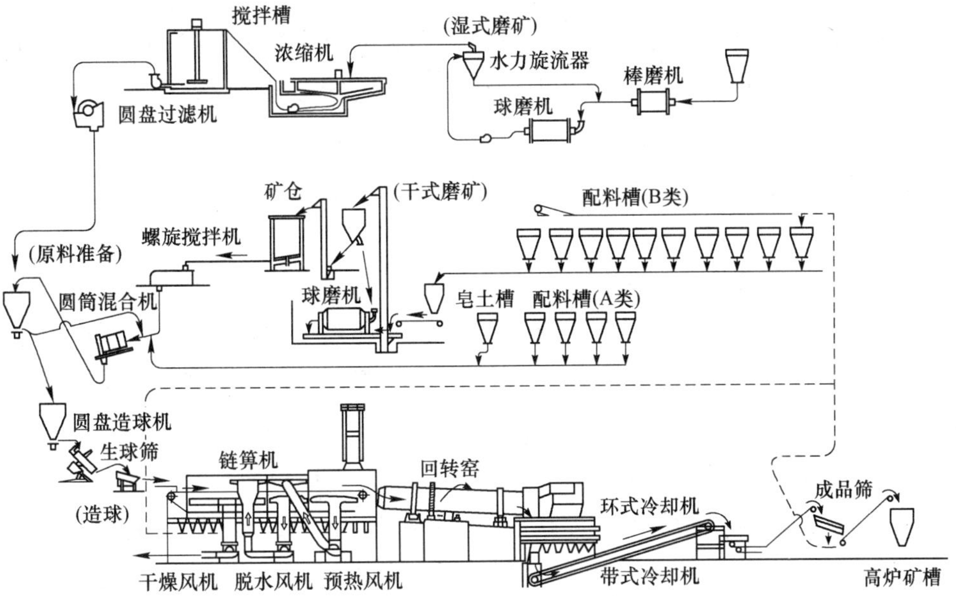

图 3-3 球团生产设备组成

3.1.4 焦炉

焦炭是一种固体燃料，是用煤高温干馏而成的，多用于炼铁。焦炉的设备组成如下：

（1）焦炉主体。现代焦炉主体主要由炉顶区、炭化室、燃烧室、斜道区、蓄热室、小烟道、烟道、烟囱等结构组成。主要设备有焦炉设备和煤气净化设备。

（2）焦炉设备。焦炉设备包括煤塔、装煤与放煤设备、炼焦设备（炭化室、燃烧室、蓄热室和四大机车)、熄焦设备和焦炉附属设备（煤气交换装置、废气开闭器、吸力装置、上升管、集气主管、晾焦台和炉门)、筛焦设备。

(3) 焦炉的四大机车。焦炉的四大机车是推焦车、装煤车、拦焦车、熄焦车。

推焦车用于将煤饼在焦炉内烧成焦炭后从焦炉中推出。具体动作有启门、推焦、清门、清框，并在装煤车装煤后关上炉门。推焦车一次对位完成启闭炉门、推焦、平煤、头尾焦收集、炉门及炉门框机械化清扫、操作台清扫，设有紧急动力系统。

装煤车是在推焦车推完焦后把事先捣固好的煤饼装入焦炉内。具体动作有开启煤箱的前挡板、开煤壁，用手动或自动操作将煤饼缓缓装入焦炉炉膛内、锁住后挡板、收装煤底板、开锁收后挡板、到位后关前挡板、关煤箱壁；装煤车的电动或磁力打盖机自动完成启闭装煤孔盖、机械定量给煤、清扫余煤及炉顶等操作。设有真空清洗机组，水压推进。

拦焦车和推焦车同时工作，在推焦车推焦时，拦焦车已经开启炉门对好导焦栅，让被推出的焦炭从导焦栅内通过掉入熄焦车厢内，起引导作用。拦焦车一次对位完成启闭炉门、导焦、头尾焦收集，以及清扫炉门、炉门框及操作台等操作。

熄焦车的作用是配合推焦车、拦焦车工作，在推焦前和拦焦车一起对好下一炉号，将其熄焦箱对好上方拦焦车导焦栅的出口处，在推焦时接住焦炭。

四大机车应使用 PLC 等进行程序控制，具有自动位置识别处理能力。

焦炉的炭化室高度不低于6m，有利于扩大炼焦煤资源，是提高焦炭质量的生产工艺设备。

(4) 煤气净化设备。煤气净化设备包括焦油和焦油渣处理装置、煤气冷却器、煤气鼓风机、回收萘设备、脱硫设备、回收氨设备、回收苯设备、废水处理设备和安全生产设备等。

(5) 自动化系统。焦炉设有过程自动化系统，应用计算机进行数据的采集、处理、炉况监控和工艺参数的优化设定，以及具有相应的检测和控制装置。设有干法熄焦或其他先进的熄焦设施，并有余热再利用的设备。装煤、出焦均设有完善的消烟除尘设施，烟气净化效率不低于90%。

焦炉设备组成如图 3-4 所示。

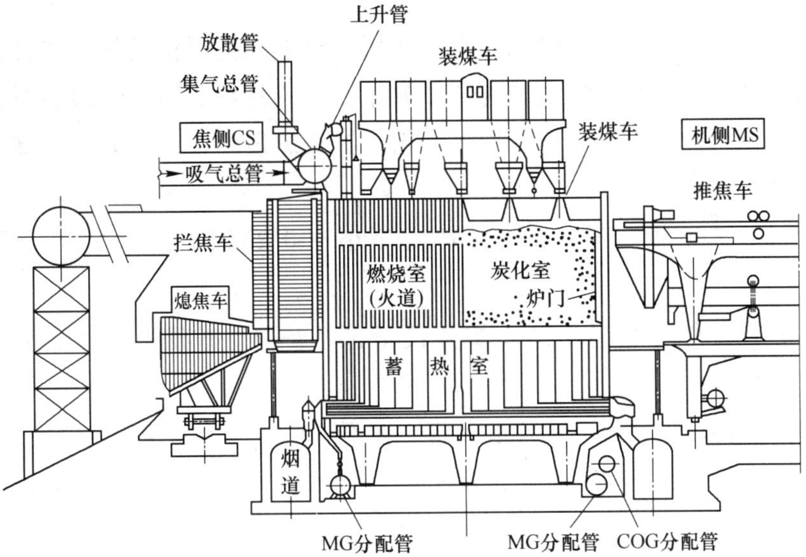

图 3-4 焦炉设备组成

3.2 炼铁过程主要设备

(1) 供料设备。在高炉生产中，料仓上下所设置的设备，是为高炉上料机供料的供料设备。供料设备由原料的输送、给料、筛分和称重等设备组成。供料系统有三种不同的形式：称量车供料、运输与称重分开供料和皮带上料机供料。

称量漏斗用于称量原料，使原料组成一定的料批。按称量传感原理不同，可分为杠杆式称量漏斗和电子式称量漏斗。

给料机有链板式给料机、往复式给料机和振动式给料机。振动式给料机又分为电磁式和电机式两种形式。

(2) 上料设备。高炉上料设备的作用主要是把原料从地面提升到炉顶。主要的上料设备有斜桥料车上料机和带式上料机。

斜桥料车上料机主要由斜桥、斜桥上铺设的两条轨道、两个料车、料车卷扬机和钢丝绳与绳轮组成。

带式上料机包括皮带和上下托辊、装料漏斗、头轮和尾轮、张紧装置、驱动装置、换带装置、换辊装置、皮带清扫除尘装置和机尾、机头检测装置等。

（3）装料设备。炉顶装料设备的作用是将上料机提供的炉料提升到炉顶和装入炉喉。既要使炉料在炉内合理分布，又应密封炉顶。炉顶装料设备有双钟式和无料钟式。中小型高炉多采用双钟式炉顶设备，而大中型高炉多采用无料钟式炉顶设备。

无料钟炉顶装料设备，炉顶压力不小于0.2MPa，配有TRT余压发电装置。

（4）高炉炉体设备。高炉炉体设备包括炉缸、炉腹、炉腰、炉身、炉喉等。

炉缸是盛渣铁和燃料燃烧的设备，在不同高度上设有铁口、渣口和风口。

炉腹是炉料从炉身和炉腰下降炉料熔化的位置，其形状是下部直径比上部直径小，也是耐火材料浸蚀最严重的部位。

炉身部分要求炉衬应耐磨，抗冲击力要强，一般采用黏土砖砌筑。

炉喉部分受炉料下落冲击，不能采用耐火材料砌筑，而采用炉喉钢砖。

高炉炉体构造要能保证在不中修的情况下寿命达到12年以上。

高炉本体应采用软水闭路循环系统，循环率不小于99.7%。

（5）炉前设备。炉前设备包括开口机、泥炮、堵渣机和吊车等。

开口机用于在铁口前上方，由马达带动电钻，通过两级齿轮减速带动钻杆旋转，吹出泥屑，吹出铁花，出铁。有两个或两个以上铁口，采用摆动流嘴，有完备的开、堵铁口机械及完善的铁渣处理系统。

泥炮是堵铁口的设备，有电动和泥炮两种。

堵渣机是在出渣后将渣口堵住的设备，有连杆式和折叠式两种。

（6）热风炉设备。热风炉设备是为高炉提供高温热风的设备。一般有两种类型，即蓄热式热风炉和连续换热式热风炉；根据燃烧室和蓄热室布置方式不同，又分为内燃式、外燃式和顶燃式。

热风炉能保证热风温度在1200℃以上，配备高温双预热或余热回收装置。热风炉一代寿命不少于1.5倍高炉炉体寿命。

（7）喷吹设备。高炉通过喷吹设备从风口喷吹燃料，部分替代焦炭。喷吹设备有常压式和高压式两种。常压式喷吹设备比较简单和安全，一般用于中小型高炉；而高压式喷吹设备是在充压状态下喷吹煤粉，适用于压力较高的高炉。

有完善的富氧、烟煤喷吹及安全装置，煤比不小于200kg/t-p。

(8) 渣铁处理设备。渣铁处理设备包括炉渣处理设备和铁水处理设备。炉渣处理设备应用最广泛的是水冲渣法；铁水处理设备主要是用铁水罐将铁水送到炼钢车间。

应采用环保型炉渣处理工艺。

(9) 除尘设备。为了充分利用高炉煤气应对煤气进行除尘。除尘设备有干式、湿式和电除尘式。按除尘后煤气所能达到的净化程度，除尘设备又分为粗除尘设备、半除尘设备和精除尘设备。

高炉炉顶、出铁场、原料系统有完备的除尘设施，炉顶均压放散及冷风放风阀设置消声设施，炉顶均压气体必须经过净化后才能排放或回收，粉尘排放浓度不大于 $50mg/m^3$。

(10) 自动化系统。高炉应配置过程计算机系统，处理主要工艺参数，有炉况等数学模型实施操作指导，以及配有相应的检测装置和完善的设备控制手段。

另外，现代高炉也设有控制管理中心，设有基础自动化级（L1）、过程控制级（L2）、生产控制级（L3）计算机及现代通信装置、自动取制样与检测设施。

高炉设备组成如图 3-5 所示。

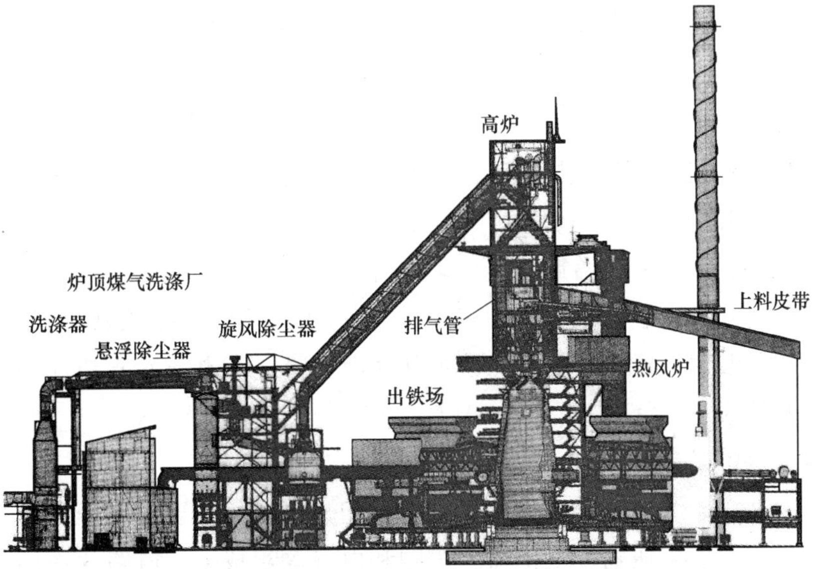

图 3-5 高炉设备组成

3.3 炼钢过程主要设备

3.3.1 电炉

电炉主要是以生产合金钢和优质碳素钢为主。电炉炼钢是以电能为热源，利用电极与炉料间产生的电弧高温来加热和熔化炉料。今后的发展方向是公称容量不小于100t、超高功率（吨钢功率1000～1200kVA）、冶炼周期45～65min的电炉。

电炉的主要设备包括机械设备和电气设备。机械设备包括炉体金属结构、电极夹持器、电机升降装置、炉体倾动机构、炉顶装料系统等。电气设备有电炉的主电路、隔离开关和高压断路器、电炉变压器和电抗器、短网、电极、电极升降自动调节装置、配电操作装置，以及测量、保护与信息装置等。

（1）机械设备。炉体金属结构包括炉壳、炉门、出钢口和出钢槽、炉盖圈和电机密封圈等。

电极夹持器用于夹紧或放松电极，并将短网传送过来的电流和电压再传送到电极上。电极夹持器由夹头、横臂和松放电极机构等组成。

电机升降装置是为了调整电弧的长度，电极应能灵活升降。因此电极升降装置应灵活，系统惯性小，启动和制动快，刚性好，而且升降速度能够调节。

炉体倾动机构有侧倾机构和底倾机构两种类型。主要是为了出钢和扒渣时向出钢槽和炉门方向倾动。

炉顶装料系统有炉盖旋转式、炉体开出式和炉盖开出式，其作用是缩短炉顶装料时间、减轻劳动强度、充分利用炉膛的容积和装入大块炉料。

铁水热装时应配备较完善的铁水预处理装置、LF炉或生产钢种相应的钢水炉外精炼设施。

管式水冷炉顶及炉壁，炉底寿命应不少于1000炉。

（2）电气设备。主电路是电路的主要组成部分，主要由高压电缆、高压开关电器、电炉变压器、电抗器、短网和电极等组成。主电路的作用是将高电压转变为低电压大电流输送给电炉，提供电炉冶炼所需要的电能，并转变成热能。

隔离开关和高压断路器是用于接通和断开电炉设备的控制电器，也叫做高压开关设备。高压断路器用于接通和断开电炉变压器。

电炉变压器是电炉的主要电气设备，其作用是降低输入电压，产生大电流供给电炉。

电抗器可以降低短路电流，使电弧稳定燃烧，同时也能降低电弧功率和功率因数。在使用电抗器时掌握好电抗器的投入和退出时间，可以减少无功功率消耗。

短网是从电炉变压器的低压出线端到电极这一段线路，电流大、长度短，以铜为导体材料，对降低电炉的电损耗具有重要作用。

电极是用石墨制作的，位于短网的极端，用于把大电流引导到电炉熔炼部位，并在电极和炉料之间产生电弧来加热钢水。

电极升降自动调节装置的作用是保持电弧长度恒定不变，从而稳定电炉电流和电压，使输入的功率保持一定值。

配电操作包括送电、停电、调换电压、调节电流和电气设备的监视与维护。配电对电炉的正常运行、缩短冶炼时间和降低电耗具有重要作用。配电操作装置主要是操作台，包括仪表、可变电阻、开关和信号灯等。

测量装置主要是电流和电压互感器，测量变压器一次电压、电流和一次侧的功率、功率因素，变压器二次侧各相的电压、电流，电极升降调节器中执行电动机的电流等数值。

保护装置有过电流保护装置、瓦斯保护装置、油温保护装置和连锁保护装置。

信息装置包括指示信息装置、预告信息装置和事故信息装置等。应配备炉前快速风动送样及实验室自动快速分析系统。

电极升降自动调整装置有电机放大机调节器、可控硅-直流电机式调节器、可控硅-交流力矩电机式调节器、可控硅-电磁转差离合器式调节器、电液随动式调节器和新型电极自动调节器等。

根据不同钢种需要配置的设备与技术有：吹氧装置、氧-燃料烧嘴等助熔装置、偏心炉底，留钢留渣操作技术、水冷复合电极、自动化加料装置、废钢预热装置、炉内喷碳粉及泡沫渣长弧冶炼技术、导电横壁和废钢等精料保证装置，另外还应具有滤波电功率静止式动态补偿技术等。

电炉生产线应采用基础自动化级（L1）、过程控制级（L2）、生产控制级（L3）计算机，对生产过程进行各种数据处理，还有成分控制等数学模型及相应的检测和控制设备。

为了保护环境，应配备余热利用、烟气除尘及钢渣、粉尘处理设施。

电炉设备组成如图3-6所示。

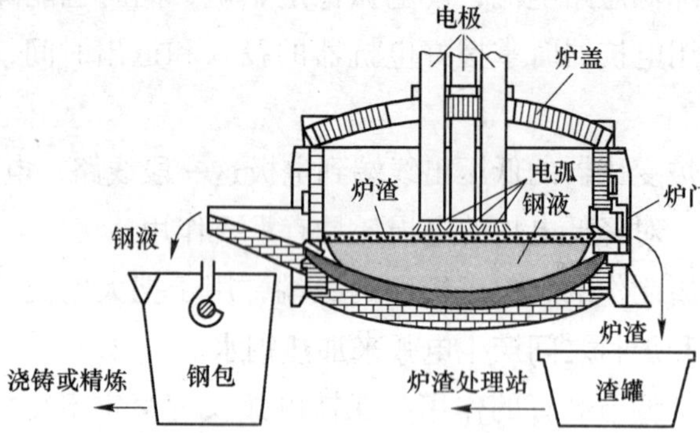

图3-6 电炉设备组成

3.3.2 转炉

（1）原料供应系统设备。原料供应系统包括供应铁水的混铁炉、混铁车和铁水罐，给料、称量和加料设备，这些设备均在转炉操作室控制。炉前应有快速风动送样和快速分析系统。

（2）转炉系统设备。转炉系统设备包括转炉炉体、支撑装置和倾动机构。转炉有顶、底复合吹炼系统，配备测试副枪、挡渣出钢装置，采用溅渣护炉技术，并配有炉壳冷却系统、钢包底吹氩系统及下渣检测装置，有完整的钢包机械化修砌系统。

（3）供氧系统设备。供氧系统包括制氧机、压氧机、储气罐、输氧管道、控制闸阀、测量仪表和氧枪等。

（4）出渣、出钢和浇铸系统设备。主要包括钢包和钢包运输车、渣罐和渣罐车，浇铸系统主要是连铸机。

（5）烟气净化和回收系统设备。转炉烟气净化和回收的主要设备有烟罩、烟道、文氏管、脱水器、风机、煤气柜等，并配备一次烟气、二次烟气除尘及烟气洗涤废水处理设施，以及完善的煤气回收、余热利用、钢渣和尘泥、废砖处理利用设施。

(6) 转炉自动控制系统设备。转炉生产线采用基础自动化级（L1）、过程控制级（L2）、生产控制级（L3）计算机，实现转炉、精炼、连铸一体化管理和控制；实现静态和动态终点控制，碳温命中率达到90%以上，能实现计算机自动吹炼，配有合金优化计算模型，有主辅原材料供应、煤气回收、铁水预处理、炉外精炼等自动控制以及相应的称量、料位、温度、压力、流量等自动化仪表，建立在线数据收集系统并打印报表。

转炉设备组成如图3-7所示。

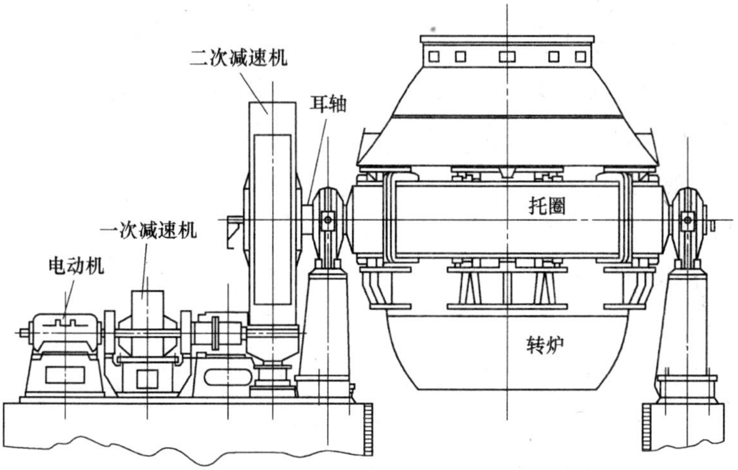

图3-7 转炉设备组成

3.3.3 精炼设备

精炼设备是把电炉或转炉中的初炼钢水移到另一个容器（主要是钢包）中进行精炼的设备，也叫“二次精炼”设备。炉外精炼把传统的炼钢方法分为两步，即初炼加精炼。

初炼是在氧化性气氛下进行炉料熔化、脱磷、脱碳和主合金化。精炼是在真空、惰性气氛或可控气氛的条件下进行脱氧、脱硫、去气、去除夹杂和夹杂变性、调整成分（微合金化）、控制钢水温度等。

炉外精炼设备按炉外精炼方法一般可分为6类：

(1) 合成渣渣洗设备，包括液体合成渣洗、固体合成渣洗和预熔渣渣洗设备。

（2）钢包吹氩精炼设备，包括钢包吹氩设备和带盖钢包吹氩设备。

（3）真空脱气法设备，包括倒桶设备、真空浇铸设备、倒包设备、真空罐内钢包脱气设备、提升脱气设备，出钢过程的真空脱气设备、连续真空处理设备、真空渣洗精炼设备和真空循环脱气设备。

（4）带有加热装置的炉外精炼设备，包括真空电磁搅拌 + 电弧加热设备和真空埋弧加热脱气设备。

（5）低碳钢液的精炼设备，包括真空吹氧脱碳设备、氩氧混吹脱碳设备、汽氧混吹脱碳设备和转炉真空吹氧脱碳设备。

（6）喷粉和添加特殊材料设备。

但目前广泛应用的炉外精炼设备有：

（1）LF 是钢包精炼炉，采用电弧加热，底吹气体对钢包进行搅拌，是目前在各钢厂应用最广泛的精炼设备。增加真空系统后，称为 LFV。

（2）RH 是真空循环脱气设备，精炼速度快、精炼效果好。增加吹氧使钢水快速脱碳后，发展成 RH-OB 及 RH-KTB。

（3）VD 是真空钢包脱气设备，在脱气用钢包的底部加上透气砖，得到更广泛的应用。

（4）DH 是把钢水反复吸入真空室内进行脱气处理的设备。现在已经不再建造这种设备。

（5）VAD 是真空电弧加热设备。钢水用电弧加热，加热时保持$(1.5\sim2.5)\times10^4$Pa 的压力。钢包底部吹氩或氮气搅拌。

（6）ASEA-SKF（LHF）是钢包精炼设备，具有电弧加热、真空、电磁搅拌功能。

（7）VOD 是将钢包放入真空罐内，从顶部氧枪吹氧脱碳的设备，用来生产各类超低碳钢。在此基础上发展的设备有 VODC、VODK，即转炉真空脱碳法。

（8）AOD 是氩氧精炼炉，主要用于生产不锈钢。其特点是氩气和氧气混合吹入炉内脱碳。

（9）CAS 是封闭式吹氩成分微调设备，将渣面吹开，插入隔离罩，吹入氩气搅拌，进行合金成分微调。在此基础上，产生了 CAS-OB 法，在隔离罩内用化学热法加热。

（10）CAB 是钢包加盖吹氩设备，喷粉方式有 TN 法和 SL 法，喂丝方式有 WF 法。

精炼设备组成如图 3-8 所示。

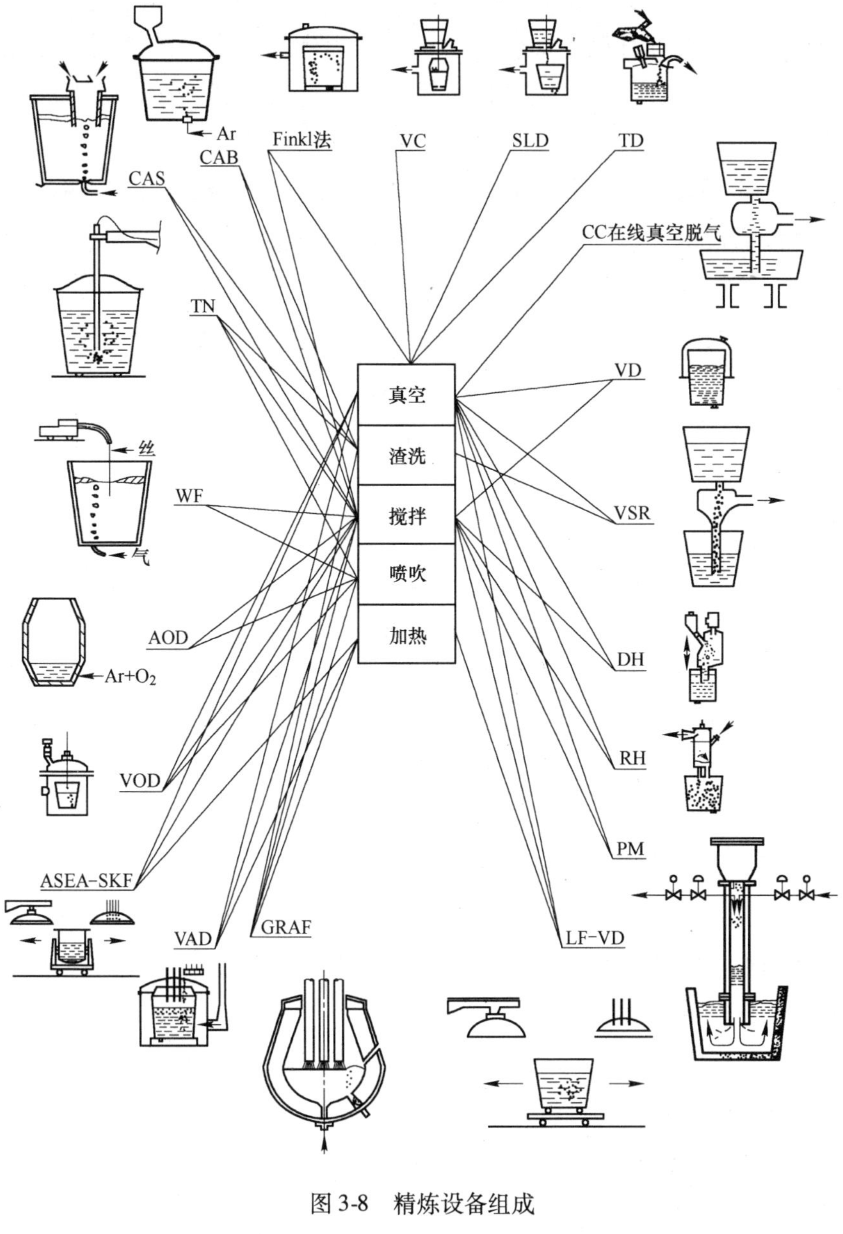

图 3-8　精炼设备组成

3.3.4　连铸设备

连铸是将液态钢用连铸机浇铸、冷凝、切割而直接得到铸坯的工艺，是炼钢和轧钢的中间环节，也是炼钢生产过程的重要组成部分。连铸设备有方坯连铸机、板坯连铸机、圆坯连铸机、异型坯连铸机和方、板坯兼用连铸机。另外，还有水平连铸机，以及采用大断面连铸坯、近终形异型坯或薄板坯生产工艺。

连铸的主要设备有钢包回转台、中间包、中间包车、结晶器、结晶器振动装置、二次冷却装置、电磁搅拌装置、拉坯矫直装置、切锭装置和铸坯切割装置等。

（1）钢包回转台。钢包回转台是现代连铸中应用最普遍的运载和承托钢包进行浇铸的设备，设在连铸机浇铸位置上方，由底座、回转臂、驱动装置、回转支撑、事故驱动控制系统、润滑系统和锚固件6部分组成。钢包回转台有两类：一类是两个转臂可各自单独旋转，另一类是两臂不能单独旋转。

（2）中间包。中间包是钢包和结晶器之间用于接收钢水的过渡设备。它有贮存钢水、稳定钢流、缓冲、分流和分渣作用，是实现多流连浇的重要设备。

（3）中间包车。中间包车由车架、行走机构、横移微调装置、提升机构及称量装置构成。车架梁采用箱形结构，多采用高低梁或双低梁的结构形式。行走机构一般采用电动驱动。横移微调装置用于中间包水口与结晶器对中，当中间包的容量大时，采用液压缸或电动机带减速器驱动形式。提升机构采用电动或液压升降。电动提升采用蜗轮蜗杆螺母丝杠的传动方式，驱动支撑中间包的提升框架。

（4）结晶器。结晶器是连铸机的重要装置。钢液在结晶器中凝固成型。结晶器应具有良好的导热性，使钢液快速凝固。结晶器的形式按连铸机形式分为直形和弧形两种；也可分为管式结晶器、整体式结晶器和组合结晶器。

（5）结晶器振动装置。结晶器振动装置由固定框架、振动臂、振动框架、弹簧钢板导向装置及驱动装置组成，用于防止铸坯在凝固过程中与铜板黏结而发生拉裂或拉漏事故。

（6）二次冷却装置。二次冷却装置的作用是支撑尚未完全凝固的铸坯，并向其表面喷水，以便强制冷却和加速凝固。

（7）电磁搅拌装置。电磁搅拌装置的作用是改善钢液凝固组织，改善钢坯质量。电磁搅拌器有传导式和交流感应式；有恒定磁场型和旋转磁场型；有两相电磁搅拌器和三相电磁搅拌器；有结晶器电磁搅拌器和二次冷却区电磁搅拌器。

（8）拉矫装置。拉矫装置是弧形连铸机的重要设备，有四辊式、六辊式或多辊式，在二次冷却区导向装置的尾部，发挥拉坯、矫直和送引锭杆的作用。

（9）切割装置。切割装置有火焰切割装置和机械切割装置，其作用是将从拉矫装置拉出来的铸坯按成品规格和后序要求切成定尺长度。

（10）控制装置。控制装置配置有过程计算机系统，有二冷水控制、质量判定、尾坯优化和定尺优化等数学模型，有大容量中间包及结晶器液面自动控制、结晶器液压振动装置（在线调幅调波）、拉漏预报、全交流传动及自动浇铸技术；板坯铸机还应配有结晶器自动调宽装置、辊缝自动检测装置及相应的快速硫印检验设施。

连铸设备组成如图 3-9 所示。

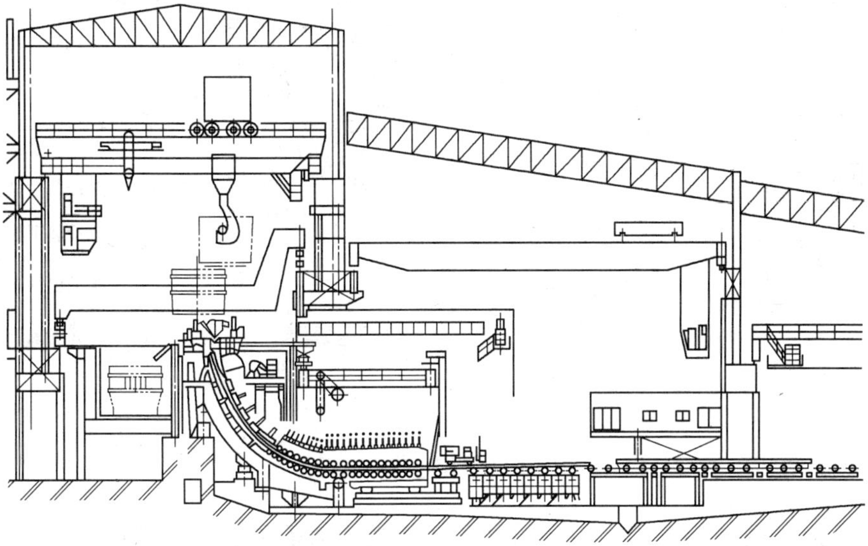

图 3-9　连铸设备组成

3.4　轧钢过程主要设备

轧钢过程主要设备如图 3-10 所示。

3.4.1　钢梁轧机

钢梁可分为型钢梁和组合梁两种。型钢梁加工简单，成本较低，因而应优先采用。型钢梁通常包括热轧工字钢、热轧 H 型钢和槽钢三种；组合梁是

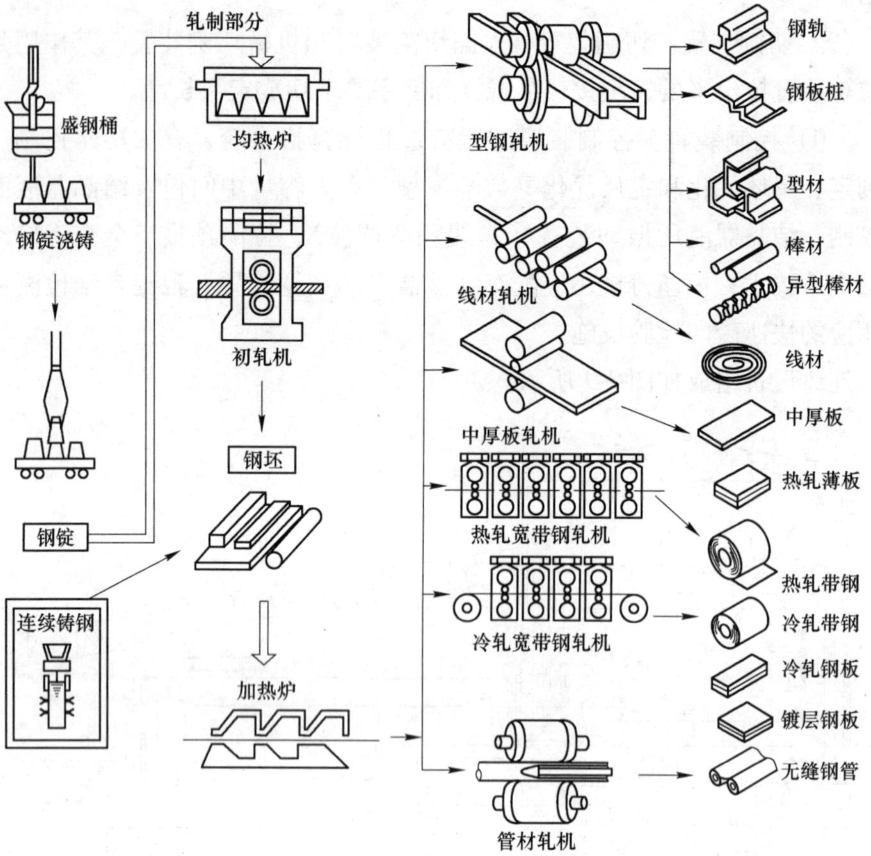

图 3-10　轧钢过程主要设备

由钢板或型钢焊接或铆接而成的。也就是说，钢梁包括热轧型钢、冷弯型钢和焊接型钢。

钢梁轧机与万能轧机相似，是由一组成对的水平辊和立辊组成的，适于轧制高度为 300～1200mm 的宽缘钢梁，也可生产腹板 900mm、翼缘 400mm 的 H 型钢和其他型钢。

钢梁轧机就是型钢轧机，包括大型轧机、中型轧机、小型轧机、线材轧机和轨梁轧机。

大中型轧机有二辊式、三辊式和万能式。二辊式轧机用于开坯、轧边、中间轧制和精轧；三辊式轧机用于型钢孔型轧制；万能式轧机有一对水平辊和一对立辊，用于轧制 H 型钢、槽钢和钢轨等。

万能轧机为 CCS 结构（或开轭式结构），万能轧机和轧边机为液压压下紧凑式轧机，有辊缝自动控制（AGC）功能，均有万能和二辊两套辊系，设有车式快速换辊装置，并可实现在线控温控冷轧制。

轧制后有步进式冷床，采用长尺冷却，冷床入、出口各设90°翻钢机。

另外，也应设置变节距辊式矫直机（包括液压压力矫直机），矫直辊为双支撑并有快速换辊装置，根据需要可有喷雾冷却设施。冷锯机组是由固定式冷锯和若干移动式冷锯组成的。轧制、矫直和冷却后型钢自动落垛、打捆、打标记。

钢梁轧机的主电机为交流机，并采用全数字控制系统。

钢梁轧机应配置基础自动化级（L1）、过程控制级（L2）、生产控制级（L3）计算机。

3.4.2 轨梁轧机

轨梁轧机指工作机架横向排列的型材机机。轨梁轧机各机架的轧辊大都采用一台交流电机同时传动的方式传动。轨梁轧机组成有的为两架开坯轧机和三架可逆连轧机，即万能粗轧机-轧边机-万能精轧机；有的为两架开坯轧机和三架万能可逆连轧机，即万能轧机-轧边机-万能轧机，再设一架万能精轧机跟踪轧制。开坯机设有快速换辊装置。万能轧机为CCS结构，有辊缝自动控制（AGC）功能，并设有万能和二辊两套辊系，有快速换辊装置。

轨梁轧机的主要优点是：(1) 设备简单、建厂快、投资少；(2) 采用无张力轧制，便于生产断面形状复杂的产品；(3) 操作简单、适应性强、产品灵活多样，适于小批量多品种产品的生产。轨梁轧机的主要缺点是：(1) 产品尺寸精度不高，品种规格受到限制（如难以轧制很宽的产品）；(2) 间隙时间长、轧件温降大，因而轧件长度和壁厚均受限制；(3) 各架轧机轧制速度不能单独调整，因而影响产品的产量和质量。横列式轧机一般用做中小型开坯机、轨梁轧机、大中型型材轧机及小型、线材轧机。

轨梁轧机采用步进梁式加热炉，有自动烧钢和最佳燃烧控制功能，炉前、炉后设有装料和取料机。在轧制后设有带夹紧装置的热锯机组和步进式冷床，可实现倍尺或长尺冷却，冷床入口设有钢轨预弯装置。

钢轨和型材各自有精整线。钢轨精整线包括：钢轨在线余热淬火设施或离线热处理设施、平-立联合矫直机、钢轨平直度检测仪、超声波探伤仪、涡流探伤仪、钢轨四面压力矫直机和纵向布置的采用硬质合金刀具的锯钻组合机床。型钢精整线包括：变节距辊式矫直机或与钢轨共用平-立联合矫直机、冷锯切定尺、液压压力矫直机和自动落垛、打捆、打标记装置。

轨梁轧机应配置基础自动化级（L1）、过程自动化级（L2）、生产控制级（L3）计算机。

3.4.3 中型轧机

目前我国普通中型轧机生产能力完全可以满足市场需求；但多以横列式轧机为主，产品质量差，生产效率低，成材率低；目前主要轧制 40～80mm 方钢、圆钢，高 120mm 以下工字钢、槽钢，50mm×50mm～100mm×100mm 角钢，11kg/m 轻轨等。中型轧机的形式有二辊式、三辊式和万能式。机架有开口式、闭口式、半闭口式和预应力紧凑式。现代化轧钢机结构形式普遍采用高刚度、高精度轧钢机以及滚动轴承、新型耐磨轧辊、滚动导卫、快速换轧辊和轧槽、换导卫等，也有采用更换整个机架进行换辊的。应发展可生产腹板 400mm、翼缘 200mmH 型钢、薄壁 H 型钢和其他中型材的轧机。为此应采用全连续轧制，轧机为二辊平-立轧机与万能轧机混合型连续布置，成品机架应有 AGC 辊缝自动控制功能，采用整机架或辊系换辊方式。

主要设备除加热炉和轧钢机外，也应有切断设备、冷床、矫直机、轻轨加工设备、堆垛设备、打捆机、称量设备和标记设备等。

采用步进梁式加热炉，有自动烧钢和最佳燃烧控制功能，炉前后设装、取料机，轧前设高压水除鳞；步进式冷床，长尺冷却，入口设有 90°翻钢机；变节距辊式矫直机，有快速换辊装置；冷锯切定尺由固定锯和浮动锯组合；也应有自动落垛、打捆、自动打标记装置。

主电机为交流变频调速电机，全数字控制系统，并配置基础自动化级（L1）、过程控制级（L2）、生产控制级（L3）计算机。

3.4.4 小型轧机

小型材一般是指在辊径为 350～250mm 的轧机上生产的钢材。小型材有简单断面、异型断面和周期断面三种。简单断面的小型材主要有方钢、圆钢、扁钢、六角钢等。小型轧机主要有横列式、半连续式、连续式和跟踪式等。应发展全连续式机组，轧制速度为 8～14m/s，可实现无扭、微张力轧制，轧机平立交替布置，精轧机可根据不同轧制品种进行平立转换；机架可横移或升降，轧线保持不变，精轧机可实现无张力轧制。另外水平轧机为新型闭口轧机或短应力线无牌坊轧机；立轧机为上传动，轧线上设有启停式切头切尾和切倍尺飞剪，并在轧中轧后设有在线控轧和控冷装置。

加热应采用步进梁式加热炉，有自动烧钢和最佳燃烧控制功能；而冷床应采用步进式冷床，长尺冷却，有缓冷功能；齐全的精整设备包括冷矫直机、冷锯切锯、自动落垛机、自动打捆机和自动标记设备等。

轧机主电机为直流电机或交流变频电机，全数字控制系统；全线装备采用基础自动化级（L1）、过程控制级（L2）计算机。

3.4.5 棒材轧机

棒材轧机是型钢轧机的一种，具有传动齿轮箱，省去了驱动上轧辊的传动齿轮、传动轴及相应的轴承，轧机重量减轻，加工容易，造价低，还可省去复杂的导板，而只用形状简单的导管即可安全地连续生产。

现代化的棒材连轧机可以生产 $\phi 10\sim300$mm 的圆钢和螺纹钢（也可以生产轴承钢、高速钢和不锈钢棒材），整套轧机采用高刚度短应力线、平立交替布置、孔型无扭转的连续轧制，部分粗轧机架采用悬臂式结构。这种连铸化、连续化的高速、无扭、无张力的轧机不仅结构紧凑，装卸方便，而且大大降低了轧辊的消耗。机组为全连续无扭轧制，精轧机为无张力轧制，精轧出口速度不小于 18m/s 时有刹车辊（夹尾辊）；粗、中轧机为平-立交替布置的二辊轧机，水平轧机为二辊闭口或短应力线轧机，立辊轧机为上传动，机架可横移或升降，精轧机为悬臂辊环式，精轧后设有定径机；粗轧前设有高压水除鳞装置，中轧至精轧及精轧机后设有控制冷却装置，实现控制轧制及控制冷却，中轧至精轧要有足够的恢复段长度；精整设备完善，并带有冷剪、自动点数和自动打捆装置；下冷床棒材运输采用悬臂辊式运输机（无相对滑动）；步进式冷床宽为 108m 以上，冷床带有对齐辊、排钢链。

轧制前采用步进式加热炉，具有自动烧钢和最佳燃烧控制功能。

主电机为交流变频调速电机，全数字控制系统。

现代化的棒材轧机也应配置基础自动化级（L1）、过程控制级（L2）、生产控制级（L3）计算机。

3.4.6 线材轧机

线材轧机有粗轧、中轧和精轧。粗轧机、中轧机和精轧机的布置形式有横列式、半连续式和连续式；连续式精轧机有水平二辊式、平-立交替式、45°无扭轧机和 Y 型轧机。应采用新型闭口式粗、中轧机平-立交替布置，悬臂无扭式预精轧机组，超重型顶交45°无扭精轧机组，全线采用无扭轧制，无张力和微张力轧制技术，粗轧、中轧后和精轧前设启停式飞剪，保证轧制速度不小于100m/s，最大盘卷单重不小于 1.8t。精轧机组前和精轧机组机架间、精轧机组后设水冷装置，实施控温轧制和控制冷却，并采用定减径机组实施精密轧制，配备在线测径仪和在线探伤仪。高速线材生产中采用将轧制的线材吐丝成卷以利收集的关键设备，新型吐丝机速度在100m/s 以上。

大风量延迟辊道式风冷运输线长度不小于 90m，风机吹风方向和风量可自动调整，为冷却均匀在风冷线设有几处落差。

线材轧机的加热炉采用步进梁式加热炉，有自动烧钢和最佳燃烧控制功能，轧机前设高压水除鳞装置，压力不小于 18MPa。

另外，有自动集卷、运输、打捆、称重等完善的收集运输系统。

线材轧机主传动电机为全数字交流变频调速。

线材轧机也配置有基础自动化级（L1）、过程控制级（L2）计算机或同时配置生产控制级（L3）计算机。

3.4.7 中厚板轧机

中厚板轧机是以工作辊辊身长度表示轧机尺寸，如 2300mm 三辊劳特轧机、2800mm 中厚板轧机和 4200mm 厚板轧机。中厚板轧机有二辊式、三辊劳特式和四辊式。中厚板轧机应采用双机架四辊可逆轧机并附有立辊轧机，轧制速度不小于 5m/s。轧机具有立辊液压 AWC 和水平辊液压 AGC，并具有弯辊和窜辊装置。轧机牌坊为高刚度、高强度，具有大轧制压力，能实现大变形量轧制，最大轧制压力大于 1.8kN/mm。轧机具有板形控制及平面形状控制功能。

中厚板轧机应采用步进梁式板坯加热炉，有自动烧钢和最佳燃烧控制功能，配有装取料机。在加热炉出口及粗、精轧机设有压力不小于 18MPa 的高压水除鳞装置。具有控轧控冷功能，配置大冷却速率的加速冷却装置，可实现形变热处理轧制工艺；配置四重式带弯辊和倾斜功能的、全液压高强度热、冷矫直机；有平面形状检测装置，可实现最佳剪切功能；有在线切头、切边、纵切、定尺剪等完整的自动切割线，可切钢板厚度在50mm以上的火焰自动切割线；设有钢板的正火、回火、退火、淬火等热处理生产线；有多通道自动超声波探伤线；有自动打印、喷标记装置；在线检测装置完善，如测厚、测宽、测高温仪等。

中厚板轧机的主传动电机应是全数字交流变频调速的电机。

中厚板轧机配置有基础自动化级（L1）、过程控制级（L2）、生产控制级（L3）计算机或同时配置生产管理级（L4）计算机。

3.4.8 热轧宽带钢轧机

宽带钢的宽度不小于600mm，一般采用热轧工艺生产。带钢轧机有四种生产方式：宽带钢热连轧、宽带钢可逆式热轧、窄带钢热连轧以及用行星轧机热轧带钢。带钢热轧机由粗轧机和精轧机组成。粗轧机组分半连续式、3/4连续式和全连续式。钢卷最大单位宽度质量不小于19kg/mm，精轧机末架最高速度不小于20m/s；粗轧前和精轧除鳞高压水压力不小于18MPa；粗轧区有大幅调宽手段，立辊轧机并设有AWC（宽度自动控制）系统和SSC（短行程）功能，粗轧机带有AGC系统；有中间坯的保温装置（保温罩或热卷箱）和边部加热装置；切头飞剪有最佳化剪切功能；精轧机主传动电机为全数字交流变频调速，机架间有液压活套或低惯量电动活套，有精轧机除尘装置，有快速换辊系统；精轧机组采用液压AGC厚度自动控制系统，有板形控制功能；精轧机后设有带钢控制冷却系统，可控制带钢的卷取温度偏差；机架间采用冷却水控制手段，可实现控轧和终轧温度控制；全液压卷取机，有助卷辊跳跃控制（AJC、QOC等）功能；一般有热轧带钢平整机。

热轧宽带钢轧机采用步进梁式加热炉（直接轧制的有隧道式加热炉），有自动烧钢和最佳燃烧控制功能。

生产过程有完备的轧线仪表，如厚度仪、凸度仪、板形仪、宽度仪、温度仪及表面质量检查仪等。

热轧宽带钢轧机配置基础自动化级（L1）、过程控制级（L2）、生产控制级（L3）、生产管理级（L4）计算机。

3.4.9　冷轧宽带钢轧机

冷轧带钢以热轧板卷为坯料，在室温下进行轧制。冷轧带钢一般是成卷轧制。冷轧机多为四辊轧机，有单机架和多机架布置形式。冷轧带钢轧机有六辊、十二辊、二十辊和偏八辊（MKW 式）等轧机。单片轧制时没有张力，轧制的产品较厚（大于 1mm），速度较低（小于 2m/s），仅用于生产少量特殊用途的钢板。冷轧带钢生产采用成卷轧制，使用张力卷取和开卷装置，速度高（达 42m/s），道次压缩率大，板形平直。轧机有单机可逆式和连续式两种。

单机架可逆式四辊冷轧机适于生产多品种、小批量、厚度 0.2mm 以上的普通碳钢或低合金钢。轧制硅钢、不锈钢等高合金特殊钢多采用二十辊或偏八辊轧机。

连续式轧机有四机架或五机架六辊轧机，五机架四辊或四、六辊混合形式；机组出口最大速度不小于 1200m/min；轧辊辊身长度不小于 1000mm。机架数多，总压缩率大，产品厚度薄，轧制速度快，产量大。连续式冷轧机有常规冷轧机和全连续冷轧机，适于生产产量大、品种规格少的普通碳钢汽车板、镀锌板、镀锡板等。

全连续冷轧机采用全液压压下，液压 AGC 自动控制；采用板形控制技术、弯辊控制技术、交叉辊（PC）或窜辊等板形控制技术。轧辊采用分段冷却控制，并进行流量控制。轧机出口采用板形控制仪、板形自动闭环控制，并采用自动快速换辊装置。

轧机每机架之间和出口采用 X 射线或同位素测厚仪等自动化仪表，精确控制每道次压下量，实现压下自动闭环控制；全线采用交流数字变频调速传动系统，设有带钢自动纠偏装置、带钢跟踪装置，采用三级或四级计算机控制。

连续检测酸中铁离子含量和水中氯离子含量，并实现闭环控制；全线张力和速度实现闭环控制。

使用激光测速仪和张力计，检测钢带速度和张力，进行速度、张力闭环控制，也有轧辊偏心补偿控制。

卷取机有 Carrousel 卷取机和其他高精度卷取机。机组主传动电机为全数字交流变频调速，全线自动化操作，采用两级或以上计算机自动控制系统。

3.4.10 无缝钢管轧机

热轧无缝钢管生产过程主要包括穿孔、轧管和定（减）径等工序。

穿孔机有菌式穿孔机和狄塞尔穿孔机（二辊立式带导盘），顶头顶杆在线循环使用，液压三辊定心，穿孔后设有除氧化铁皮装置；轧管机有少机架及多机架限动芯棒连轧管机，并设有壁厚闭环控制系统；定减径机有10～14架微张力定径机和20架以上张力减径机，为三辊内传动，有外径及壁厚闭环控制系统（CATA技术）。冷床是带有踏步功能的步进式冷床，有控冷装置。排管锯具有定尺功能。精整工序包括矫直、铣头、探伤、测长、称重、自动标记和包装各道工序，其中矫直机矫直辊全传动，并带有上辊快开功能，铣头机为高效铣头机。管加工工序还有热处理、车丝机、拧接机及水压试验等设备。

热轧无缝钢管的加热炉一般是环形加热炉，具有加热数学模型，可实现最佳燃烧控制。

无缝钢管冷轧方式可分为：斜轧、纵轧、横轧。穿孔多采用斜轧，轧管采用斜轧和纵轧，定减径大多采用纵轧，横轧则多使用在特殊场合，如旋压机等。纵轧根据轧辊孔型分为两类：一类是轧制中孔型发生变化的，如周期轧制的冷热皮尔格轧机；另一类是不发生变化的固定孔型，主要用于钢管的连续轧制，这一类在钢管热轧中使用最多。

无缝钢管的自动化控制系统有基础自动化控制级、过程控制级和生产控制级及生产管理控制级计算机系统。

3.4.11 彩色涂层设备

彩色涂层设备主要有机械、液压、气动、调偏、热工和电气设备。其中机械设备包括有入口段、工艺段和出口段。工艺段是彩色涂层设备的主要部分，包括预处理、涂层烘干等设备。

彩色涂层有辊涂法和粉涂法。

辊涂法的主要生产设备是辊涂机。由辊涂机的沾料辊沾液态涂料，再用涂敷辊将涂料涂到经预处理后带钢的上下表面，然后再用固化炉加热烘烤，涂层经过烘烤固化后再经水淬冷却和热风干燥。辊涂工艺通常受辊涂机一次涂膜厚度及烘烤固化炉能力的限制。如果产品要求涂膜厚度大，则要求多次涂覆及烘烤固化。不同涂层厚度，辊涂工艺有一涂一烘、二涂二烘，甚至三涂三烘。目前广泛采用的辊涂工艺是二涂二烘式。

粉涂法的主要生产设备是粉涂机。带钢预处理后，在基板表面涂上粉末黏合剂，然后经感应加热固化，再通过内水冷辊将基板冷却后进入粉涂装置。粉涂装置是在静电场下，粉末旋转刷产生涂料粉末，粉末带有很高电荷，通过高速运行的基板，产生足够大的边界穿透力，粉末颗粒便均匀地沉积在带钢表面上。

4

钢铁产品的监视和测量

产品的监视和测量，其实就是产品的检验和试验，包括原材料、半成品和产品的检验和试验。产品的检验和试验不仅能够满足顾客要求提供产品特性的数据，也能够为生产过程提供控制信息。没有来得及完成监视和测量的产品必须得到顾客同意才可以交付，没有来得及完成监视和测量的半成品必须得到下工序同意才可以转序。应当说产品的检验和试验是质量保证的基本点或原点。

钢铁产品不同，标准中规定的检验和试验项目也不同。表 4-1 给出的是常见的钢材产品的检验和试验项目。主要包括：化学成分分析、宏观检验（低倍检验）、微观检验（金相检验）、力学性能检验、工艺性能试验、物理性能检验、化学性能试验和无损检验等。

表 4-1　常见的钢材产品的检验和试验项目

序号	钢材品种	检验和试验项目	标准编号
1	碳素结构钢和低合金结构钢	化学成分、酸浸试验、断口、显微组织、脱碳层、晶粒度、非金属夹杂物、硬度、拉伸试验、冲击试验、顶锻、尺寸、表面质量等	GB/T 700—2006 GB/T 8163—2008
2	优质碳素结构钢		GB/T 699—1999
3	合金结构钢	化学成分、酸浸试验、断口、塔形发纹、显微组织、脱碳层、晶粒度、非金属夹杂物、硬度、拉伸试验、冲击试验、顶锻、末端淬透性、尺寸、表面质量等	GB/T 3077—1999

续表 4-1

序号	钢材品种	检验和试验项目	标准编号
4	弹簧钢	化学成分、酸浸试验、断口、显微组织、脱碳层、晶粒度、石墨碳、非金属夹杂物、硬度、拉伸试验、末端淬透性、外形、尺寸、表面质量等	GB/T 1222—2007
5	高碳铬轴承钢	化学成分、火花试验、酸浸试验、断口、珠光体组织、网状碳化物、带状碳化物、碳化物液析、退火钢材布氏硬度、尺寸、表面质量等	GB/T 18254—2002
6	碳素工具钢	化学成分、酸浸试验、断口、脱碳层、珠光体组织、网状碳化物、退火硬度、淬透性、尺寸、表面质量等	GB 1298—2008
7	合金工具钢	化学成分、酸浸试验、断口、脱碳层、珠光体组织、网状碳化物、共晶碳化物不均匀性、布氏硬度、洛氏硬度、磁性、外形、尺寸、表面质量等	GB/T 1299—1985
8	高速工具钢	化学成分、酸浸试验、萘状断口、脱碳层、共晶碳化物不均匀性、退火硬度、试样淬火、回火硬度、尺寸、表面质量等	GB/T 9943—2008
9	不锈钢棒	化学成分、酸浸试验、非金属夹杂物、硬度、拉伸试验、冲击试验、耐蚀试验、外形、尺寸、表面质量等	GB/T 1220—2007
10	耐热钢棒	化学成分、酸浸试验、非金属夹杂物、硬度、拉伸试验、冲击试验、外形、尺寸、表面质量等	GB/T 1221—2007

4.1 化学成分分析

钢铁企业化学分析的对象包括进厂的铁矿石和煤炭，炼铁过程的配料、铁水和高炉炉渣，炼钢过程的炉内和钢包的钢水与钢渣，以及轧钢过程的各种钢材产品。其中，要求分析次数最多、分析速度最快的是炼钢和精炼过程的铁水和钢水分析。钢材的多品种和高性能发展趋势也对化学分析提出了更高的要求，分析范围从 $10^{-4}\%$ （ppm）到 30% 左右。表 4-2 是化学分析的对象和方法。

表4-2 化学分析的对象和方法

生产过程	分析对象	分析方法
原料入场	铁矿石	CA、AA、FX、ICP
	煤 炭	CA
	石灰石、萤石等	CA、AA、FX
炼铁过程	配 料	FX、AA、ICP
	烧结矿、球团矿	FX
	铁 水	QV或FX、ICP
	炉 渣	FX
炼钢过程	钢 水	QV或FX、AA、G、ICP
	炉 渣	FX
轧钢过程	钢 材	ICP、AA、G、CA、QV、FX

注：CA—化学分析；ICP—电感耦合等离子光谱分析；FX—X射线荧光分析；AA—原子吸收分析；QV—光谱分析；G—气体分析。

化学成分分析按原理和使用的仪器设备可分为化学分析和仪器分析。

4.1.1 化学分析

化学分析是以化学反应为基础的分析方法，主要有以下四种分析方法：

（1）重量分析法。一般是使被测组分与试样中的其他组分反应分离后，形成一种化学组成固定的化合物（一般为沉淀），称其重量，从而计算被测组分含量的一种方法。这种方法分析速度慢，但准确度高。

（2）容量分析法。一般是用标准溶液去滴定被测组分的溶液，待反应完成后根据所消耗的标准溶液来计算被测组分含量的一种方法。这种方法分析速度快，准确度也比较高。

（3）比色法。许多物质的溶液是有颜色的，这些溶液的颜色深浅程度与溶液的浓度有关，颜色越深表示溶液越浓。利用所测物质的特征颜色或所测物质与某些试剂反应形成的有色溶液进行分析。借助于溶液颜色深浅的比较来分析溶液中这种有色元素的浓度，这种方法叫做比色法。将含有已知量物质的有色溶液作为标准，与含有未知量被测物质的有色溶液进行比较，利用比色计或分光光度计测出含量。这种方法灵敏度高、稳定性好、简便快捷、操作方便、应用广泛。缺点是准确性不高，经常遇到共存元素的干扰。如果用肉眼进行观察，就叫做目视比色分析法；如果用光电比色计或分光光度仪来分析，则叫做光电比色分析法或分光光度分析法。光电比色分析法或分光光度分析法属于仪器分析法。

（4）电导法。利用溶液的导电能力来进行定量分析的方法。

4.1.2 仪器分析

仪器分析是以物质的物理或物理化学性质为基础的分析方法，即需将待测物质的光、电、热、声、磁等物理量或物理化学量最终转换成电信号，再与已知量的标准物质在相同条件下得到的电信号作比较，以测量出这些物质的化学组成、含量和结构物理量。物理化学量的测定一般需要采用专门的仪器设备。仪器分析灵敏度高、分析速度快、所需试样少、易于实现自动化。由于以上优点，仪器分析方法已逐步成为化学成分分析的主要方法。

仪器分析包括有发射光谱分析、X 射线荧光光谱分析、原子吸收光谱分析、极谱分析、电子探针微区域分析、离子探针微区域分析等。

（1）发射光谱分析。是钢中多元素同时测量分析仪器，已被广泛采用。特别是钢铁产品的质量首先取决于炼钢过程，为了使钢水成分达到规定的要求，必须迅速准确地进行炉前分析，并及时反馈进行过程控制。发射光谱分析的分析时间在放入试样后 20s 以内，除钢中气体外，几乎所有元素都可以定量测定。为了测量炉前成分和进行炼钢控制，发射光谱是必不可少的分析仪器。

ICP（电感耦合等离子）发射光谱是用它做激发光源，具有检出限低、线性范围广、电离和化学干扰少、准确度和精密度高等分析性能。主要用于微量元素的分析，可分析的元素为大多数的金属和硅、磷、硫等少量的非金属，共 72 种；广泛应用于质量控制的元素分析、超微量元素的检测，尤其是在环保领域的水质监测；还可以对常量元素进行检测。

（2）X 射线荧光光谱分析。用 X 射线照射物质，能产生次级 X 射线——荧光 X 射线。X 射线的波长对应于物质中原子的种类。根据荧光 X 射线的波长确定物质的元素组成，根据该波长的荧光 X 射线的强度进行定量分析，这种方法称为 X 射线荧光光谱分析法。特点是：操作方便、准确度高、分析速度快，既可作常量分析，又可作痕量分析。目前 X 射线荧光光谱仪已成为炉前分析的主要仪器，主要用于铁矿石、炉渣、铁合金、生铁、合金钢的分析。原来 X 射线荧光光谱分析对于 C、P、S 等元素的灵敏度比较低，但在采用了超软 X 射线分光装置和新型分光晶体后，C、P、S 等元素的分析精度有了很大提高。例如对于铁水预处理中，P、S 含量为$(10 \sim 30) \times 10^{-4}\%$、C 含量为2%～4%、Si 含量为 0.5% 左右的铁水，采用 X 射线荧光光谱分析最适宜。另外，也适于分析稀土元素、钙以及铅等微量元素。X 射线荧光光谱对镀锌、镀锡和镀铬等合金层与炉渣的定量分析具有重要作用。

（3）原子吸收光谱分析。通过测量物质被转变为原子蒸气后，基态原子对特定波长谱线的吸收程度而进行定量分析的方法。发射某一金属特征谱线的光源光通过喷有雾状金属盐溶液的火焰，以测定被吸收的能量。特点是：灵敏度高、准确度高、操作简单、适用范围广，既可用于常量元素分析，也适用于微量元素分析。利用火焰原子化法绝对检出限达 10^{-10}g，无火焰原子化法绝对检出限可达 10^{-14}g，可测量 70 种金属元素（包括半导体元素），但不能直接测定非金属元素。

（4）极谱分析。通过测定电解过程中得到的极化电极的电流-电位（或电位-时间）曲线来确定溶液中被测组分的一种电化学分析方法。特点是：所需试样溶液少、灵敏度高、分析速度快，能够同时分析几种元素。但由于必须分离干扰元素，应用受到限制。近年来示波极谱和自动记录极谱的出现，为高纯金属中极微量元素的分析提供了先进的测试技术。

（5）电子探针微区域分析。简称电子探针，利用直径约 1μm 的电子束激发试样以产生 X 射线，再对所产生的 X 射线进行谱线分析，特征谱线表征元素，谱线强度表征元素含量。电子束直径很小，像探针一样在试样面上扫描，可以在试样上任何一个微小区域内进行定性和定量分析。特点是：分析体积小、速度快、不破坏试样，能直接分析在金相显微镜下所观察到的组织成分。分析的元素包括$_{4}Be \sim {}_{92}U$，含量为 0.001%～100%。一般用于测量夹杂物、析出物、偏析、异物、扩散、相、层、粒等，是研究开发的重要工具。

（6）离子探针微区域分析。用高能离子轰击样品表面，测定被飞溅活化出来并发生电离的原子（即离子）的组成。可以分析从氢到铀的所有元素。对分析痕量元素相对灵敏度高，主要用于研究钢中合金元素的分布、偏析、扩散和镀层表面分析。

（7）碳硫分析。将分析试样放在高频燃烧装置的氧气流中燃烧，C 生成 CO_2（和部分 CO），S 生成 SO_2，用红外线吸收检测器检测，并将各自的浓度转换成电子信号作为分析值在显示器上显示。这种方法是干式的，不用溶液，反应迅速，分析时间短，自动化无人操作，适于现场钢中碳硫分析。

（8）气体分析。钢中氧、氮和氢等气体分析有两种主要的方法，一种是真空熔融气体分析，另一种是惰性熔融气体分析。前者是在真空条件下熔融，后者是在惰性气体气氛中熔融，将释放出来的氧、氮和氢等气体分离，用热传导或红外吸收检测器检测，到20世纪70年代，后者已经取代前者。通常分析只用60s，氧和氮的检测灵敏度为$0.1\times10^{-4}\%$，氢的检测灵敏度为$0.01\times10^{-4}\%$。

4.1.3 化学成分分析应用

4.1.3.1 炼焦过程

为了保证高炉炼铁过程稳定、顺行和高效进行，必须对焦炭质量进行控制。焦炭的质量与煤炭质量有关，所以必须从控制煤炭质量入手。在煤炭入场时应分析其质量，而煤炭在储存过程中的风化会影响结焦性，所以在每次发料时也必须按不同煤种进行质量分析。在装煤时应快速进行粒度分析，并尽快反馈给粉碎工序。在配煤时应具有工业分析和结焦性分析信息，水分分析对炼焦过程非常重要。图4-1给出了对煤和焦炭的分析检验频次和内容。焦炭质量分析是在焦炉炉前取样，包括分析水分、粒度、强度和工业分析。

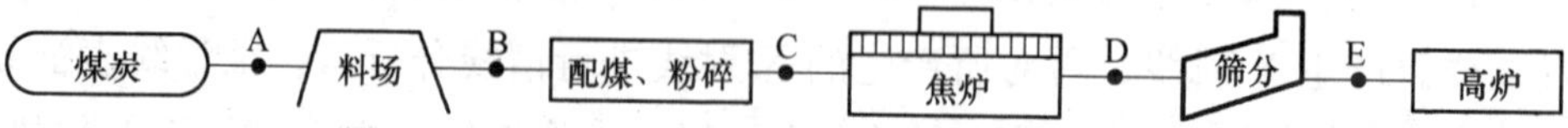

	分析项目	频　次	分析检查项目
A	煤炭进场分析	按进场批次	水分、粒度、工业分析、元素分析、结焦性、煤炭组织和灰分组成分析
B	煤炭出场分析	按品种	水分、粒度、工业分析
C	煤炭装炉分析	每8h分析1次	水分、粒度、工业分析、结焦性
D	出炉焦炭分析	每8h分析1次	水分、粒度、工业分析、转鼓强度、气孔率、反应试验
E	高炉炉前焦炭分析	每周分析2次	水分、粒度

图4-1　焦炭生产过程和取样分析

（引自日本鉄鋼業における分析技術）

4.1.3.2 炼铁过程

炼铁过程包括原料处理、烧结、球团和高炉各工序，其中烧结和球团、铁水和炉渣，分析次数多，分析速度快。图 4-2 是烧结过程产品化学成分分析取样系统图，图 4-3 是炼铁过程产品化学成分分析取样系统图。

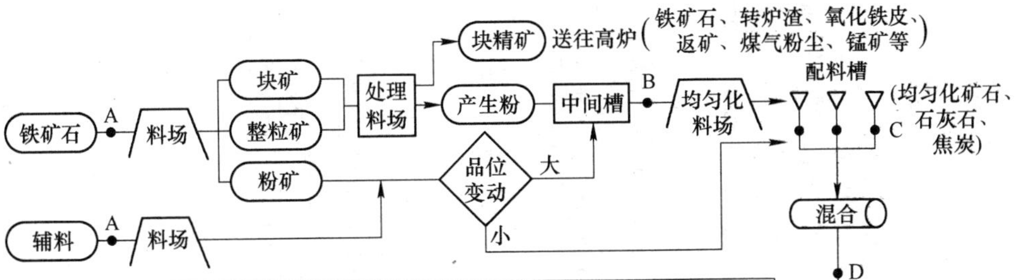

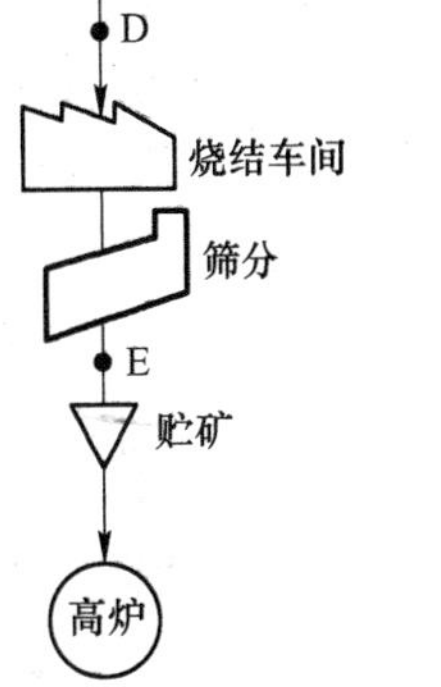

控制点	名称	频次	时间	分析的重点成分
A	卸料时的分析	每次进场	1 日~2 周	TFe、SiO_2、CaO、FeO
B	均匀化料场分析	1 件/品种/堆	1 日~1 周	TFe、SiO_2、CaO、FeO 和水分、粒度
			每月例行	
C	配料槽分析	2 件/变动	1h	TFe、SiO_2、CaO、Al_2O_3、FeO、C
		1 件/日	每月例行	TFe、SiO_2、CaO、FeO
D	配料分析	1 件/h 2 件/变动	1h	TFe、SiO_2、CaO、Al_2O_3、FeO、C、粒度、水分
E	烧结矿分析	2 件/变动		TFe、SiO_2、CaO、Al_2O_3、FeO、粒度、还原率、RDI、转鼓强度

图 4-2 烧结生产流程和取样分析

（引自日本鉄鋼業における分析技術）

（1）料场卸料。在原料卸料时的分析对原料混匀和配料计算具有重要作用。卸料分析也是验收分析。分析内容包括原料中的化合水、全铁、SiO_2、Al_2O_3、CaO、MgO、P、S、TiO_2、FeO、C 等。一般根据原料供应情况，必须在卸料后 1~2 天就应提供原料分析报告。

（2）料场混匀。原料波动有两种情况，即堆内波动和堆间波动。一般是在堆放后和使用前一周进行分析。分析的内容除上述的项目外，还有水分和粒度。水分必须在 8h 内报告，用以修正堆放量。

（3）烧结配料。在配料仓取样分析 SiO_2、Al_2O_3、CaO、P、S、FeO、C 等，每天分析 1~3 次，特别是其中的 FeO 含量，应每小时报告一次数据。除采用 X 射线荧光分析外，还要对 FeO、C 进行快速分析。

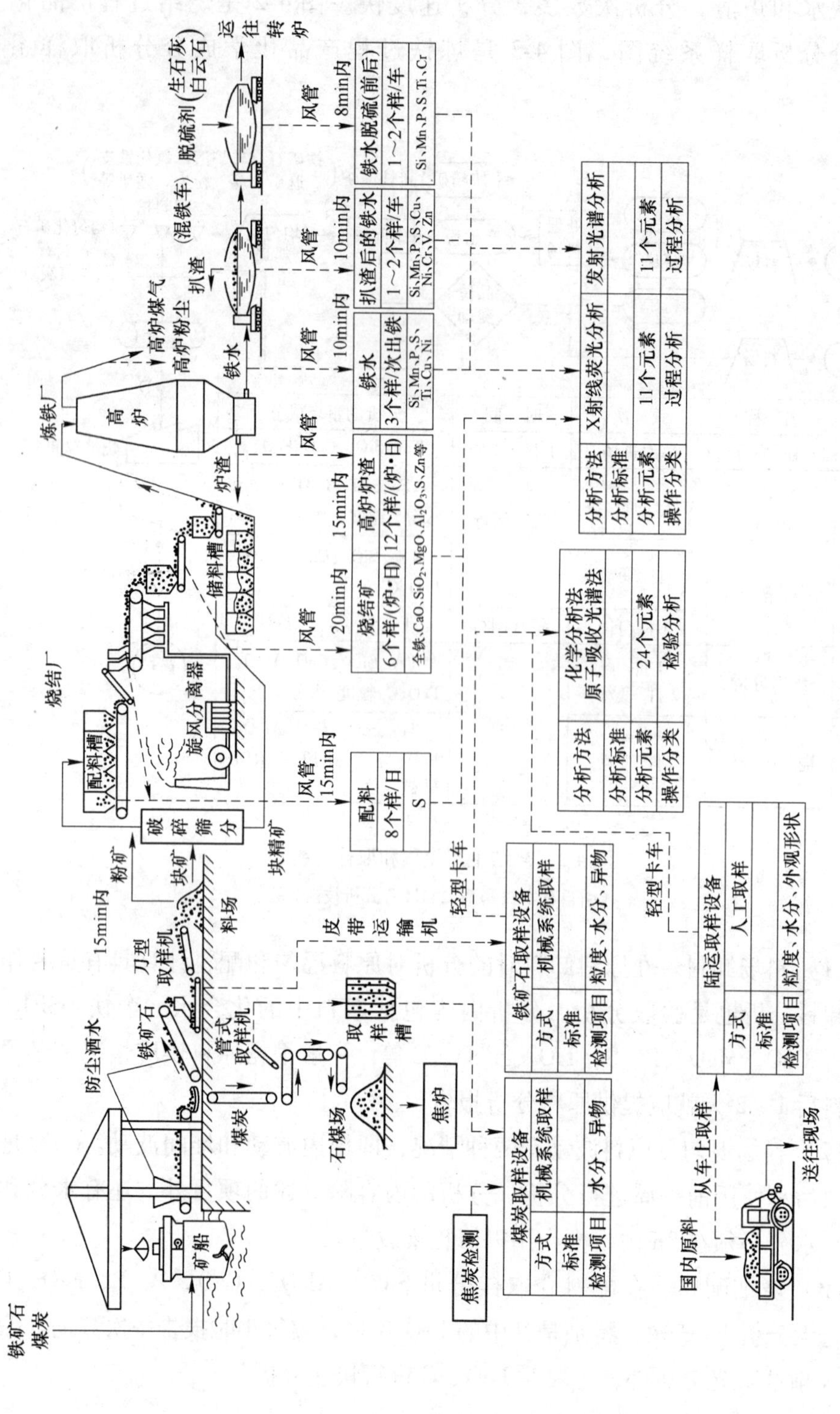

图 4-3 炼铁过程产品化学成分分析取样
（引自日本鉄鋼業における分析技術）

(4) 原料混合。一般是在运输装置落下部位取样，取样量越多越好，一般为10~30kg。因为皮带运输机上原料偏析比较大，最好在混料器后面取样。

(5) 烧结矿。成品分析与原料混合基本相同，不同点是FeO。烧结矿中的FeO与还原性有关，所以每批烧结矿分析2~4次。物理性能检测包括粒度分布、转鼓强度、还原率、低温还原粉化率等。

(6) 高炉生铁和炉渣。高炉生产过程的主要分析对象有生铁、炉渣和煤气。一般在每次出铁的开始、中间和后期取样，也有从铁水罐或混铁车中取样的，以其平均值作为出铁的代表值。分析方法一般采用光谱分析或X射线荧光分析。每出一次铁应取一次炉渣试样，分析方法以粉末成型试样的X射线荧光分析为宜。

生铁的主要化学成分是C、Si、Mn、P、S，而Cu、Ti、Ni、Cr和As等微量元素也是控制对象。

炉渣的分析主要是碱度，即CaO/SiO_2，一般控制在1.15~1.3之间。除了分析CaO和SiO_2外，还应分析Al_2O_3、MgO和TiO_2。炉渣作为水泥的粗集料，应提供化学成分、粒度、水浸试验、紫外线照射等试验分析。

煤气分析对高炉操作控制也非常重要，一般在现场设置气相色谱仪，自动检测CO、CO_2和CH_4等。

表4-3为高炉生铁和炉渣分析方法对比。

表4-3 高炉生铁和炉渣分析方法对比

试样	分析项目	X射线荧光分析	发射光谱分析
生铁	试样组织	白口铁、灰口铁	白口铁
	前处理	白口铁（表面研磨）、灰口铁（断面研磨）	白口铁（表面研磨）
	试样尺寸/mm	$\phi 25$	$\phi 8$
	分析时间/s	40	25
	分析成分	Si、Mn、P、S	Si、Mn、P、S
炉渣	前处理	粉碎后压块	—
	分析成分	SiO_2、CaO、Al_2O_3、MgO、S	—

4.1.3.3 炼钢过程

炼钢过程以炼钢炉为主，包括铁水预处理、转炉或电炉炼钢、炉外精炼和连铸或模铸等工序。因为炼钢过程反应很快，所以对温度和成分控制非常严格，因此分析应快速和准确。铁水预处理用于降低铁水中的杂质元素（主要是硫，也有脱磷和脱硅的），应在预处理前对硫进行分析，以便控制脱硫剂的加入量。分析方法，如果只分析硫可以采用燃烧法，一般采用光谱分析。

转炉炼钢过程主要是降碳和脱磷，转炉吹炼时间短，只有20～30min，要求分析速度要快。分析包括冶炼过程副枪试样和终点取样，每炉可能取4～5次样，一般采用光谱分析（见图4-4）。

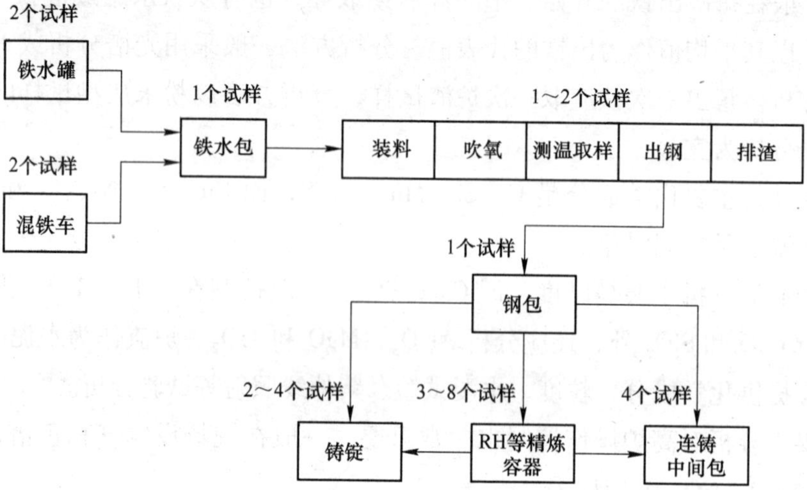

图4-4　转炉炼钢过程取样平均数

（引自日本鉄鋼業における分析技術）

电炉炼钢主要用于生产特钢和合金钢，对质量要求更为严格。一般采用燃烧法定碳，采用光谱分析或X射线荧光分析钢水成分（见图4-5）。

炉外精炼主要是调整成分和温度，并借助于脱气，降低钢水中的O、N、H和夹杂物含量。一般来说，每炉要取样分析5次以上，除成分分析外，还应对钢水中的O、N、H进行快速分析。一般采用惰性气体熔融法。

铸锭或连铸过程也需要取样进行分析，钢包中钢水的分析值用于判断是否符合标准。分析的成分比较多，一般也应采用光谱分析或X射线荧光分析。必要时，应用原子吸收或ICP定量分析Sb、As、Co和稀土元素等。

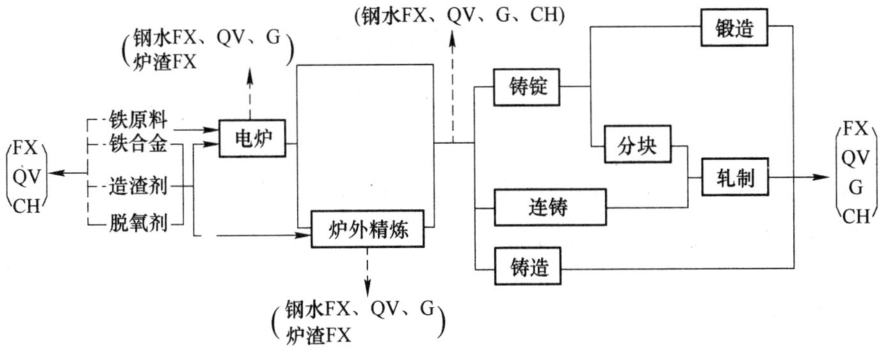

图 4-5 电炉炼钢成分分析方法

FX—X射线荧光分析；QV—发射光谱分析；G—气体分析；CH—化学分析

（引自日本鉄鋼業における分析技術）

4.1.3.4 轧制过程

轧制过程和产品如图 4-6 所示。轧制过程的分析主要是成品分析，分析结果应与钢包分析相同。但是往往需要采取切削取样，一般采用化学分析（包括光电比色、原子吸收和 ICP 分析）。但是在生产过程中，为了保证产品质量也需要对过程参数进行检测。

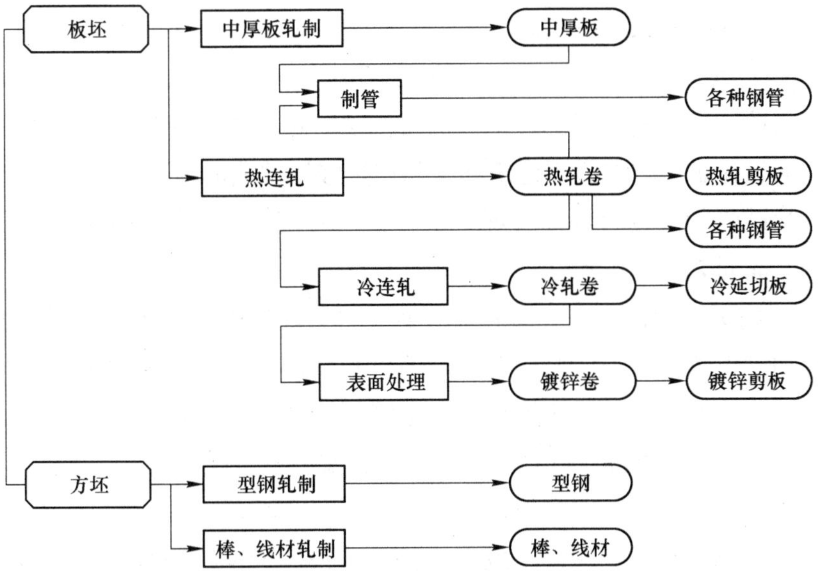

图 4-6 轧制过程和产品

4.2　宏观检验

宏观检验是用肉眼或放大镜检验钢材的化学成分或组织的不均匀性或缺陷的方法。宏观检验也叫做低倍检验。宏观检验或低倍检验包括酸浸试验、断口检验、发纹试验和硫印试验。

4.2.1　酸浸试验

酸浸试验是将试样用酸液腐蚀，以此来显示其宏观组织或缺陷。《钢的低倍组织及酸蚀检验法》（GB 226—1991）规定了检验钢的低倍组织及缺陷的热、冷酸浸蚀法和电解腐蚀法。其中应用最多的热酸浸蚀法。

（1）热酸浸蚀法。热酸浸蚀法的腐蚀属于电化学腐蚀，浸蚀可以显示钢的化学成分的不均匀性和缺陷。影响浸蚀试验的因素有浸蚀液的成分、浸蚀温度、浸蚀时间和浸蚀面的光洁程度。其中浸蚀温度对酸蚀结果影响比较大，温度过高，浸蚀过于激烈，妨碍鉴别能力；温度过低，反应慢，时间长，鉴别效率低。一般最适宜的温度为60～80℃。

（2）冷酸浸蚀法。冷酸浸蚀法适用于不便于采用热酸浸蚀法的、不易切开的、检验后仍需保持表面光洁的大型工件。但是试样表面必须具有较高的光亮度，试验时间长，费用高。

（3）电解腐蚀法。电解腐蚀法采用15%～20%（容积比）工业盐酸水溶液电解腐蚀试样表面，用于代替热酸浸蚀法，可以缩短腐蚀时间，改善工作条件，而且显示试样的宏观组织和缺陷比热酸浸蚀法清晰。

酸浸试验所检验的常见宏观组织和缺陷有偏析、疏松、夹杂、缩孔、气泡、轴心晶间裂缝和白点等。

（1）偏析。钢在凝固后元素分布不均匀的现象称为偏析。偏析程度与钢的成分和凝固条件有关。偏析有宏观偏析和微观偏析，宏观偏析是肉眼或放大镜可见到的偏析；微观偏析是在显微镜下才能看到的偏析。按偏析的位置和形态可分为一般偏析、中心偏析、锭型偏析、点状偏析、白斑和树枝状组织。

（2）疏松。钢的组织的不致密性称为疏松。这种缺陷是钢在凝固过程中凝固缓慢的区域，因为微观补缩通道堵塞而在枝晶间和枝晶臂间形成的细小空隙。根据疏松分布情况，分为一般疏松和中心疏松。一般疏松是在整个截面上出现的空隙；中心疏松是集中在截面中心部位的空隙。中心疏松是钢锭最后结晶收缩的产物。

（3）夹杂。在冶炼或浇注过程中由于物理化学反应产生的异金属或非金属混杂在钢锭的内部，破坏了钢的连续性和完整性。夹杂有异金属夹杂、非金属夹杂和翻皮。异金属夹杂是在浇注过程中金属块混入钢锭模中或在冶炼后期和在钢包中加入的铁合金块等未熔化所造成的。非金属夹杂是钢锭中的熔渣没有来得及上浮或混入钢水中的耐火材料所形成的。翻皮是在下注过程中钢液冲破半凝固的上升钢液表面上的薄膜，将其卷入钢中而形成的。

（4）缩孔。缩孔是钢液凝固收缩后，得不到填充而遗留下的孔穴。

（5）气泡。气泡是钢液在凝固过程中所产生和释放的气体造成的缺陷。气泡有皮下气泡和内部气泡。较深的皮下气泡也叫做针孔。

（6）轴心晶间裂缝。钢锭在凝固后期，边缘对中心部位的拉应力很大，使得中心部位富集气体，而夹杂物的最后结晶部分沿脆弱的晶界形成裂缝。轴心晶间裂缝一般出现在钢锭上部。

（7）白点。白点又称发裂，是由氢气脱溶析集到疏松的微孔中形成的细小裂纹。白点破坏了钢的连续性，一旦发现白点，钢材既不许复验，也不能使用。

4.2.2 断口检验

断口检验是在断口试样上刻槽，借助外力折断，以此来判断钢材中缺陷和生产过程中存在的问题。

断口有：

（1）纤维状断口。断口边缘有明显的塑性变形，断口呈现无光泽和无结晶的均匀组织。这种断口的形成与钢的枝晶偏析、区域偏析和热加工方法有关，属于穿晶断裂和正常断口，是允许存在的。

（2）瓷状断口。断口类似细瓷碎片，呈亮灰色、致密、有绸缎的光泽和柔和感。这种断口出现在过共析钢和某些合金钢经淬火或淬火后低温回火的钢材上，也是一种正常断口。

（3）结晶状断口。断口具有强烈的金属光泽和明显的结晶颗粒，断面平齐而呈银灰色。这种断口一般出现在热轧和退火的钢材中，也是一种正常断口。

（4）台状断口。断口出现在纵向断面上，颜色比基体浅，变形能力差，宽窄不同，但比较平坦，一般多出现在偏析区域。这种缺陷对钢材的纵向力学性能没有影响，对横向塑性和韧性有影响。

（5）撕痕状断口。这种断口也是出现在纵向断面上，呈灰白色，变形能力较差，一般是因为钢中残余铝过多而形成的。轻微时对力学性能影响不大，但严重时会明显降低横向塑性和韧性。

（6）层状断口。这种断口也是出现在纵向断面上，很像劈裂的朽木，高低不平，无金属光泽、有层状起伏的条带，条带中伴有白亮或灰色线条。这种缺陷对钢材的纵向性能影响不大，但会降低横向塑性和韧性。

（7）缩孔残余断口。这种断口出现在纵向断面的轴心区，是非结晶状条带或疏松区，有时伴有非金属夹杂物或夹渣。这种缺陷多是由于钢锭头部补缩不好切头不够造成的，会严重影响钢的连续性，是不允许存在的缺陷。

（8）白点断口。在断口上呈圆形或椭圆形的银白色斑点，斑点内的组织为颗粒状的，个别的呈鸭嘴形裂口。一般出现在偏析区。主要是因为钢中氢含量过多和内应力共同作用形成的，破坏了钢的连续性，是不允许存在的缺陷。

（9）气泡断口。在纵向断口的轴心区、沿热加工方向出现，呈内壁光滑、非结晶的细长条带。多分布在皮下，有时也出现在内部。主要是因为钢液中气体过多，浇注系统潮湿、钢锭模有锈等原因造成的。这种缺陷也会破坏钢的连续性，也是不允许存在的缺陷。

（10）内裂断口。内裂断口分为“锻裂”和“冷裂”两种，经常出现在轴心附近部位。“锻裂”的特征是光滑的平面或裂缝，形成的原因主要是热加工温度过低，内外温差过大，热加工压力过大，变形不合理。“冷裂”的特征是与基体有明显的分界、颜色稍浅的平面与裂缝，每个平面较为平整，清晰可见平行于加工方向的条带。经过热处理或酸洗的试样可能有氧化色。内裂产生的原因是锻造后冷却速度太快，组织应力与热应力叠加。内裂也会严重影响钢的连续性，也是不允许存在的缺陷。

（11）非金属夹杂物断口。在纵向断口上呈不同颜色（灰白、浅黄、黄绿色等）、非结晶的细条带或块状非金属夹杂物。其分布无一定规律，整个断口均可见到。这种缺陷是在浇注过程中随钢液带入的钢渣、耐火材料和夹杂物等造成的，属于破坏钢材连续性的缺陷。

（12）异金属断口。在断口上呈现与基体金属有明显边界、不同变形能力、不同金属光泽和组织的条带，条带边界有时有氧化现象。这种缺陷是异金属掉入或合金料末未完全熔化等原因造成的。这种缺陷能够破坏钢材组织均匀或连续性。

（13）黑脆断口。在断口上局部或全部呈灰黑色，严重时能看到石墨碳颗粒。这种缺陷多数出现在工具钢和含硅的弹簧钢断口上。产生的原因是钢的石墨化。这种缺陷破坏了钢的化学成分和组织的均匀性，使淬火硬度降低、力学性能变坏，用热处理和热加工方法也不能改善和消除，属于不允许存在的缺陷。

（14）萘状断口。萘状断口是一种脆性穿晶的粗晶断口，在断口面上呈现有弱金属光泽的亮点或小平面，用掠射光线照射时，由于各个晶面位向不同，这种亮点或小平面闪耀着萘晶体般的光泽。对合金结构钢来说，此种缺陷是由于过热晶粒粗化造成的，而对高速工具钢来说是由于重复淬火造成的。

（15）石状断口。石状断口在断口面上呈现粗大而凹凸不平的沿晶界断裂的粗晶。颜色灰暗无金属光泽，很像有棱角的砂石颗粒堆砌在一起。这种缺陷多出现在钢坯和钢材的表面层或棱角部位，严重时也可遍及整个表面。这种缺陷会降低钢的塑性和韧性。

4.2.3 发纹试验

发纹是钢中夹杂或气孔、疏松等，在加工变形过程中沿加工方向被延伸所形成的类似头发丝、细小的裂纹。发纹对钢的疲劳强度等性能有害，一般采用塔形车削试验进行检验。塔形试验方法有酸蚀法和磁粉法。酸蚀法适合于对表面的分析，而磁粉法也能够检验表层下一定深度存在的发纹。

4.2.4 硫印试验

硫印是用来直接检验硫并间接检验其他元素在钢中偏析或分布情况的一种方法。相纸上的硫酸与试样面上的硫化物发生反应，产生硫化氢气体，硫化氢又与印相纸上的溴化银发生作用，生成硫化银，沉积在印相纸相应的位置上，形成黑色或深褐色的斑点，斑点越大，色泽越深，表明硫的偏析越严重。硫印试验是一种定性试验。用硫印试验，可显示钢锭、连铸坯中心裂纹、偏析、低倍组织和夹杂分布等。

4.3 显微检验

显微检验也叫做高倍检验或金相检验。金相检验是指在金相显微镜下观察、辨认和分析金属材料的微观组织状态和分布情况，借以判断和评定金属材料质量的一种检验方法。显微检验的检验仪器主要是光学显微镜。

最常见的金相检验包括脱碳层检验、晶粒度检验、非金属夹杂物检验和金相组织检验。

4.3.1 脱碳层检验

由于钢在加热或保温过程中，受周围气氛（如空气中氧、水蒸气或二氧化碳等）的作用，表面层的碳会全部或部分丧失。这种表面上的碳损失叫做脱碳，碳全部损失叫做全部脱碳；碳部分损失叫做部分脱碳。

脱碳层的检验方法有金相法、硬度法和化学分析法。

（1）金相法。一般适用于退火（或铁素体＋珠光体）组织的钢种，也有时用于加工或回火组织的钢种。

（2）硬度法。采用洛氏硬度计或显微硬度计进行测量，洛氏硬度计一般适于只测量表面，不能测量脱碳层的深度；而显微硬度计适用于脱碳层比较深，但与淬火相比深度小的亚共析钢、共析钢和过共析钢。

（3）化学分析法。适于测量碳含量在垂直于试样表面方向上的分布梯度。

4.3.2 晶粒度检验

晶粒度检验是借助金相显微镜来测定钢中的实际晶粒度和奥氏体晶粒度。

实际晶粒度是指出厂钢材上截取试样所测得的晶粒大小；奥氏体晶粒度是指将钢加热到一定温度并保温足够时间，钢中奥氏体晶粒大小。晶粒度检验方法有：

（1）渗碳法。将试样在930℃±10℃保温6h，使试样表面获得1mm以上的渗碳层。渗碳后将试样炉冷到下临界温度以下，在渗碳层中的过共析区的奥氏体晶界上析出渗碳体网，经磨制和浸蚀后便显示出奥氏体晶粒边界。这种方法适于渗碳钢。

（2）氧化法。将试样检验面抛光，然后将抛光面朝上放入加热炉中，在860℃ ±10℃加热1h，然后淬入水中或盐水中，经磨制和浸蚀后便显示出由氧化物沿晶界分布的原奥氏体晶粒形貌。这种方法适用于碳含量为0.35% ~0.60%的碳钢和合金钢。

（3）网状铁素体法。将碳含量不大于0.35%的试样在900℃ ±10℃、碳含量大于0.35%的试样在860℃ ±10℃加热30min，然后空冷或水冷，经磨制和浸蚀后沿原奥氏体晶界便显示出铁素体网。这种方法适用于碳含量为0.25% ~0.60%的碳钢和碳含量为0.25% ~0.50%的合金钢。

（4）直接淬火法。将碳含量不大于0.35%的试样在900℃ ±10℃、碳含量大于0.35%的试样在860℃ ±10℃加热60min，然后淬火，得到马氏体组织，经磨制和浸蚀后显示奥氏体晶界。为了清晰显示晶界，在腐蚀前可在550℃ ±10℃回火1h。这种方法适用于直接淬火硬化钢。

（5）网状渗碳体法。将试样在820℃ ±10℃加热，保温30min以上，炉冷到下临界点温度以下，使奥氏体晶界上析出渗碳体网。经磨制和浸蚀后显示奥氏体晶粒形貌。这种方法适用于过共析钢。

（6）网状珠光体法。采用适当尺寸的棒状试样，加热到规定的淬火温度，保温后将试样的一端在水中淬火，经磨制和浸蚀后可以看到细珠光体网显示出的奥氏体晶粒形貌。这种方法适用于其他方法不能显示的过共析钢。

4.3.3 非金属夹杂物检验

钢中非金属夹杂物有外来夹杂物和内生夹杂物。外来夹杂物是指耐火材料、炉渣等在冶炼、出钢、浇注过程中进入钢液中来不及上浮而滞留在钢中造成的夹杂物；而内生夹杂物是溶解在钢液中的氧、硫、氮等杂质元素在降温和凝固时，由于溶解度降低，它们与其他元素化合并以化合物形式从液相或固溶体中析出，最后包含在钢锭中的夹杂物。

通常钢中的非金属夹杂物主要是内生夹杂物，而钢中常见的非金属夹杂物有：

（1）氧化物。属脆性夹杂物，一般在热加工后沿加工方向排列，呈链状。

（2）硫化物。属塑性夹杂物，一般在热加工后沿加工方向变形，呈纺锤状。

(3) 氮化物。压力加工不变形。

(4) 硅酸盐。有易变形的（铁硅酸盐或锰硅酸盐），也有不易变形的（铝硅酸盐或钙硅酸盐）。易变形的硅酸盐与硫化物相似，在热加工后沿加工方向变形，呈线段状；不易变形的硅酸盐与氧化物相似，在热加工后沿加工方向呈颗粒状分布。

(5) 点状不变形夹杂物。氧化物或硅酸盐，夹杂物加工后不变形，仍然以点状或球状存在。

非金属夹杂物的存在会破坏金属基体的连续性，非金属夹杂物的形态、数量、大小和分布影响钢的各种性能。一般采用光学显微镜进行观察，并根据 GB/T 10561—2005 与标准图谱比较（JK 图、ASTM 图）进行评定。

4.3.4 金相组织检验

金相组织检验是评定钢材质量的重要方法之一。金相组织检验所使用的仪器主要是光学显微镜，在深入研究开发时采用电子显微镜等现代化仪器。

GB/T 13298—1991《金属显微组织检验方法》规定了金属显微组织检验的试样制备、试样研磨、试样浸蚀、显微组织检验、显微照相及试验记录。根据生产方法、检验目的、技术条件或双方商议，规定试样截取的方向、部位和数量。试样的磨面面积小于 $400mm^2$，高度为 15～20mm。试样可用手锯、砂轮切割机、显微切片机、化学切割装置、电火花切割机等进行剪切、锯、刨、车、铣等截取。试样清洗去除油渍、污物或锈斑。如果试样过于细薄或过软易碎应采取适宜的镶嵌方法。试样研磨可以用手工磨，也可用自动磨样机磨。为了进行显微镜检验，应对抛光好的试样进行浸蚀，以显示真实、清晰的组织结构。浸蚀后主要检验试样的显微组织。一般采用台式、立式、卧式显微镜进行观察和检验。

金相组织主要是指钢的金相具体形态，如马氏体、奥氏体、铁素体、珠光体等。而金相检验项目包括有脱碳层深度、珠光体组织、网状碳化物、带状碳化物、碳化物液析、碳化物不均匀度、显微空隙、晶粒度、石墨碳、非金属夹杂物和 α 相等。

(1) 珠光体组织。珠光体是奥氏体发生共析转变所形成的铁素体片与渗碳体片的层状共析体。碳素工具钢、合金工具钢和轴承钢在球化退火后，珠光体中的渗碳体也可呈球状，这样的珠光体称为球状珠光体。如果球化得不好，仍然存在片状珠光体，会影响钢的加工性能或出现开裂。碳素工具钢按GB 1298—2008、合金工具钢按GB 1299—2000标准对珠光体组织进行评定。

（2）魏氏组织。魏氏组织是在粗大的过饱和固溶体中沿某些惯析面析出与母相保持一定晶体学关系排列成有规则几何图形的条状或针状新相。魏氏组织是先共析的片状铁素体或片状碳化物加珠光体组织。魏氏组织会降低钢的冲击性能，使钢的力学性能恶化。钢在加热过程中，由于受高温影响，奥氏体晶粒长大，冷却后得到的晶粒粗大、塑性差、韧性低、硬度高。

（3）网状碳化物。碳素工具钢、合金工具钢和轴承钢等过共析钢，经热加工后，在冷却过程中会沿奥氏体晶界析出网状过剩碳化物，叫做网状碳化物。如果钢中碳含量越高，或钢锭中原始碳化物偏析程度越大，形成网状碳化物的程度越严重，会影响钢的冲击韧性和耐磨性。碳素工具钢按GB 1298—2008、合金工具钢按GB 1299—2000、轴承钢按GB/T 18254—2002标准对网状碳化物进行评级。

（4）带状碳化物。带状碳化物是碳化物分布不均的一种表现，高碳铬轴承钢组织中带有带状碳化物，它是浇注过程中形成的结晶偏析，在热加工过程中延伸而成的。带状碳化物会影响轴承钢淬火后的硬度和耐磨性的均匀性，降低疲劳强度和使用寿命。GB/T 18254—2002标准对带状碳化物的评级提供了依据。

（5）碳化物液析。液析碳化物是在浇注时在钢锭局部微小区域内从液态结晶时析出的偏析的碳化物。在热加工时将沿变形方向分布，也属于对高碳合金钢性能有有害影响的缺陷。GB/T 18254—2002标准对碳化物液析的评级也提供了依据。

（6）碳化物不均匀度。碳化物不均匀度是高速钢或轴承钢钢锭中的网状莱氏体，经热加工碳化物形成不均匀性分布。碳化物不均匀度会降低钢材的横向性能，并有可能增加加工部件淬火时的变形和开裂倾向。GB 9943—2008和GB 1299—2000分别对高速工具钢和合金工具钢的碳化物不均匀度提供了评定依据。

（7）不锈钢中的α相。用金相法测定奥氏体不锈钢或双相不锈钢中α相的面积占总面积的比例。奥氏体不锈钢或双相不锈钢中α相对钢的性能影响很大，如果含量较多，会影响钢管内壁质量。不锈钢中的α相评级图有带系和网系两种。面积百分比含量评定分级共有9种图片。

4.4 力学性能检验

钢的力学性能是指抵抗外加载荷（外力）引起变形和断裂的能力或失效抗力。主要包括：硬度、强度、塑性、韧性、耐磨性和缺口敏感性等性能。

4.4.1 硬度试验

硬度是表示材料表面一个小区域内抵抗弹性变形、塑性变形或破断的一种能力。硬度是衡量钢材软硬程度的一项重要的性能指标，它既可理解为是钢材抵抗弹性变形、塑性变形或破坏的能力，也可表述为钢材抵抗残余变形和反破坏的能力。硬度试验根据其测试方法的不同可分为压入法（如布氏硬度、洛氏硬度、维氏硬度等）和回跳法（如肖氏硬度）。

（1）布氏硬度。布氏硬度（HB）是以一定的静力试验载荷，将一定直径的硬质钢球或硬质合金球压入被测金属表面，保持规定时间，然后卸除载荷，测量被测表面压痕直径。布氏硬度值是单位压痕球形表面积承受的压力，即布氏硬度值（HB）是负荷与其压痕面积之比值，单位为 N/mm^2。布氏硬度（HB）一般用于测试较软的材料，例如热处理之前或退火后的钢材。

（2）洛氏硬度。洛氏硬度是用一个顶角为120°的金刚石圆锥体或直径为1.588mm的淬火钢球为压头，在一定载荷下压入被测钢材表面，由压痕的深度求出钢材的硬度。以0.002mm压痕深度作为一个硬度单位。当 HB > 450 或者试样过小时，不能采用布氏硬度试验而改用洛氏硬度测量。根据试验材料硬度的不同，分三种不同的压头和载荷进行测量，并采用不同的标尺符号来表示。

HRA：采用600N载荷的金刚石圆锥，测量的范围为60～85HR，主要用于测量碳化物、硬质合金、淬火工具钢和浅层表面硬化钢硬度。

HRB：采用1000N载荷和直径1.588mm的钢球，测量的范围为25～100HR，主要用于测量退火软钢和可锻铸铁等的硬度。

HRC：采用1500N载荷的金刚石圆锥，测量的范围为20～67HR，主要用于测量淬火钢、调质钢和深层表面硬化钢硬度。

（3）维氏硬度。维氏硬度的测试原理基本上与布氏硬度相同，但和布氏、洛氏硬度试验相比，载荷小、压痕浅，测量范围较宽，从较软材料到超硬材料，适于测量表面淬硬层、渗碳层和渗氮层的硬度。

（4）肖氏硬度。肖氏硬度试验是硬度试验中最简易的方法。主要是应用弹性回跳法将冲头或钢球从一定高度落到被测试材料的表面上而发生回跳。测试数值为冲头或钢球回跳的高度与落下的高度之比值（乘以肖氏硬度系数）。肖氏硬度计便于携带，适于测量钢的铸件、锻件和构件等。

（5）显微硬度。显微硬度与维氏硬度试验方法一样，即以载荷与压痕面积之比来确定；但显微硬度所采用的载荷更小，压痕也小，并带有显微镜，适于测量某个相、某个晶粒或夹杂物的硬度。

4.4.2 拉伸试验

拉伸试验是力学性能试验中最基本的试验，是在承受轴向拉伸载荷下测定材料特性的试验方法。在钢材的技术条件中，绝大部分都以拉伸性能作为主要的评定指标。利用拉伸试验可以确定材料的弹性极限、伸长率、弹性模量、比例极限、面积缩减量、拉伸强度、屈服点、屈服强度和其他拉伸性能指标。

（1）抗拉强度。抗拉强度是指试样在拉断过程中最大力所对应的应力，或试样在拉伸断裂前所能够承受的最大拉应力，用 R_m（过去用 σ_b）表示，单位为 N/mm^2（或 MPa）。

（2）屈服强度。屈服强度（也叫屈服点）是试样在拉伸试验过程中拉伸力不增加（保持恒定）时仍能继续伸长时的应力，用 R_{eL}（过去用 σ_s）表示，单位为 N/mm^2（或 MPa）。

上屈服点：试样发生屈服而力首次下降前的最大应力，用 R_{su}（过去用 σ_{su}）表示，单位为 N/mm^2（或 MPa）。

下屈服点：在不计初始瞬时效应时，屈服阶段中的最小应力，用 R_{sl}（过去用 σ_{sl}）表示，单位为 N/mm^2（或 MPa）。

（3）伸长率。伸长率是试样在一定的应力下标距增长量与原标距长度之比，用 A（过去用 δ）表示，单位为%。

（4）断面收缩率。断面收缩率是试样拉断后缩颈处截面面积的最大缩减量与原始截面面积的百分比，用 Z（过去用 ψ）表示，单位为%。

4.4.3　冲击试验

对于承受冲击载荷的零件或工具，仅具有高的强度是不够的，还必须具有足够的抗冲击载荷的能力。在冲击载荷作用下，钢材抵抗破坏的能力称为冲击韧性。冲击韧性的好坏可以通过冲击试验来测定。最普遍应用的冲击试验是夏比冲击试验（包括室温冲击试验和低温冲击试验）。在 GB/T 229—2007 标准中规定，夏比试样缺口有 U 形和 V 形两种。冲击韧性用 a_K 表示，单位为 kJ/m^2 或 J/cm^2。

4.5　工艺性能试验

（1）淬透性试验。钢的淬透性表示钢在一定条件下淬火时获得淬透层深度的能力。钢的淬透性主要受奥氏体中的碳含量和合金元素的影响。淬透性好的钢材，能够使钢制成的部件整个截面获得均匀一致的力学性能。另外在淬火时可以选用淬火应力小的淬火剂，以减少变形和开裂。钢的淬透性试验方法有两种：

1）GB/T 227—1991《工具钢淬火性试验方法》规定的方法适用于碳素工具钢和低合金工具钢，是将试样加热到淬火温度，经保温后淬火，再将试样打断，观测其横断面上的淬透层深度。

2）GB/T 225—2006《钢淬透性的末端淬火试验方法》适用于优质碳素结构钢、合金结构钢、弹簧钢、模具钢和轴承钢，是把试样加热到淬火温度，经保温后向其端面喷水淬火，在试样表面上沿轴线方向磨制出一些平面，然后测量距淬火端面不同距离处的硬度值，用以判断钢的淬透性。

（2）杯突试验。杯突试验是一种检测冲压工艺性能的试验，用来衡量板带深冲性能。按照国家标准 GB/T 4156—2007 中规定，采用端部为球形的冲头，将夹紧的板带试样压入压模内，直至出现穿透裂缝为止，所测量的杯突深度即为试验结果。

（3）钢筋弯曲试验。钢筋弯曲试验是指钢筋平面反向弯曲试验。GB/T 5029—1985《钢筋平面反向弯曲试验方法》规定钢筋承受平面反向弯曲的变形性能试验，检验弯曲部位承受规定角度的反向弯曲性能。其主要参数应符合 GB/T 1499.2—2007《钢筋混凝土用钢　第 2 部分：热轧带肋钢筋》和

YB/T 5126—2003《钢筋混凝土用钢筋　弯曲和反向弯曲试验方法》中的有关规定。

（4）线材扭转试验。线材扭转试验用于检验直径为0.3～10.0mm的线材承受单向或双向扭转塑性变形能力和显示线材内部及表面缺陷。

（5）钢管压扁试验。GB/T 246—2007《金属管　压扁试验方法》规定无缝管和焊接管的压扁试验，压扁到规定尺寸的变形，观察是否有缺陷。如果没有裂缝、裂口或焊缝开裂，表明钢管合格。

（6）钢管扩口试验。GB/T 242—2007《金属管　扩口试验方法》规定无缝管和焊接管的扩口试验，径向扩张到规定尺寸的直径，观察是否有缺陷。如果没有裂缝、裂口或焊缝开裂，表明钢管合格。

4.6 化学性能试验

（1）耐腐蚀性。耐蚀性是指金属材料抵抗周围介质（大气、水蒸气、有害气体、酸、碱、盐等）腐蚀作用的能力。金属的耐腐蚀性与许多因素有关，如金属的化学成分、加工性质、热处理条件、组织状态及介质和温度等。

（2）抗氧化性。抗氧化性是金属材料在室温或高温下抵抗氧化的能力。金属的氧化过程实际上是属于化学腐蚀的一种形式，它可直接用一定时间内，金属表面经腐蚀之后重量损失的大小，即金属减重的速度来表示。

（3）化学稳定性。化学稳定性是金属材料耐腐蚀性和抗氧化性的总称。金属材料在高温下的化学稳定性叫做热稳定性。

4.7 无损检测

无损检测是在不损害或不影响被检测对象的完整性和使用性的前提下，利用声、光、磁和电等特性方法，检测被检测对象中是否存在缺陷，并给出缺陷的大小、位置、性质和数量等信息，能够判定被检测对象的完整性、连续性、安全性和可靠性等的检测方法。

用于钢材的无损检测方法有：超声波检测、涡流检测、漏磁检测、射线检测、渗透检测和电磁超声检测。

（1）超声波检测。超声波检测是利用超声波的反射、透射和散射的能量分析对缺陷大小进行检测的技术。超声波在被检测的钢材中传播时，如果遇到缺陷，部分能量将反射，借助对反射参数的分析可以检测出缺陷的大小和深度。超声波检测主要用于钢管、钢棒、钢板、钢轨、钢坯等的探伤。

（2）涡流检测。将通有交流电的线圈置于被检测的金属板上或套在被检测的金属管外，线圈内及其附近将产生交变磁场，在被检测的钢材中产生旋涡状的感应交变电流，叫做涡流。涡流的分布和大小也与被检测钢材表面有无裂纹缺陷等有关，所以涡流检测适于检测钢材的表面或近表面缺陷。

（3）漏磁检测。当被检测的铁磁性材料被磁化后，如果有缺陷磁力线就会偏离方向。也就是说由于缺陷（不连续性）的存在，钢材表面和近表面的磁力线发生局部畸变而产生漏磁场，吸附在钢材表面的磁粉，便形成可见的磁痕，显示出缺陷的位置、形状和大小。漏磁适于检测钢棒（管坯）表面和近表面缺陷以及管材的内、外表面缺陷。

（4）射线检测。射线检测是指用 X 射线或 γ 射线穿透试件，以胶片记录信息的无损检测方法。主要用于铸件和焊缝的缺陷检测。

（5）渗透检测。在被检测的工件表面涂上含有荧光染料或着色染料的渗透剂后，在毛细管作用下，经过一段时间，渗透剂液便渗透到缺陷中。除去多余的渗透液后，再涂显像剂，显像剂将吸引缺陷中保留的渗透液，渗透液回渗到显像剂中，在一定的光源下（紫外线光或白光），缺陷中的渗透液痕迹被显现，可以检测出缺陷的形貌及分布状态。适用于涡流和漏磁无法检测的工件缺陷。

（6）电磁超声检测。电磁超声检测是利用不同于压电超声的换能器，借助于洛伦兹力、在非均匀磁场中磁偶极子受的磁力和磁致伸缩力的作用在被检测对象中形成声波，可用于钢板与钢管探伤和连铸坯高温检测。

5 钢铁企业的质量管理

5.1 质量管理的基本原则

在 GB/T19000《质量管理体系——基础和术语》的引言中提出：“为了成功地领导和运作一个组织，需要采用一种系统和透明的方式进行管理。针对所有相关方的需求，实施并保持持续改进其业绩的管理体系，可使组织获得成功。质量管理是组织各项管理的内容之一。”为实现质量目标，应遵循八项质量管理原则。这八项质量管理原则是以顾客为中心、领导作用、全员参与、过程方法、管理的系统方法、持续改进、基于事实的决策和互利的供方关系。

这八项质量管理原则是在近年来质量管理理论和实践的基础上提出来的，是组织领导做好质量管理工作必须遵循的准则。

（1）以顾客为中心。为什么要以顾客为中心？因为组织依存于顾客。顾客关系到企业在市场经济中的发展战略和质量方针问题。例如市场战略（place），顾客关系到企业市场细分的定位问题；产品战略（product），顾客现在和未来需要什么产品；促销战略（promotion），采用什么办法才能使顾客购买产品；价格战略（price），什么样的价格水平顾客能够采购产品。所以组织的质量管理应以顾客为中心，并在质量方针中加以体现。

为了贯彻实施以顾客为中心的质量管理原则，企业应了解顾客的需求和期望，并将其转化为明示的、隐含的和义务的要求。组织应满足顾客要求并争取超越顾客期望。组织的质量方针和质量目标应与顾客的需求和期望联系起来。组织的最高管理者应将顾客的需求和期望在整个组织中得到沟通，并采取满足要求的措施。测量顾客满意程度并针对测量结果采取措施。处理好与顾客的关系，并确保兼顾顾客和其他相关方的利益。

（2）领导作用。为什么强调领导作用？因为质量管理体系是最高管理者推动的，质量方针和目标是领导组织策划的，组织机构和职能分配是领导确定的，资源配置和管理是领导决定安排的，顾客和相关方的要求是领导确认的，企业环境和技术进步是领导感受的，质量体系改进和提高是领导决策的。所以领导应将本组织的宗旨、方向和内部环境统一起来，并创造使员工能够充分参与实现组织目标的环境。

为了贯彻实施领导作用这一质量管理原则，首先应考虑所有相关方的需求，包括：顾客、所有者、员工、供方和社会；为组织策划一个明确的发展规划和远景，制定一个富有挑战性的质量方针和质量目标；在组织内部统一认识，统一行动，创造相互信任、相互合作、遵守纪律、讲究道德、消除忧虑、积极进取的氛围，激发、鼓励并承认员工的贡献。领导还应为员工提供所需的资源，并在职责范围内具有自主权，使其积极性和创造性得以充分发挥。

（3）全员参与。为什么要强调全员参与？因为现代化大生产的特点之一是系统性、集体性和群众性。质量管理是一个系统工程，关系到过程中每一个岗位和每一个人。从行为科学角度来看，全员参与能够满足职工自我成就的愿望。全员参与能结合本岗位的质量问题开展活动，是质量保证的重要手段，同时作好本岗位的工作也是实现组织的质量方针和目标的基础。通过全员参与质量管理活动的学习和实践可以提高企业整体素质。体现了以人为本的思想，提高员工为企业质量经营作出贡献的积极性和创造性。

为了使员工认识到全员参与的重要性和作用，首先应识别影响他们工作的制约条件，为他们创造机遇。在解决问题时，应让员工作主并承担解决问题的责任，并针对每个人自己的目标，评价其业绩，承认其贡献。积极寻找机会和创造条件来提高员工的能力、知识和经验，使他们能够自由地分享知识和经验，为实现质量方针和质量目标作出贡献。

（4）过程方法。过程方法是将质量管理看成是过程和过程网络，是过程概念和 PDCA 循环结合的产物，反映了质量管理科学发展的成果和各国（特别是日本）质量管理实践的经验。也就是说，过程方法是将相关的资源和活动作为过程进行管理，可以得到期望的结果。

为什么把质量管理看成是过程管理？因为过程概念反映了从输入到输出具有完整的质量概念。过程管理强调活动与资源结合，具有投入和产出概念。过程概念体现了用 PDCA 循环改进质量活动的思想。过程管理有利于适时进行测量，保证上下工序的质量。过程管理具有网络概念，引起人们注意对接口的协调。过程管理从要求到满足赋予了过程有效增值的概念。过程方法的原则不仅适用于某些较简单的过程，也适用于由许多过程构成的过程网络。在应用于质量管理体系时，ISO 9000 族标准建立了一个过程模式。该模式把管理职责，资源管理，产品实现，测量、分析和改进作为体系的四大主要过程，描述其相互关系，并以顾客要求为输入，提供给顾客的产品为输出，通过 PDCA 循环来测定顾客满意度，评价质量管理体系的业绩。

为了实施过程方法，组织首先应确定为取得所期望的结果所必需的关键活动，为管理这些关键活动规定明确的职责和权限，规定在组织内各职能部门之间关键活动的接口，了解并测量这些关键活动的能力。管理上应注意改进关键活动的因素，如人、机、料、法、环等。当然也应评价过程的风险及其对顾客、供方及其他相关方的影响。

（5）管理的系统方法。系统方法是从系统整体出发，从系统和要素之间、要素和要素之间以及系统和环境之间的相互联系、相互作用中考察对象，以达到最佳的以处理问题为目的的科学方法。管理的系统方法就是针对设定的目标，识别、理解并管理一个由相互关联的过程所组成的体系，有助于提高组织的有效性和效率。系统方法的特点是具有整体性、综合性和最佳化。系统方法思考和处理问题的程序包括：1）提出问题；2）选择目标；3）系统综合；4）系统分析；5）系统选择；6）优化方案；7）实施计划。在《质量管理体系基本原理》的 3.3 质量的管理体系方法中列出了建立和实施质量管理体系的十三个步骤，包括：确定顾客的需求和期望，建立组织的质量方针和目标，确定实现质量目标的过程和职责，确定过程有效性的测量方法并用来测定每个过程的有效性，确定防止不合格并消除产生原因的措施，寻找改进机会，优化改进方法，实施改进计划，监控改进效果，评价实际结果，评审改进活动和确定跟踪措施等，这是科学系统方法在质量管理中的应用。管理的系统方法体现了全面质量管理的思想，反映了过程与过程的关系，有助于部门与要素的结合，追求各管理体系间的融合和保持与组织战略的一致性。

运用管理的系统方法建立质量管理体系，能够以最高效的方法实现组织的目标。首先必须了解质量管理体系内诸过程的内在相互依存的关系，其次要关注和确定在质量管理体系内特定过程应如何运作，通过测量和评价来持续改进质量管理体系。

(6) 持续改进。持续改进是组织永恒的目标。为什么突出坚持质量改进？因为质量是满足顾客和相关方对产品、过程或体系要求的能力，而顾客和相关方对质量的要求是在不断变化和不断提高的，为了取得竞争优势必须不断地改进与提高产品和服务质量。坚持质量改进是使质量管理从追求符合发展到追求最佳化，持续改进使组织的质量管理思想从单纯的管理发展到创新，坚持质量改进反映了当代质量管理的理论和实践发展动向。

在质量管理体系中，改进指产品质量、过程及体系有效性和效率的提高。持续改进应包括：了解现状、建立目标、采取措施和分析结果、把更改纳入文件等活动。为了在整个组织内能够始终如一推行持续改进，必须对员工提供有关持续改进的方法和工具的培训，使产品、过程和体系的持续改进变成每个人的目标。为了跟踪持续改进和测量改进目标，应及时承认改进的效果，并对员工给予表扬和奖励。

(7) 基于事实的决策。为什么提倡基于事实的决策？因为以事实为依据进行决策，可防止决策失误。对数据和信息的逻辑分析或直觉判断是有效决策的基础，信息和资料是客观存在和体现事物特征的普遍形式，质量信息和资料是过程控制和企业管理的重要工具。质量信息和资料的整理和加工是信息管理的关键过程，信息和资料必须经过逻辑推理和直观分析进行判断。组织应建立和利用质量管理信息系统进行辅助决策，领导应根据企业质量管理信息系统作出指示和决策。

基于实施的决策首先应明确规定收集信息的种类、渠道和职责，保证资料能够为使用者得到。通过分析，对得到的资料和信息应保证其准确和可靠。根据对事实的分析、过去的经验和直觉判断做出决策并采取行动。在对信息和资料做科学分析时，统计技术是最重要的工具之一。

(8) 互利的供方关系。为什么要与供方建立互利关系？因为供方是产品和服务供应链上的第一环节，供方的过程是质量形成过程的组成部分，供方的质量影响产品和服务的最终质量，在组织的质量效益中包含有供方的贡献。

供方应按组织要求也建立质量管理体系。通过互利的关系，可以增强组织及其供方创造价值的能力。

在贯彻实施本原则时，首先应评价并选择关键供方。在建立与供方的关系时，既要考虑眼前利益，又要考虑长远利益。必要时，与供方建立长期合作伙伴关系，共享专门技术和资源，鼓励和承认供方的改进及其对组织质量管理或质量经营的成果。

八项质量管理原则之间是相互联系和相互影响的。其中，以顾客为中心是主要的，是满足顾客要求的核心。为了以顾客为中心，必须持续改进，才能不断地满足顾客不断提高的要求。而持续改进又是依靠领导作用、全员参与和互利的供方关系来完成的。所采用的方法是过程方法（控制论）、管理的系统方法（系统论）和基于事实的决策（信息论）。可见这八项质量管理原则体现了现代管理理论和实践发展的成果，并被人们普遍接受。

5.2 质量管理的方针和目标

在全面质量管理和 GB/T 19000 标准中都要求企业进行方针目标管理，在贯彻实施全面质量管理和 GB/T 19000 过程中企业也将方针目标管理列入管理范围，制订了方针目标，形成文件，并公布于众。但是真正做得好的企业不多，多数流于形式，贴在墙上，读在嘴上，很少实践在行动上。究其原因有很多，最基本的原因是对方针目标的意义认识不清，仍然习惯于传统的管理模式。

5.2.1 质量方针

在 GB/T 19000 标准中对质量方针的定义为："由组织的最高管理者正式发布的该组织总的质量意图和质量方向"。对企业来说，质量方针是由最高管理者正式发布的在质量方面的总的发展理念、意图和方向。在朱兰质量手册中把方针目标管理叫做"战略展开"。

所谓"战略展开"是将以顾客为关注焦点的全体系内的改进活动与战略计划方案整合在一起的一种系统的方法。朱兰特别强调战略计划的制定非常重要，但是战略目标、分目标、年度目标、资源安排和实现目标的行动更重要。

从GB/T 19000标准中的定义和朱兰的观点，我们可以得到以下理解：

质量方针是企业最高管理者亲自参与制订和发布的，体现了领导作用，反映企业领导倡导的质量理念和质量愿景。在制订质量方针的过程中最高管理者起着非常重要的作用。

质量方针中包括质量意图，质量意图包括理念和愿景，反映企业对质量的认识和理解。特别是在有重大变化的时期，质量方针具有引导企业行动的作用。在制订质量方针时应当使理念、愿景和使命结合在一起，否则会很空洞。

质量方针应以八项质量管理原则为基础，特别是以顾客为关注焦点和坚持持续改进的原则。例如承诺使顾客满意或改进质量，使顾客持续满意。顾客也包括内部顾客。例如美国克莱斯勒汽车公司的质量方针就包括“永做最佳”，即以零缺陷的产品和服务满足顾客要求。

质量方针中包括质量方向，质量方向实际上是质量定位，包括管理定位和产品定位，是反映企业对质量追求的管理方法。例如有的企业把领先地位建立在一个质量平台上：满足顾客要求为中心，培养员工素质是基础，提高竞争力是方向。把质量管理和产品水平包括在质量方向中去。

质量方针的贯彻实施是一个过程，不能只限于制订和发布，更应关注通过什么样的过程来实现质量方针中提出的意图和追求。目前，我国有相当多的企业对质量方针的贯彻实施过程管理不到位，任其自然，而不是在发布后进行沟通和理解，让广大员工都以质量方针为指南，逐级进行落实，并进行严格评审。

质量方针也重视结果，因此质量方针应成为制订质量目标的总框架，以质量方针来制订质量目标和考核质量目标。例如日本新日铁大分制铁所提出“三个0，一个1”，即废品为0，人身事故为0，设备事故为0，顾客第一。以此来要求，也以此来考核。

既然质量方针是企业总的质量意图和质量方向，那么质量方针的制订过程应当依据以下原则：

(1) 质量方针应体现八项质量管理原则，特别是以顾客为关注焦点和持续改进作为质量方针的基本内容。质量方针始于以顾客为关注焦点的愿景。对顾客忠诚和让顾客满意是制定质量方针的基本原则。世界上著名的和成功的企业无一例外都把顾客满意（甚至顾客高兴或顾客喜悦）作为最重要的战略选择。

(2) 与企业的生产经营实际相结合，内容要有针对性，能够反映本企业的现状与追求。质量方针要让顾客和员工知道本企业向何处发展、为什么发展和如何发展。必须与企业自身的质量、成本、过程和差距相结合，脱离企业实际而制定的质量方针，对顾客和员工没有任何作用。

(3) 质量方针内容应简单，语言应精练，但是也不能成为空洞的口号。有影响力和感染力的方针都是简明扼要的。例如“我们提供的产品将超过顾客的期望，并成为世界领先的企业”。质量方针能够成为制订质量目标的依据，也能够被员工所理解而转化成行动准则。

(4) 质量方针应做到远近结合，既要考虑长远发展规划，也要考虑近期经营现状，提出具有挑战性的发展方向。在建立质量方针时应考虑全球经济未来3~5年将会发生的迅速变化的影响。

(5) 质量方针应按过程进行管理，制订有依据，执行有管理，效果有检查，并以PDCA循环进行改进。

质量方针既然是一个过程的管理，那么在贯彻实施过程中应注意控制以下几个方面：

(1) 充分了解和认识本企业的现状，找出问题点作为制订质量方针的输入。具体来说包括企业的经营理念、经营环境和存在的问题。例如有的企业面临国际市场竞争，经营理念是实现差别化经营，它所存在的问题是如何达到国际顶级水平，所以它们的质量方针一定是在国际市场竞争中取得质量领先的地位。而有些企业基本上是面对国内或地方市场，经营理念是与国内顾客实现战略伙伴关系，存在的问题是如何提高竞争力，所以这些企业的质量方针很可能是持续改进，为顾客提供增值产品和服务。

(2) 质量方针也应逐级展开，使质量方针落到实处。在我国企业中有一种认识，认为质量目标应当逐级分解，而质量方针只有一个，不需要分解。其实质量方针也存在逐级分解（或展开）的问题。在日本，总经理有方针，各职能部门和生产现场也有根据总经理的方针制订的本部门和单位的方针，而且上一级的方针是下一级方针的依据，下一级的方针是上一级方针的基础。上下统一协调，成为一个整体。

(3) 质量方针必须有明确目标和具体措施。质量方针应以明确的质量目标来体现和以具体措施来实现。例如差别化经营的方针应有明确的差别化的产品目标和措施；为顾客提供增值产品和服务，也应有增值的方案和措施，否则方针就没有基础，也就无法实现。

（4）质量方针应以 PDCA 循环进行管理。质量方针的管理既然是一个过程，就必须按过程方法和 PDCA 循环进行控制。P 是过程的策划阶段，各级的质量方针均应进行策划。企业总的质量方针应以经营理念、环境和现状为输入，而各部门和单位的质量方针应以总方针和本部门或单位的现状为输入，以此制订质量方针，并明确质量目标和具体措施。在各部门和单位质量方针制订的过程中，应当及时与公司归口部门进行沟通，得到评审和协调，并形成文件。D 是过程的实施阶段，各部门和单位应当按策划进行贯彻落实。在实施阶段应注意控制和协调职责和资源，如有可能应编制必要的程序或规程，保证实施过程的规范性和有效性。C 是过程的检验阶段，各部门和单位应及时对方针目标的完成情况进行检查，并编制定量或定性的检查和评价体系，及时发现问题，及时解决，保证方针目标的实现。检查和评价的级别、类型和频次应在策划时加以规定。管理评审是方针目标管理最重要的检查和评价。有的企业比较认真，总经理亲自听取各部门和单位方针目标管理过程实施情况，并给予及时指导、支持和纠正（在日本称作社长诊断）；但多数企业管理评审流于形式，存在方针目标与管理运行脱节现象。A 是过程的处置和改进阶段。通过检查和评价，如果存在问题，应及时采取措施进行改进，并对改进效果进行跟踪验证。如果在检查评价中发现某些改进具有普遍意义，可将其纳入体系成为一种标准化的目标或程序，以巩固改进成果，提高管理水平。

5.2.2　质量目标

在 GB/T 19000 标准中对质量目标的定义是“关于质量的追求的目的”，并在注解中解释：质量目标通常建立在组织的质量方针基础上，通常对组织的各相关职能和层次分别规定质量目标。目标管理起源于美国，但成功的应用却是在日本。企业的方针必须转化为目标，否则方针是空的。只有各相关职能和层次的质量目标完成了，企业的总体目标才能得以实现，方针才能得以落实。目标与方针是不可分的，所以日本称为“方针目标管理”。但是，方针与目标仍然有所区别，方针侧重于战略或宏观，而目标偏重于战术或微观。方针目标管理是自上而下的管理，而 QC 小组活动是自下而上的活动，两者相互补充，构成了质量管理的重要支柱。

（1）实行目标管理具有重要的意义。首先，目标管理有利于发挥员工的积极性和创造性，解决质量管理中的问题。目标管理使员工能够清楚地了解本企业、本部门或单位的方针、目标和自己应当完成的工作，目标明确，任务具体，有利于各负其责，各尽其职，各尽所能，各有所为。其次，目标管理有利于上下目标衔接和左右关系协调。减少相互推诿扯皮现象，提高质量管理体系运行的有效性和效率。另外，目标管理有利于全员参与，“千斤重担人人挑，各人身上有指标”。全员参与目标管理，以质量目标为方向，以持续改进为手段，可以提高员工的能力和意识，有利于企业队伍整体素质的提高和先进的企业文化的建设。质量目标管理也有利于经济责任制的贯彻实施，使考核内容与细则更全面、更具体。

（2）实行目标管理是过程管理。过程管理必须遵从过程方法原则和 PDCA 循环的方法。过程方法要求明确输入和输出，规定职责职权和资源支持，规定管理方法和检验方法，并根据检查结果进行处置和改进。目标管理过程的输入就是质量方针，从质量方针要求出发，制订质量目标，质量目标就是质量方针的具体化、指标化或可测量化。质量目标的输出就是满足质量方针的要求，完成规定的具体指标或任务。在过程的适当阶段进行检查，对质量目标过程进行评价，以便及时发现问题，及时解决问题，防止偏离目标。当一个阶段（一般以年度目标为一个阶段）完成后，应进行总结，巩固成果，形成制度，以便在新的基础上制订新的质量目标。

（3）实现目标管理的职责权限。方针目标管理必须有明确的职责与权限的分工，不然就会流于形式。首先应从最高管理者作起，因为方针管理是最高管理者实行领导的主要内容和方式。最高管理者不仅应组织制订和发布质量方针，而且应亲自检查方针目标进展和完成情况。在日本叫做“社长诊断”，实际上就是最高管理者对各部门和单位贯彻实施方针目标管理情况的检查。有的企业规定一年进行一次，有的企业规定一年进行两次。主要形式是会议形式，必要时进行现场视察。像太钢的总经理用一天的时间听取了各部门和单位第一把手用数字投影仪进行的汇报，并插话进行提问，遇有问题，提出措施，如遇困难，及时解决，如有矛盾，现场协调。这种检查对各部门和单位的工作是一个很大的推进。不仅使领导及时了解了基层，也使基层及时与领导进行沟通，包括横向比较和协调，对后进的部门和单位也是一个触动。

方针目标的管理中大量的工作是在职能部门和基层单位。目前我国钢铁企业的各职能部门和基层单位都有质量目标，但是多数企业没有归口管理。部门与部门、单位与单位之间是平行关系，很难进行归口和协调。即所谓条条和块块之间的关系，缺乏有效的协调和管理。特别是我国企业中副总经理多，几乎每位副总主管一个部门，职能部门之间更难实现互相协调。日本采用建立横向管理工作委员会形式，类似于我国的贯标领导小组或贯标办公室。我们也有类似形式，关键是如何管理到位。

各部门和单位的方针目标管理是基础，是最基本的管理，也是最薄弱的管理。为了使方针目标管理落到实处，各部门和单位的管理非常重要。各部门和单位的管理就是对本部门和单位的质量目标进行持续改进的过程。为了达到质量目标，必须对现在的管理进行改进。实现质量目标的过程就是 PDCA 循环的过程，即通过改进达到新的目标，不是等待或任意就可以达到的。

（4）质量目标的展开和分解的问题。质量目标的展开是将质量目标分解为子目标后再将它分配到基层去，在展开和分解时应当注意由谁来展开和分解，应当采用什么样的过程和需要什么样的资源，规定具体进度和验收方式，其实也是一个 PDCA 循环。成功的展开要求形成一个基本的架构，不仅能够保证质量目标的展开和分解，而且能够对质量目标的实现过程进行控制。

首先是如何展开的问题，质量目标的展开是将质量目标转换成可操作的项目、计划和方案。即质量目标应当展开或分解成若干子目标，再把子目标落实到项目上，各项目有的可能一个单位或部门就可以完成，有的则需要跨部门来完成。

质量目标的展开和分解应当分层次进行，公司的质量目标可以展开和分解到各职能部门和二级单位，然后再由各职能部门和二级单位向下展开和分解。如何进行展开和分解是很有讲究的。日本采用一种方法叫“传球”(catch ball)。

“传球”是展开和分解过程一种很好的沟通方式。例如上级和下级、部门与部门、单位和单位之间充分交换意见。将质量目标展开和分解的意见上下左右充分传递和交换，有利于上下之间的理解和左右之间的沟通，树立整体观念和协作精神。这种沟通也便于了解为实现质量目标包括有哪些过程或项目，有哪些部门或单位参加，本部门或单位有哪些参与哪些过程项目，如何完成和协作。

质量目标必须是可测量的或量化的，以便能够向各有关方面显示追求的和实现的目标程度。可测量的或量化的也有利于评价和考核各层次的业绩，例如顾客满意程度、关键过程能力、不良品比率、质量成本等。展开和分解的质量目标还应当有相应的措施，包括人力、财力和物力资源以及有关过程与活动。对质量目标的实现情况应进行评审，确认已经达到的水平与设定目标的差距，以便采取措施实现追求的目标。

采用这种评审表对质量目标的实现过程及其效果进行检查有利于质量目标达到预期目标。在质量目标值的选择上可以用产品的质量目标、成本目标、质量改进目标、过程业绩目标。这种评审可以由方针目标归口管理部门组织进行，但不能代替管理评审中最高管理者对方针目标的评审。日本的“社长诊断”相当于 GB/T 19000 中提到的管理评审，但是“社长诊断”的范围比管理评审宽，而且更深入。

5.3 资源管理

5.3.1 人力资源管理

从质量管理体系来看，人力资源管理属于支持性过程。对产品实现过程来说，人力资源是重要的条件。

人力资源管理的对象是企业的员工，管理的内容包括：人员的进与出、升与降、奖与罚等。当今的竞争实质上是人才的竞争，人是企业最宝贵的资源，如何充分发挥人的作用，对质量管理体系的有效性非常重要。质量管理体系对人力资源管理的要求重点在于对与产品质量有关人员的能力和意识的确定和培育。

人员的能力是表现在多方面的。首先，应当接受过一定教育，即有一定的文化程度，不同的岗位要求不同的文化程度。这是最起码的要求，没有接受一定的教育，不具备一定的文化程度，对质量管理体系来说，是不合格的人员。只有教育或文化水平，没有经过岗位培训，也不能说是具备了要求的能力。为了能够胜任岗位工作，必须经过一定的培训。这种培训是有针对性的和持续性的，包括上岗前的培训、在岗培训和转岗培训。具有一定的文化水平，经过一定的教育培训，为了能够胜任工作，还需要具有一定的技能。技能是通过学习和实践积累的，是完成本职工作的根本能力。有些岗位还需要具有足够的经历，没有足够的经历，就没有足够的技能的积累，没有足够的经历，就没有充分的能力。

人力资源管理的首要任务是对不同的岗位，确定胜任的能力要求。为了满足顾客对产品的要求是对人员要求的基本点。因此，在确定能力要求时，应当着眼于能否识别顾客要求、实现顾客要求和改进顾客要求。这就要求人员具有顾客意识、质量意识和改进意识，知道本职工作的重要性和相关性。知道自己工作的重要性才能爱岗敬业；了解自己工作的相关性才能相互合作，形成团队精神。有人甚至认为，人力资源管理的任务就是造就团队精神。有些企业把人力资源管理当成战略任务来抓。

为了提高员工素质和能力，必须抓好培训工作。日本的质量管理专家石川馨曾经提出，质量管理要始于教育，终于教育，把教育培训作为质量管理四大支柱之一。

正如我们常说的"学习的目的全在于应用"。在日本培训的内容基本上是质量管理方法（例如7种统计工具和新7种统计工具），用以提高员工的质量管理能力。在我国只培训质量管理方法是不够的，应当根据实际情况进行培训，用什么学什么，缺什么补什么。但是，企业又不是学校，把补初中和高中课程也作为培训内容，这样培训的成本就太大了。而应当把岗位技能和管理方法作为培训的重点。

培训应当是分层次的，包括最高管理者和普通员工，都应当接受教育和培训。

最高管理者在质量管理体系中的作用非常重要，即制订经营方针和管理理念，并识别应当提供的资源，创造员工能够完成方针、目标和任务的环境。最高管理者应当尽可能参加国家和行业组织的各种重要会议，领会国家的行业政策和市场动态，防止决策失误。有关部门应定期向最高管理者提供有关资料和信息，让他了解与本企业有关的技术和管理动态，使最高管理者能够从战略高度思考和决策。

这一层次的管理者具有重要的管理职责和权限，对质量管理体系的运行具有重要作用。搞市场营销的不懂顾客管理，搞采购的不会评价供方，搞设计开发的没有管理程序，质量管理部门不会建立标准化体系，技术中心不会管理技术规程，搞生产调度的不了解计算机，等等，这在我国钢铁企业并不是个别现象。对这部分中层干部应当列为培训的重点之一。

管理人员是在管理部门或生产现场起关键作用的人员，承上启下，通过技术或管理贯彻实施方针、目标和具体任务，他们工作的好坏，对企业生产经营具有举足轻重的影响。除在工作中提高外，有计划的培训也非常重要。培训的重点应是质量管理原则、方法和统计技术。鼓励这一部分人员参加行业举办的重要的和适用的培训，了解行业动态和经验，不断地改进本职工作。

作业长（包括车间主任）是质量目标和指标的实践者，他们的能力和素质直接影响产品的产量、质量、成本和企业的绩效。对这部分人员不应仅仅从工资福利上考虑，更应当加强培训，使他们成为产品质量的控制者、保证者和管理者，不仅懂技术有技能，而且有经验会管理。目前，有些企业只对工人进行操作规程的培训，没有安排或很少安排对作业长（包括车间主任）的培训，因为他们忙，没有时间，所以只使用，缺乏教育和培训。应当对他们进行适用技术和管理方法的培训，使他们不仅能够带领工人完成生产任务，而且能够不断地改进设备和操作，不断地降低成本、提高质量，改进现场环境，形成团队精神和良好的企业文化。

对作业人员除了操作规程的培训外，还应当指导他们会用简单的统计工具进行 QC 小组活动，不断地改进岗位工作和提高工作效率。让作业人员参加本企业或行业的 QC 成果发表会，使他们体会到成功的快乐，激发他们的积极性和创造性、树立正确的价值观是培训的基本宗旨。企业文化也就是在这种培训中慢慢形成的。

培训的形式应根据实际情况多样化，包括：

（1）岗位培训（OJT，On the Job Training）。这种培训有点像师傅带徒弟，互相帮助互相学习和班前班后会的培训。上级有责任教育下级，师傅有义务培养徒弟，相互之间有交流，是培训的最基本的和最简单的形式。但是，必须有这种意识和实践。

（2）脱产培训（Off-JT，Off the Job Training）。这种培训不只是听讲课，也有实习。例如日本企业有“培训工场”。新进厂的职工在这里接受教育和培训，经考核合格后上岗。在岗职工也有脱产培训的，有正规的培训大纲、培训计划、有教材、有教师、有实习设备、有操作示范，不像我们有些企业培训半天或一天，答卷有统一答案，一抄了事。

（3）外派培训。如果有必要可以派出去培训，例如参加学习班或短期实习，包括出国。不论是培训、实习或考察，都有明确的目标和具体的任务。培训后应形成文件报告，并成为共享资源。

培训应注意有效性，避免形式主义。培训也是一个过程，应识别需求（输入），提供满足需求的培训（输出），为了该过程规范地进行，应识别和提供必要的人（教师和学员）、机（必要的教学设施）、料（适宜的教材和案例）、法（规定培训制度）、环（提供必要的培训环境）。在培训过程中运用PDCA循环，在培训的不同阶段进行必要的检查，以了解培训的效果。

培训的有效性首先取决于对培训需求的识别，是否这种培训真的有必要，与质量管理体系的要求是否吻合，有针对性的培训是实现培训有效性的前提条件。所以应在培训前对培训的针对性、是否符合需求进行认真的论证。培训的有效性也取决于教材和案例的提供是否符合需求，必要时，在培训前应征求学员对培训内容的意见。教师在培训中的作用是非常重要的。有效的培训与教师水平有很大关系，所以应当正确选择培训教师，对企业不同层次的培训，培训教师也不同。对现场作业人员，包括作业长，应请具有现场生产技术和管理经验的人来培训。适当的培训场所、环境和手段对培训效果也有影响。

培训的有效性只用培训后的书面考试是不够的，最终还要靠接受培训的人员和送出培训的单位或部门来评价。评价形式可以多样化，例如问卷调查、上门访问、请回座谈或技能考核等。有效性评价可以按等级划分，例如很好、好、比较好、不好，很差。不好和很差的应采用纠正或纠正措施，改进培训过程。

5.3.2 设备管理

设备是5M（人、机、料、法、环）中的一个M，在产品质量形成过程中起着重要的作用。“九五”以来，随着我国钢铁工业跨越式的发展，生产装备的自动化和连续化技术改造的步伐也明显加快，大中型企业（包括部分民营企业）基本上实现了现代化，具备了使品种和质量达到世界先进水平的物质基础。但是，值得注意的是设备更新了，管理要跟上。在GB/T 19001标准中把设备作为基础设施之一，设备属于企业的重要资源，是产品实现过程的重要条件。作为设备资源管理有三个方面的主要工作：为实施保持质量管理体系并持续改进其有效性、满足顾客要求和赢得顾客满意，首先应识别需要配置哪些设备；其次是根据需要提供这些设备；第三是对这些设备进行维护，使其充分发挥作用。在策划过程进行识别，在技改过程进行提供，在生产过程进行维护，这是设备管理的主要内容。

在策划过程对设备资源的需求进行识别管理时，主要取决于顾客（或市场）。顾客不仅决定产品设计和产能设计，也决定用什么样的设备和工艺来生产。也就是说要根据顾客的期望和市场的需求来配置设备。在设备配置上切忌长官意志、行政干预和盲目追求，应注意系统优化。在技改过程对设备资源的提供进行管理时，主要取决于性能价格比较，并注意将适用性和先进性结合。在生产过程对设备资源的状态进行维护管理时，主要体现在以下两个方面：

（1）设备的提供。对任何产品生产过程来说，设备是基本的资源条件。特别是钢铁产品是设备密集型产品，没有适宜的设备，就不能形成顾客满意的质量。在设备的提供和配置方面，应按技术先进、经济合理、系统优化的原则，不仅要求单体设备水平先进，而且应当达到系统设备结构优化。比较适用的选择方法有“费用效率法”、“现值法”和“投资回收法”。目前，我国钢铁企业在技术改造和设备更新时，多采用“投资回收法”，追求投资回收期最短的设备。设备更新换代速度很快，相应地要求回收期更短。

钢铁企业为了满足顾客要求，提高产品竞争力，设备正在向大型化、连续化、自动化和智能化方向发展。例如高炉大型化，容积已经超过5000m^3，每昼夜可以生产10000多吨生铁。上料系统不仅是连续皮带上料，而且上料程序是自动的，甚至配料系统、送风系统和整个操作系统实现专家系统控制，逐步智能化。大型转炉从静态控制向动态控制发展，与精炼和连铸配合，实行了炼钢过程的连续化和自动化。轧钢系统也实现了型钢、线材、板带和钢管生产的连续化和自动化。

我国在改革开放以后，设备引进和技术改造步伐加快，钢铁企业设备焕然一新。近年来，我国钢材实物质量有了很大提高，设备发挥了重要作用。例如为了提高钢材的质量，不仅改造了轧制设备（提高尺寸公差和力学性能），也更新了冶炼设备（提高了冶金质量，降低了夹杂）。为了提高钢的纯净度，对铁水进行“三脱”（脱硫、脱磷、脱硅），既减轻了炼钢负荷，又降低了钢的夹杂物含量。生产轴承钢不仅要求冶炼过程能够真空脱气，降低氧含量，而且要求钢材经过热处理使其碳化物球化。国外有些企业在粗轧前将大断面的连铸坯用水压机开坯，大压缩比使铸造组织得到充分的加工，提高了钢材的力学性能。但是，国内有个别企业在配置设备时只考虑经济因素，而忽略了技术要求。例如，有的企业小高炉铁水没有经过任何处理，甚至没有混铁炉而直接倒入转炉炼钢；还有的企业利用连铸小方坯直接轧制优质圆钢或高碳盘条，压缩比满足不了要求，虽然成本节约了，但是质量降低了。在设备配置上不考虑质量要求，只追求产量和效益，决策不科学，设备水平影响产品质量的现象仍然存在。所以应当强调设备管理的首要任务是设备的选择和配置。

（2）设备的维护。GB/T 19001 要求对设备进行维护，以实现产品的符合性。设备的维护应包括：设备点检、设备保养和设备检修。

设备点检是设备维护的重要组成部分，体现预防为主的原则。通过点检了解设备的技术状态和磨损情况，及时发现问题，及时进行处置，有利于延长设备使用寿命、保持设备技术状态和提高生产的产品质量。现在有些企业实行“点检定修制”，点检定修制的核心是点检。点检是一种科学的设备维修工作系统程序，是保证设备可靠性、维修性和经济性的重要过程。点检工作包括岗位操作工人的日常点检、专业点检工人的定期点检和专业技术人员的精密点检。多数企业实行岗位操作工人的日常点检和专业点检工人的定期点检，实行专业技术人员精密点检的企业比较少。有些企业岗位操作工人的日常点检只是一种形式，有的记录点检结果，打个√；有的无记录，连√也不划。即使划√也是随意性的。甚至一段时间补划一次，一次划十天、半个月或更长，对设备维护起不了应有的作用。为了强化设备资源管理，首先必须落实设备的点检制度，按规定的检查点，定人、定点、定时、定量、定标准、定内容、定记录，进行预防性检查，取得设备状态信息，制定有效维修措施，保障设备安全运行，发挥设备应有效能，延长设备使用寿命。

钢铁企业的设备点检有日常点检、定期点检和精密点检。

日常点检：一般由作业人员在交接班时进行。目的在于保证设备正常运转。为了便于操作工人进行日常点检，应制订点检标准和点检作业指导书，并对每台设备编制点检表，包括点检项目、内容、顺序和要求，根据标准判断设备运行是否正常。但是相当多的企业对设备的点检，没有规定项目或内容，也没有规定顺序和要求，操作工人只划√或×，没有起到点检作用。

定期点检：一般由专业人员按规定的周期进行，操作人员配合。目的是在设备发生故障前及时发现异常现象，及时给予处理。为了便于专业人员进行点检，也应制订点检标准和点检作业指导书，并编制定期点检表，包括点检项目、内容、顺序、检验方法、工具、人员安排、点检要求和判断准则等。点检周期根据企业生产和设备情况由企业自身决定。

精密点检：对设备的精度进行检查，主要由专职工程技术人员进行。目的是检查设备的加工精度。例如轧机轧制的厚度、宽度、公差等是否存在问题，以便及时做出调整。

宝钢实现“三位一体”点检制，即操作人员的日常点检、专业人员的定期点检和专职工程技术人员的精密点检形成统一的点检体系，是钢铁企业设备维护的先进典型。

设备保养是对运转过程中发现的脏了、松了、润滑不好了所进行的处理，设备保养是指清洁、润滑和紧固等作业。钢铁企业一般实行三级保养制度。

一级保养：日常结合操作进行的保养，包括对设备的外部清扫、润滑和紧固易松动的部位，或进行部分调整等。

二级保养：定期有专职人员或与操作人员相结合，对设备的内部清扫、润滑或对局部进行解体检查和调整等。

三级保养：定期有专职人员对设备的主体进行解体检查和调整，有时可能更换部分零部件。

设备检修是保持和提高设备资源性能的重要过程，是实现产品符合性、提高产品质量的重要物资保证。钢铁企业一般采用计划预防检修制度和全面设备维护制度两种模式。全面设备维护制度强调以点检为重点、预防性检查为核心进行设备维护工作，检修分为日修、定修、年修和抢修。但是，现在不少企业只有抢修，日修不得不修，没有定修，年修也常常被推迟或取消。理由是生产忙，停不下来和资金不到位，干不了。不少企业设备检修后缺乏完善的验收标准，该检修的是否按规定检修了；检修了的，是否达到规定的检修要求，没有规范的程序。对引进的先进设备，由于图纸转化、备件不全、技术限制等原因，也存在只使用不检修的现象。一些企业的设备管理部门热心于“增量管理”（采购），不重视“存量管理”（维护）。如果设备国产化再跟不上，弄不好，还要有新的一轮引进。

中央经济工作会议提出科学的发展观，其中很重要的一点是要求协调发展。设备管理也要与钢铁工业协调发展，否则也将会影响整体的发展和投资的回报，甚至使企业陷入困境。因此在我国钢铁工业生产设备的现代化正在变成现实的形势下，多数企业新老设备并存，更新改造交错，完全实行计划预防检修制度或全面设备维护制度都有一定困难，有必要加强对设备维护经济分析的研究，加强设备诊断和状态分析，逐步向状态检修过渡。另外，目前大多数企业进行主辅分离和转制改革，设备管理部门的职责职权也有很大变化。如何将设备资源与企业资源计划（ERP）整合，如何将设备检修与生产制造执行系统（MES）协调，如何将设备管理和检修专业化分包结合，实现设备管理为企业的持续、快速、协调、健康发展服务，是一个值得深入探讨的课题。

设备检修是对设备的修复和更换已经磨损或损坏的零部件。

钢铁企业的设备检修一般有三种：

小修：是指工作量比较小的局部检修。一般是就地修理或更换非主要的零部件或进行适当的调整。小修是随时进行的。

中修：是指具有一定的工作量修理或更换主要零部件或进行某些涉及精度或功能的调整。中修是定期或不定期的，但是以计划性的居多。

大修：是指工作量很大的解体性检修，不仅要更换零部件，还要恢复设备的精度和功能。大修是定期的，一般安排在年终或年初按计划进行。

设备诊断是指对设备技术状态进行的分析和判断。一般是使用检测器对被诊断的设备进行温度、压力、振动、变形等测试。将所得到的信号与标准信号进行对比，根据理论和经验分析，对设备技术状态做出判断。通过设备的诊断判断设备状态如何，如果存在异常，部位在哪里，异常程度如何，是否需要检修，需要何时检修。这样做可以避免出现故障或事故后才进行检修。既能降低维修费用，减少备件库存，提高设备作业率，又能减少设备事故和人身伤亡事故。过去在冶金行业有一个设备状态评价体系，包括设备的运转、备件、点检、维护和环境等条件，进行设备状态评价，并开发了一些设备诊断技术。目前坚持这样做的企业不多了。对近年来更新的设备，更没有进行状态管理。

设备的维护管理包括计划预防检修和全面生产检修。

计划预防检修制度是我国 20 世纪 50 年代从苏联引进的一种以预防为主，

防止设备意外破坏，了解设备的一般磨损规律和技术状态，有计划地对设备进行检修的制度。该制度包括日常维护、定期检查、清洗换油和计划检修等内容。计划检修又分为小修、中修和大修。计划预防检修制度规定的计划检修方法有检查后检修法、标准检修法和定期检修法。

计划检修法的优点是：

（1）检查、维护和修理衔接得比较好。

（2）根据实验数据来制订检修周期。

（3）采用定额标准编制检修计划。

计划检修法的缺点是：

（1）统一检修周期忽视了设备的使用差异。

（2）没有按设备的故障率确定检修周期。

（3）只进行恢复性检修，没有考虑改进。

近年来，我国学习国外经验与自己实际相结合，发展了一些新的设备检修制度，例如保养修理制度和预防修理制度。

全面生产检修制度（TPM）是20世纪70年代日本推行的一种设备管理制度，也称为“全员参加的生产检修制度”。全面是指全效率、全系统和全员参加。

全效率是指以提高设备的全效率（综合效率）为目标，以尽可能少的寿命周期费用来获得高产、优质、低成本和按时交付，无污染、无伤害、工作环境好，操作者轻松愉快。也就是说追求生产系统的效率最大化，以最小的投入获取最大的产出。

全系统是指包括设备设计、制造、调试、使用、维护、改造和报废等设备的整个寿命周期全过程的设备管理。

全员参与是指企业的所有与设备有关的人员，包括总经理、职能部门、生产现场和操作人员在内的全体员工参与的设备管理。

全面生产检修制度（TPM）的主要内容有以下几个方面：

（1）突出重点设备进行维护，将预防性维护放在重点设备上。钢铁企业的重点设备是指过程设备，而且是过程设备中的关键设备，例如高炉的上料机、炉顶装料设备、炉前机械设备、渣铁处理设备、送风系统、煤气除尘系统；转炉的混铁炉或混铁车、上料系统、转炉炉体、吹氧装置、精炼设备；连铸的中间包、结晶器和二冷系统拉矫系统等；轧钢的加热炉、轧钢机架、连接轴、剪切机、热锯机、矫直机、卷取机、冷床、辊道、轧辊和润滑系统等。对上述设备应重点进行维护。

（2）分级管理确定维护内容，保证重点，节约维护费用。对分级后的重点设备也要规定重点的维护内容，保证重点，节约费用。例如转炉的炉体中倾动机构是重点，因为它关系到炉体是否能够平稳和准确地停止在任意角度的位置，以满足加料、取样、测温、出钢、倒渣和补炉的要求。为此重点的维修内容应是耳轴轴承座、托圈、炉体、把持器和倾动装置。

（3）根据设备故障原因和情况不同，采取多种维护方式。设备在使用过程中会发生这样或那样的故障，原因和情况会有所不同，设备维护方式也会有所不同。例如在设备使用初期容易发生设计、制造和安装方面的问题，维护的重点应放在严格试车和验收上。在设备使用的中期，会发生运转或操作方面的偶发性故障，设备维护的重点应放在预防性点检和维修上。在设备使用后期，性能老化和机构磨损故障比较多，应在预防维修的基础上实行一定的设备改造或改进。

（4）以点检为重点、预防检查为核心开展设备维护工作。全面生产检修制度（TPM）同全面质量管理（TQM）一样，非常强调预防为主开展设备维护工作。在点检的基础上强化日常维护和保养，根据设备精度（指数）的变化，确定检修方式。这样有利于延长设备使用寿命周期，减低生产成本中设备折旧的比例。

（5）开展平均故障间隔时间分析，确定最佳检修周期。从设备点检维修记录中可以统计出各种设备故障之间的平均时间间隔，并确定最佳的检修周期。这样，既可以减少维修费用，又能充分发挥设备的使用功能，同时也会提高设备维修的效率。

（6）制订评价设备检修的指标体系，评价设备管理工作。设备检修的评价指标包括：故障停机率、故障强度率、故障频率以及维修费用比等。根据这些指标评价设备维护工作，也是一种目标管理，也可以作为设备管理的考核指标。

（7）推行5S管理，做到设备检修与文明生产相结合。对设备管理来说，5S管理更具有实际意义。5S管理并不是一般概念的定置管理，它是科学管理和文明生产的规范性制度，不仅有利于设备管理，也有利于提高操作者的素质。例如，日本企业在设备维修作业时，工人随身带什么工具，小组带什么工具，现场有什么工具，都是有严格规定的。不仅工具存放整齐，而且检修现场非常整洁。

5.4 以顾客为关注焦点

美国质量管理专家戴明曾经提出质量环（也叫质量螺旋）的概念。质量环是从识别需求到评价需求是否得到满足的过程中的质量活动的理论模式。

在 GB/T 19000 标准中提出，质量管理有八项原则，并以顾客为关注焦点作为第一条。在 GB/T 19001《质量管理体系 要求》中，将过程方法和 PDCA 循环引入质量管理体系。在质量管理体系的过程方法模式中，顾客要求是质量管理过程的输入，顾客满意是质量管理体系的输出。也就是说，顾客的要求是质量管理体系的出发点，顾客满意是质量管理体系的落脚点，质量管理体系自始至终关注顾客，这种表述比“顾客第一”、“顾客是上帝”等的说法更科学、更合适、更准确。

5.4.1 为什么以顾客为关注焦点

企业的生存和发展依存于顾客。没有顾客就没有企业，没有顾客企业就无法生存和发展。如图 5-1 所示，企业是通过向顾客提供产品或服务使顾客受益或增值的，企业从顾客的受益或增值中得到回报才能够继续生存和发展。企业和顾客通过产品或服务而形成利益共同体，有的形成战略伙伴关系。有的企业比喻说，顾客是企业的“衣食父母”。海尔集团的张瑞敏说：“如果有神的话，就是用户，没有其他，一切都要围绕用户来做。谁能够满足用户这个‘神’的要求和想法，谁就能够获胜”。

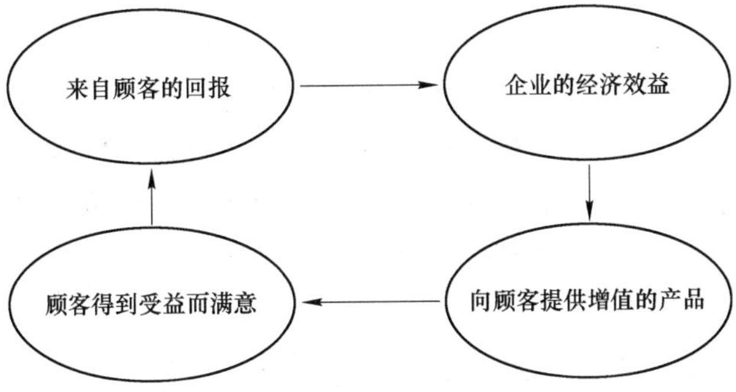

图 5-1 企业的经营核心是关注顾客要求和提供满意产品

现在，以顾客为关注焦点是企业经营的核心，企业关注的不仅仅是顾客现实的要求（need），还应考虑顾客隐含的期望（want），并进一步考虑顾客潜在的需求（seed），提供有魅力的产品。

日本的狩野紀昭认为，八项质量管理原则可以分为质量原则和管理原则。以顾客为关注焦点是质量原则，其他七项都是管理原则。管理原则中又分组织原则（领导作用、全员参与、供方的互利关系）和运营原则（过程方法、管理的系统方法、基于事实的决策和持续改进）。也就是说，狩野紀昭认为在八项质量管理原则中以顾客为关注焦点是质量管理的最重要的原则。

5.4.2 与顾客有关的过程

GB/T 19001 的 7.2 为与顾客有关的过程，阐述了如何确定和评审顾客的要求。

组织在确定顾客对产品的要求时应了解：

（1）顾客规定的要求，包括对交付及交付后活动的要求；

（2）顾客虽然没有明示，但规定的用途或已知的预期用途所必需的要求；

（3）与产品有关的法律法规要求；

（4）组织确定的任何附加要求。

规定的要求可以视为明示的要求。明示的要求可以体现在产品标准、技术条件或合同中。例如钢材订货时约定的化学成分、力学性能、尺寸公差和表面质量等。当然这些要求是必须保证的。

没有明示、但规定的用途或已知的预期用途所必需的要求可以视为隐含的要求。例如用于拉丝用的线材，在标准和技术条件中虽然没有规定在拉丝时断头数，但是对（规定的用途或已知的预期用途）拉丝来说，断头是不允许发生的。即使没有明示，也是应当予以保证的。

与产品有关的法律法规要求越来越多，特别是建筑材料中有害物质的含量，法律法规有严格的要求。对钢铁产品本身，法律法规的要求还不多，例如易切钢不应含铅，含有砷和铍的钢种也应受到限制。在包装材料中也应选择容易降解的材料。

组织确定的任何附加要求，就是所谓的 +α。

顾客对产品的要求，包括明示的、隐含的、法律法规的和附加的要求，企业应进行充分的调查分析，并加以确定，为本企业的产品定位提供“基于事实决策”的依据。明确顾客要求并加以量化是与顾客有关过程的重要活动。包括分析本企业产品目前的使用情况，走访产品使用的现场，了解使用条件、使用状况、存在问题和改进意见。

组织评审顾客对产品的要求，是在向顾客作出提供产品的承诺之前进行的。例如在提交标书、接受合同或订单（包括更改）时，应注意在评审时对下列事宜加以明确：

（1）在合同或订单中明确规定和表述对产品的要求；

（2）如果有与以前表述不一致的合同或订单，变化的要求也必须明确；

（3）组织有能力满足规定的要求（包括质量、价格、交付期等）。

如果顾客提供的要求没有形成文件，也就是说没有以合同或订单形式表述的话，组织在接受顾客要求前应对顾客要求进行确认。这种确认的方式很多，例如采用传真、电子邮件或电话记录等形式，以防止要求不明确，影响顾客使用。如果顾客对产品的要求发生了变更，组织应采用适当的形式，例如合同修改单或计划修改单等，将修改的要求（包括质量、数量和时间）通知给生产、检验、入库和出库等相关人员。在某些情况下，如网上销售，不可能对每一个订单进行正式的评审时，也可以通过对照产品样本中的产品信息进行评审。目的在于在接收合同或订单前，把顾客的要求弄清楚，保证生产出来的产品或提供的服务能够满足顾客要求。

与顾客有关过程包括与顾客沟通的过程，包括：

（1）产品信息；

（2）问询、合同或订单的处理，包括对其修改；

（3）顾客反馈，包括顾客抱怨。

与顾客沟通，不能笼统地规定，应通过产品样本、网页、电话、传真或电子邮件等形式，使顾客能够了解产品、订货和投诉等问题。企业应当把与顾客沟通看成是一种质量经营和战略，反映了市场营销观念的变化，是与顾客结成战略伙伴关系的重要过程或活动。

首先应当认识到顾客追求的不是产品本身，而是通过产品的流通或增值所得到的价值。在与顾客沟通方面，企业应建立倾听顾客呼声并与之对话的系统和程序。从哪里收集顾客的呼声，是必须考虑的重要问题。顾客的日常意见或从各地的办事处或营销部门所得到的顾客信息也未必能够反映顾客真正的要求和期望。特别是中间商并不能反映最终用户的意见。为了了解顾客的要求、期望和意见，除上述渠道和内容外，必须对顾客的业务过程进行分析，从中找到顾客要求提供什么样的产品或服务。

5.5　产品实现过程

5.5.1　对产品的质量要求

“质量”（英文是 quality）这个词其实应当称为“品质”，我国的香港和台湾地区都称之为“品质”，日文汉字中也是“品質”。

著名的美国质量管理专家 J. M. 朱兰定义指出，“质量”有两种定义：一是“能够满足顾客的需求从而使顾客满意的那些产品特性”；二是“意味着免于不良，即没有那些需要重复工作（返工）或导致现场失效、顾客不满、顾客投诉等的差错”。前者主要从销售层面上考虑，为了实现这种质量，往往需要较高的质量费用；后者主要从成本层面上考虑，为了实现这种质量，质量费用比较少。因此在讨论质量是否有效益时往往发生激烈的争论。在 20 世纪 80 年代末 90 年代初，我国推广武钢“质量效益型”经验时，有人认为“质量有效益”，有人则认为“质量没效益”，这两种观点，也反映了对质量从不同层面上的理解。为了同时表达上述两个层面的含义，一个时期曾经出现了质量就是“适用性”比较含糊的定义。

GB/T 19000 中，将“质量”定义为“一组固有特性满足要求的程度”。但是，朱兰认为，“质量”定义与其他术语一样，不是静止的、一成不变的，随着时代的发展，质量的定义也在发生变化。虽然“满足要求”的说法是正确的，但是由于组成质量定义的很多关键词本身的定义发生了变化，所以质量的定义也随之发生了变化。例如，在我国改革开放初期，彩色电视比黑白电视好多了。但是，从现在人们的需求来看，那时的质量问题很多，颜色不正、频道不多、仰角天线方向性影响收视效果；现在的电视不仅有遥控选台，而且颜色鲜艳、柔和，又有纯平、液晶、等离子等，人们充分享受质量。但是，与此同时，我们也失去了很多东西，例如生产发展了，污染增多了，气候变暖、森林减少、野生物种逐渐消失，人们对产品和服务质量的认识和理解有了新的变化。

有时人们把质量与等级混淆。等级是指具有相同使用功能的产品，根据不同的要求，产品具有的特性。例如乘火车有软卧和硬卧，乘飞机有头等舱、公务舱和经济舱；同样，钢材中管线钢板按钢级分为X60、X65、X70、X80，造船钢板按碳含量分为A、B、D、E，镀锌钢板也分深冲和超深冲等。但是，等级不等于质量。等级高并不等于质量好。等级低并不等于质量差。等级是适应不同要求的。例如，二级螺纹钢筋适合于低层建筑，三级螺纹钢筋适合于高层建筑。针对同一功能，不同要求，可以有不同等级的产品，但是任何等级的产品必须具有满足要求的质量。农民建住房可以用等级低的钢筋，但不是质量差的钢筋。把不合格品当等级低产品出售是错误的。

随着时代的发展，质量的概念正在发生变化。在20世纪50年代，质量是“符合顾客的要求”；60年代，质量是“满足顾客的明示的要求”；到了70年代，质量还包括“满足顾客的潜在要求”。GB/T 19000标准还提出要满足法律法规的要求。日本的企业提出不仅要满足顾客的需求（need），还应满足顾客的期望（want），甚至提出满足隐含的或萌生的要求（seed）。这样，质量包括不同层面上的要求。

在价值层面上的要求是产品的适用性和安全性。除具备基本性能、附加性能和扩张性能外，还应具备一定的心理特性，包括感觉和感情性能，外观美、造型美、颜色美等。安全性包括对人和环境是友好的。在经济层面上的要求是生产成本低、流动费用低、使用费用低、物美价廉，买得起，用得起。在空间层面上产品应体积小、重量轻，便于携带、运输、贮存和使用。在时间层面上产品应具有很好的可靠性，容易维护，经久耐用。

产品质量不仅应当满足标准要求，而且还应当满足标准+α的要求。这一概念被很多企业所接受，但是对α的理解和实施，仍然存在一些问题值得深入探讨。

α是高于或严于标准规定的产品特性。这种特性有固有特性（例如化学成分、组织结构、物理性能或工艺性能）和赋予特性（例如价格、包装、交付期）。

这种特性有明示的（有合同、协议或技术条件规定的）和隐含的（没有上述明示的规定，但对顾客是非常重要的特性，例如硬线拉拔时的断头次数，标准中没有规定，但顾客希望越少越好）。

这种特性有法律法规规定的（例如易切钢不应含有对环境保护有害的

铅），也有企业附加的（例如针对特定用户企业提供的专业用钢）。

今后，产品的国家标准对顾客来说将是一个基本的特性值参照体系，根据需要提出α的内容。顾客对产品有α要求是正常的，是市场经济产品多样化的必然趋势。生活资料的生产如此，生产资料的生产也是如此。例如日本或德国的汽车用冷轧薄板，高于或严于国家标准规定的α是非常多的。相应地各钢铁企业提供给汽车制造厂的产品特性也是既符合产品国家标准，又具有满足顾客特定产品要求的特性，形成了相对固定的产品供应链。

α首先是顾客提出的，是顾客从其产品需要出发提出的要求，很可能是工艺特性要求（例如汽车板的冲压性、耐蚀性或可焊接性等）；而把这种要求转化为产品特性（例如n值、r值、腐蚀的电化学性能或碳当量等），是企业设计和开发的过程。α是企业设计和开发过程的输出。如果企业没有自主创新能力，那么就不可能有α。例如日本汽车用的曲轴和连杆用易切非调质钢，虽然与我国的标准和钢号几乎全部一样，但是为了提高汽车传动系统的性能和寿命，对氧化物与硫化物的形态特征具有特殊要求（体现在供货合同或协议上的α）。这种α表征的产品实物质量的设计和开发的成果，是企业的Now How。也就是说标准+α不是随便可以实现的，它需要企业的技术创新和积累。企业的技术创新和积累越多，满足顾客特定要求的α也越多。不同的α有不同的企业标准、技术规程和检验规程，是一组质量技术和质量管理的组合。

α是企业提供给顾客的增值产品。顾客会因为α而使其产品相应地增值，从而提高经济效益。企业就会从顾客的增值中得到汇报。这种回报，有时表现在产品价格提升上，有时会表现在订货数量增加上，有时会表现在市场占有率上，α是与顾客形成战略伙伴关系的重要因素。市场经济走向成熟的过程，也是战略性供应链形成和发展的过程，α也将是决定企业能否成为顾客供应链中合格供方的重要条件。

企业的技术中心的工作重点应当是提供更多具有α的产品和实现这种产品的工艺技术，也就是自主创新的知识产权。

5.5.2 质量策划

质量策划（quality planning）在GB/T 19000标准中被定义为“质量管理的一部分，致力于制定质量目标并规定必要的运行过程和相关资源以实现质量目标”。

对产品实现过程规定目标和相关资源的活动是产品实现过程的质量策划。

对于钢铁企业来说，在质量策划中首先要明确生产什么产品，这些产品可以分为标准化产品、非标准化产品。标准化产品也有附加要求（α）的产品。

标准化产品指具有国家标准、行业标准或企业标准的产品，其产品特性已经在标准中得到了规定；也有标准化产品，即产品的基本特性已经得到规定，但是α部分需要进行策划，即编制质量计划。非标准化产品是产品特性或过程参数没有确定的产品，需要设计和开发。

（1）标准化产品的质量策划。标准化产品，有的企业称为“常规产品”。一般来说，这一类产品有产品标准和检验标准，生产流程和生产设备基本固定，有工艺技术规程或操作规程和检验规程。有的企业对产品生产过程的重要工序还设有质量控制点。

标准化产品质量策划的重点在于确定工艺流程和质量管理程序。在工艺流程确定后，应编制工艺技术规程。工艺技术规程应包括组成流程的各过程与相互关系、过程的设备及其操作、过程参数及其监控、对过程监控时出现的问题和应采取的措施。工艺技术规程应是产品生产流程的标准化文件。为了实现对过程中各项活动的控制，应编制作业指导书，对操作细节做出详细的规定。

在工艺流程确定后，在工艺技术规程或作业指导书中应对重要工序的质量管理做出程序性的规定，或者成为质量管理点。质量管理点是针对某个过程（或工序）的重要过程参数或产品特性用质量管理手段（例如统计方法）来监视和测量其受控状态，有的采用工序能力指数或标准偏差等。质量管理点并不是指采取某些技术措施，而是质量管理方法。例如在炼钢时对终点碳或温度、在连铸时对开浇温度或拉坯速度、在轧钢时对开轧温度或终轧温度等用直方图或控制图进行监控，了解过程能力。这些在质量策划过程中应一并解决。

（2）标准化+α产品的质量策划。标准化+α产品基本上属于有标准的产品，只是在产品基本特性上附加了某些要求。针对这些附加要求需要进行策划，策划的结果形成质量计划。这里所说的“质量计划”不是计划，是一个文件，是策划结果形成的对标准或规程的补充。

在 GB/T 19000 中，质量计划的定义为：“对特定的项目、产品、过程或合同，规定由谁及何时应使用哪些程序和相关资源的文件”。在注解中指出，质量计划通常是质量策划的结果之一。这些程序通常包括所涉及的那些质量管理过程和产品的实现过程。通常质量计划引用质量手册的部分内容或程序文件。

(3) 非标准化产品的质量策划。非标准化产品是真正意义上的新产品，是没有标准或技术条件的产品，甚至也没有工艺技术规程或操作规程，需要通过设计和开发才能确定的产品。这类产品的质量策划过程实际上是一个设计和开发的过程。

实际上，将顾客的要求转换为产品特性的过程应按 GB/T 19001 的 7.3 进行开发。将要求转换为过程特性（参数）可以用 7.3 进行开发，也可以用 GB/T 19001 的 7.1 进行策划（质量计划）。

目前，我国钢铁企业在进行质量策划中存在的问题比较多。对于标准化产品的质量策划多数企业由分厂进行，总厂（或公司）只负责审批或备案。设计和开发由总厂（或公司）的技术中心负责，但是多数不是设计和开发，只是有特殊要求的“新产品”，往往以试制方式开展，没有或很少有实质意义上的设计和开发。特别是常规产品的生产技术的系统优化不是一个分厂能够完成的，应当由总厂（或公司）进行统一策划。

最糟糕的是取消了技术管理处（或科室）的企业，将技术管理（包括质量策划）统一由技术中心负责时，不少企业实际上是削弱了技术管理和质量策划，只热心于小批量的“新产品试制”，设计和开发也没有搞起来。长期下去，不仅影响长期的设计和开发，也不利于日常的技术和质量管理。

5.5.3 标准化管理

标准化是企业管理现代化的基础。企业管理的现代化必须以标准化为重要管理方法。企业的标准化是企业的产品、活动和过程全部形成标准化体系。企业标准化体系的构成是以产品标准为核心、以岗位标准为基础、以技术标准和管理标准为支撑、以基础标准为指导的标准化体系。

(1) 产品标准。产品标准是企业标准化体系的核心。企业是通过产品来满足顾客需求，从向顾客提供增值的产品而获利发展壮大的。产品标准是企业竞争力的表现，也是企业核心技术的结晶。

企业的产品标准应以国家标准和国际标准为基础，并具有本企业的特点，能够满足顾客增值的要求。

产品标准是规定产品特性的，是企业研究和开发的结果，是标准化体系的核心。目前有些企业没有产品标准，只是执行国家标准，这说明这个企业没有或缺乏研究和开发能力，只能按国家标准生产，不能满足顾客的增值要求或附加要求。有些企业虽然也有企业的产品标准，但并不用于作为订货的依据，而是内部控制和考核生产的标准。这种标准没有给顾客带来选择的机会，不能体现差别化。还有些企业的产品标准在表述格式上不符合 GB/T 1.1 ~1.3 的规定，从内容条款上也没有完整地描述产品的特性体系，不能称其为标准。同样属于产品标准，形式和内容差异很大。

例如，国外有的企业标准，化学成分规定的范围比国家标准窄，夹杂物不仅规定级别还规定形态，尺寸公差也更严格，并用于向顾客订货的依据(但在某些情况下对同行是保密的)。这样的标准是符合顾客的特定要求的，所以才形成了与顾客长期的战略伙伴关系。例如汽车用冷轧钢板，虽然有国家标准，但是汽车厂商向钢厂订货的标准完全是企业的产品标准，而且各企业的标准都各具特点，供顾客选择。我国钢铁企业中只有宝钢等少数企业制订了具有完整体系和规范格式的产品标准，多数企业还只限于采用国家标准，甚至还有个别企业低于国家标准让顾客让步接收或偏离许可。

为了建立健全的和完整的产品标准，应大力加强企业的研究和开发工作。目前有些企业的技术中心做得较好，但也有相当多的企业技术中心没有能力从事研究开发工作，把已经有国家标准和国内其他企业已经生产的产品，由于本企业没有生产过而作为研究开发的对象，所制订的企业标准仍然没有超过，甚至还低于国家标准，这种现象仍然存在。如果没有足够的研究开发，企业的产品标准体系是很难形成的。

(2) 技术标准。产品的实现过程是靠技术和管理来支撑的，所有的技术应通过标准化来体现和发挥出来，这主要包括工艺技术规程、设备操作规程、分析检验规程和安全环保标准等。其中以工艺技术规程为重点，是实现产品质量（Q）、成本（C）和交付（D）的关键。

技术标准主要是工艺技术规程，它是产品实现过程策划的重要输出。工艺技术规程有两种，一种是过程本身的策划（例如炼铁工艺技术规程或炼钢技术工艺规程等），另一种是过程与过程关系的策划（例如型钢、板材或线材工艺技术规程)。前者是一个点，后者是一条线。有些企业把前者的标准化责任放在基层生产现场，把后者的标准化放在职能部门。这样很难保证过程的增值和系统优化的完整结合。国外先进企业是以产品的标准化带动过程的标准化，即工艺技术规程的形成和优化。有某一种产品订货，就形成一组代码，其中包括了产品特性和工艺过程。

技术标准还包括采购技术标准，分析、检验和验收标准，监视和测量设备的技术标准，搬运、贮存、包装和标志技术标准，能源、环保和安全技术标准等。

(3) 管理标准。产品的实现过程是靠技术和管理来支撑的，所有的管理也应通过标准化来体现和发挥出来，这主要包括销售管理标准、采购管理标准、生产管理标准、质量管理标准、设备管理标准、人力资源管理标准、财务管理标准等。对所有工作应实行标准化管理。

管理标准也是产品标准的重要支撑。例如销售管理，必须首先识别和评审顾客要求，规范销售过程，将顾客要求转换成上述那样的代码，使生产现场能够进行有针对性的生产。采购管理也必须根据顾客要求，界定采购产品控制的范围和标准，评价、选择和控制供方，对采购产品进行验证。生产管理同样根据顾客要求组织生产，保证质量、成本和交付期。另外，还包括质量管理、财务管理、设备管理、人力资源管理、环境管理、职业健康安全管理、能源管理、信息管理等。所有的管理都围绕产品标准化形成各自过程管理的标准化，才能共同形成质量保证和质量控制，从而形成完整的质量管理体系。

目前，我国钢铁企业在贯彻实施 GB/T 19000 标准，质量管理体系有所改进，特别是推进了管理标准化。但是，也有不少企业 GB/T 19000 标准和日常管理“两层皮”。管理工作仍然不够规范，在一定程度上影响产品标准化水平。例如，改革开放以来，特别是近年来，我国钢铁企业从国外引进了很多现代化的设备，甚至是一流的设备，但是生产出来的产品与国际先进水平相比仍然存在一定的差距。有些品种不得不进口。热轧宽带钢设备引进很多，但能够生产 X70 以上管线钢的厂家很少；冷轧宽带钢设备也引进不少，但是能够生产出内在质量和表面质量都能够满足汽车用钢板要求的厂家也不多；热镀锌产品多数是普通用途和机械咬合用的，能够达到深冲级和超深冲级的也寥寥无几。关键是管理跟不上，特别是人力资源管理跟不上。

（4）岗位标准。岗位标准是将上述标准落实到岗位的标准，包括从最高管理者、中层领导和管理机构职能管理人员到基层操作者都应当有明确的职责权限和严格的行为规范。岗位标准体现技术标准和管理标准在岗位上的结合，岗位标准是实现产品和提供服务的基础。

岗位包括生产岗位和管理岗位，使所有的岗位活动都规范化，是实现企业标准化的基础。岗位标准是技术标准和管理标准的结合点。岗位标准兼容了技术和管理两方面内容，实现技术和管理的整合。最高管理者、各管理层次管理者和执行者都应当有岗位标准。目前，很多企业重视生产岗位的岗位标准，忽视工作岗位的岗位标准，强调工人生产活动的标准化，放松了干部管理过程的规范化，是企业标准化的一个薄弱环节。形成这种局面的重要原因之一是管理过程没有识别过程中活动、活动与活动的关系、职责权限不清、判断准则不明、评审和确认不够，总之没有贯彻实施相应的技术标准和管理标准。如果生产岗位的工人有岗位规程，管理岗位的干部也有岗位规程，岗位标准得到了贯彻和落实，那么企业的标准化就有了基础，技术标准化和管理标准化就有了保证，产品的标准化才真正得以实现。

质量管理体系在运行时应通过方针目标管理、管理职责、管理体系和产品实现过程的策划以及过程的监视和测量来关注产品、技术、管理和岗位标准化的建立、实施、保持和改进。多数钢铁企业产品和岗位标准化初见成效，技术和管理标准化比较薄弱。即使已经策划或实施了技术标准化，但是也主要是产品生产过程的工艺技术规程，对其他方面的技术标准化不够充分，同样管理标准化是从质量管理开始，目前又在进行环境管理和职业健康安全管理的标准化，对其他方面管理的标准化也不够充分。像宝钢那样，实现企业整体过程和活动的标准化管理，对有些企业来说，标准化工作还有很长一段路要走。为此，企业首先应进一步认识企业标准化的重要性，认识到企业标准化可以实现简化、统一、协调和优化，认识到企业标准化对生产经营的巨大作用，从而强化标准化管理，把 GB/T 19000、ISO14000 和 OHSMS18000 的贯彻实施与企业标准化工作结合起来，使管理体系通过整合得到增值和优化。

5.5.4 采购管理

钢铁企业的生产需要大批原料（矿石、废钢、铁合金）、材料（耐火材料、包装材料）、燃料（焦炭、重油）、辅料（造渣料、保护渣）、备品备件

（结晶器、轧辊和导卫）等，有许多需要从外面采购或外包加工。

从对产品质量有影响的角度出发，在采购中应当控制的产品有：

（1）用于冶炼过程的原燃料，如铁矿石、废钢、石灰石、石灰、萤石、焦炭、耐火材料、铁合金、脱氧剂（铝锭、铝线、硅钙、硅锰、硅铁等）、增碳剂（生铁、含碳渣剂）、保护渣、保温剂、合金喂线等。

（2）用于轧制过程的物资，如燃料油、润滑剂、穿孔顶头、轧辊、模具、剪刃、锯片、导卫装置等。

（3）外包过程，如委托开坯、穿孔、加工、热处理、酸洗、设备检修等。

对一个企业来说，在采购中有哪些产品应当控制是由企业本身的实际情况决定的，没有一个统一的模式。但是，必须根据生产过程和质量管理的需要进行界定，把必须控制的采购物资和外包的过程明确确定下来，以便进行控制。

5.5.4.1 采购管理的基本原则

对钢铁企业（组织）来说，供方就是铁合金、耐火材料和碳素电极等冶金炉料企业。GB/T 19000 标准把企业与供方的关系看成是企业与顾客供应链上的第一个环节。供方的产品质量直接影响钢铁企业最终产品的质量，钢铁企业的质量效益中包括供方的贡献，所以钢铁企业应当与供方共同建立质量管理体系，共同为顾客服务，共同创造价值，共同获得利益，共同分享成功与喜悦，即建立互利的供方关系。钢铁企业正确地运用互利的供方关系，不仅可以增强供需双方创造价值的能力，而且还能够增强对市场反应的灵活性，促使成本和资源的最优化。互利的供方关系要求供方不仅提供符合要求的产品或服务，而且还要考虑建立和健全质量管理体系，通过自身的改进，推动钢铁企业的技术进步和市场竞争能力。他们不应担心是否能够及时得到货款，而是追求在钢铁企业的发展中如何长期受益，形成双赢的关系。

钢铁企业为了满足顾客要求，提高竞争能力，可以向供方提出产品和服务的质量要求，甚至按顾客或标准要求建立质量管理体系，并对其进行控制和管理。在彼此合作中创造一个通畅和公开的沟通渠道，确定联合改进活动，共享资源和技术，激发、鼓励和承认供方的改进及其成果，对供方的贡献给予表彰和奖励。当前，由于缺乏这种正常的互利和双赢的关系，致使部分冶金辅料企业陷入困境，而一些浪费能源和资源的供方又应运而生，甚至假冒伪劣产品也进入钢铁企业。究其原因正是企业如何处理供应链上关系的问题。

从供方—企业—顾客的供应链来分析，为了企业与顾客的长期战略伙伴关系，必须建立供方与企业的长期战略伙伴关系。任何短视行为，必然损害与顾客的关系，最后殃及企业自身。为了企业的生存发展，必须考虑顾客利益；为了考虑顾客利益，必须互利供方。只有双赢才能共同发展，失掉供方，也会失掉顾客和市场。

采购是产品质量形成过程的第一个环节，原燃材料的质量直接影响最终产品的质量，企业应当重视采购过程，并对其进行质量控制。采购过程质量控制的基本原则应是质量优先、价格合理、交付准时、质量可靠、回避风险、技术共享和利益互惠。

5.5.4.2 对外包方的评价和选择

有的专家著文论述了招投标对采购的好处，并举例证实招投标对降低成本和提高效益的作用。不可否认，货比三家、择优采购，对一次性采购，特别是政府采购，可以增加透明度、节约开支、防止腐败和规范管理。但对钢铁企业的采购，特别是日常大量消耗的原燃辅料和备品备件的采购还是以供需双赢的方式为好。

从产品质量形成过程来讲，供方是钢铁产品形成链上的第一个环节，原燃辅料的质量直接影响钢铁产品的最终质量。供方的质量管理是钢铁产品质量管理的一部分，供方应当按钢铁企业的要求建立质量管理体系，并与钢铁企业共享资源和技术，共同创造钢铁产品质量。钢铁产品的质量包含着供方的贡献。因此，钢铁企业应当与供方建立双赢的关系。

世界上著名的汽车制造企业的零配件和材料的供应基本上是定点的，而且决不轻易更换，因为这些供方最了解他们（汽车制造企业）的需求和期望，并从技术和管理（甚至价格）上满足、乃至超越他们的要求。这是多年合作的结果，是一种战略伙伴关系。例如日本的丰田汽车采用爱知的特殊钢，而日产汽车采用大同的特殊钢。共同拥有专利，共同增强竞争力。

经常招标只顾一时的成本，忽略长远的利益，经常更换供方会割断对产品质量非常重要的供应链。所以 GB/T 19000 标准对采购的要求是界定应当控制的采购产品，针对这些产品的质量要求，评价和选择供方。一旦选择成为合格供方后，便成为受控的采购对象，不允许在合格供方名单外进行采购。从质量管理角度来看，特别重视供需双方的技术合作和资源共享，与供方建立互利的关系，而不是只顾钢铁企业自身的利益。

从钢铁企业作为供方换位来考虑，也希望千方百计地从质量和成本上满足顾客要求，使顾客稳定，并结成长期伙伴关系。为此，作为供方就会从顾客要求出发，提高质量、降低成本，争取成为顾客的固定供方，占有固定的份额，这也符合市场细分的营销原则。“打一枪换个地方”不是现代化采购的好方式。

在选择供方前，应当对供方进行评价。为了建立互利的供方关系，标准要求企业首先评价和选择关键的供方。企业在评价和选择供方时应制订比较完整和规范的准则，包括经营理念、质量管理、核心技术、装备水平、产品价格、售后服务、财务状况、行业信誉等。

5.5.4.3 采购过程应具备的文件资料

采购过程也应具有必要的文件资料，如采购计划、采购物资的技术标准或技术条件、样本或图纸等。

目前，钢铁企业的采购文件主要是采购计划和采购合同，在合同中注明采购物资的标准或技术条件。但是多数企业对采购文件缺乏规范的管理，特别是对采购产品的技术条件，标准不全、版本过时的现象比较普遍。至于对一些非标准化的产品，更是缺乏采购依据，例如保护渣、增碳剂、脱硫剂等没有详细的技术条件和要求，有些企业甚至没有轧辊图纸和技术要求。在签订合同时没有注明技术要求、验收程序、技术标准以及相应的质量保证的现象也不在少数。

5.5.4.4 对外包方的控制

外包也可以看成是一种采购，不过采购的不是产品，而是采购过程，例如委托开坯、穿孔、加工、热处理、酸洗、设备检修等。对外包方的控制，除进行评价和选择外，还可以根据外包过程的特点，采取第二方认证的形式，对外包方的质量管理体系或产品进行认证。当然，各企业可以根据本企业实际和外包过程的特点，规定适合本企业的对外包方进行控制的方式或方法，使外包过程与本企业的产品实现过程协调一致，能够满足顾客的要求。

5.5.4.5 采购产品的验证

采购的产品是否符合规定要求，应当采取一定的方式进行验证。验证的方法可根据采购产品的重要性和品种采取可行的方式。

对采购的产品进行进货检验和试验，也就是复验是一种最可靠的验证方式。但是，考虑到成本只对那些必须复验的产品才进行这样的验证。例如对进厂焦炭的水分必须分析，不仅在计价上需要，而且对高炉上料进行水分补正也需要。又如对铁合金中主要成分进行抽检，以确定加料数量和保证产品成分的准确性。

有些采购的产品不必进行检验或试验，特别是供方提供的产品质量稳定，只要查阅质量保证书就可以了，这也是对采购产品验证的一种形式。例如保护渣、增碳剂或脱硫剂，甚至有一部分耐火材料，如果进行分析还必须增加一些分析检验设备和仪器。有些采购的产品根本无法检验，如计量器具、标准样品和工艺润滑油等。

钢铁企业的顾客很少有对采购产品进行现场验证的情况。但是，为核工业提供产品时，顾客有时会要求对采购产品进行某种方式的验证。例如查阅复验报告或到供方进行现场考察等。当然，这种情况是不多的，如果存在应当在合同中加以明确。

5.5.4.6 对采购产品质量的信息反馈和处理

目前，有些企业对供方或外包方提供的产品，如果发现不合格，往往采取让步接收或降价处理。让步接收是一种对使用或放行不符合规定要求的产品的许可。让步通常仅限于在商定的时间或数量内，对具有不合格特性的产品的交付，不能成为一种惯例。GB/T 19001 标准规定了企业内部的沟通和与顾客的沟通，没有规定与供方的信息交流。应当提倡和加强与供方的沟通。在采购的全过程与供方保持密切联系。也有的企业采取定期诊断的办法来控制外包过程。如果通过诊断分析了问题，企业及时与外包方进行沟通，并采取措施指导外包方进行纠正和改进。国外还有对外包方采取表彰和奖励的办法，使外包方成为企业的战略伙伴。还有的企业对外包方进行系统培训，使他们了解最终顾客的要求、外包过程和外包产品的重要性，提高外包方加强质量管理的意识和能力，以保证外包过程和产品的质量。

5.5.5 设计和开发过程的控制

5.5.5.1 设计和开发策划

按 GB/T 19001 的 7.3 设计和开发的要求，首先应对钢铁企业的设计和开发过程进行策划，确定设计和开发阶段。钢铁企业的设计和开发包括有新产品试制计划、产品设计、半工业试制、工业试制（包括顾客试用）、设计修改、对产品进行评价、提出改进的方案等活动。

在产品设计阶段应进行评审，在半工业试制阶段应进行验证，在工业试制阶段应进行确认。

在策划阶段应明确设计和开发的职责和权限。例如设计和开发的策划由技术开发部负责，产品设计和半工业试制也由技术开发部负责，工业试制由生产部负责。但应吸收市场营销部参加，以反映顾客和市场的需求和期望。

如果在设计和开发过程中需要改变设计和开发的计划（包括阶段和分工）时，技术开发部应及时进行沟通。

5.5.5.2 设计和开发输入

在设计开发之前首先应确定与产品要求有关的输入，包括顾客对产品功能和性能的要求，例如化学成分、力学性能和工艺性能的要求，另外也要考虑适用的法律和法规要求。如果以前有过类似的设计和开发项目也应作为这次设计和开发的参考信息。

5.5.5.3 设计和开发输出

经过设计和开发（产品设计、半工业试验和工业试验），作为设计和开发的输出应提供几种文件，主要包括：产品设计报告、半工业试验报告、工业试验报告和顾客试用报告。最后形成产品技术条件、工艺技术规程、产品验收准则。

上述文件不仅应得到组织内适当层次领导的批准，而且还应得到顾客的认可。

5.5.5.4 设计和开发的评审、验证和确认

GB/T 19001 标准规定在设计和开发的适宜阶段，应对设计和开发进行系统的评审、验证和确认。评审是确定设计和开发是否达到规定目标的适宜性、充分性和有效性。验证是通过提供客观证据来认定设计和开发是否满足了规定要求。验证可以包括下述活动，如换方法进行计算、将新设计规范与已证实的类似设计规范进行比较、进行试验和演示、设计和开发的文件发布前的评审。确认是通过提供客观证据对特定的预期用途或应用认定是否满足了顾客要求。确认所使用的条件可以是实际的或是模拟的。只要可行，确认应在产品交付或实施之前完成。

5.5.5.5 设计和开发的更改、评价和改进

在顾客或组织对设计和开发要求进行更改时，应对设计和开发的更改进

行评审、验证和确认，并在实施前得到批准。

设计和开发结束后，应征求顾客和其他相关方的意见，寻求改进的目标，按持续改进的程序进行改进。例如改进设计开发方法、提高设计开发水平或加快设计开发进度等。

5.5.5.6 设计和开发过程中应注意的几个问题

（1）以顾客要求和市场需求为第一要义。在设计和开发过程中，应始终以顾客要求和市场需求为主，形成顾客驱动设计和开发的机制。顾客不仅影响产品设计（生产什么），同时也影响过程设计（如何生产）和产能设计（生产多少），所以顾客的需求是设计和开发过程的输入，是设计和开发的依据。特别是企业的设计和开发必须围绕顾客需求进行。脱离了顾客需求，产品就没有市场，满足不了顾客需求，产品就没有竞争力。

（2）在细分市场中找出自己的目标市场。对有些比较大的产品领域来说，不同层次、不同类型的用户往往有自己的一些特殊需求。因此企业的设计和开发应在细分市场中进行市场定位，以自己的目标市场作为名牌产品的开发方向。例如宝钢的汽车板，武钢的硅钢片，天津钢管公司的石油管，马钢、莱钢的 H 型钢，攀钢、包钢、鞍钢的重轨等，均针对自己的目标市场进行开发，减少盲目性。

（3）市场需求、技术机会和企业优势结合。有市场需求的产品，一定要有技术支撑。设计开发过程实际上是技术的获取过程。技术获取是有机会的。宝钢有了冷轧钢板的经验，再去获取镀锌板或彩涂板的技术，机会更适宜。没有钢管生产经验的企业，去干石油管名牌产品，机会不成熟。企业的优势对培育什么样的产品也非常重要。产品的设计和开发应当是自己优势产品的提升和延伸。

（4）产品质量和价格的匹配。产品的竞争力主要取决于产品性能/价格比。产品设计和开发应考虑既有最好的性能，又有最低的价格。质量与价格是有矛盾的，如何使产品质量和价格匹配得好，也是设计和开发的一项重要工作。因此降低成本使产品价格为顾客所接受，并给顾客留有增值的空间应是产品设计和开发的重要任务之一。

（5）主导产品系列化和高级化。主导产品的系列化和高级化也应是企业设计和开发的重要任务之一。系列化是方便顾客、占领市场的重要途径。高级化是产品更新换代、继续占领市场的重要手段。

5.5.6 生产过程控制

生产过程控制是产品实现过程的主要过程，产品生产过程是否受控，对产品质量影响至关重要。

为了使产品实现过程受控，必须具有以下条件：

(1) 标准或技术条件要求。这是生产过程的输入，没有目前的技术要求，产品的质量就没有目标。目前，我国的钢铁企业能够按合同组织生产的还不多；多数企业仍然按计划组织生产，但这个计划与过去的计划已经有很大的不同，基本上是根据市场需求制订的。

如果按合同组织生产，那么产品的技术要求是按顾客要求的技术标准或技术条件执行的，而按计划组织生产基本上是按国家标准执行的。部分企业按企业标准生产，按国家标准交付，即用企业标准来保国家标准，但是如果产品不符合企业标准而符合国家标准的话，照样交付，只是在内部考核上有差别。应当说这种做法也存在一定问题。

国外有些技术比较先进、产品质量比较好的企业，企业标准既用于订货也用于生产和检验，使生产出来的产品质量水平远远高于顾客要求，不会出现两个标准。一个是要求，一个是考核，技术要求不仅应当明确，而且应当超越顾客要求。这就涉及企业的产品标准化体系问题。需要从产品标准、工艺规程和检验准则上系统解决。

(2) 工艺技术操作规程。生产的产品标准明确了，但是标准是规定产品特性的，为了实现这些产品特性采用什么过程和过程参数是工艺技术操作规程的问题。一般来说，按标准组织生产不够准确；应当说以标准要求为目标，按规程组织生产。标准是过程的输入，产品是过程的输出，从输入到输出，有一个（或多个）过程，过程参数是实现产品特性的关键。过程控制就是控制过程参数，为此应制订工艺技术操作规程。

多数企业用一个规程生产各方面顾客要求的某个产品，只要符合国家标准要求就可以。而国外有的企业同一个产品、不同用途，产品特性有差别，规程也不一样，实行“个性化”生产或“差别化”生产。这不仅是为了满足顾客的不同要求，也体现了生产企业产品的特殊性。所谓“名牌产品”，相同产品，特性不一样，关键是生产过程参数不同。

(3) 生产技术设备和检测仪器装置。技术要求明确了，技术规程制订了，技术设备和检测装置也必须适应质量要求和过程要求。没有先进的生产设备和检测装置就无法实现生产过程。例如没有真空脱气就无法生产氧含量很低的轴承钢，没有超声波探伤就无法保证无缺陷交付。为了满足顾客对产品特性的要求，根据工艺过程对过程参数的要求，应配备适宜的技术设备和检测装置，并进行维护使其能够满足上述要求。

在技术设备和检测装置配置上存在两个误区，一个是设备越先进越好；另一个是用落后的设备也能够生产先进的产品。前者使得设备投资过大，成本增加；后者是合格率很低，甚至达不到要求。另外，不少企业只注意主流程，忽视分流程，例如炼钢和轧钢设备比较先进，而精整过程设备落后，照样生产不出来好产品。也有的企业重视生产设备，忽视检测装置，不仅不利于质量检验，也影响质量控制。

（4）按要求进行生产作业。按产品标准和工艺技术操作规程要求进行生产作业，这应当是天经地义的事情，但是很多企业并没有完全做到。出高温钢、轧低温钢并不少见。目前在这方面出现的问题比较多。

1）工艺技术规程经常修改。在顾客要求或车间情况发生变化时，技术部门对工艺技术规程进行修改，这应当是正常的，但是往往以修改通知代替修改规程，长此下去工艺技术规程已经不起作用。

2）操作人员不严格执行规程，操作的随意性很大，记录也不真实，往往反映不出操作中的问题。在经济责任制中没有包括质量或只重视产量的企业，违规操作比较多。

3）工艺监督与生产体制有矛盾，工艺监督严格影响奖金，关系紧张；工艺监督不严，等于虚设。在生产过程自动化程度比较高的生产线，对设定与结果的偏差缺乏分析，对技术软件的修正应及时纳入程序。

（5）监测过程参数和产品特性的受控状态。为了证实生产过程是受控的，提高顾客的信任度，也增加管理者的信心，应在生产过程中监测过程参数和产品特性。有不少企业采取建立过程控制点的方法来监控生产过程受控状态。过程控制点应尽可能选择重点控制的过程特性、关键过程或薄弱环节的过程特性。不同的过程其过程控制点的特点和方法也不一样。对任何一个过程控制点都应当明确职责、形成文件、规定控制条件和验收准则。例如加强自检、互检和专检制度，计算过程能力或进行产品审核等。如果进行过程能力分析，应采用适当的统计技术，例如直方图或控制图等。“过程控制点”

也可以说成是“过程管理点”，是利用管理的方法（例如加强三检和统计技术）监控过程是否受控。

(6) 记录产品生产过程参数和特性。按规定记录产品生产过程参数和特性并保存记录是过程控制的重要环节。记录不仅用于证实过程是否受控，也可以用于追溯和分析，是使过程改进的重要依据。有的记录本身就是过程的作业指导书，只有完成了规定的记录才能完成规定的过程。

(7) 生产和服务提供过程的确认。GB/T 19001 标准要求，“当生产和服务提供过程的输出不能由后续的监视或测量加以验证时，组织应对任何这样的过程实施确认。这包括仅在产品使用或服务已交付之后缺陷才变得明显的过程。”过去有人把这种过程称为“特殊过程”，例如热处理过程或焊接过程。特殊过程是指那些在产品形成过程完成后，产品合格不合格不能够进行检验或试验，因此必须对生产过程进行确认，保证过程的输出（产品）能够满足输入（顾客）的要求。但是，并不是所有的热处理和焊接过程都是特殊过程。有些航空航天产品整体热处理后或焊接后没有办法取样检验，这种过程必须确认，证实这些过程具有实现所策划的结果的能力。但钢铁企业中的热处理，包括轴承钢的球化退火和不锈钢的固溶处理，过程完成后是可以取样检验的，轴承钢的球化组织可以观察，不锈钢的耐晶间腐蚀性可以试验，这些过程不能够看成是特殊过程。

有些企业把连铸过程当成特殊过程，其实连铸过程的产品——连铸坯也是可以检验和试验的，包括化学成分、低倍组织、表面质量和尺寸形状等。高炉过程的产品生铁、转炉过程的产品钢水都可以由后续的监视或测量加以验证。严格对生产过程的控制是对的，但是把一些不是特殊过程的过程按特殊过程来确认，必要性值得研究。特别是审核员任意要求企业规定特殊过程是不适宜的。

5.6 监视和测量

5.6.1 产品的监视和测量

在 GB/T 19000 标准中，把质量定义为：“一组固有特性满足要求的程度”。所谓“固有特性”是指在某事物中本来就有的，尤其是那种永久的特性，包括物理的、化学的、功能的、时间的、感官的、行为的和人体工效的。对钢铁产品来说，固有特性主要是化学成分、物理性能、外形尺寸和表面质量等。虽然质量是产品的固有特性，但是赋予特性，例如成本和交付期也在某种程度上表示产品的质量水平。产品的质量特性可以从性能、可信性、安全性、适应性、经济性和时间性等方面来表现。这些特性有些是可监视的，有些是可测量的，所以在 GB/T 19001 标准中把检验和试验称为“监视与测量”，把产品的检验和试验称为“产品的监视和测量”。当然，监视和测量不仅涉及产品，也涉及活动、过程和体系。

5.6.1.1 监视和测量的作用

产品的监视和测量在质量管理体系中具有重要的作用。对进货的监视和测量具有验证作用；在过程中对产品特性和过程参数的监视和测量具有控制作用；对最终产品的监视和测量具有证实满足要求的作用。所有的监视和测量对质量管理体系来说，是 PDCA 循环中的 C（check），对持续改进具有事先监测和事后确认的作用。

质量管理体系方法鼓励组织分析顾客要求，规定相关的过程，并使其持续受控，以实现顾客能够接受的产品。产品的监视和测量对于使过程受控和使顾客满意具有保证和证实双重作用，也有人称之为质量管理体系中的“神经系统”的作用。

GB/T 19001 标准规定，质量目标需要与质量方针和持续改进的承诺相一致，并是可测量的。GB/T 19001 标准也规定，质量目标包括满足产品要求所需的内容。质量目标应是可测量的，并与质量方针保持一致。由此可知，对产品的监视和测量对于实现质量方针和质量目标也具有十分重要的意义。

5.6.1.2 监视和测量的条件

监视和测量在质量管理体系中具有重要的作用，因此为了使质量管理体系有效地运行，必须为监视和测量提供资源和创造条件。规定产品特性的产品标准和过程参数的工艺规程是产品监视和测量的首要条件。这是判断产品是否合格、过程是否受控的主要依据。对于特定的产品，质量计划是监视和测量不可缺少的文件。为了保证监视和测量活动的一致性，应制订监视和测量的作业指导书（或检验与试验规程）。

为了保证和证实产品的符合性，应规定必需的监视和测量活动，明确监视和测量活动的对象和要求，并配置与要求能力一致的装置和设备。必要时，应对这些监视和测量装置及设备进行检定和校准控制，以保证监视和测量活动的量值传递准确和数据溯源无误。

监视和测量人员是监视和测量活动的重要资源，必须对监视和测量人员确定适当的教育、培训、经验、技能和意识的要求。在重要的监视和测量岗位上应实行资格认可和持证上岗。在监视和测量技术与装备不断发展和更新的时代，持续教育和培训是有效发挥监视和测量作用的重要条件。

5.6.1.3　监视和测量的发展

我国的钢铁工业正面临着市场全球化的挑战。竞争的焦点是产品质量。影响产品质量的不仅仅是技术和装备，也包含管理，特别是监视和测量活动，它从技术和管理两个方面影响着产品的质量。例如没有超纯分析技术和装置，就不可能生产出超纯钢；没有高温探伤技术和装置，就无法检验无缺陷坯。在我国进入 WTO 以后，在市场竞争全球化的背景下，监视和测量活动具有影响产品竞争力的作用。特别是在信息网络化的今天，如何使监视和测量的信息采用现代化的载体，实现物资流、信息流和资金流同步运行是监视和测量活动的发展趋势，也是监视和测量在质量管理体系中发挥“神经系统”作用的关键。这就要求监视和测量装置的现代化和数据传递的网络化。特别是在生产设备现代化的时代，不仅要求监视和测量装置的现代化和数据传递的网络化，而且还要求对监视和测量活动的体制进行改革。过去那种用人监督工艺和事后把关的质量监督检验的体制已经不能适应发展的要求，必须向在线的、动态的和适时的监视和测量方向发展 。

5.6.2　过程的监视和测量

ISO/TC176/SC2/N544《质量管理体系的过程方法指南》的 5 e）中指出，在过程的监视和测量时应注意：如何监视和测量过程的业绩、需要什么样的监视和测量方法、如何收集信息和得到什么样的结论。

GB/T 19000 要求，“规定测量每个过程的有效性和效率的方法”和“应用这些测量方法确定每个过程的有效性和效率”。过程有管理过程、执行过程和验证过程，每个过程的监视和测量方法不同，但是监视和测量的内容是过程的有效性和效率。目的在于确定过程是否具有增值的能力。所以过程的监视和测量已经超出了过程质量审核的概念，也不能单纯地用 CP 值来表征。

对“过程的监视和测量”的理解，不仅影响质量管理体系的建立、实施和改进，也影响质量管理体系的审核。目前，各方面的理解不完全相同，讨论清楚是很有必要的。

5.6.2.1 过程监视和测量的目的

ISO 鼓励在制定、实施质量管理体系以及改进其有效性时采用过程方法，以便通过满足顾客要求，增强顾客满意。过程方法在质量管理体系中应用时，强调基于客观的测量，持续改进过程。而且所有过程可采用“PDCA”的方法，那么 C 检查就是根据方针、目标和产品要求，对过程和产品进行的监视和测量。过程的监视和测量是质量管理体系中监视和测量的重要组成部分，用来证实产品的符合性、确保质量管理体系的符合性和持续改进质量管理体系的有效性。过程的监视和测量是产品、体系和顾客满意等监视和测量的补充，从过程的角度来评价质量管理体系，以改进体系，使顾客满意。

5.6.2.2 过程监视和测量的方法

标准规定“组织应采用适宜的方法对质量管理体系过程进行监视，并在适用时进行测量。这些方法应证实过程实现所策划的结果的能力。当未能达到所策划的结果时，应在适当时采取纠正和纠正措施，以确保产品的符合性”。由此可见，对象是质量管理体系过程，但没有规定方法，方法是由组织根据情况选择。测量和监视就是 PDCA 中的 C，可以是评审、审核、检验、试验、验证或确认，由组织决定，只要组织认为是适宜的，并能够证实过程能力就可以了。

5.6.2.3 过程监视和测量的范围

在确定监视和测量的过程时有两种意见。一种意见认为应以产品实现过程为主；另一种意见认为应包括质量管理体系的所有过程。过程并不一定局限于从标准的章节和层次上去确定，否则就会出现“对过程的监视和测量如何进行过程的监视和测量”的怪问题。

为了解决这一问题，还是应当从“过程方法”和“PDCA”这两个基本概念来考虑。凡是将输入转化为输出的活动（过程），都应当按 PDCA 方法进行检查（即监视和测量）。所有工作都是通过过程来完成的。为了确保过程起到增值的作用，应当对输入的信息、输出的信息以及在过程的适当阶段进行必要的检查、评审和验证。

钢铁生产过程的监视和测量包括：

（1）炼钢生产过程的监视和测量。

转炉炼钢：主要用于监测铁水、废钢、合金、炉料的成分和加入量，钢水成分、温度、重量，氧气压力、流量。

电炉炼钢：主要用于监测废钢、合金、炉料的成分和加入量，钢水成分、温度、重量，电极电流和位置控制。

精炼：主要用于监测合金加入量、真空度、搅拌气体流量、压力，钢水温度。

（2）连铸生产过程的监视和测量。主要用于监测钢水温度、重量，中间包、结晶器液位，电磁搅拌控制，冷却控制，拉速、钢坯定尺和重量（模铸：钢水重量、浇注时间）。

（3）轧钢生产过程的监视和测量。主要用于监测加热或均热炉温度、温度场或加热曲线控制和钢坯温度；开轧温度或终轧温度、钢坯重量、长度、断面形状和几何尺寸；压下量或轧制力的调节控制、高压水除鳞、控制冷却；型钢轧制时的轧辊孔型样板、钢材重量、几何尺寸；板带类的宽度、厚度控制（横向、纵向）、板形、张力控制、卷重、长度；钢管类的外径、内径、壁厚，探伤、压力试验。质量检验过程还包括监测钢材的包装重量和计数、表面质量检查、最终几何尺寸检查。

5.6.2.4 对GB/T19001标准中7.6的理解

在标准的7.6监视和测量装置的控制中也对计量管理提出了要求，可见计量管理在质量管理体系中的重要性。

但是，我们不少企业，甚至审核机构对计量管理的审核多偏重于计量器具是否进行校准上。当然，校准十分重要，但计量管理绝不仅限于此。质量管理体系中的计量管理应包括以下内容：明确这些装置应当具有什么样的监视和测量能力，以满足监视和测量活动的要求。也就是说应当明确监视和测量对象和保证监视和测量能力与要求一致，以保证具有适宜的准确度和精密度。在此基础上才对测量设备进行校准和调整管理，使其准确度和精密度处于受控状态。校准应有量值传递基准和数据溯源系统，并保存记录和进行标识。没有确定监视和测量活动，没有配置符合要求能力的设备，单纯地去检查是否校准、是否过期、是否有标识，是没有多大意义的。

对监视和测量设备应按规定进行点检、维护和检修。没有点检如何能够知道设备发生偏移，不进行维护如何保证设备处于完好状态，不进行检修如何保证设备的检测能力。为了防止可能使测量结果失效的调整，必须规定由经过培训和有资格的计量人员按认可的规程进行，必要时实行如铅封等办法防止非预期的调整。在搬运、维护和贮存期间应防止损坏或失效。

在 GB/T 19001 标准中还规定，当用于规定要求的监视和测量时，计算机软件满足预期用途的能力应予以确认。而且确认应在初次使用前进行，并在必要时予以重新确认。

质量管理体系中的计量管理还应对监视和测量所得到的数据和信息进行直觉判断或逻辑分析，为质量管理、为持续改进提供基础。

5.6.2.5 计量器具与监视和测量装置的管理

(1) 计量概念。计量或者说测量是人类生产劳动的一个组成部分，是劳动（商品）交换的基础条件之一。随着科学技术的不断发展和完善，以科学技术为依托的计量逐步形成了一个科学学科。按照测量的原理、对象计量一般可以分为 10 个较大的计量领域，其中还可以细分为更小的领域，包括几何量（长度）计量、热学计量、力学计量、电磁学计量、电子学（无线电）计量、时间频率计量、声学计量、光学计量、电力辐射计量和物理化学计量等。

(2) 计量器具。计量器具是指能用于直接或间接测出被测量值的装置、仪器仪表、量具和用于统一量值的标准物质。按使用性质划分包括计量基准器具（国际基准和国家基准）、计量标准器具（社会公用计量标准或企事业单位最高计量标准）、工作计量器具。而监视和测量设备是指用于产品或过程所有的监视和测量器具、监视和测量标准、标准物质和辅助设备以及进行监视和测量所必需的资料（规范）。现在把标准物质、专用和特殊计量设备也作为计量器具。

(3) 计量、监视和测量的特点。计量的目的是获取被测量值，对操作方法、数据处理、使用设备、操作人员和环境条件有较强的规定性，在一定范围内其结果可以得到较高的一致性。常用于检定、检验、贸易等。监视和测量的目的同样是获取被测量值，对各方面的规定性较弱，一致性较差，但要求有一定的重复性。常用于产品检验和生产控制。

计量工作的特性具有社会性（涉及社会生产、贸易、生活、环境的各个方面，参与者广泛）、科学性（计量是建立在科学技术的基础上，没有科学技术就没有计量的发展）、公正性（计量涉及国家、集体、个人的切身利益，不能带有倾向性，否则就失去了存在的基础）、法制性（必须用法律的手段维护和保持计量的科学性和公正性）、权威性（计量的主体是国家和各级政权，以科学为基础，并用法制手段强制实施，约束参与计量各方的行为)。

(4) 计量、监视和测量的作用。计量工作在钢铁企业中处于技术基础保证的地位，各项生产、经营、开发活动，乃至环境、安全、生活都需要计量作为基本的技术基础。没有计量检测，质量控制、生产组织、经营核算等就无法正常展开。一般来说，计量管理的水平可以反映出企业管理的水平。在钢铁企业计量工作在主管经理（或厂长）的领导下设有计量职能部门（例如计量处、计控处、自动化部、质量计量处等)。计量部门一般都建立了计量管理体系或通过计量确认。计量部门负责本企业的检定校准、维护修理、安装调试队伍（车间或室)、经营结算数据采集（司秤、抄表）或承担专门计量技术的其他处室的实验室（如质量、环保）计量器具的分类管理。

由于钢铁企业计量器具数量大、品种多、用途和环境条件复杂，所以实行分类管理。A 类：国家规定的强制检定计量器具、质量检验和大型精密检测设备，比例约占 10%，检定/校准管理严格按国家法规的要求保证设备的所有性能合格。B 类：工艺过程控制、内部结算用计量器具，占 30% ~40%，根据需要在确保示值准确的情况下可以适当放宽检定/校准周期。C 类：一般用途的计量器具，约占 50%，一般包括发放控制、寿命期控制、一次性检定校准、随设备大修校准、现场校准等多种灵活方式。

在钢铁企业中计量检定员、探伤人员国家有统一考核要求，建议对内部校准人员也应明确要求。

5.7 不合格品的控制和改进措施

5.7.1 不合格品的控制

GB/T 19001 要求企业必须制订不合格品控制程序，可见质量管理体系对不合格品非常重视，目的在于防止顾客非预期使用不合格品。为了控制不合格品，企业应当制订文件化的程序。

不合格品控制程序是出现了不合格品如何防止非预期的使用或交付，并不是控制如何不产生不合格品，也不是判定是否是不合格品，也就说是如何处置不合格品的程序。

首先要识别不合格品，即对经过检验或试验已经判定是未满足要求的不合格品进行标识或隔离，以防止非预期使用或交付。对钢铁产品来说，有的用区域进行标识或隔离，有的用挂牌进行标识或隔离，还有的用记录（例如按炉送钢卡或流程卡）进行标识或隔离，使不合格品与合格品明显区分出来。只要能够做到不合格品与合格品不发生混淆，任何识别的方法都是可以的。

然后对不合格品的性质进行评审，即判断不合格品的未满足要求的性质和程度，以便为处置提供信息。对评审也应视具体情况规定评审的职责和方法。例如换班或换辊、批次的头尾出现的少量的不合格品由当班的质量检验员评审并提出如何处置。当同一生产线上出现不合格品的数量达到公司二级质量事故级别时或跨厂（或车间）重复发生二级质量事故的不合格品，由质量管理部门主持、生产和销售部门参加进行评审并提出处置意见。当发生异常质量事故或重大质量异议时，由公司领导主持进行评审，并提出处置决定。不合格品的评审，可根据企业实际情况规定对不合格品评审的职责权限和评审方法。

不合格品的处置方法应在对不合格品的性质和程度进行评审后来确定。一般的处置方法有：

（1）采取措施，消除发现的不合格品，例如返工或返修。对钢铁产品来说，返工几乎是办不到的，返工在某种意义上来说就等于回炉。所以不能照搬照套标准或其他行业的规定，要结合企业产品的特点进行处置。对钢铁产品来说，返修是有限的，例如表面清理、重新矫直或平整等，对大多数钢铁产品返修也几乎是不可能的。如果有一部分不合格品可以通过返工、返修满足顾客要求的话，也必须重新进行检验或试验，证明所采取的措施是有效的。

（2）经有关授权人员批准或经顾客批准，让步使用、放行或接收不合格品。这种处置是常见的，但是很多企业对让步接收存在误解。首先应当注意GB/T 19000 标准对让步接收的定义与注解。标准中对让步的定义是：“对使用或放行不符合规定要求的产品的许可”，但是在注解中说：“让步通常仅限于在商定的时间或数量内，对具有不合格特性的产品的交付”。也就是说让步是有时间和数量限制的，不能变成一种不合格品例行的或惯用的“后路”。

（3）采取防止其原预期的使用或应用的措施，例如报废、降等或降级使用。降等或降级使用时必须下面有可降的等级。如果不存在下一个等级，不合格品实际上是废品。现在有不少企业对已经交付给顾客，在验收或使用中发现的不合格品有一种处置方法——赔款。赔款不是不合格品控制措施。赔款应属于退货或降级、降等的经济补偿，顾客要求仍然没有得到满足。也就是标准中要求的"当在交付或开始使用后发现产品不合格时，组织应采取与不合格品的影响或潜在影响的程度相适应的措施"。

（4）对不合格品的性质的评审以及随后所采取的任何处置措施，都应当保存记录，包括所批准的让步的记录。以便当有追溯情况时，能够提供满足顾客要求的证据。

5.7.2 不合格品原因分析

企业发现了有不合格品除了应进行评审和处置外，还应规定由谁进行原因分析。在分析不合格品原因时应尽可能地采用统计技术，例如排列图、因果图、分层法、直方图和控制图等，找出产生不合格品的原因，包括技术原因和管理原因。在进行原因分析时，应注意分析是经常性的不合格品，还是偶发性不合格品。经常性不合格品的出现往往是由系统原因造成的，而偶发性不合格品的出现往往是由偶然因素失控造成的。应当认真分析，找出原因才能减少和消除不合格品。传统的分析方法，包括从人、机、料、法、环几个方面去找原因，这也是一种很好的方法，关键是要认真地去逐项分析，并尽可能地让有关的员工参加。如果有系统的产品质量特性和生产过程参数的统计数据，对分析不合格品原因会有极大的帮助。

5.7.3 纠正和纠正措施

不合格品的处置实际上是一种纠正。纠正只是为消除已发现的不合格品所采取的措施。返工、返修或降级都是纠正。为了消除已发现的不合格品的原因，必须采取纠正措施。采取纠正措施是为了防止再发生。

当发现不合格品时，企业应及时地分析原因，确定是否应当采取措施，以消除产生不合格的原因，防止再发生。当然所采取的纠正措施应与所遇到不合格的影响程度相适应。一般说来，纠正措施应包括以下程序：

（1）评审不合格（包括顾客投诉）。这里的评审主要是确定问题的严重性以及可能产生的影响程度，以便与所采取的纠正措施相适应。

（2）确定不合格的原因，即通过原因分析确定产生不合格品的主导因素和根本原因。

（3）评价是否需要采取纠正措施，应当理解为评价采取纠正措施的必要性和适宜性。

（4）确定和实施所需采取的纠正措施，措施应在职责、资源、过程和检验等方面做出规定，并实施。

（5）将所采取的纠正措施的过程和结果记录下来，以便必要时提供证据和追溯。

（6）跟踪和评审所采取的纠正措施实施的效果。如果措施无效，应当重新分析原因和采取新的措施，直至有效为止。

5.7.4 预防措施

企业应通过产品的检验和试验、过程的监视和测量、顾客满意度的测评和体系审核与评审的结果，发现潜在的问题。这些潜在的问题，虽然没有突现成为不合格，但是具有一定的风险，必须采取预防措施加以改进。与纠正措施相比，预防措施是积极和主动的改进，体现了预防为主的思想。现在很多企业没有积极主动地采取预防措施，其原因是没有觉察到潜在的问题，其实问题会存在的，关键是能否主动地和积极地去发现。

有一些企业采用控制图监控过程参数或用直方图监控产品特性，有时会在过程参数产生异常或产品特性产生异常时分析原因，采取预防措施，使异常或波动得到及时控制，避免了不合格品的产生。如果不注意收集过程或产品信息，潜在的问题即使存在也发现不了，发展下去可能形成严重后果。当然企业所采取的预防措施，也应与潜在问题的影响程度相适应。

预防措施一般包括以下程序：

（1）通过包括统计技术在内的方法收集信息，确定潜在不合格及其原因。

（2）评价是否需要采取防止不合格发生的预防措施，这主要是分析潜在问题的风险程度和采取预防措施的必要性及适宜性。

（3）确定和实施所需采取的预防措施，措施也应在职责、资源、过程和检验等方面做出规定，并实施。

（4）将所采取的预防措施的过程和结果记录下来，以便必要时提供证据和追溯。

（5）跟踪和评审所采取的预防措施实施的效果。如果措施无效，应当重新分析原因和采取新的措施，直至有效为止。如果有效，还应考虑是否对原来规定的程序进行更改，必要时应将预防措施的有效程序纳入文件，形成规范。

5.7.5 持续改进

企业为了不断提高质量管理体系的适用性、充分性和有效性，应对质量管理体系进行持续改进，也就是说，持续改进是质量管理的一个重要组成部分，即通过使用质量方针、质量目标、审核结果、数据分析、纠正和预防措施以及管理评审，持续改进质量管理体系的有效性。

企业应考虑分析和评价的输出以及管理评审的输出，以确认是否有表现不佳或应当解决领域的机会，作为持续改进的一部分。也就是说持续改进的信息来自生产统计、试验数据、自我评价、相关方明示的要求和反馈、组织人员的经验、财务数据、产品性能分析、服务提供的信息、内部审核与管理评审的信息。另外，通过与竞争对手的业绩和最佳做法进行水平对比确定持续改进的项目和目标；对改进的成就给予承认和奖励；包括管理者及时对合理的建议做出反应。管理者应支持将持续改进活动作为重大改进机会的组成部分，以便为组织和相关方带来最大利益，例如提高产品实物质量、降低质量管理成本、减少和消除安全隐患、治理可能形成的环境污染，等等。提高企业核心竞争能力成为当前乃至今后相当一个时期的关注焦点。持续改进不仅应强调全员参与，更应强调为提高竞争力作出贡献。必须从企业的质量方针和目标出发，利用一切机会进行持续改进，并把持续改进变成企业文化的组成部分。

持续改进是质量管理的基本原则，是企业永恒的目标。持续改进是渐进的、循环的和持久的。持续改进支持着产品质量的提高，并具有广泛的群众基础。为了满足顾客要求，适应市场竞争形势，还有很长的路要走，也就是说，应持续改进质量体系，向质量经营方向转移，防止潜在质量危机的发生。

持续改进与其他质量改进一样，也是致力于增强满足质量要求的能力。持续改进并不仅仅限于消除已发现的不合格或潜在的不合格，应针对更高的目标进行改进，而且是循环的活动。即使没有发现显在的或潜在的不合格，也要进行改进。使持续改进成为每一个人的活动，成为组织的永恒的目标。

在适用情况下，组织应选择和使用适用的工具和方法调查表现不佳的原因。为了分析表现不佳的原因，企业应有效地进行持续改进并选择和使用适用的工具和方法，SWOT 分析方法是分析企业内外部条件各方面问题的优势（strength）、劣势（weakness）、机会（opportunity）和威胁（threats）的方法，其中，优劣势分析主要是针对企业的实力和同竞争对手的比较，而机会和威胁分析主要注重外部环境的变化及对企业的可能影响。这种方法可以评估企业的长处和短处，找出发展机会和威胁，提供改进目标和行动计划，对持续改进具有重要作用。

6 钢铁企业的环境管理

6.1 环境和环境管理

在 GB/T 24001—2004《环境管理体系　要求及使用指南》中将环境定义为："组织运行活动的外部存在，包括空气、水、土地、自然资源、植物、动物、人，以及它们之间的相互关系"。在《中华人民共和国环境保护法》中把环境定义为："影响人类社会生存和发展的各种天然的和经过人工改造的自然因素总体，包括大气、水、海洋、土地、矿藏、森林、草原、野生动物、自然古迹、人文遗迹、自然保护区、风景名胜区、城市和乡村等"。也就是说，环境是指影响人类生存和发展（包括生活和生产）的自然因素和社会因素的总和。自然因素有大气、水、海洋、土地、矿藏、森林、草原、野生动物等，社会因素有自然古迹、人文遗迹、自然保护区、风景名胜区、城市和乡村等。其实社会因素中很多是经过人工改造的自然因素。通常环境概念是指自然因素。

人类从古至今，经历了几千年的各种各样的变迁，但是人类的生活，包括衣、食、住、行依然离不开大自然。自然界不仅给人类提供了各种各样的资源和能源，而且绿色森林还能够净化被污染的大气，微生物的存在能够分解动物尸体。空气、水、土地、自然资源、植物、动物等，虽然属于外部存在，却包围着我们，支持着我们，这就是"环境"，与环境有关的问题，就是"环境问题"。

6.1.1　环境问题

人类面临的环境问题主要是指人类的生产和生活引起的环境质量的变化，

以及这些变化对人类产生的影响。环境问题主要有以下几个方面：

（1）大气污染。大气中主要的污染物是工业企业排放的废气中含有的氮氧化物和硫化物。大气是人类赖以生存的最重要的物质，人类生产和生活活动向大气中大量排放污染大气的物质，又通过人们的呼吸进入身体，大气污染会影响人类的健康。钢铁工业的工业粉尘和二氧化硫排放量分别占全国工业污染物排放总量的15%和10%。我国铁矿露天开采产生的尾矿，目前积存有26亿吨，并每年增加1.5亿吨，已经成为“人为扬尘，风沙扬尘”的主要污染源。

（2）水的污染。水的污染是由两个物质引发的，一个是它本身含有的有害物质，另一是大量排放的使水质恶化的物质。除工厂的排水，人们日常生活的排水也是造成水污染的重要原因之一。目前有些地方已经建立了对排水进行处理的装置，工业废水直接排到江河湖泊中去的现象正在逐步减少，但是生活废水控制得还不够好。排放量过多，处理设施的能源消耗也会增多，也会产生过量的污泥，又会产生其他新的问题。

（3）土壤污染。土壤污染是指进入土壤中的有害或有毒的物质超出土壤的自净能力，导致土壤的性质发生了变化。土壤污染往往是由污染物积累造成的。污染土壤的主要物质是挥发性有机物和重金属。挥发性有机物主要是经光化学作用而形成的化学物质，主要是在金属洗净剂、洗涤剂、油漆、墨水等溶剂中存在的，代表性的有三氯乙烯、苯等。另外，重金属中的水银、六价铬、镉等是从工厂泄漏出来的主要污染源。我们每天生活会产生大量的垃圾，城市垃圾年产量达1亿吨以上，而且每年大致以8%左右的增长率递增。如果填埋不仅占地过多，而且污染土壤。

上述环境问题产生的主要原因有两点：一是人类活动超过地球自身的能力，包括供给能力和净化能力是有限的，为了保护这些资源，一方面应提倡节约使用，另一方面应重视循环利用；二是人类活动产生了自然界原来没有的东西，例如原子能发电、化学合成物质、转基因食品等。

解决上述环境问题，一方面事先采取对策，预防为主；另一方面将遭到污染或破坏的事件还原或恢复到原来状态。

造成环境问题的主体包括企业和社会（包括家庭）。为了防止上述多方面产生的环境污染，必须制定和履行有关环境的法律法规。另外，贯彻实施GB/T 24001也是有效的途径之一。环境问题是地球上的人类所引起的，所以应当动员所有人来参与，重视环境保护，每个人和每个企业都行动起来做力所能及的事情，这对解决环境问题是非常重要的。

为了解决环境问题，应进行环境保护、环境治理和环境管理等多项活动。

环境保护包括采取行政的、法律的、经济的、技术的等多方面的措施，合理地利用自然资源，防止环境的污染和破坏的活动。环境治理包括使得受到污染或破坏的环境，在人为的强制、辅助或自净能力作用下，恢复到污染前环境的活动。环境管理包括运用策划、实施、检查和改进等手段，为达到预期环境目标的综合性活动。

6.1.2　环境管理

GB/T 24001—2004《环境管理体系　要求及使用指南》是环境管理的标准。该标准由要求和使用指南两部分组成。在使用时以“要求”为主，“指南”是解释。适用的对象包括任何类型和规模的组织。GB/T 24001 是环境管理体系标准，同 GB/T 19001 质量管理体系标准相似，也是参照了国际标准化组织（ISO）制订并为国际社会广泛接受和采纳的有关标准，我国等同地采用的标准，作为企业管理体系的合格评定准则。

任何一个企业都存在管理体系，包括财务管理体系、质量管理体系、环境管理体系及职业健康和劳动安全管理体系等。但是，这些管理体系由于受益者不完全相同，各自关注的焦点也不同。质量管理体系关注的是质量的方针和目标，满足顾客的要求；环境管理体系关注的是环境的方针和目标，满足社会的要求。而且环境也将成为质量管理所关注的对象，追求可持续发展。

GB/T 24001 系列标准适用于任何类型和规模的组织。该标准强调环境管理是管理体系的一部分，可以实现一体化。环境管理体系的成功实施有赖于各层次和职能（特别是最高管理者）的承诺。GB/T 24001 着眼于持续改进环境表现；但 GB/T 24001 是对环境管理体系的，不是对环境表现的要求。承认环境表现不同的组织可能符合标准要求。在贯彻实施 GB/T 24001 时要与组织实际相结合，充分考虑成本效益。

GB/T 24001 标准规定了如何建立、实施、保持、评价和改进环境管理体系，以满足社会的要求。GB/T 24001 标准重点规范了环境管理过程。GB/T 24001 在管理模式和内容结构上与 GB/T 19001 标准相似，即采用过程方法模式和 PDCA 循环方法，形成环境方针、规划（策划）、实施与运行、检查和纠正措施、管理评审内容和结构。国际标准化组织这样做的目的，在于将所有的管理体系能够整合成一个综合管理体系。

贯彻实施 GB/T 24001 可以提高全民族的环境意识，特别是能够提高员工的环境意识和遵法守法的意识。企业可以根据该标准建立符合要求的环境体系，调动企业防治环境污染的主动性，有力地推动技术改造、工艺改进和新产品开发，有利于资源和能源的节约。环境保护涉及商业生存、商业机遇和成本优化。世界的经验证明，资源节约和成本减低的效益，超过了环保投资。企业的环境管理加强了，有助于适应绿色消费潮流，提高竞争优势；推动综合管理，使经营由粗放向集约化转变。实现经济与环境协调统一和可持续发展。

GB/T 24001 的发布和实施，统一了有关环境管理的国际标准，实现多边互认，消除技术壁垒，促进我国企业产品出口和提高在国际市场的竞争能力。通过环境认证可以提高组织的形象、信誉和知名度，有利于开拓市场和吸引投资。建立和实施 GB/T 24001，会促进内、外部信息沟通，增进企业与周围居民、社区以及顾客、供方、政府等相关方的了解，改善相互关系。环境投入将产生环境效益，环境效益也将有利于经济效益增长。按 GB/T 24001 建立和实施环境管理体系后，员工的工作环境也改善了，员工心情舒畅，劳动热情会进一步提高。

GB/T 24001 是用于企业环境管理体系认证的标准，它按着 PDCA 循环思想，提出了四个方面的要求：

（1）策划（P）：企业首先应根据国家法律法规和其他要求，策划建立本企业的环境方针、目标和指标。在此基础上，确定本企业生产对环境的影响，找出对环境有影响的环境因素，特别是重大的环境因素，包括向大气和水体的排放、对土地污染、废弃物管理、资源的使用、当地环境问题和社区性问题。根据法律法规等要求和企业实际，在企业的各个职能和层次上建立、执行和更新环境目标和环境指标，并制定一个或多个环境管理方案来保证目标和指标的实现。

（2）实施（D）：企业应明确包括最高管理者和管理者代表在内的各个职能和层次的环境管理职责和权限。对重要环境因素、可能产生重大环境影响岗位和员工的能力作出规定，并进行相应的培训。企业应建立环境因素和体系的信息交流，并能够在应急计划和其他问题上与有关机构进行联络。标准要求企业制订控制程序，控制与重要环境因素有关的运行和活动，以及在可能偏离方针、目标和指标时如何处理。运行控制内容包括项目建设、开发、采购、生产过程、储运、设备、动力、服务、处理废品等。当然，GB/T 24001 和 GB/T 19001 一样，也重视文件的控制。但该标准不要求单独编写环境管理手册，不主张复杂繁琐的文件系统，但表格、记录、报告、作业指导书、环境因素清单、法规和其他要求清单、环境评价报告、“三同时”报告、排污许可证、组织结构图、地下管网图、现场平面图等是必须的。

(3) 检查 (C)：标准要求企业对可能具有重大环境影响的运行与活动的关键特性进行例行监测和测量，包括对环境表现（行为）、有关的运行控制、对组织环境目标和指标符合情况的跟踪信息记录，以定期评价对有关环境法律、法规的遵循情况。当出现问题时如何纠正和采取纠正措施。与 GB/T 19001 标准一样，环境管理体系也要进行审核和管理评审，用来评价是否符合标准的要求。

(4) 改进 (A)：根据环境审核和管理体系评审的结果，指出对方针目标以及环境管理体系应当持续改进的可能、机会和对象，以实现环境管理体系的进一步改进和提高。

首先应由最高管理者进行决策，是否准备建立和实施环境管理体系。如果在企业领导和各个层次和职能上得到了共识，那么就应进行初始环境评审。了解组织活动、产品和服务对环境的效应、影响和后果；确定环境因素，找出环境影响；评估本企业遵守法律法规和环境方针情况；找出改善环境表现的范畴和改进顺序。

在此基础上进行管理体系策划与设计，主要内容包括制定环境方针、制定环境目标、指标和环境管理方案；调整组织机构，明确职责；编制境管理体系文件和组织管理体系试运行。在运行过程中，各岗位不仅应了解和掌握应急处理的方法，更重要的是知道发现问题或事故的报告途径。必要时，按文件规定进行应急程序的试验和演习。组织在运行阶段要按程序规定，对体系文件的适用性和执行情况、环境目标、指标和管理方案的完成情况、职责的履行情况、环境测量是否按规定执行、重要环境因素的控制情况、法律法规及其他要求的符合性等进行检查。如果发现有不符合，应及时分析产生的原因和采取有效的纠正措施。环境管理体系的认证分两阶段进行审核。第一阶段主要是审核受审核方环境管理体系的基本情况，确认是否具备认证审核的条件。审核的重点是环境管理体系文件、受审核方的活动、产品或服务的全过程、环境因素的识别状况，以及对环境管理体系的策划、内审和管理评审情况等。第二阶段主要是通过现场审核来评价受审核方的环境管理体系。审核的重点是环境管理体系运行的符合性和有效性。

6.2 钢铁企业的主要环境因素

高炉—转炉流程的钢铁企业，生产 1t 钢大约需要消耗 1500kg 铁矿石、600kg 炼焦煤、200kg 石灰石和萤石、175kg 废钢和 15t 新水，产生 10t 左右的外排废水、0.05kg 的 COD、15000m^3（标态）废气、1.2kg 烟尘、3kg 工业粉尘、3.1kg SO_2、500kg 左右的废渣。图 6-1 是钢铁企业的主要环境因素。

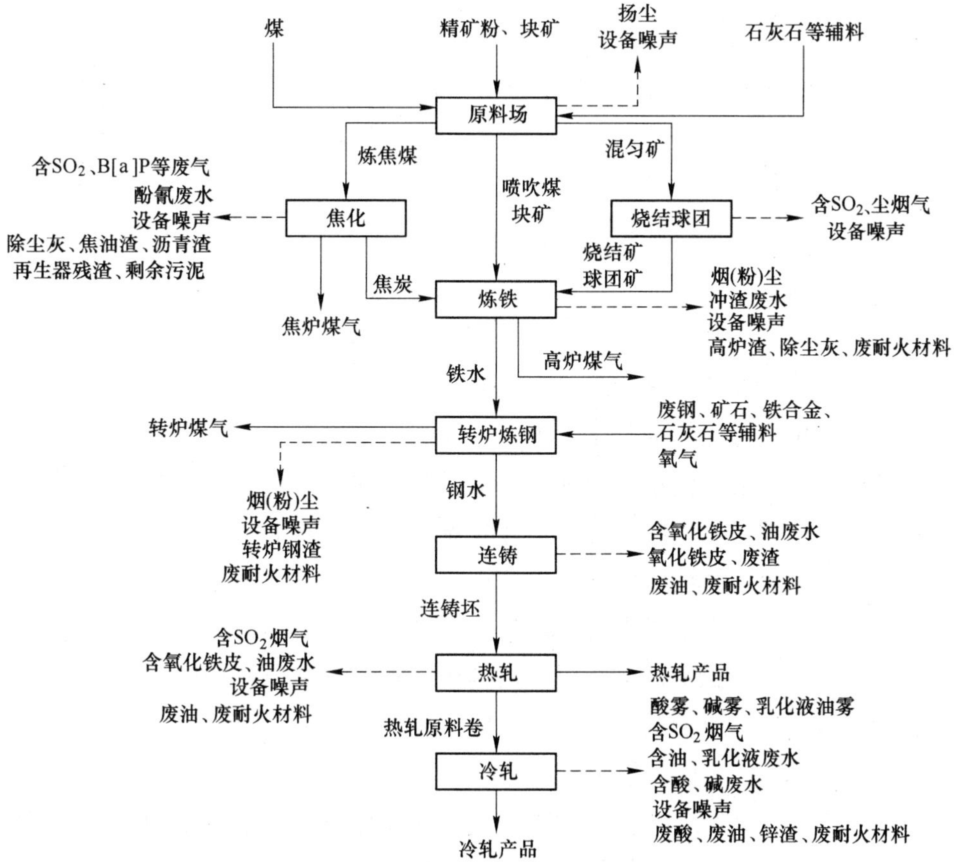

图 6-1 钢铁企业的主要环境因素

6.2.1　焦化过程的环境因素

焦化过程的环境因素如图 6-2 所示主要有废气、废水和固体废物。

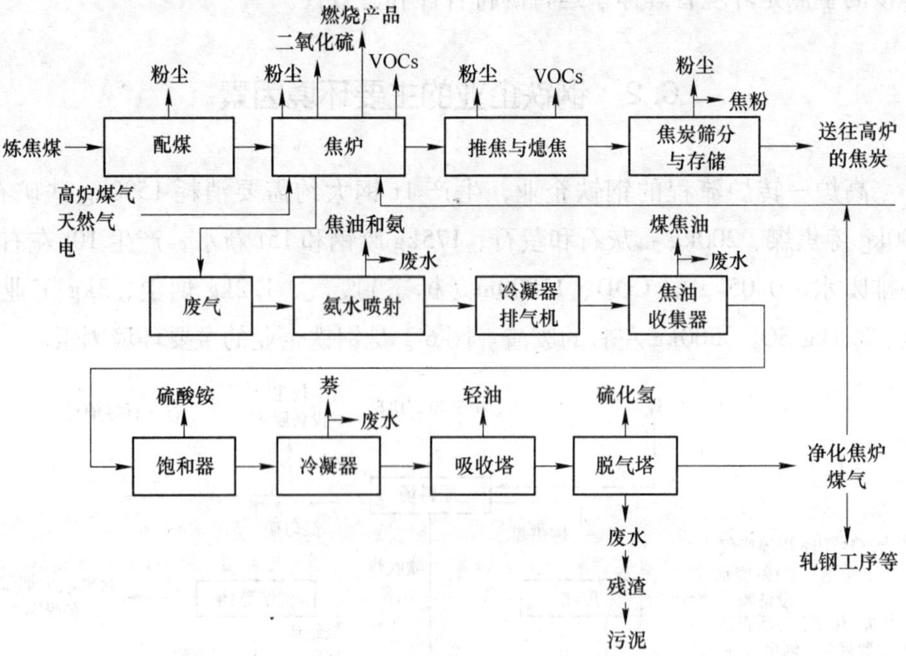

图 6-2　焦化过程的环境因素

6.2.1.1　焦化过程的废气

废气是焦化过程的重要环境因素。在炼焦煤原料场，特别是在破碎、整理和储运过程中会产生扬尘，其中有大量的颗粒物。在焦炉装煤、炼焦和出焦过程中会从炉门、加煤孔盖、上升管盖或出焦室泄漏。焦炉煤气中含有颗粒物、二氧化硫、氮氧化物、苯并（a）芘、硫化氢、苯系物氨等。干熄焦的焦尘和湿熄焦的蒸汽中的焦尘也含有颗粒物和二氧化硫。

（1）原料场、破碎和装煤过程的扬尘。在炼焦煤原料场应采取防止扬尘措施，在破碎工序应设置密封罩。焦炉的装煤烟气采用双集气管、高压氨水或蒸汽喷射和顺序装煤等措施，可以使烟尘减少 60% ~80%。

（2）装煤、炼焦和出焦过程的废气。在装煤过程为了防止烟气泄漏，采用泥浆密封炉盖和盖座的间隙。也应改进装煤孔盖和盖座的设计，使它们接触严密。改进炉门结构，降低受热变形和防止密封刀边损坏。采取水封措施防止上升管泄漏。

装煤过程的烟尘采用高压氨水喷射装煤消烟装置和除尘装置，并将装煤除尘与地面净化处理组合。

推焦时的烟气中含有苯和多环芳烃等，可以采取焦炉大棚、移动集尘车或地面集尘系统进行集尘和净化。

（3）湿法和干法熄焦过程的废气。湿法熄焦烟气采用高洗焦塔，增设挡尘板和加强冲淋等措施，可以减少外排尘量60%～80%。干熄焦烟气采用袋式除尘器，将收集的焦粉和干熄焦循环气体中收集的焦粉合并，送入贮灰罐。

（4）筛分贮运过程的废气。焦炭筛分贮运系统采用密闭收集和湿法除尘净化，可以减排烟尘。将粉碎机除尘、装煤出焦除尘、筛焦除尘、焦库除尘等装置实现除尘设施覆盖所有逸尘点除尘灰，用“气力输送”通过管道直接送到炼铁用于高炉喷煤系统。

（5）焦炉煤气。焦炉煤气热值高，含尘少，毒性（CO）也小，既可作为燃料用于各种工业炉窑，也可以作为民用煤气。焦炉煤气的内部循环利用、剩余发电和富余采用煤气柜回收；防止煤气泄漏和保持容器、管道、阀门的密封。焦炉煤气氢含量在60%左右，采用适当技术（如变压吸附）进行提氢，作为其他行业的燃料（代替汽油）。焦炉产生的二氧化硫回收可用于生产硫酸钙和作为硫酸生产原料，包括煤气脱硫、脱氰技术、脱硫废液制酸技术、煤气净化和化产品回收精制系统优化控制技术等。比较先进的煤气净化和脱硫系统包括冷凝鼓风、硫铵、中冷洗苯、脱硫和回收硫、粗苯蒸馏、油库和酚氰废水处理、制冷机和循环水。

6.2.1.2 焦化过程的废水

废水也是焦化过程的重要环境因素。焦化废水是由原煤的高温干馏、煤气净化和化工产品精制过程中产生的，即主要来源于三个方面：煤、焦系统除尘洗涤水，含酚、氰、硫化物和有机油类的酚氰废水和生产古马隆树脂过程的洗涤水。

（1）煤、焦系统除尘洗涤水。接触煤、焦粉尘的废水主要含有固体悬浮物煤和焦的颗粒，可以经沉降处理后循环使用。采用煤干燥和预热技术也可以减轻焦化过程对水的污染。煤干燥是在炼焦炉外进行干燥、脱水以降低入炉煤的水分或对入炉煤的水分进行调节，从而缩短结焦时间，减少炼焦能耗量和剩余氨水产生量，稳定焦炉操作，提高焦炭质量或扩大弱黏结性煤用量。

煤调湿的技术是以蒸汽为热源的多管转筒干燥器煤调湿工艺技术和以焦炉烟道气为热源的流化床型煤调湿工艺技术。采用干熄焦技术是防治焦化过程对水污染的重要措施。干熄焦产生的蒸汽可以用于发电，不会污染空气，还可减少 SO_2、CO_2 的排放量。干熄焦还可以从红焦中回收热能，产生蒸汽和发电，提高焦炭强度，提高焦炭的耐磨性，块度均匀、焦末少，水分低。

（2）酚氰废水。含酚、氰、硫化物和有机油类的酚氰废水是焦化过程的废水，废水成分复杂，其中无机化合物主要是大量氨盐、硫氰化物、硫化物、氰化物等；有机化合物除了酚类外，还有单环及多环的芳香族化合物，含氮、硫、氧的杂环化合物等。总之，焦化废水污染严重，是工业废水排放中一个突出的环境问题。

焦化废水的处理方法有用酚水熄焦、蒸汽脱酚、溶剂萃取脱酚、终冷水脱氰、废水生化处理、生物脱氮和降低 COD、废水分离油和悬浮物和干熄焦技术。过去，去除焦化废水中的 NH_3-N 和 COD 主要采用生化法，其中以普通活性污泥法为主，能有效去除酚、氰类物质，但难降解 NH_3-N 和 COD。

焦化废水一般采取三级处理：焦化废水的二级处理技术主要是预处理技术，常用的是厌氧酸化法；焦化废水的二级处理技术，有催化湿式氧化技术、生物强化技术、芬顿试剂技术、固定化细胞技术、三相气提升循环流化床、缺氧-好氧-接触氧化法等。焦化废水的二级处理技术是焦化废水深度处理技术，有化学氧化法、加氯法、絮凝沉淀辅以加氯法、吸附过滤辅以离子交换法等。但由于经济和技术的原因，这些方法均处于试验阶段。目前较为经济可行的三级处理方法主要有氧化塘深度处理法和粉煤灰吸附法。

（3）古马隆树脂废水。这种废水含有酚、油和 COD 等，另外由于使用的聚合剂不同而含有硫酸根或氟化物。古马隆树脂废水治理中主要问题是处理含氟较高的废水。以硫酸为催化剂时，废水含酚、油类，将油水分离后，以1%的比例混入酚氰废水进行生化处理。如果用三氟化硼作催化剂时，废水除含酚、油类，还含较高的氟，对含氟较高的废水应在进入酚氰废水处理前进行除氟处理，即用石灰乳液和废水混合，通过反应器使氟化物生产氟化钙，经冷却沉淀将氟化物分离。

6.2.1.3 焦化过程的固废

焦化固体废物有煤尘、焦尘、焦油渣、洗油再生渣、黑萘、酸焦油、污泥、残渣和用过的耐火材料。

煤尘和焦尘一般返回配料使用；焦油渣通过改质加工成工业燃料油或以焦油渣为原料制备活性炭；洗油再生渣可澄清或添加到焦油贮槽以焦油形式回收；黑萘经熔融脱水后可直接升华；酸焦油可用于生产高温沥青或水泥添加剂；生化剩余污泥作为烧结料利用；残渣作为原料煤返回利用；而用过的耐火材料目前处理的方法主要是填埋。

6.2.2 烧结过程的环境因素

烧结过程的环境因素如图6-3所示主要有废气、废水和固体废物。

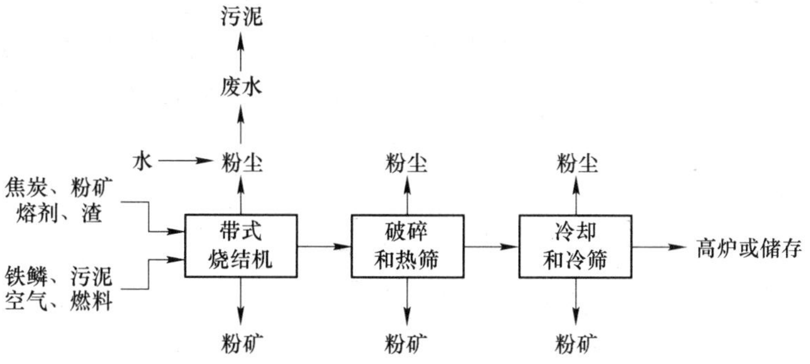

图6-3 烧结过程的环境因素

6.2.2.1 烧结过程的废气

在烧结过程中，由于烧结原料和燃料在台车上的燃烧，将使抽风烟道排出大量含尘废气，同时，在卸矿端的破碎、筛分过程中也产生大量的含尘废气，这些含尘废气是烧结过程的主要污染源。

机头废气中颗粒物有粗尘和细尘两种。粗尘是在烧结机开始处产生，在烧结矿给料装置和底层形成的，而细尘是在混合物的水分完全蒸发后在烧结区产生的。机头废气量与含尘量的大小，与烧结机形式、烧结面积、料床下产生的真空度以及装料颗粒大小等因素有关，每生产1t烧结矿产生6000～15000m^3的废气，粉尘20～40kg。

烧结矿以块状形式落入烧结机的末端，经过单辊破碎机破碎。有很多烧结厂，烧结矿会经过一个热筛分过程。此过程也会产生大量粉尘。机尾卸矿端放散的废气量及含尘量，通常与密闭形式、原料组成和操作条件等有关。

烧结过程的废气不仅含有大量的烟（粉）尘，还含有SO_2、NO_x、CO_2、

CO、HF、二噁英（PCDD）、呋喃（PCDF）等多种气态污染物。烧结烟气中的 SO_2，主要来源于在烧结矿来料中硫的化合物燃料的结果。每生产1t烧结矿产生 SO_2 0.8~2.0kg。

A　除尘

烧结过程的主要污染是粉尘，一般粉尘占烧结矿产量的3%左右，严重污染环境。机头采用电除尘器，燃料破碎采用布袋除尘器，热返矿参与配料时混料系统采用喷淋式除尘器。环境除尘集中化，以减少二次扬尘。

B　脱硫

烧结点火用的煤气和烧结废气中的 SO_2，可以采用铺底料，确保烧透，杜绝夹生料，降低烧结机尾气温度和含尘浓度等减少粉尘的排放；取消热返矿的筛分和运输等对管道、阀门和容器进行密封，并对烟囱排放的 SO_2 进行回收。

脱硫工艺有三类：副产品为脱硫渣的钙基法、副产品为硫铵的氨-硫铵法和副产品为硫酸的有机胺法。主要以石灰石为脱硫剂，有湿法、半干法和干法，包括循环流化床（LJS）（三钢、梅钢、济钢）、密相干塔（石钢、昆钢）、旋转喷雾（SDA）（沙钢）等。其中主要有石灰-石膏法和氢氧化镁泥浆吸收法。

（1）钙基法。副产品为脱硫渣的钙基法中石灰-石膏法是目前采用最多的一种方法，吸收剂为 $CaCO_3$、$Ca(OH)_2$ 浆液，吸收 SO_2，生成石膏 $CaSO_4$，宝钢采用这种方法。

（2）氢氧化镁泥浆吸收法。用含5%~15% $Mg(OH)_2$ 的浆液吸收 SO_2，生成 $Mg(HSO_3)_2$、$MgSO_3$，这些产物直接排放会使水的COD增大，所以用空气将它氧化成 $MgSO_4$。这种工艺设备投资和运行费用都比较低，韶钢采用的是这种工艺。

（3）氨-硫铵法。用 NH_3 作吸收剂，以 $(NH_4)_2SO_4$ 回收S。在硫酸铵溶液中加少量硫酸可以促进硫铵结晶成长，将洁净的硫酸铵分离、干燥就可以得到磷酸铵产品。目前，柳钢、南钢、杭钢、日钢采用这种工艺，虽然硫铵产品有用，但是设备耐蚀性高。特别是硫铵中含有重金属和二噁英，用于作为农肥会造成污染。

（4）有机胺法。副产品为硫酸的有机胺法主要有SML法和活性炭吸收法。SML法是采用有机胺脱硫。烧结烟气经洗涤塔降温、除尘和洗涤后，进

入吸收塔吸收 SO_2，再进入解吸塔析出 SO_2，然后在再生塔回收 SO_2 进入生产硫酸工序。莱钢是采用这种工艺。

(5) 活性炭吸收法。即利用活性炭吸收 SO_2，并在吸收塔入口处向烟气中加脱硝所需氨，烟气在吸收塔内形成硫酸、硫酸氢氨等，并被活性炭所吸收，再进入脱吸塔，经加热到400℃解析出高浓度的 SO_2，用以回收高浓度硫磺或浓硫酸。如果再加焦吸附工艺还可以脱去二噁英，但这种工艺能耗大、投资高，活性炭易自燃，很难推广。

C 脱硝

烟气脱硝，是指把已生成的 NO_x 还原为 N_2，脱除烟气中的 NO_x，按治理工艺可分为湿法脱硝和干法脱硝。主要包括：酸吸收法、碱吸收法、选择性催化还原法、非选择性催化还原法、吸附法、离子体活化法等。

6.2.2.2 烧结过程的废水

烧结过程的废水包括：工艺用水、设备冷却水、胶带机冲洗水、湿法除尘设备排水、洗地坪冲水、生活污水和雨水排水。烧结废水中主要是含铁污泥。

(1) 工艺用水。工艺用水主要是混合用水。在采用富矿粉作为烧结的主要原料时采用一次混合，主要是润湿混合料；在采用细磨精矿粉作为烧结的主要原料时采用二次混合，主要是加水造球。一次混合可用部分矿浆废水，二次混合应采用新水或净循环水。处理烧结废水既要循环使用处理后的水，又要回收废水中的矿泥。

(2) 设备冷却水。设备冷却水主要是水冷隔热板冷却用水。冷却水冷却后循环使用，在系统中设置过滤器和除垢器。

(3) 湿法除尘设备排水和洗地坪冲水。烧结过程的外排水主要是湿法除尘设备排水和洗地坪冲水。湿法除尘设备废水中悬浮物比较多。一般在配料、混合和烧结车间采用水力冲洗地坪。

(4) 胶带机冲洗水。胶带机冲洗水加絮凝剂混合后进入沉淀池，澄清水溢流提升回用，污泥送原料场回收利用。

(5) 生活污水和雨水排水。生活用水与雨水排入企业内部下水道不用单独处理。

6.2.2.3 烧结过程的固废

烧结过程的固废主要是粉尘和尘泥。烧结过程的粉尘主要来源于原料准备过程，烧结生产过程，烧结矿的卸矿、破碎和筛分过程以及热返矿掺入配料混合过程，经干式电除尘捕集的粉尘加湿处理后返回使用。烧结过程的污泥主要是烧结湿式除尘和冲洗传送带与地坪等产生的废水，经压滤脱水处理后返回使用。

6.2.3　炼铁过程的环境因素

炼铁过程的环境因素如图6-4所示主要有废气、废水和固体废物。

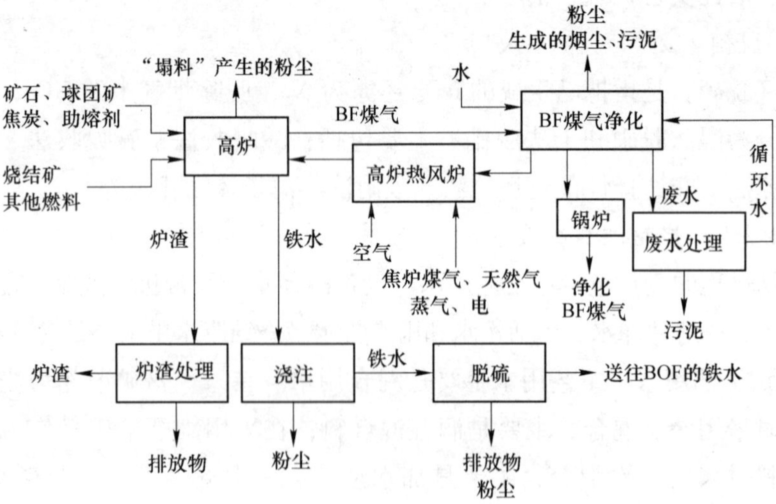

图6-4　炼铁过程的环境因素

6.2.3.1　炼铁过程的废气

炼铁过程的废气主要有：高炉的原料、燃料以及辅料在运输、筛分、转运过程中产生的扬尘，高炉出铁场作业时产生的烟尘和有害气体（污染物主要是粉尘、CO、CO_2、H_2S等），高炉煤气除尘，炉渣处理排放废气、热风炉的废气，高炉煤气放散，煤粉制备系统排放废气。

（1）原料贮运过程的扬尘。原料贮运过程的扬尘主要发生在高炉原燃料的运输、转运、卸料、给料、称量和入炉上料等工序。原燃料贮运过程主要的环境因素是有害的粉尘，应采用抽风除尘设备。对矿槽上部产生的粉尘应在每个料槽上安装吸尘罩将粉尘吸入布袋过滤除尘，净化后的空气排入大气中。对矿槽下部放料时产生的粉尘可以采用电除尘器集尘，粉尘返回烧结，空气排入大气。

（2）高炉出铁场作业时产生的烟尘和有害气体。高炉出铁场作业时产生的烟尘有两种：一次烟尘（出铁时散发的烟尘）和二次烟尘（散发到厂房内的烟尘）。一次防尘系统是在出铁口和出渣口、铁沟、渣沟等部位严格密闭加罩进行局部抽风，改进出铁场环境。二次除尘系统是解决开、堵铁口冲出的烟尘。二次除尘有垂幕、屋顶除尘和屋顶电除尘等各种形式。

（3）高炉煤气除尘。高炉煤气含有 CO 和粉尘，早期高炉煤气净化是采用洗涤塔、文氏管等湿法除尘，但由于耗水量大，废气中的 CN^-、S^{2-}、酚类、铅、锌等重金属难于处理，逐步发展为干法除尘。干法除尘主要是由重力除尘装置、布袋除尘器、氮气喷吹和输灰装置组成。

6.2.3.2 炼铁过程的废水

炼铁废水包括生产过程废水（高炉煤气洗涤水和炉渣粒化）、设备间接冷却水（炉体、风口）和设备直接冷却水（炉缸喷水）。

（1）高炉煤气洗涤水。高炉煤气净化水污染比较严重，每循环一次含尘量为0.4～0.5g/L。每净化1000m^3 煤气，需要3.5～6m^3 水，这部分水应循环利用。高炉煤气洗涤水系统应设置烟气除尘、废水沉淀、水的冷却、水质稳定、污泥脱水和系统监测等设施。为了保证循环率达到95%以上，一般湿法除尘系统采用双文氏管串级洗涤工艺。

（2）冲渣废水。冲渣废水不应排放应进行适当处理后循环使用。高炉冲渣水处理首先是渣水分离。分离后对冲渣废水进行处理，主要是对悬浮物和温度的处理。

（3）设备间接冷却水和设备直接冷却水。设备间接冷却水主要是高炉炉体、风口、热风炉和其他不与产品或物料直接接触的冷却水。设备间接冷却水一般采取开路循环和高质水闭路循环冷却方式循环使用。设备直接冷却水主要是高炉炉缸喷水冷却和生产后期的炉皮喷水冷却水。一般采取沉淀处理后循环使用。

6.2.3.3 炼铁过程的固废

炼铁固废主要是高炉渣。高炉渣也可以说是高炉炼铁的副产品。

高炉渣由脉石、灰分、助熔剂和其他杂质所组成。高炉渣的化学成分与普通硅酸盐水泥类似，主要含有 CaO、MgO、SiO_2、Al_2O_3、MnO，特殊情况含有 V_2O_5、TiO_2。高炉渣主要的矿物相为：钙铝黄长石、钙镁黄长石、硅酸二钙、假硅灰石、硅长石、钙镁橄榄石、镁蔷薇石和镁方柱石以及少量硫化物等。

在利用高炉渣之前，需要把高炉渣先进行加工处理。用途不同，加工方法也不一样。高炉渣经急冷（水冲），可以用于做水泥原料。掺合约 50% 高炉渣的高炉水泥与普通水泥相比，石灰石使用量减少，是节省能源和资源的材料。高炉渣还可以作为建筑材料、肥料和土壤改良材料。钢铁炉渣的再资源化的前景是非常好的。目前我国的加工工艺主要有加工成水渣、矿渣碎石、膨胀矿渣和矿渣珠等。

6.2.4 炼钢过程的环境因素

转炉炼钢过程的环境因素如图 6-5 所示主要有废气、废水和固体废物。

电炉炼钢过程的环境因素如图 6-6 所示主要有废气、废水和固体废物。

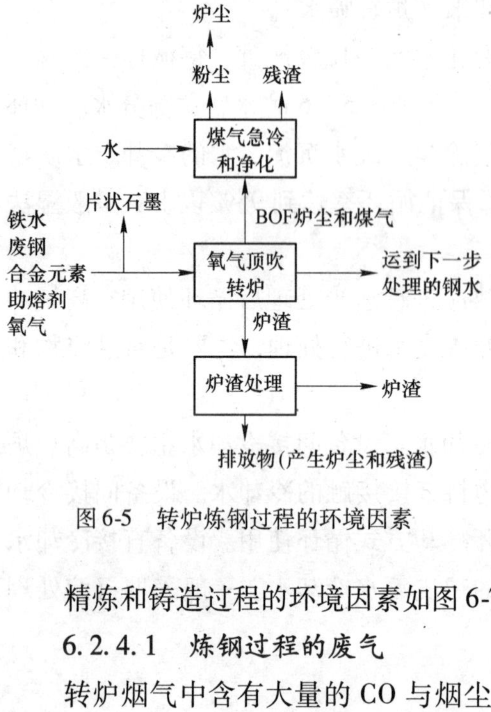

图 6-5 转炉炼钢过程的环境因素

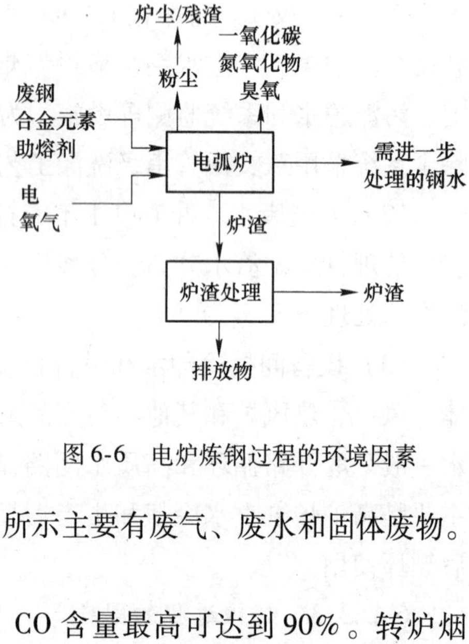

图 6-6 电炉炼钢过程的环境因素

精炼和铸造过程的环境因素如图 6-7 所示主要有废气、废水和固体废物。

6.2.4.1 炼钢过程的废气

转炉烟气中含有大量的 CO 与烟尘，CO 含量最高可达到 90%。转炉烟气成分有 CO、H_2、CO_2 等。转炉烟气中含全 Fe、金属 Fe、FeO、Fe_2O_3、SiO_2、MnO、CaO、MgO 和 C 等。转炉炼钢过程中，兑入高炉铁水、加入辅料、吹氧、出渣、出钢均有大量的含尘烟气产生，烟气中除烟尘外，还有 CO 和粉尘产生，LF、VD 等精炼炉冶炼及铁水预处理过程均有含尘烟气产生。

（1）转炉炼钢废气。转炉炼钢废气污染特点是：吹炼时原始烟气中含尘

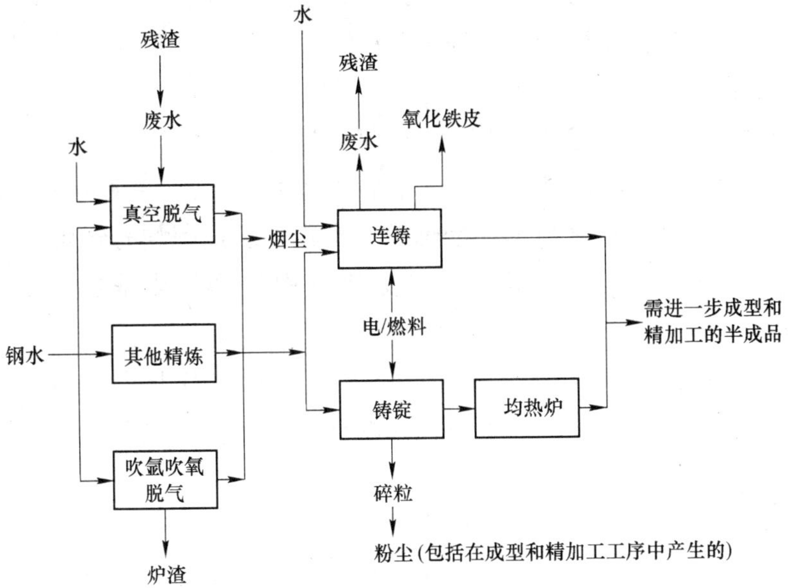

图 6-7 精炼和铸造过程的环境因素

浓度可高达 100 ~ 150g/m³，烟尘粒度 50% 以上小于 30μm；吹炼时原始烟气中 CO 含量高达 90%，毒性大；原始烟气温度高达 1400 ~ 1600℃，使废气净化增加了复杂性；高温烟气中的热能、CO 以及烟尘中的铁（总铁含量高达 60% ~70%），均具有较高的回收综合利用价值。

转炉炼钢废气的处理方法有：

燃烧法：即烟气进入净化系统时与大量空气混合使之燃烧，燃烧后的烟气经过冷却和除尘排放到大气中。

未燃法：即采取措施吸收少量空气使炉气中的 CO 只有少量燃烧成 CO_2，绝大部分不燃烧，烟气经冷却和除尘后将煤气回收或点火放散到大气中。

按操作工艺分有湿法（OG 法）、干法（LT 法）和干湿结合法。由于湿法除尘系统存在能耗高、环保治理难度大、废物利用率低等缺点，所以应推广干法除尘技术。干法除尘具有节水、节电、除尘效率高、降低生产成本的优点，煤气回收量为 95 ~ 100mg/m³ 以上，煤气热值为 8360kJ/m³ 左右，可以实现回收煤气含尘量小于 10mg/m³，排放废气含尘量可小于 20mg/m³，炼钢的工序能耗为 -10kgce/t 钢，收集的除尘灰干燥，加热后可以直接压制成块体回转炉得到更好的利用。缺点是系统相对复杂，对运行和维护要求高。目前国内重点钢铁企业转炉炼钢废气平均回收量约 60m^3/t，先进企业在 100m^3/t 左右；我国重点钢铁企业转炉炼钢的平均工序能耗已经实现了“负能炼钢”。

（2）转炉炼钢过程其他废气。转炉炼钢过程中，兑入高炉铁水、加入辅料、吹氧、出渣、出钢均有大量的含尘烟气产生，烟气中除烟尘外，还有 CO 和粉尘产生，LF、VD 等精炼炉冶炼及铁水预处理过程均有含尘烟气产生。通常采用高效布袋除尘器净化，排放废气中的烟粉尘浓度一般可低于 20mg/m^3。

（3）连铸过程废气。连铸机结晶器加保护渣时也有少量烟尘产生，铸坯火焰清理有烟尘产生；中间罐倾翻和修砌有粉尘产生，其特点是产生量比较大且不连续。

对于结晶器废气，由于烟气量比较小、含尘浓度比较低，通常通过排烟装置将其排入二冷室机械去除；中间罐倾翻和修砌含尘废气，通常采用布袋除尘器净化，排放浓度一般可低于 20mg/m^3；铸坯火焰清理烟气，通常根据烟气的性质采用湿式电除尘器净化，粉尘排放浓度一般在 30mg/m^3 以下。

6.2.4.2 炼钢过程的废水

（1）转炉除尘废水。转炉除尘废水主要由除尘系统（一文二文重力脱水器、弯头脱水器和湿旋脱水器）的除尘水而来，通过污水槽送至水处理车间。转炉煤气处理工艺不同，除尘废水特性也不同。采用未燃烧法的煤气处理工艺，除尘废水中的悬浮物以 FeO 为主，颗粒大，pH 值大于 7；采用燃烧法的煤气处理工艺，由于在烟道内 CO 和 O_2 燃烧反应，使 CO 氧化，颗粒物小，废水 pH 值在 7 以下。

（2）连铸过程废水。连铸过程废水主要有三种：设备间接冷却废水、设备与产品直接冷却废水和除尘废水。设备间接冷却废水主要指结晶器和其他设备的间接冷却废水。

设备间接冷却废水是净环水，用过的水经降温后即可循环使用。在循环用水过程中应注意水质稳定，主要是防止结垢、防腐蚀和防止藻类等生物污染。设备和产品直接冷却废水主要是二次冷却区产生的废水。直接冷却废水不但水温提高，而且会被氧化铁皮和油脂污染。除尘废水主要指设在连铸机后步工序中的火焰清理机的除尘废水。除尘废水含有氧化铁皮、油脂和粉尘。主要采用沉淀、除油、过滤、冷却、水质稳定等措施。

6.2.4.3 炼钢过程的固废

炼钢固废主要是钢渣。钢渣主要由钙、铁、硅、镁和少量铝、锰、磷等的氧化物组成。主要的矿物相为硅酸三钙、硅酸二钙、钙镁橄榄石、钙镁蔷薇辉石、铁铝酸钙以及硅、镁、铁、锰、磷的氧化物形成的固溶体，还有含有少量游离氧化钙以及金属铁、氟磷灰石等。有的地区因矿石含钛和钒，钢渣中也稍含有这些成分。钢渣中各种成分的含量因炼钢炉型、钢种以及每炉钢冶炼阶段的不同，有较大的差异。

钢渣的用途可以直接加入高炉或加入烧结矿，在钢铁厂内部循环使用。钢渣的成分中，除硅无用和磷有害外，钙、铁、镁和锰（共占钢渣总量的80%）都得到利用。钢渣筑路，具有强度高、耐磨性和防滑性好、耐久性好、维护费用低等优点。钢渣中的钙、硅、锰以及微量元素均有肥效，可作为渣肥施于酸性土壤。各类钢渣均可作为填坑、填海造地材料。我国目前生产少量钢渣水泥，多用转炉钢渣掺50%左右高炉粒化渣、10%左右石膏，磨制无熟料钢渣水泥。将钢渣粉碎后，干燥、磁选、筛分、磨细粉碎分级、湿法磁选分级，生产球团。钢渣还可制造砖、瓦、碳化建筑材料等。有些地方利用电炉钢渣生产白钢渣水泥。

但是，转炉渣和电炉渣具有膨胀崩裂性，适用范围受到限制。如果采用蒸汽固化处理，可以用于路基材料。发达国家钢铁炉渣的利用率已经达到98%~100%，而我国仅为87%。在废渣中含有6价铬时，必须进行控制和治理。比较可行的方法是将铬渣经高温还原，还原成3价铬，进行无害化处理。

6.2.5 轧钢过程的环境因素

轧钢过程的环境因素如图6-8所示主要有废气、废水和固体废物。

6.2.5.1 轧钢过程的废气

（1）加热炉烟气。轧钢加热炉产生的污染物主要是烟尘、SO_2、NO_x。同时由于燃料为脱硫后的煤气，烟气中含尘、SO_2浓度很低，基本能够满足《工业炉窑大气污染物排放标准》的要求。为了控制NO_x，一般采用先进的烧嘴设计、优化燃烧控制等措施，减少NO_x的产生，宝钢以煤气做燃料，加热炉外排NO_x一直控制在150mg/m^{3}以内。其排放烟气中SO_2含量小于国家允许排放标准，所以一般不作处理直接排入大气。

（2）轧制过程废气。轧制过程由于钢材表面氧化铁皮破碎和冷却轧辊的

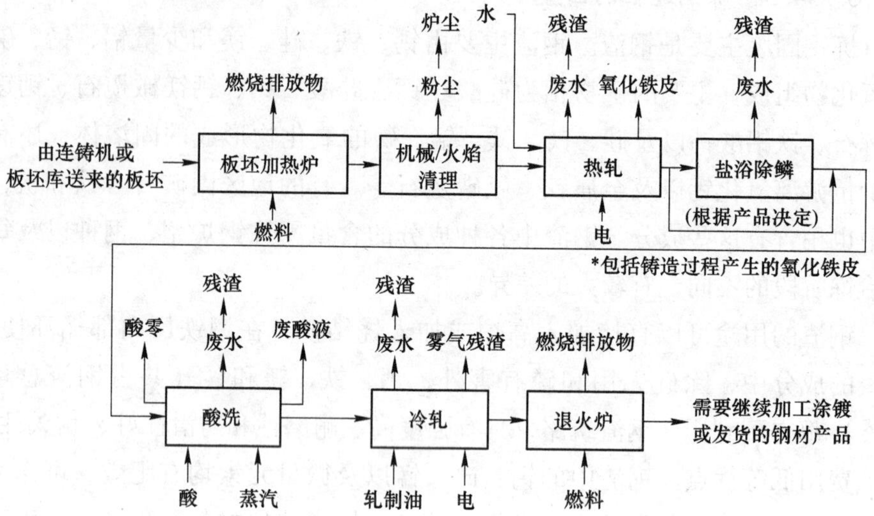

图6-8　轧钢过程的环境因素

水蒸发，轧机前后生成含氧化金属粉尘、油雾及水蒸气，烟气含尘约 $3000mg/m^3$，可用湿式电除尘或过滤设备净化后，达标排入大气。

在轧制过程中也会产生含酸废气，主要是酸洗机组酸雾、中性盐雾、硝酸雾、混酸（$HNO_3 + HF$）酸雾、盐酸再生站酸雾和铬酸雾；含碱废气主要是热镀锌机组、连退机组、脱脂等设备产生的碱雾等，经碱雾吸收塔喷淋洗涤后外排，含碱浓度可达到不大于 $10mg/m^3$。含油废气为冷轧机在轧制过程中产生的大量的乳化液油雾，为了有效地捕集乳化液油雾，一般将轧机做成密闭式，油雾由轧机进出口端的上部烟罩和机架间的上、下部吸气口以及卷取机上部烟罩吸入主风道（钢板风道和混凝土风道），经油雾分离器过滤、风机、烟囱排至室外大气，乳化液油雾排放浓度可做到小于 $30mg/m^3$。连退机组退火炉以煤气为燃料，经烟囱直接排放，也可以设计采用先进的烧嘴、最优燃烧控制等措施，减少 NO_x 的产生；同时由于燃料为精脱硫后的煤气，烟气中含尘、SO_2 浓度很低，满足《工业炉窑大气污染物排放标准》的要求。热镀锌机组的各热处理炉分别以精脱硫后的煤气为燃料，烟气中含尘、SO_2 浓度很低，可以满足《工业炉窑大气污染物排放标准》的要求。

6.2.5.2　轧钢过程的废水

（1）热轧过程废水。热轧过程废水主要是轧制过程直接冷却水。废水中主要污染物是粒度分布很广的氧化铁皮和润滑油类。热轧废水温度高，直接排放会形成热污染。处理方法是采用沉淀、机械除油、过滤、冷却等物理方法，一般可循环使用。

（2）冷轧过程废水。冷轧过程废水种类比较多，根据机组不同，有时产生含有酸、碱、乳化液和少量机械杂质，还有的含有金属盐类，例如铬的废水、含有氰酸盐等废水。冷轧废水的处理主要是化学处理，包括油、乳化油分离、氧化、还原、中和、混凝、沉淀、污泥浓缩、脱水等。

（3）酸洗和电镀过程废水。酸洗和电镀过程会产生含有重金属的废水。最简单的治理方法是氢氧化物沉淀法，可以去除 Cu、Pb、Zn、Cd 和 As。对含 6 价铬的废水可以采用电解法和离子交换法。减少外排废水和合理用水是控制污染的最好办法。

6.2.5.3 轧钢过程的固废

轧钢过程的固废主要是热轧过程产生的氧化铁皮、切头切尾以及酸洗池、酸再生污泥和废水处理装置产生的氢氧化物污泥等。

氧化铁皮、切头切尾可以回收利用，水处理和酸洗污泥中和、净化和脱水后也可继续使用。

6.3 钢铁企业的节能减排

GB/T 24001—2004《环境管理体系　要求及使用指南》将能源使用也看成是环境因素，因此节能既是能源管理，也是环境管理的重要内容之一。

我国钢铁工业总能耗已占全国工业总能耗的 15% 左右，而能源有效率仅为 30% 左右，全行业固体废物回收利用率在 53%，水资源利用率在 40% 左右。总体上讲，中国钢铁工业的资源和能源综合利用指标与国际先进水平相比，其差距在 20% ~40%。钢铁工业应当加强能源管理，开辟钢铁工业节能新思路和新途径。既要减少一次能源的浪费，又要大力回收生产过程中产生的二次能源。坚持节能与发展相互促进，坚持开发与节约并举，坚持把节能作为转变钢铁工业增长方式的主攻方向，从根本上改变高耗能、高污染的粗放型增长方式，促进钢铁工业又好又快地健康发展。

工业和信息化部发布了《关于钢铁工业节能减排的指导意见》（以下简称《指导意见》）。《指导意见》要求，到“十二五”末，重点大中型企业基本建成资源节约型、环境友好型企业，能耗、水耗达到国际先进水平，吨钢综合能耗不超过615kg标准煤，主要生产工序能耗全部达到国家《粗钢生产主要工序单位产品能源消耗限额》和《焦炭单位产品能源消耗限额》限定值。

节能概念的含义包括减少浪费和增加回收两个部分。减少浪费就是要加强对用能的质量和数量的管理，优化用能结构、减少物流损失和能源介质的无谓排放等。增加回收就是大力回收生产过程中产生的二次能源（包括余压、余热、余能和副产煤气等）。

钢铁企业的能源种类很多，包括外购的煤炭、石油、天然气和电力以及内部回收的煤气、蒸汽、氧气和电力等共有20多种。钢铁工业用能结构是，煤炭占69.9%，电力占26.4%，燃油占3.2%，天然气占0.5%。钢铁企业节能工作重点是降低煤炭和电力的用量。节能和环保工作都要从源头抓起。不能是先消耗、先污染，再去回收、再去治理的粗放式经营来开展节能环保工作。钢铁企业节能工作的重点就是要在企业减量化用能上下工夫。减量化的效益会大于开展二次能源回收的效益。我国所开展的二次能源回收量占钢铁企业总能耗的6%左右。钢铁企业大力开展减量化可以实现节约总能源消耗的8%以上。我国钢铁企业二次能源回收的能量，一般只占钢铁企业总能耗的12%左右。日本新日铁回收了二次能源的92%，宝钢是68%，我国钢铁企业大多数是在50%以下。

6.3.1 焦化过程的节能减排

焦化过程是钢铁企业能源消耗最多的工序，其能耗占整个钢铁生产过程的13%以上。焦化过程能源消耗主要在洗精煤和炼焦工序。采用捣固炼焦、低水分熄焦、干熄焦、热管换热、导热油换热、苯加氢精制、焦炉煤气制甲醇、焦炉煤气制合成氨、煤焦油负压蒸馏深加工等均能起节能减排作用，其中主要是焦炉大型化、焦炉煤气回收利用、干熄焦和煤调湿技术。

（1）焦炉大型化。近年来，焦炉大型化是一种发展趋势，炭化室高度已经由4m左右增高到6～8m；长度也由13m左右增长到16～17m；每孔炭化室的容积由25m³左右增大到50m³；每孔的装煤量由20t增加到40t。焦炉大型化可以减少装煤和出焦次数，减少装煤和出焦阵发性污染。大型焦炉的蓄热室是长向分格，有利于改善蓄热室换热效果，降低焦炉耗热量。大型焦炉采用计算机自动控制系统也有利于降低焦炉耗热量。焦炉大型化可以提高生产率，例如7m焦炉每孔推出焦炭27t，而4.3m焦炉每孔推出焦炭只有13.4t。焦炉大型化可以提高装炉煤密度，降低结焦速率，改善焦炭质量，节约焦煤资源。

(2) 焦炉煤气回收。焦炉煤气回收利用主要是从炭化室到上升管逸出的650~700℃荒煤气带出热约占焦炉输出热的35%。一般采用喷洒循环氨水进行冷却，循环氨水的大量蒸发浪费了大量的热量。现在已经开发采用有机热媒体（导热油）来回收荒煤气带出的热量，即将上升管作成夹套管，有机热媒体（导热油）通过夹套管与高温荒煤气间接换热，被加热的可去蒸氨，有机热媒体（导热油）可用于煤焦油蒸馏，也可用于入炉煤的干馏。微流态汽化导热装置及相应的配套控制调节技术，能够降低炼焦工序的能源消耗。

焦炉煤气作为二次能源，采用提取氢、取制甲醇、制取合成天然气、制取二甲醚等是能源增值的重要方式。

(3) 干熄焦技术。采用干熄焦可以回收约80%的红焦显热。平均每熄1t红焦可回收3.9MPa、450℃蒸汽0.45~0.58t，还可以改善焦炭质量，降低高炉焦比。在保持焦炭质量不变的情况下，采用干熄焦可在配煤中多用10%~15%的弱黏结性煤。采用干熄焦技术可大大减少环境污染。干熄焦回收红焦热产生蒸汽，并可用于发电，避免了生产等量蒸汽燃煤而对大气的污染。

(4) 煤炭调湿技术。煤炭调湿技术是将水分为8%~10%的装炉的原料煤，在不影响装炉扬尘的情况下，将湿度调整在6%左右，然后装炉炼焦。可以降低干馏热量、提高生产效率和焦炭质量。调湿的热源可以使用低压蒸汽和回收利用焦炉煤气的显热。以焦炉烟道废气作为热源，对入炉煤进行调湿。将入炉煤与焦炉烟道气直接接触换热，提高烟气余热利用率。目前应用最多的煤调湿装置是以低压蒸汽为热源。

(5) 化工产品回收。主要回收煤焦油、粗苯和工业萘，回收率的提高可以降低副产品的能源消耗。

6.3.2 烧结过程的节能减排

烧结过程节能减排的主要措施是坚持精料方针、烧结机大型化、厚料层技术、新型点火器、开发高效烧嘴、废气余热回收和降低电耗。

(1) 坚持精料方针。采用自动配料，提高配料精度，预热混合料，改善烧结质量，降低燃料消耗。

(2) 烧结机大型化。烧结机大型化会使单机产量提高，烧结矿质量改善，烧结工序能耗降低。

(3) 厚料层技术。厚料层技术包括小球烧结、低温烧结、燃料分加技术等，现在料层厚度已达到：粉矿为650～750mm，精矿为600～700mm。

(4) 新型点火器。点火器小型化，使点火器内保持微负压，点火温度在1200～1400℃；特别是在负压达到46.7kPa以下时，工序能耗会明显下降。

预热点火器的空气和控制点火器压力；将辐射热点火直接用明火点火。

(5) 高效烧嘴。为了适应微碳粉和焦粉作为燃料的需要，开发高效烧嘴改善煤气和空气的混合；烧嘴从线形发展到缝隙形、面形和多缝隙形。

(6) 废气余热回收。冷却机废气和烧结机烟气的显热约占烧结过程全部热支出的50%，充分回收和利用这部分热量可以显著降低烧结工序能耗。但是这部分热属于中低温废气，利用难度大。

冷却机废气主要回收利用方式有：用于加热回收蒸汽、预热点火用的空气、预热点火前原料层的上部温度（可达到300℃）。采用双压余热锅炉，并对低温烟气加以利用，最大限度地减少热量和粉尘的排放。

(7) 降低电能消耗。降低电能消耗主要依靠降低抽风系统的漏风率和变频调速技术。过去是在风机达最大转速时用阀门调节风量，后来改为依靠调节风机的电压和频率实现了节能。为了降低漏风率，改进给料和卸料的密封系统以及烧结车和侧壁一体化。

6.3.3　炼铁过程的节能减排

炼铁过程节能减排的主要措施是全面实行精料方针、高炉煤气全部回收、炉顶煤气余压发电、强化冶炼技术、喷吹煤粉和余热回收。

(1) 实行精料方针。实行精料方针的具体内容是提高精矿品位，改进炉料结构，稳定炉料成分，提高辅料质量，强化高炉入炉料混匀设施。铁矿品位波动范围不超过0.5%，碱度波动不超过0.05；改善燃料质量，推广应用铁水预处理技术，降低炼钢铁水的硫、硅含量，加强废钢分类加工，发展活性石灰生产。

(2) 高炉煤气全部回收。高炉炉顶煤气余压发电（TRT），高炉炉顶煤气压力大于0.08MPa时可以采用TRT技术，吨铁发电量在20～40kWh，如采用干法煤气除尘，发电量可增加30%。

高炉炼铁过程产生的大量炉气中不可燃烧的惰性气体约占75%，可燃成分仅占25%，发热值低，低热值煤气可以采用燃气轮机发电（CCPP）技术，比常规锅炉蒸汽发电气电转换率高70%～90%。

利用高炉煤气预热热风炉燃烧用煤气和空气，可以提高热风温度。利用余热锅炉可以回收高炉煤气的余热。

（3）炉顶煤气余压发电。高炉炉顶煤气余压发电技术（TRT），是对炉顶压力大于0.1MPa的大型高炉煤气除尘逐步从湿法过渡到干法除尘，有利于提高TRT发电量（比湿法除尘提高30%以上），并可以节约水消耗。

（4）强化冶炼技术。强化冶炼技术包括大风量和高压操作、高风温、喷吹燃料和富氧鼓风。

（5）喷吹煤粉技术。喷煤替代焦炭作还原剂，可以降低焦比，节约能耗。

（6）余热回收利用。余热回收主要是回收热风炉烟道废气余热，预热煤气和助燃空气，可以提高热风炉热能利用效率，降低能源消耗。

6.3.4 炼钢过程的节能减排

炼钢过程节能减排的主要措施有铁钢界面“一罐制”技术、转炉煤气全部回收利用和转炉烟气余热发电。

（1）铁钢界面“一罐制”。铁钢界面“一罐制”技术是指受铁罐容积与转炉容积相匹配，铁水从受铁罐到转炉只经过一次暴露冷却，并加盖保温。可以减少铁水降温和降低能源消耗，简化工序，加快生产节奏，降低成本和减轻污染。

（2）转炉煤气全部回收。转炉煤气发热值高，回收后的转炉煤气平均热值介于回收的高炉煤气和焦炉煤气之间，是实现转炉煤气全部利用和转炉负能炼钢的关键。

（3）转炉烟气余热发电。转炉余热资源包括转炉煤气、转炉烟道冷却低温蒸汽等。

以电能形式回收转炉炼钢煤气余能的再电气化。如果转炉煤气回收大于$100m^3/t$，煤气经干法净化后作为二次能源主要供自备电厂发电。

6.3.5 轧钢过程的节能减排

轧钢过程的节能减排，热轧工序以节约燃料为重点，冷轧工序以节约电能为重点，主要措施有：

(1) 热送热装。铸坯热送热装，可以降低能耗，减少烧损，提高成材率，简化生产工艺流程，缩短生产周期，节约生产费用，降低铸坯库存，减少资金占用，提高加热炉生产能力，减少轧制事故和废品，节省厂房面积和劳动力，可以大幅度降低产品成本，增加经济效益。加大铸坯热装热送力度，并把铸坯热装比作为一项重要的考核指标，不少企业铸坯热装率已达90%甚至更高。

(2) 改进加热炉。蓄热式加热炉是通过换向装置使两个蓄热室交替吸热放热，最大限度地回收烟气的热量，再将助燃空气和煤气加热到1000℃以上，即使低热值的劣质燃料（如高炉煤气）也能实现稳定着火和高效燃烧，可节省燃料40% ~70%，产量提高15%以上，钢坯氧化烧损下降40%以上，NO_x 排放小于 100×10^{-6}，烟气排放温度低于160℃，并且实现了对低热值高炉煤气的利用。采用无水冷滑轨，消除水冷损失。水梁立柱采用双层绝热包扎，炉衬采用复合炉衬和高效保温材料，可以减少热损失，降低能耗。

(3) 开发新技术。例如切分轧制、低温轧制、控制轧制、控制冷却、在线热处理、在线检测和自动控制等。

(4) 降低电耗。应用变频技术调速，优化轧机负荷，合理选择电机容量，淘汰落后设备，提高生产效率，实现节能轧制等。

(5) 优化工艺。通过优化方法合理选择原料形状和尺寸，优化孔型设计，建立节能模型，降低能源消耗。

6.4 环境的监测和测量

GB/T 24001—2004《环境管理体系　要求及使用指南》规定，企业应对可能具有重大环境影响的运行的关键特性进行例行监测和测量。程序中应规定将监测环境绩效、适用的运行控制、目标和指标符合情况的信息形成文件。

环境管理体系的监测和测量是环境管理的重要组成部分，是PDCA的C，一般通过化学分析、物理检验、仪器测量等方式对环境因素的特性值进行检测。“监测”具有例行监督检查性质，而“测量”是执行检查。对钢铁企业来说监测和测量的对象是废气、废水、固体废物、环境噪声、资源和能源消耗等。环境管理体系的监测和测量的目的是判断企业贯彻实施有关法律法规的合规性，通过监测和测量可以及时了解环境因素的现状和动态，提供防止或减轻污染，保护环境和衡量企业环境绩效。

所谓“环境绩效”，就是“对其环境因素进行管理所取得的可测量结果”，也就是说，环境绩效是环境因素的控制结果。环境绩效的表征方式之一是绩效参数，如：

(1) 原材料、能源、自然资源的使用量；

(2) 废气、废水、固废或噪声等污染物的排放量；

(3) 材料、能源的使用效率；

(4) 废物循环使用的百分比；

(5) 污染事故或投诉数量；

(6) 环保投资；

(7) 增加或恢复植被的面积等。

一个企业的环境管理体系可能包括多种特性，对监测和测量取得的数据进行分析，能够识别环境管理体系运行的状态信息。这些信息可用于实施纠正和预防措施。

环境监测和测量是环境管理体系中重要的组成部分，是 PDCA 循环的 C 阶段。监测和测量是有区别的。监视属于定性的，测量属于定量的，前者属于例行的，后者属于执行的。钢铁企业的环境监测和测量应包括对废气、废水、固废、噪声、资源和能源消耗等环境因素进行控制的可测量的结果。关键特性是指企业控制重要环境因素、实现环境目标和指标、改进环境绩效时需要考虑的那些特性。通过对环境绩效的监测能够及时地了解和掌握企业的环境表现、污染物的动向和改进的方向，了解是否符合法律法规的要求，是否满足相关方的要求，是否符合发展“绿色钢铁”和“循环经济”的承诺。

根据《国务院批转节能减排统计监测及考核实施方案和办法的通知》要求，排污单位也应当保证污染防治设施正常运行，对污染物排放状况和防治污染设施运行情况进行定期监测，建立污染源监测档案。排污单位应每月初向当地环境保护主管部门申报上月排放的化学需氧量和二氧化硫数量，并提供有关资料。

GB/T 24001—2004《环境管理体系 要求及使用指南》的4.5.1监测和测量要求：“组织应建立、实施并保持一个或多个程序，对可能具有重大环境影响的运行的关键特性进行例行监测和测量。”

对钢铁企业来说，具有重大环境影响的运行的关键特性应是废气、废水、固废和噪声。应按适用的法律法规或标准进行监测和测量。在环境因素的监测中应明确采集试样类别、采集试样的位置和监测的因子。采样是环境监测和测量过程的重要环节和步骤，采样位置和监测的因子是否正确和适宜，是环境监测的关键因素之一。采样必须在污染源的排放源的位置，并规定适宜的监测位置。

另外，采样方法也很重要。一般废气采样有两种，一种是颗粒状的污染物应采用粉末采样器；另一种是气体或蒸汽状态的污染物，采样的方法分为气体采集法、液体采集法和固体采集法，在废气排放口或除尘器进、出口采样。废水采样与废气不同，对企业来说，主要在排水口采样。

为了保证环境监测和测量的准确性，应注意取样的代表性、精确性和对比性。代表性是指采样的时间、位置和条件，表示环境因素运行的实际状态；精确性表示采样分析表征数据的真实性；对比性表示采样、监测和测量分析具有可比性。

目前钢铁企业多数是委托地方环境监测部门进行监测和测量，其实也可以按地方环境管理部门要求建立企业环境监测站。对烟气、水质和环境噪声进行测量，判断环境因素的现状和动态。

表6-1～表6-5分别给出了焦化、烧结、炼铁、炼钢和轧钢的环境因素的排放位置、监测位置和监测因子一览表。

表6-1 焦化过程环境因素监测一览表

类别		污染源		监测因子
		排放源位置	监测位置	
废气	有组织排放	炼焦煤原料破碎、整粒逸散废气	除尘器进、出口	颗粒物
		炼焦炉加热工序	烟囱出口	颗粒物、二氧化硫、氮氧化物、苯并（a）芘、林格曼黑度

续表 6-1

类别		污染源		监测因子
		排放源位置	监测位置	
废气	有组织排放	焦炉装煤过程逸散或泄漏的废气	除尘器出口	颗粒物、苯并（a）芘、苯可溶物、硫化氢、氨、苯系物
		从炉门、加煤孔、上升管逸散或泄漏的废气		
		出焦时逸散或泄漏的废气		
		干法熄焦逸散的含尘废气、湿法熄焦逸散的含尘蒸气	除尘器出口	颗粒物、二氧化硫
		煤气净化回收苯和脱硫过程的废气	除尘器出口	颗粒物、二氧化硫、氮氧化物、硫化氢、苯系物
		煤气净化过程各种生产装置与贮槽（罐）逸散或泄漏的废气	除尘器出口	苯系物、硫化物、氨
	无组织排放	原料堆场		颗粒物
		车间、厂房外无组织排放		颗粒物（粉尘）
废水	煤气管道冷凝、分离酚氰和蒸氨系统废水		进、出水口	挥发酚、总氰化物、硫化物、COD、氨氮、石油类、苯并（a）芘
	冲洗地坪水		排水口	悬浮物
	生活污水		排水口	pH 值、悬浮物、COD、氨氮、BOD
噪声	厂界噪声（来自粉碎筛分设备、鼓风机、通风机、引风机、空压机、水泵等噪声）			等效声级

表 6-2 烧结过程环境因素监测一览表

类别		污染源		监测因子
		排放源位置	监测位置	
废气	有组织排放	烧结机头烟气		颗粒物、二氧化硫、氮氧化物、氟化物、一氧化碳、二噁英类
		烧结机尾烟气		颗粒物
		烧结矿冷却、成品整粒		颗粒物
	无组织排放	原料堆场、储运、加工等工序		颗粒物
		车间、厂房外无组织排放		颗粒物（粉尘）
废水	原料场抑尘水		进、出水口	挥发酚、总氰化物、硫化物、COD、氨氮、石油类、苯并（a）芘
	车间地坪冲洗水		进、出水口	
	湿式除尘水		进、出水口	
	生活污水		排水口	pH 值、悬浮物、COD、氨氮、BOD
噪声	厂界噪声（来自粉碎筛分设备、除尘风机等噪声）			等效声级

表 6-3 炼铁过程环境因素监测一览表

类别		污染源		监测因子
		排放源位置	监测位置	
废气	有组织排放	原料、燃料、熔剂等储运；矿槽、磨粉机逸散废气	除尘器进、出口	颗粒物
		高炉炉顶废气	除尘器出口	颗粒物、荒煤气
		高炉炉前出铁出渣废气	除尘器进、出口	颗粒物、二氧化硫、氮氧化物（NO_x）
		热风炉排放的废气	除尘器进、出口	颗粒物、二氧化硫、氮氧化物（NO_x）、一氧化碳
	无组织排放	原料堆场		颗粒物
		车间、厂房外无组织排放		颗粒物（粉尘）
废水	高炉煤气洗涤废水		进、出水口	悬浮物、酚、氰
	高炉冷却水		进、出水口	悬浮物、石油类
	高炉渣冲渣水		进、出水口	悬浮物、硫化物
	生活污水		排水口	pH 值、悬浮物、COD、氨氮、BOD
	全厂废水外排系统		总外排口	pH 值、悬浮物、COD、动植物油、挥发酚、氰化物、硫化物、氨氮
噪声	厂界噪声（来自高炉煤气放散、鼓风机、风机、空压机、水泵等噪声）			等效声级

表 6-4 炼钢过程环境因素监测一览表

类别		污染源		监测因子
		排放源位置	监测位置	
废气	有组织排放	混铁炉、脱硫站、铁水预处理（含扒渣）	除尘器进、出口	烟（粉）尘
		转炉一次烟尘	除尘器出口	烟（粉）尘
		转炉二次烟尘	除尘器进、出口	烟(粉)尘、氟化物(特钢)
		LF/VD 炉烟气	静电除尘器进、出口	烟（粉）尘、氟化物（特钢）
		电炉、精炼炉（包括 RH、VOD）中间包	除尘器出口	烟(粉)尘、二噁英(电炉)、氟化物(特钢)
		石灰窑焙烧烟气	除尘器出口	烟（粉）尘
		散装料运输及成品系统转运站	除尘器进、出口	粉尘
		其他含尘废气（废钢与炼钢辅料加工、钢渣处理等）	除尘器进、出口	烟（粉）尘
	无组织排放	原料堆场无组织排放		颗粒物
		车间、厂房外无组织排放		颗粒物（粉尘）、氟化物（特钢）

续表6-4

类别		污染源		监测因子
		排放源位置	监测位置	
废气	无组织排放	厂界无组织排放		颗粒物（粉尘）、氟化物（特钢）
废水	转炉煤气洗涤废水		进、出水口	pH值、悬浮物、COD
	VD炉废水、铁水预处理、炉外精炼废水		进、出水口	pH值、悬浮物、COD、Cr^{6+}、Zn、石油类
	连铸系统废水		进、出水口	pH值、悬浮物、COD、石油类
	生活污水		排水口	pH值、悬浮物、COD、氨氮、BOD
	全厂废水外排系统		总外排口	pH值、悬浮物、COD、动植物油、挥发酚、氰化物、硫化物、氨氮
噪声	厂界噪声			等效声级
	环境敏感目标噪声			等效声级

注：1. 二噁英指排放废气（含颗粒物）做的测量均值；
2. 特钢生产需加测氟化物（以总F计）；
3. 监测频次按环发（2000）38号文及相关标准要求执行。

表6-5 轧钢过程环境因素监测一览表

类别		污染源		监测因子
		排放源位置	监测位置	
废气	有组织排放	加热炉排放的废气		颗粒物、二氧化硫、氮氧化物
		热连轧过程产生的废气		颗粒物
		冷连轧过程产生的废气		石油类（油雾）、氧化铁粉尘
		酸洗机组、酸再生设备		铬酸雾、硫酸雾、盐酸雾等
		碱洗机组、钝化过程		碱雾
	无组织排放	钢坯修磨、轧辊修磨、钢卷精整等工序		颗粒物
		车间、厂房外无组织排放		颗粒物（粉尘）
废水	高压除鳞、轧机冷却、轧辊冷却、轧材冷却产生的废水			石油类、悬浮物
	酸洗、碱洗和酸再生产生的废水			酸碱废水pH值
	车间地坪冲洗水			石油类、悬浮物
	生活污水			pH值、悬浮物、COD、氨氮、BOD
噪声	厂界噪声（来自加热炉风机、空压机等噪声）			等效声级

GB 9078—1996《工业炉窑大气污染物排放标准》规定了工业炉窑烟尘、生产性粉尘、有害污染物的最高允许排放浓度、烟气黑度的排放限值。

表6-6是1997年1月1日前安装的各种工业炉窑烟尘、生产性粉尘、有害污染物的最高允许排放浓度、烟气黑度的排放限值。

表6-7是1997年起通过环评的新建、改建、扩建的各种工业炉窑烟尘、生产性粉尘、有害污染物的最高允许排放浓度、烟气黑度的排放限值。

表6-6 1997年1月1日前安装的工业炉窑烟尘、生产性粉尘、有害污染物的最高允许排放浓度、烟气黑度的排放限值

炉窑类别		标 准	排放限值	
			烟（粉）尘浓度 /mg·m^{-3}	烟气黑度（林格曼级）
熔炼炉	高炉及高炉出铁场	一	100	
		二	150	
		三	200	
	炼钢炉及混铁炉（车）	一	100	
		二	150	
		三	200	
	铁合金熔炼炉	一	100	
		二	150	
		三	250	
铁矿烧结炉	烧结机（机头、机尾）	一	100	
		二	150	
		三	200	
	球团（竖炉和带式球团）	一	100	
		二	150	
		三	250	
加热炉	轧钢、锻造	一	100	
		二	300	
		三	350	
热处理炉		一	100	
		二	300	
		三	350	
耐火材料炉窑		一	100	
		二	300	
		三	400	

续表 6-6

炉窑类别	标准	排放限值	
		烟（粉）尘浓度 /mg·m^{-3}	烟气黑度（林格曼级）
石灰窑	一	100	
	二	250	
	三	400	

表 6-7 1997 年起通过环评的工业炉窑烟尘、生产性粉尘、有害污染物的最高允许排放浓度、烟气黑度的排放限值

炉窑类别		标准	排放限值	
			烟（粉）尘浓度 /mg·m^{-3}	烟气黑度（林格曼级）
熔炼炉	高炉及高炉出铁场	一	禁排	
		二	100	
		三	150	
	炼钢炉及混铁炉（车）	一	禁排	
		二	100	
		三	150	
	铁合金熔炼炉	一	禁排	
		二	100	
		三	200	
铁矿烧结炉	烧结机（机头、机尾）	一	禁排	
		二	100	
		三	150	
	球团（竖炉和带式球团）	一	禁排	
		二	100	
		三	150	
加热炉	轧钢、锻造	一	禁排	
		二	200	
		三	300	
热处理炉		一	禁排	
		二	200	
		三	300	

续表 6-7

炉窑类别	标准	排放限值	
		烟（粉）尘浓度 /mg·m^{-3}	烟气黑度（林格曼级）
耐火材料炉窑	一	禁排	
	二	200	
	三	300	
石灰窑	一	禁排	
	二	200	
	三	350	

表 6-8 是现有机械化炼焦炉大气污染物排放标准，表 6-9 是新建机械化炼焦炉大气污染物排放标准。

表 6-8 现有机械化炼焦炉大气污染物排放标准

标准级别	一级			二级			三级		
污染物	颗粒物	苯可溶物（BSO）	苯并（a）芘（Bap）	颗粒物	苯可溶物（BSO）	苯并（a）芘（Bap）	颗粒物	苯可溶物（BSO）	苯并（a）芘（Bap）
排放标准值 /mg·m^{-3}	1.0	0.25	0.0010	3.5	0.80	0.0040	5.0	1.20	0.0055

表 6-9 新建机械化炼焦炉大气污染物排放标准

标准级别	二级			三级		
污染物	颗粒物	苯可溶物（BSO）	苯并（a）芘（Bap）	颗粒物	苯可溶物（BSO）	苯并（a）芘（Bap）
排放标准值 /mg·m^{-3}	2.5	0.60	0.0025	3.5	0.80	0.0040

为贯彻《中华人民共和国环境保护法》、《中华人民共和国水污染防治法》、《中华人民共和国海洋环境保护法》、《国务院关于落实科学发展观加强环境保护的决定》等法律、法规和《国务院关于编制全国主体功能区规划的意见》，保护环境，防治污染，促进钢铁工业工艺和污染治理技术的进步，制定了 GB 13456—2012《钢铁工业水污染物排放标准》。本标准规定了钢铁生产企业或生产设施水污染物排放限值、监测和监控要求，以及标准的实施与监督等相关规定。本标准适用于现有钢铁生产企业或生产设施的水污染物排放管理。自本标准实施之日起，GB 13456—1992《钢铁工业水污染物排放标

准》同时废止。

表6-10～表6-12给出了GB 13456—2012《钢铁工业水污染物排放标准》中的具体规定。

表6-10 水污染特别排放限值

序号	污染物项目		限值						污染物排放监控位置
			直接排放					间接排放	
			钢铁联合企业	钢铁非联合企业					
				烧结（球团）	炼铁	炼钢	轧钢		
1	排放限值/mg·L^{-1}	pH值	6～9	6～9	6～9	6～9	6～9	6～9	企业废水总排放口
2		悬浮物	20	20	20	20	20	30	
3		化学需氧量（COD_{Cr}）	30	30	30	30	30	200	
4		氨氮	5	—	5	5	5	8	
5		总氮	15	—	15	15	15	20	
6		总磷	0.5	—	—	—	0.5	0.5	
7		石油类	1	1	1	1	1	3	
8		挥发酚	0.5	—	0.5	—	—	0.5	
9		总氰化物	0.5	—	0.5	—	0.5	0.5	
10		氟化物	10	—	—	10	10	10	
11		总铁①	2.0	—	—	—	2.0	10	
12		总锌	1.0	—	1.0	—	1.0	2.0	
13		总铜	0.3	—	—	—	0.3	0.5	
14		总砷	0.1	0.1	—	—	0.1	0.1	车间或生产设施废水排放口
15		六价铬	0.05	—	—	—	0.05	0.05	
16		总铬	0.1	—	—	—	0.1	0.1	
17		总铅	0.1	0.1	0.1	—	—	0.1	
18		总镍	0.05	—	—	—	0.05	0.05	
19		总镉	0.01	—	—	—	0.01	0.01	
20		总汞	0.01	—	—	—	0.01	0.01	
单位产品基准排水量/$m^3 \cdot t^{-1}$	钢铁联合企业②		1.2						排水量计量位置与污染物排放监控位置相同
	钢铁非联合企业	烧结、球团、炼铁	0.05						
		炼钢	0.1						
		轧钢	1.1						

① 排放废水pH值小于7时执行该限值。
② 钢铁联合企业的产品以粗钢计。

表 6-11 现有企业水污染特别排放限值及单位产品基准排水量

序号	污染物项目		限值							污染物排放监控位置
			直接排放						间接排放	
			钢铁联合企业	钢铁非联合企业						
				烧结（球团）	炼铁	炼钢	轧钢			
							冷轧	热轧		
1	排放限值 /mg·L^{-1}	pH 值	6~9	6~9	6~9	6~9	6~9		6~9	企业废水总排放口
2		悬浮物	50	50	50	50	50		100	
3		化学需氧量（COD_{Cr}）	60	60	60	60	80	60	200	
4		氨氮	8	—	8	—	8		15	
5		总氮	20	—	20	—	20		35	
6		总磷	1.0	—	—	—	1.0		2.0	
7		石油类	5	5	5	5	5		10	
8		挥发酚	0.5	—	0.5	—	—		1.0	
9		总氰化物	0.5	—	0.5	—	0.5		0.5	
10		氟化物	10	—	—	10	10		20	
11		总铁①	10	—	—	—	10		10	
12		总锌	2.0	—	2.0	—	2.0		4.0	
13		总铜	0.5	—	—	—	0.5		1.0	
14		总砷	0.5	0.5	—	—	0.5		0.5	车间或生产设施废水排放口
15		六价铬	0.5	—	—	—	0.5		0.5	
16		总铬	1.5	—	—	—	1.5		1.5	
17		总铅	1.0	—	1.0	—	—		1.0	
18		总镍	1.0	—	—	—	1.0		1.0	
19		总镉	0.1	—	—	—	0.1		0.1	
20		总汞	0.05	—	—	—	0.05		0.05	
单位产品基准排水量 /$m^3 \cdot t^{-1}$	钢铁联合企业②		2.0							排水量计量位置与污染物排放监控位置相同
	钢铁非联合企业	烧结、球团、炼铁	0.05							
		炼钢	0.1							
		轧钢	1.8							

① 排放废水 pH 值小于 7 时执行该限值。

② 钢铁联合企业的产品以粗钢计。

表 6-12 新建企业水污染特别排放限值及单位产品基准排水量

<table>
<tr><td rowspan="5">序号</td><td colspan="2" rowspan="5">污染物项目</td><td colspan="7">限 值</td><td rowspan="5">污染物排放监控位置</td></tr>
<tr><td colspan="6">直接排放</td><td rowspan="4">间接排放</td></tr>
<tr><td rowspan="3">钢铁联合企业</td><td colspan="5">钢铁非联合企业</td></tr>
<tr><td rowspan="2">烧结（球团）</td><td rowspan="2">炼铁</td><td rowspan="2">炼钢</td><td colspan="2">轧钢</td></tr>
<tr><td>冷轧</td><td>热轧</td></tr>
<tr><td>1</td><td rowspan="20">排放限值/mg·L^{-1}</td><td>pH 值</td><td>6～9</td><td>6～9</td><td>6～9</td><td>6～9</td><td colspan="2">6～9</td><td>6～9</td><td rowspan="13">企业废水总排放口</td></tr>
<tr><td>2</td><td>悬浮物</td><td>30</td><td>30</td><td>30</td><td>30</td><td colspan="2">30</td><td>100</td></tr>
<tr><td>3</td><td>化学需氧量（COD_{Cr}）</td><td>50</td><td>50</td><td>50</td><td>50</td><td>70</td><td>50</td><td>200</td></tr>
<tr><td>4</td><td>氨氮</td><td>5</td><td>—</td><td>5</td><td>5</td><td colspan="2">5</td><td>15</td></tr>
<tr><td>5</td><td>总氮</td><td>15</td><td>—</td><td>15</td><td>15</td><td colspan="2">15</td><td>35</td></tr>
<tr><td>6</td><td>总磷</td><td>0.5</td><td>—</td><td>—</td><td>—</td><td colspan="2">0.5</td><td>2.0</td></tr>
<tr><td>7</td><td>石油类</td><td>3</td><td>3</td><td>3</td><td>3</td><td colspan="2">3</td><td>10</td></tr>
<tr><td>8</td><td>挥发酚</td><td>0.5</td><td>—</td><td>0.5</td><td>—</td><td colspan="2">—</td><td>1.0</td></tr>
<tr><td>9</td><td>总氰化物</td><td>0.5</td><td>—</td><td>0.5</td><td>—</td><td colspan="2">0.5</td><td>0.5</td></tr>
<tr><td>10</td><td>氟化物</td><td>10</td><td>—</td><td>—</td><td>10</td><td colspan="2">10</td><td>20</td></tr>
<tr><td>11</td><td>总铁①</td><td>10</td><td>—</td><td>—</td><td>—</td><td colspan="2">10</td><td>10</td></tr>
<tr><td>12</td><td>总锌</td><td>2.0</td><td>—</td><td>2.0</td><td>—</td><td colspan="2">2.0</td><td>4.0</td></tr>
<tr><td>13</td><td>总铜</td><td>0.5</td><td>—</td><td>—</td><td>—</td><td colspan="2">0.5</td><td>1.0</td></tr>
<tr><td>14</td><td>总砷</td><td>0.5</td><td>0.5</td><td>—</td><td>—</td><td colspan="2">0.5</td><td>0.5</td><td rowspan="7">车间或生产设施废水排放口</td></tr>
<tr><td>15</td><td>六价铬</td><td>0.5</td><td>—</td><td>—</td><td>—</td><td colspan="2">0.5</td><td>0.5</td></tr>
<tr><td>16</td><td>总铬</td><td>1.5</td><td>—</td><td>—</td><td>—</td><td colspan="2">1.5</td><td>1.5</td></tr>
<tr><td>17</td><td>总铅</td><td>1.0</td><td>1.0</td><td>1.0</td><td>—</td><td colspan="2">—</td><td>1.0</td></tr>
<tr><td>18</td><td>总镍</td><td>1.0</td><td>—</td><td>—</td><td>—</td><td colspan="2">1.0</td><td>1.0</td></tr>
<tr><td>19</td><td>总镉</td><td>0.1</td><td>—</td><td>—</td><td>—</td><td colspan="2">0.1</td><td>0.1</td></tr>
<tr><td>20</td><td>总汞</td><td>0.05</td><td>—</td><td>—</td><td>—</td><td colspan="2">0.05</td><td>0.05</td></tr>
<tr><td rowspan="4">单位产品基准排水量/$m^3 \cdot t^{-1}$</td><td colspan="2">钢铁联合企业②</td><td colspan="7">1.8</td><td rowspan="4">排水量计量位置与污染物排放监控位置相同</td></tr>
<tr><td rowspan="3">钢铁非联合企业</td><td>烧结、球团、炼铁</td><td colspan="7">0.05</td></tr>
<tr><td>炼钢</td><td colspan="7">0.1</td></tr>
<tr><td>轧钢</td><td colspan="7">1.5</td></tr>
</table>

① 排放废水 pH 值小于 7 时执行该限值。

② 钢铁联合企业的产品以粗钢计。

表6-13是GB 12348—2008《工业企业厂界环境噪声排放标准》中工业企业厂界环境噪声排放限值。

表6-13 工业企业厂界环境噪声排放限值 [dB（A）]

厂界外声环境功能区类别	时段	
	昼间	夜间
0	50	40
1	55	45
2	60	50
3	65	55
4	70	55

7

钢铁企业的职业健康安全管理

7.1 职业健康安全管理体系

职业健康安全管理体系（OHSMS）是20世纪80年代后期在欧洲兴起的安全生产管理模式。最初是1996年英国颁布了BS8800《职业安全卫生管理体系指南》标准。后来，美国、澳大利亚、日本、挪威等国的一些组织也陆续制定了关于职业健康安全管理体系的规范性文件，1999年英国标准协会（BSI）、挪威船级社（DNV）等13个组织共同提出职业健康安全管理评价系列（OHSAS）标准，即OHSAS18001《职业健康安全管理体系——规范》和OHSAS18002《职业健康安全管理体系——OHSAS18001实施指南》。2001年我国国家质检总局发布了国家标准GB/T 28001—2001《职业健康安全管理体系规范》，该标准包括OHSAS18001：1999所有的技术内容，适用于任何组织建立职业健康安全管理体系并寻求外部机构认证。为了对GB/T 28001—2001《职业健康安全管理体系规范》中的具体要求提供相应的实施指南，在2002年我国国家质量监督检验检疫总局又发布了国家标准GB/T 28002—2002《职业健康安全管理体系 指南》，该标准覆盖了OHSAS18002《职业健康安全管理体系——OHSAS18001实施指南》的所有技术内容，同时也考虑了国际上有关职业健康安全管理体系的现有文献的技术内容，包括BS8800：1996《职业安全卫生管理体系指南》标准。

GB/T 28000《职业健康安全管理体系》是一个系列标准，包括GB/T 28001—2001《职业健康安全管理体系规范》和GB/T 28002—2002《职业健

康安全管理体系　指南》，类似于 GB/T 19001《质量管理体系　要求》和 GB/T 19004《质量管理体系　业绩改进指南》以及 GB/T 24001 中要求与附录 A 本标准使用指南的关系。该系列标准自发布以来在全国普遍实施，并开展了职业健康安全管理体系的认证。钢铁企业在这一时期也积极采用该标准建立职业健康安全管理体系，多数组织在取得认证的过程中将质量管理体系、环境管理体系和职业健康安全管理体系进行整合，取得了管理工作的创新发展。其他行业也在进行管理体系的整合。

为了适应这一发展形势的需要，我国国家质量监督检验检疫总局对 GB/T 28001—2001《职业健康安全管理体系规范》进行了修订，于 2011 年 12 月 30 日发布，2012 年 2 月 1 日实施 GB/T 28001—2011《职业健康安全管理体系　要求》。这个标准是从英文版的 BS OHSAS18001：2007《职业健康安全管理体系　要求》翻译的，并等同采用 BS OHSAS18001：2007《职业健康安全管理体系　要求》。

通过这次修订 GB/T 28001 的主要变化有以下几个方面：

（1）更加强调“健康”的重要性。该标准的名称是《职业健康安全管理体系　要求》，健康在先，标志这个标准更强调“职业健康”的重要性。强调“健康”的重要性体现了“以人为本”的管理理念。“坚持以人为本”是中国共产党十六届三中全会《决定》提出的一个新要求，是中国共产党人坚持全心全意为人民服务这一党的根本宗旨的体现。“以人为本”不仅是发展依靠人民，发展也是为了人民。以人为本的管理活动主要是依靠激发和调动人的主动性、积极性和创造性来展开。健康是人的基本权利，是生活质量和工作环境的最佳状态。为了激发和调动人的主动性、积极性和创造性，给员工创造职业健康安全的工作环境十分重要。为了落实“健康的重要性”，不仅要辨识、评价和控制“危险因素”，更应辨识、评价和控制“危害因素”。

（2）改变 PDCA 模式介绍方式。对 PDCA（策划-实施-检查-改进）模式仅在引言中作全面介绍，在各主要条款的开头不再予以介绍。在 GB/T 28001—2001《职业健康安全管理体系规范》中不仅在职业健康安全管理体系模式用 PDCA 来描述过程方法，而且对职业健康安全方针、策划、实施和运行、检查和纠正措施以及管理评审也用 PDCA 来描述过程方法，不仅与质量管理体系和环境管理体系的表述不一致，而且将审核和绩效测量的反馈作为每个子过程的输入，有些过于形式化。修订后在标准的引言中对职业健康安全管理体系运行模式用过程方法和 PDCA 方法进行描述。PDCA 方法可以引用于所有过程，使这两种方式兼容，也有助于同 GB/T 24001 和 GB/T 19001 兼容。

（3）对术语和定义进行调整和变动。在 GB/T 28001—2001《职业健康安全管理体系规范》的定义和术语的基础上，又增加了 9 个术语（可接受风险、纠正措施、文件、健康损害、职业健康安全方针、工作场所、预防措施、程序和记录）和修改了 13 个术语的定义（审核、持续改进、危险源、事件、相关方、不符合、职业健康安全、职业健康安全管理体系、职业健康安全目标、职业健康安全绩效、组织、风险和风险评价）。将原有的“可接受风险”改为“可容许风险”；将原有的“事故”和“事件”合并到“事件”中；“危险源”的定义不再涉及“财产损失”、“工作环境破坏”。

（4）将原标准中的 4.3.3 和 4.3.4 合并。为了与环境管理体系兼容和整合，将原标准中的 4.3.3“目标”和 4.3.4“职业健康安全管理方案”合并为 4.3.3“目标和管理方案”。但是 GB/T 24001—2004 中的 4.3.3 为“目标、指标和方案”，修订后的 GB/T 28001—2011《职业健康安全管理体系　要求》中 4.3.3 为“目标和方案”，没有涉及指标。

（5）针对策划对控制措施的层级提出新要求。在 4.3.1“危险源辨识、风险评价和控制措施的确定”中针对策划对控制措施的层级提出新要求：“在确定控制措施或考虑变更现有控制措施时，应按如下顺序考虑降低风险：

a）消除；

b）替代；

c）工程控制措施；

d）标志、警告和（或）管理控制措施；

e）个体防护装备。”

（6）更加明确强调变更管理。在 4.3.1“危险源辨识、风险评价和控制措施的确定”中提出危险源辨识、风险评价的程序应考虑“组织及其活动的变更材料的变更或计划的变更。”在 4.4.6“运行控制”中也提到“组织应确定那些与已辨识的、需实施必要控制措施的危险源相关的运行和活动，以管理职业健康安全风险。这应包括变更管理。”

（7）增加了 4.5.2“合规性评价”。为了与环境管理体系兼容和整合，在标准中增加 4.5.2“合规性评价”。遵守适用的法律法规也是管理职业健康安全管理体系的要求，所以增加“合规性评价”是必要的。

（8）对参与和协商提出了新要求。将原标准中的4.4.3“协商与沟通”修订为4.4.3.1“沟通”和4.3.3.1“参与和协商”，规定了工作人员和承包方以及其他相关方的参与和协商的新要求，这也是了解和满足其他要求的信息来源。

（9）对于事件调查提出了新要求。将原标准中的4.5.2“事故、事件、不符合、纠正和预防措施”修订为4.5.3“事件调查、不符合、纠正措施和预防措施”，并分为4.5.3.1“事件调查”和4.5.3.2“不符合、纠正措施和预防措施”，对事件调查提出了新要求。

修订后的标准也无意包含合同中所有必要的条款，使用者对本标准的应用自负其责。使用者符合本标准的规定，虽然有助于组织遵守适用的法律法规，但并不免除其所应承担的法律义务。

7.2　钢铁生产过程的危险源

GB/T 28001—2011《职业健康安全管理体系　要求》中的4.3.1“危险源辨识、风险评价和控制措施的确定”规定：“组织应建立、实施并保持程序，以持续进行危险源辨识、风险评价和必要控制措施的确定”。

钢铁工业是一个“高危行业”，因此在建立职业健康安全管理体系时，首先应辨识和评价危险源，为控制职业健康安全风险和提高职业健康安全绩效提供信息。

7.2.1　原料过程的危险源

原料过程主要包括原料场、原燃料装卸、存储、运输、破碎、筛分和混匀等过程。

原料场对人身伤害的主要因素是各种机械运转和处理故障时所发生的机械伤害，其次是高处坠落和物体打击。电动单梁悬挂桥式起重机中任何一个组件出现缺陷，都有可能引起重大伤害事故，包括吊钩出现裂纹或断裂、钢丝绳捻距内断丝数超过规定，容易引起坠落伤害。在起吊过程中，如果吊具卸件时与工件不垂直，容易产生压伤或擦伤。起吊过程中由于物件捆扎不牢也会发生重物坠落伤人事件。在高空检查吊车时，如果防护措施不到位，容易发生高空坠落。在操作吊车过程中，由于电器短路、断路，电线裸露，容易发生触电。操作中没有加强监测、方向控制错误，可能与其他物体发生相撞。工人在上下吊车时，可能跌倒、滑倒、绊倒和碰伤。

在原料、燃料供应系统中，皮带是运输设备，在操作人员处理皮带打压料、打滑时，如果工人违章操作，皮带可能伤人。在清扫皮带尾轮时，如果不停机可能碾伤工人。如果人工违章操作，在皮带运转中清扫或维修运转设备或从皮带上下方跨越，可能造成碾伤或划伤。在检查皮带过程中，如果防护不好，有可能发生皮带、滚轮碾伤事故。另外，在皮带接头用汽油清洗如遇明火可能发生火灾。在胶带运输过程中，在处理跑偏、打滑、压料、堵漏斗、跑小车、上托轮等作业时有被胶带绞伤的危险。在皮带检查和检修过程中可能涉及高空作业，有可能发生高空坠落事故。在皮带胶接过程，由于硫化器线路漏电，可能发生触电事故。

在翻车机、接料槽和卸料过程中，有受车辆或机具伤害的危险。电葫芦的主要危险是起重伤害。例如电葫芦在起吊过程中，操作人员与起吊物距离较近，容易撞伤。制动器漏电，可能发生触电事故。卷扬机在运行过程中有扬尘，长期接触可能引起操作人员的尘肺病；另外卷扬机运行过程会产生振动、噪声或机械伤害。在清理矿槽过程中有被风管打伤、滑伤或跌伤的危险。

在检查、清扫、维护抓斗吊车的机电设备或更换或处理钢丝绳、抓斗故障时有发生高空坠落和物体打击的危险。在石灰石和焦炭破碎加工作业过程中有被物料飞出击伤、物体打击、机械伤害和起重伤害等危险。料车是供料的主要设备之一。如果料车运输速度过快，特别在转弯处如果不减速，很容易对转弯或交叉处行人造成撞击。如果料车存在安全隐患，没有及时处理，可能撞击行人。如果料车上卸料时供电滑线漏电可能发生触电事故。在运行过程中，如果料车不加盖，可能产生一定浓度的粉尘，对操作工人健康会造成损害。卸料小车在卸料过程中，可能造成扬尘。卸料小车如果没有防护罩或栏杆，可能发生机械伤害。如果卸料小车的外壳接地装置发生故障或者接地电阻过高，或电线老化或裸露，可能发生触电伤害。

原料过程对健康有损害的因素是原燃料装卸、运输、破碎、筛分过程中产生的粉尘，其次是破碎、筛分时的噪声。在原燃料中产生的粉尘除游离的二氧化硅外，还有铅、锌、砷、氟等对人体有害的物质。

7.2.2 焦化过程的危险源

焦化生产主要是生产冶金焦供高炉炼铁使用，同时回收焦炉煤气和焦炉煤气中的煤化工产品。焦化过程一般由备煤、炼焦、煤气回收和精制（包括脱氨、脱苯和苯精制）、焦油加工等工序组成。

焦化过程首先对原煤或精煤进行验收和贮存，然后将大块和硬块煤进行预粉碎，粉碎有机械选择粉碎和风力选择粉碎。为了保证焦炭的质量，通过配煤试验，确定配煤比。目前有“先粉碎后配合”和“先配合后粉碎”两种流程。配煤后的煤进入贮煤塔，从贮煤塔放入装煤车，分别送至各个炭化室装炉。煤在炭化室内高温干馏。当炭化室内的焦饼成熟后，由推焦机和拦焦车分别摘下机侧和焦侧的炉门。从炭化室推出来的赤热焦炭（红焦）不能直接使用，必须冷却。熄焦有湿法熄焦和干法熄焦。

焦化生产中配煤工序的运输和储存过程中有运输皮带绞伤和被煤掩埋事故。在备煤过程中移动或转动设备会造成机械伤害事故，推焦机等三相裸线也有可能造成触电事故。推焦和装焦过程的高温作业，有可能发生被焦炭烫伤的事故。易燃易爆物质引发的火灾爆炸事故是焦化过程的主要人身伤害因素。焦化生产过程中产生的煤气、苯类、吡啶等，容易发生火灾和爆炸，包括气体爆炸、粉尘爆炸和火灾性爆炸。焦化过程存在中毒、灼烧、机械和电气方面的人身伤害因素。

从焦炉推出来的焦炭的粒度范围很大，不能直接用于高炉，必须进行整粒。大块的焦炭应经碎焦机进行破碎，然后进行筛分，使焦炭粒度符合标准要求。

焦炉产生的荒煤气含有许多杂质，需要精制才能使用。焦炉煤气精制流程主要包括荒煤气冷却、焦油氨水分离、脱萘、脱硫、脱氨、硫铵生产过程、脱苯过程和粗苯精制过程。

在焦化生产过程中产生的荒煤气在高温作用下裂解形成高温煤焦油，焦油由无数化合物所组成。焦油经过加工（主要是蒸馏）可以制取苯酚、邻甲酚、间对甲酚、二甲酚、工业萘、α-甲基萘、古马隆-茚树脂、精蒽、咔唑、工业菲、吡啶和炭黑等产品。

焦炉煤气中含有7%左右的一氧化碳，泄漏会发生中毒或爆炸危害。焦炉生产过程中的烟尘，含有粉尘、一氧化碳、硫化氢、二氧化硫、苯和焦油等，会危害工人的健康，特别是苯并芘（BaP）是致癌物质。在焦油氨水分离、蒸馏、贮槽和放散管等处的硫化氢、氯化氢和氨等泄漏，会造成工人中毒。吡啶蒸气会伤害工人眼睛、皮肤和呼吸道。在苯精制的初馏分中苯类物质会伤及工人的皮肤和呼吸道，而且还是致癌物质。在酚、萘生产过程中，如果发生泄漏，萘会使人中毒，酚会烧伤皮肤。沥青的蒸气、烟雾和粉尘会危及皮肤和眼睛，沥青烟中还含有苯并芘。焦化生产过程中的噪声和高温作业，也对人的身心有伤害。

7.2.3 烧结过程的危险源

烧结矿是高炉炼铁的主要原料。烧结是将铁精矿或粉矿与燃料和溶剂混合，通过燃料燃烧产生高温，将混合料熔化或软化，经过物理化学反应生产出具有一定强度和粒度、化学成分稳定的烧结矿。目前多数企业采用带式烧结机生产烧结矿。

为了保证烧结矿的成分符合要求，必须对不同种类的原料进行配料。为了使烧结料的化学成分均匀，水分合适，易于造球，获得必要的温度和粒度，并具有适宜的透气性，除配好料，还需进行混合。为了防止高温烧结矿烧损炉箅和未烧结料从炉箅中漏掉，一般在炉箅上先铺铺底料，铺完底料后采用圆辊布料机布料。布料后对台车上的料层表面进行点燃，并使其燃烧和表层结块。混合料借助点火和抽风，使料层中的炭燃烧产生热量，并使料层发生还原、分解、氧化和脱硫等反应。在反应的同时料层内熔融和冷凝使粉状料转变成多孔的块状烧结矿。最后烧结矿从机尾卸下来，再进行破碎、筛分和冷却。

配料和混料时，如果矿槽内发生堵料、棚料或黏料现象，工人去捅或挖时，容易发生物料喷射，击伤面部或风管脱落伤人；在处理圆盘给料机排料口堵料时也容易造成机械伤害。如果烧不透遇水会造成返矿圆盘“放炮”烫伤等。烧结机突然停电时，点火器炉内火焰窜出容易烧伤作业人员；突然停煤气会使空气进入煤气管道引起爆炸伤人。煤气管道或阀门泄漏煤气会引起煤气中毒事故。在机尾观测孔观察卸料或捅料时容易被含尘热浪烧伤。在机头铲料，脚踩在轨道上会被台车轮压伤；进入机头内补炉箅条时容易伤及头部或手。烧结矿单辊破碎机和热矿筛出口堵塞时，用水捅料容易被蒸汽和红料烫伤；热矿筛振动大机械零件振断飞出会击伤人。冷却机的进出口和返矿槽出口堵料或“放炮”也容易发生烫伤事故。冷振动筛零件也有摔出伤人的现象。抽风除尘过程的抽风机转子失衡，叶片脱落击破机壳飞出伤人。油箱油管漏油容易引起火灾。进入除尘器或烟道内检查或处理故障时有煤气中毒的危险，如果孔门关闭会窒息；如果启动风机，必死无疑。进入电除尘器有被电击伤的危险。上下除尘器外部楼梯时有滑跌和坠落的危险。

健康损害因素主要是粉尘，一般粉尘量占烧结矿产量的3%左右，主要发生在烧结机机尾卸矿、成品矿的热破热筛和冷破冷筛以及各进料点、混料过程和出料口，除尘过程的排放、卸灰和转运过程。毒物的危害主要是烧结点火用的煤气（一氧化碳）和废气中的二氧化硫。如果管道、烟道或闸阀泄漏会引起中毒。高温的危害主要是在烧结机、单辊破碎机、热矿筛、一次返矿、冷却机和成品皮带运输机等高温作业岗位。烧结过程的噪声主要来自各种风机、破碎机、振动筛、卸料点及机电设备的运转撞击声，特别是主抽风机室、熔剂、燃料破碎间的噪声可达100dB(A)，会伤及人的听力。

7.2.4　炼铁过程的危险源

现在的炼铁是将铁矿石在高炉中还原，炼成生铁。生铁含有一定比例的碳和其他元素，除少部分用于铸件外，大部分用于炼钢。炼铁的主要设备是高炉。从炉顶上部装入铁矿石、焦炭和熔剂。在高炉下部有风口，由风口鼓入由热风炉加热到1200℃左右的热风，使风口前的焦炭燃烧并保持炉内温度，同时产生一氧化碳在炉内上升，逐步和陆续还原铁矿石，其中一部分铁矿石被碳直接还原。还原反应形成的铁又吸收焦炭中的碳，同时铁矿石中的脉石中的氧化物也部分被还原，成为杂质进入铁中，于是使铁的熔点下降，在高炉下部熔融，成为铁水贮存在高炉底部。适当时候打开高炉出铁口，将铁水放出。浮在铁水上面的炉渣在适当时候从出渣口或出铁口放出。在高炉内上升的还原气体（高炉煤气）从炉顶排除，高炉煤气含有20%左右的CO，可以作为燃料加以利用。但是高炉煤气中含有大量粉尘，所以在高炉煤气排出的管线中设置除尘和集尘装置，经过除尘后高炉煤气可以回收利用。

炼铁的人身伤害的主要因素是在出铁或发生故障检修作业时，容易发生煤气泄漏，造成一氧化碳中毒。高炉喷吹煤粉的制备和喷吹设施可能发生爆炸。高炉的铁水和炉渣遇水或泄漏的煤气遇明火也会爆炸。高炉出铁时开堵铁口操作失误、出铁沟的修补以及出渣出铁的渣铁飞溅，会造成灼烫。出铁场的起重机、解体机和泥炮等也会形成机械伤害。

炼铁过程健康损害的主要因素有高温热辐射（铁口的单向辐射热可达30J/(cm^2 · min)，渣口的单向辐射热可达20J/(cm^2 · min)）。炉前出铁场、碾泥机等处会产生烟尘和粉尘，会伤及工人呼吸系统，严重的会造成矽肺病。炼铁过程的毒物危害主要是CO，炉渣中含有微量的H_2S和SO_2。炼铁工序的噪声主要来自高炉鼓风机、蒸汽发电机、喷吹煤粉、煤气放散和机电设备运转，有时也会超过100dB（A）。

7.2.5 炼钢过程的危险源

高炉炼出来的生铁，含有C、Mn、Si、P和S等杂质元素。含有这些元素使得生铁硬度大，但是缺乏良好的金属特性，必须进一步冶炼，以去除其中的杂质元素，需根据要求加入适当的合金元素，炼成钢。

炼钢过程包括两个部分：

（1）强化冶炼。加热熔化装入炼钢炉内的炉料（生铁与废钢），氧化去除杂质，调整温度和成分，脱氧，或在冶炼合金钢时加入合金料。炼钢结束后，将钢水放入钢包中，根据需要进行脱气或精炼。

（2）浇注钢锭。将炼成的钢水注入钢锭模，使之冷却凝固成钢锭或将钢水连续地浇注成连铸坯。

炼钢过程的原燃料和钢水钢渣的吊运，设备检修过程中设备遇零件的拆卸和安装会形成起重和机械伤害。火灾也是炼钢过程的主要人身伤害因素。火灾事故的原因有三个方面：一是燃油、润滑油、液压油和可燃气体引起的；二是电气设备故障造成的；三是高温钢水炉渣喷溅和泄漏引起的。

高温钢水炉渣喷溅或遇水也能引起爆炸，煤气爆炸、氧气爆炸、超压爆炸和电气爆炸等也是炼钢过程的人身伤害因素。起重伤害和高处坠落也是炼钢过程的事故原因，特别是在设备检修过程中，这类危险更值得注意。

损害健康的因素有粉尘和噪声。粉尘主要来自原料的准备与冶炼和精炼过程。每吨转炉钢产生35kg粉尘，有毒有害气体主要是CO。另外还有铁水、钢水、钢渣的热辐射。

7.2.6 连铸过程的危险源

连铸是连续铸造成钢坯的浇注方法，将钢水由钢包首先注入中间包，再由中间包注入水冷的结晶器中，使钢坯的外壳凝固并从结晶器底部拉出，再用夹持辊夹送，在二次冷却区喷水冷却和凝固，再按规定长度切成连铸坯。

钢包的滑动水口也会发生不能自动开浇或钢包注流失控的危险。中间包开浇后控制失灵和水口堵塞，也会造成漏钢事故。浇注过程的钢包吊运和设备检修时设备吊装，容易产生起重伤害和高处坠落。开浇漏钢和黏结漏钢也有灼伤或火灾的风险。连铸变电所的配电室、控制室、电缆隧道、液压站和计算机房容易发生触电或火灾。连铸过程也会产生一定的烟尘，连铸坯修磨、钢包拆除和修理以及结晶器修复也会产生粉尘。连铸过程的风机和水泵会产生100dB（A）左右的噪声。连铸过程的高温热辐射和结晶器液面控制的同位素射线辐射，对工人健康也有损害。

7.2.7 轧钢过程的危险源

轧钢过程是压力加工过程，在轧辊之间改变钢锭或钢坯形状并改善钢的内部质量。轧钢生产包括坯料准备、坯料加热、轧制、切断或卷取，再经过轧后冷却和矫直就可以包装交付，但是有的产品需要进行热处理（常化或调质）或表面处理（镀锌或涂层）后包装交付。

轧钢的坯料加热过程大量使用煤气，在轧制过程也采用氧气、氢气、氨气、乙炔等易燃易爆气体，各种油类、酸、碱、电气设备和液压设备具有火灾和爆炸人身伤害因素存在。在轧钢生产、处理故障和检修过程中存在机械、物体打击、起重伤害、高处坠落和灼伤等危险因素。行车故障是轧钢的又一种人身伤害因素，例如行车主体与厂房立柱之间挤压伤亡事故，行车装置故障、超重、脱钩也会形成危险。

轧钢过程对健康有损害的因素有高温、毒物和噪声。轧钢过程的高温危害主要是加热设备、涂镀层设备、热处理设备和轧件的高温，会引发疾病。毒物危害主要有一氧化碳、氮氧化物、硫化氢、二氧化硫和氯化氢等有毒气体，酸洗过程会产生酸雾，对工人健康有危害。烟尘和粉尘危害，在钢坯修磨、加热、除鳞、轧制、精整和热处理过程中都会遇到烟尘或粉尘。轧钢工序的噪声主要是机械噪声，来自轧机运行、钢材与辊道和冷床之间的摩擦与碰撞、钢材切割、精整和翻动过程。特别是钢管生产过程的噪声热区超过90～100dB(A)，冷区超过100～120dB(A)。在金属监测器、测厚仪和探伤时会有射线危害。

我国钢铁企业对人身有伤害的危险源主要是机械伤害和物体打击，车辆伤害居第三位，高处坠落居第四位，起重伤害居第五位，灼烫居第六位。对健康有损害的主要危险源有：一氧化碳、氮氧化物、二氧化硫、硫化氢、氯、苯、铅、汞、锰及其粉尘等；物理因素有：高温、低温、高压、低压、噪声和振动、电离辐射（β射线、γ射线等）、非电离辐射（紫外线、红外线、射频辐射和激光等）。总之，钢铁生产过程的灼伤主要来自高温、高热物流、能流，带有腐蚀性物质，带有压力的喷溅或喷射物流。冶炼过程的风险主要是灼伤，它仅次于机械伤害和物体打击，居第三位。伤害主要来自高温铁水、钢水和炉渣喷溅、白云石、石灰、电石、蒸气、热水、热钢件、煤气、氧气等着火灼伤、化学性和电弧灼伤等。伤害多发生在焦化、烧结、炼铁、炼钢、连铸和轧钢工序。控制措施为：加强个体防护（劳动保护用品）、严格标准化作业（安全操作规程）、严防废钢带水和爆炸物（探测）、防止设备老化和破损（检测和探伤）。

7.3 钢铁生产过程危险源的控制

GB/T 28001—2011《职业健康安全管理体系　要求》的4.3.1“危险源辨识、风险评价和控制措施的确定”规定：“组织应建立、实施并保持程序，以持续进行危险源辨识、风险评价和必要控制措施的确定”。4.4.6“运行控制”规定：“组织应确定那些与已辨识的、需实施必要控制措施的危险源相关的运行和活动，以管理职业健康安全风险。这些包括变更管理”。

7.3.1 焦化过程危险源的控制

厂址选择应位于居民区的夏季最小频率风向的上风侧和生活饮用水水源的下游，并考虑所在地区的地质、水文、气象、防洪、排涝等因素。厂址条件应有利于烟气的扩散。煤场、焦油加工区应位于厂区常年最小频率风向的上风侧的边缘，焦炉炉组纵轴也应与当地最大频率风向夹角适宜。

翻车机的操作信号（例如事故开关、翻转角度极限信号等）应设置齐全，煤场、配煤槽、煤塔等贮煤时间有规定，否则超过规定时间会引发自燃的现象。煤场应设有喷水设施及其他防自燃措施，煤槽煤流入口也设置箅格、振煤装置等，地下通廊有防止地下水浸入的措施。

配煤过程应实现机械化，粉碎机前有电磁分离器，粉碎机、破碎机有安全连锁装置。胶带运输机应设置有防胶带跑偏、打滑和溜槽堵塞的探测器及自动调节装置，启动和停止的顺序连锁等。运焦皮带机应采用耐热胶带，胶带机上应有自动洒水装置或红焦探测器。

煤焦转运站、粉碎机室、筛焦楼等处应有防尘措施，上升管盖、桥管承插口、装煤孔、炉门及小炉门等处有防止冒烟的措施，炉顶工人休息室有降温隔热措施。焦炉装煤、出焦、熄焦等过程采用有效的消烟净化措施，焦炉地下室有通风装置，两端有安全出口及一氧化碳检测装置，煤气管末端有放散和防爆装置。烟道走廊及地下室有换向的音响报警装置。

推焦机、拦焦机、装煤车、熄焦车有开车前音响信号，推焦机、拦焦机、熄焦车之间也有联络信号和连锁装置。凉焦台设有熄焦的水管。干熄焦装置严密，并设有气体成分分析仪。干熄焦装置外部通风良好，而且有测量风向、风速装置。

煤气净化车间与焦炉的净距离应规定安全要求，例如精苯车间与焦炉的净距离应大于50m。鼓风机室的仪表控制室应布置在爆炸危险区域之外。苯精制、吡啶精制、萘、硫磺等具有爆炸危险的厂房应采用不能发火花地坪，厂房也须考虑泄压面积等。煤气设备的进出口处都应留有检修位置。隔断盲板、各种塔器的进出口管道上应有温度、压力监控仪表。管式炉及氨分解炉等加热用煤气有低压报警装置。苯类贮槽有喷水冷却设施，并装有呼吸阀及阻火器。

粗精苯、焦油室内及粗苯管式炉等有灭火装置，各贮槽和塔器的放散气体有集中处理的排气洗净塔等净化措施，电捕焦油器有氧含量自动监测仪和报警装置。硫铵工段设备应防止漏酸或漏煤气；粗苯车间对火源管理应有规定。

对煤焦油中含水量应有限制和控制；对萘、蒽集尘也应有极限控制要求。在焦油氨水分离装置、蒸馏设备、贮槽和放散管等处应检查和防止硫化氢、氯化铵及氨等气体泄漏。注意控制吡啶生产设备不发生泄漏，防止苯精制的初馏分中的二硫化碳或苯中毒，防止沥青烟气或粉尘中毒，防止噪声和热辐射对工人的危害。

焦化生产过程存在有易燃易爆炸性混合物，泄漏是常见的产生燃烧爆炸性混合物的原因。造成泄漏的原因有的是来自设备，有的是来自操作失误。设备、容器和管道本身存在漏洞或裂缝。有的是设备制造质量差，有的是长期失修、腐蚀造成的。在投入使用之前必须经过验收合格。在使用过程中要定期检查其严密性。操作失误会造成气、油泄漏，甚至引起燃烧和爆炸。为了预防这类事故，除要求严格按标准化作业外，还必须采取防溢流措施。例如易燃、可燃液体贮槽区应设防火堤。防火堤内的下水道通过防火堤处设有闸门。对可能泄漏或产生含油废水的生产装置周围应设围堰等。焦化生产过程的许多设备都设有放散管，各放散管应按所放散的气体种类分别集中净化处理后放散。放散有毒、可燃气体的放散管出口应高出本设备及邻近建筑物4m以上。可燃气体排出口应设阻火器。

焦化生产过程的煤尘主要产生在煤的装卸、运输以及破碎粉碎等过程中。一般煤场采用喷洒覆盖剂或在装运过程中采取喷水等措施来降低粉尘浓度。输送带及转运站主要利用安装输送带通廊、局部或整体密闭防尘罩等来隔离和捕集煤尘。破碎及粉碎设备等产尘点应设置布袋除尘、湿式除尘、通风集尘等装置来降低煤尘浓度。在焦化生产过程中，一氧化碳存在于煤气中，特别是焦炉加热用的高炉煤气中的一氧化碳含量在30%左右。焦炉的地下室、烟道通廊煤气设备多，阀门启闭频繁，非常容易泄漏煤气。所以，必须对煤气设备定期进行检查，及时维护，烟道通廊的贫煤气阀应保证其处于负压状态。为防止硫化氢、氰化氢中毒，应设置脱硫、脱氰工艺设施。

7.3.2 烧结过程危险源的控制

在设计厂区时应考虑风向和距离对居民区的影响，厂区边缘到居民的距离应大于1000m，并让烧结车间主厂房与季节盛行风向相垂直。车间内部设有起重设备和检修通道，胶带机通廊和热返矿通廊净高应符合要求，人行道和检修道应设有防滑设施。

铁精矿是烧结生产的主要原料，在选矿厂生产过程中，常夹杂着大块和其他杂物，在胶带运输中经常发生堵塞、撕裂皮带，甚至进入配料圆盘使排料口堵塞事故。处理时易发生人身伤害事故。为避免以上事故，胶带机的各种安全设施要齐全，保证灵活、可靠，并应实现自动化控制。烧结的抽风机也存在危险因素，例如转子不平衡运动中发生振动的问题。针对这一问题，在更新叶轮前应当对其作平衡试验。目前带式烧结机机身长度在不断增大，也存在台车跑偏现象，另外受高温影响也容易产生过热“塌腰”现象。所以应为烧结机的开、停设置必要的联系信号，并设立一定的保护装置。翻车机工和司机沟通失误的话，会发生站台车和旋转骨架撞坏事故，容易引起操作人员发生挤手和砸脚事故。烧结过程中会产生大量的粉尘和废气，因此应抽风除尘。烧结过程的噪声主要来源于主风机、冷风机、通风除尘机、振动筛、锤式破碎机和四辊破碎机等。除应改善和控制设备噪声外，现场操作人员也应进行适当的防护。在捅、挖矿槽内发生堵料、棚料和槽壁黏结料以及圆盘给料机的排料口有堵塞现象时，规定有安全处理方法和防止伤害的措施。

烧结点火器、主抽风机室有烟雾火灾自动报警装置，烧结机头电除尘器有防火防爆装置，厂房有防雷设施。电气设备有防雷和过电保护、接地、接零装置。对烧结机、抽风机（抽风机转子和叶片）、热矿筛、冷振筛等规定有点检维护制度。

厂内气体管道是架空敷设，煤气管道的入口处设有总管切断阀和蒸汽或氮气吹扫煤气的设施，煤气管道有压力报警装置。油、水、煤气、蒸汽、空气或其他气体设备和管道上的压力表经过校准，并在有效期内。

制定突然停电或停煤气以及检查煤气管道和阀门泄漏煤气的对应措施。对机尾观察孔观察卸矿和更换台车或备件时规定有安全注意事项。对双层筛、冷振筛的瓦座、传动轴和偏心块，对抽风机转子和叶片抽风机的油箱规定有点检维护措施；对电除尘器内维修和清扫规定安全作业程序；上下除尘设备的楼梯时有防止滑跌和坠落的措施。

7.3.3 炼铁过程危险源的控制

厂区应布置在高炉常年最小风频下风侧，各操作室、值班室应避开可能泄漏煤气的危险区及常年最大风频的下风向。

矿槽、焦槽上加盖格筛，斜桥下设有防护板或防护网，斜桥一侧有通往炉顶的走梯。卷扬机的运转部件设有防护罩或栏杆，下面留有清扫撒料的空间。天桥、通道、斜梯踏板及平台采用防滑钢板或格栅板制作，并有防积水措施。原料、燃料准备及运输等有粉尘的地方有通风除尘装置。

在矿石与焦炭运输、装卸，破碎与筛分，烧结矿整粒与筛分过程中，都会产生大量的粉尘；高炉炉前作业有高温辐射，出铁、出渣会产生大量的烟尘，铁水、炉渣遇水会发生爆炸；炉前还容易发生烫伤，开铁口机、起重机造成的伤害等。主要预防措施是提高装备水平，作业人员要穿戴防护服。炼铁过程煤气泄漏会造成人中毒和爆炸；喷吹煤粉也有发生粉尘爆炸的危险；另外，也存在噪声的伤害等。上料、卸料和装料操作必须遵守安全程序。

高炉炉身附近的电气设备安装有防护罩或栏杆，炉前设备的电缆有防机械损伤及防烧毁的措施。电气设备的外壳接零或接地，高层建筑有防雷击设施。

计算机室、变电室和动力开关室配有灭火装置或灭火器，为了防止发生回火，煤气放散点火装置设有蒸汽灭火装置。除尘器布置在高炉铁口、渣口10m以外，并不正对铁口或渣口。炉顶工作压力能承受400kPa以上的煤气爆炸压力，当炉顶压力超过规定时，放散阀可以自动打开。热风主管设有排除炉内煤气的倒流阀。煤气管道的最高处有能够在地面控制的煤气放散管或阀，热风炉燃烧器的煤气管道是有煤气流量调节器和煤气自动切断闸阀及报警系统；在热风炉混风调节阀前，有闸板式切断阀。热风炉燃烧器的燃烧阀与煤气切断阀之间设有蒸汽或氮气吹扫装置，热风炉总管有水封装置，煤气支管有自动切断阀。

高炉炉体、风口、炉底、外壳、水渣等必须连续给水，一旦中断便会烧坏冷却设备，发生停产的重大事故。为了安全供水，供水系统设有一定数量的备用泵，泵站设有两路电源和供水的水塔，保证在没有外部供水情况下维持循环供水。

炉前渣沟、铁沟及水冲渣沟，设有活动封盖及相应的除尘装置，渣口、渣铁罐上面设有排烟罩，水渣沟架空部分有带栏杆的走台，水渣池周围设有栏杆，四壁有扶梯。炉顶、除尘器、洗涤塔或布袋除尘器的人孔上下配置，炉顶放散管设有点火装置，用于煤气吹扫的蒸汽管与煤气管之间是非刚性连接，在高温作业区有防暑降温措施。

煤粉制粉和喷吹系统有防火、防爆、防雷和防静电措施，粉煤制备系统、喷煤系统与制粉间、喷吹间的一切设备全部设有防火措施，制粉间、喷吹间有消防措施，周围有消防车能够通行的通道。煤粉仓、储煤罐、喷煤罐、仓式泵等有防爆孔，煤粉管道和容器有吹扫用的压缩空气、氮气和其他惰性气体，有压差安全连锁装置和停电时所有阀门安全自动切换装置。当喷煤系统的阀门或仪表失灵时能够自动切断和报警。

为了保证喷吹煤粉的安全，混合器与煤粉输送管线之间应设置逆止阀和自动切断阀。喷煤风口的支管上也应安装逆止阀，停止喷吹时喷吹罐内和储煤罐内的储煤时间不应超过8～12h。为了防止爆炸产生强大的破坏力，喷吹罐和储煤罐应有泄爆孔。烟煤粉尘制备、喷吹系统，当烟煤的挥发分超过10%时，可发生粉尘爆炸事故。为了预防粉尘爆炸，主要采取控制磨煤机的温度、控制磨煤机和收粉器中空气的氧含量等措施。

炼铁过程煤气中毒事故危害最为严重，死亡人员多，多发生在炉前和检修作业中。预防煤气中毒的主要措施是提高设备的完好率，尽量减少煤气泄漏；在易发生煤气泄漏的场所安装煤气报警器；进行煤气作业时，煤气作业人员佩戴便携式煤气报警器，并派专人监护。为防止煤气中毒与爆炸，在一、二类煤气作业前必须通知煤气防护站的人员，并要求至少有 2 人以上进行作业。在一类煤气作业前还须进行空气中一氧化碳含量的检验，并佩戴氧气呼吸器。在煤气管道上动火时，须先取得动火票，并做好防范措施。进入容器作业时，应首先检查空气中一氧化碳的浓度，作业时除要求通风良好外，还要求容器外有专人进行监护。

7.3.4　炼钢过程危险源的控制

炼钢过程中所需要的原材料、半成品、成品都需要起重设备和机车进行运输，运输过程中存在起吊物坠落伤人、起吊物相互碰撞、铁水和钢水倾翻、车辆撞人等危险源，应加强设备维护、提高操作水平和严格遵守安全操作规程。

转炉炉座布置应是高架式的，炉壳防高温裙板、冷却托圈是防高温变形的，炉壳与托圈连接设有安全设施。应具备炉体转动的动、静负荷防护和平衡设施。炉口有防冲击负荷影响的措施，炉口、裙板与转炉耳轴有水冷设施，转炉周围有防护设施。

操作室、转炉前后摇炉出钢口、加合金料孔、转炉炉前测温取样、转炉清炉口、修炉、补炉与拆炉等均有安全设施。

转炉操作平台有栏杆、人行道和梯子。转炉除尘与烟罩有升降装置，转炉炉罩升降接口、下料口、氧枪、副枪以及活动烟罩与斜烟罩连接密封也应有安全设施，并设置了烟罩和氧枪维护平台，活动烟罩与可调喉口及风机具有连锁装置。

转炉炼钢的氧枪系统是炼钢过程的安全工作重点。首先应预防弯头或变径管燃爆事故。除改善设计外，还应通过减慢流速、定期吹管、清扫过滤器和完善脱脂作业等手段来避免事故的发生。如果低压用氧可能导致氧管负压、氧枪喷孔堵塞，容易引起燃气倒罐回火，发生燃烧和爆炸事故，因此应严密监视氧压。因操作失误也会造成氧枪回水不通，氧枪积水在熔池高温中汽化，当氧枪内的蒸气压力高于枪壁强度极限时就会发生爆炸。

余热锅炉系统有安全装置，包括防爆孔、检查孔、汽包上的安全阀、放散阀、水位测定与报警装置等。

烟气有洗涤喷水和检查，烟气分离器有安全设施，风机叶片有冲洗与自动加油装置。煤气有防爆、放散与水封、自动点火的设施，煤气柜有安全设施，除尘和煤气回收有防泄漏检查设施，蓄热器也有安全设施。

除尘、烟气净化、煤气回收和水处理系统有检查平台、走道、扶梯或栏杆。氧枪与副枪卷扬钢丝绳有防断、防过载、防松绳和防黏渣的安全设施；氧枪水温差与氧压差有报警系统，氧枪和副枪停电时有备用电源，副枪自动装卸探头，转炉、氧枪和副枪之间自动连锁。

炼钢过程的转炉、精炼炉、钢包、铁水罐、混铁炉或混铁车等满溢，铁水、钢水、渣液遇水会发生爆炸。防止熔融物遇水爆炸，对冷却水系统要保证安全供水，水质要净化，不得泄漏；物料、容器、作业场所必须干燥。应定期检查、检修转炉、精炼炉、钢包、铁水罐、混铁炉或混铁车等设备；严格执行安全技术规程，并搞好个人防护。

炉外精炼在加合金、测温、取样、吹氧控制操作时有安全防护设施，有防止跑漏钢水、液压室防火、防止停电、停水、炉外电石料仓防爆设施。

在连铸过程中钢包滑动水口若不能自动开浇和钢包注流失控，将会影响中间包的正常作业。如果中间包开浇失控，水口堵塞容易引发漏钢事故。连铸结晶器钢水液面与中间包钢流连锁控制有安全设施，结晶器冷却水应有备用水源。一次冷却用水与钢包回转台事故停电应有备用的安全电源；二次冷却蒸汽应有捕集装置。火焰清理有除尘设施，钢坯表面清理有安全防护措施和对漏钢事故的安全防护措施。连铸平台、栏杆、扶梯和走道应符合有关规定。

有防止燃油、润滑油、液压油和可燃气体引起火灾的措施，有防止电气设备发生故障而引起火灾的措施，有防止钢液、钢渣、蒸汽、氧气、煤气、燃油、润滑油、液压油和可燃气体引起爆炸的措施，有防止起重机、天车引起的起重伤害和高处坠落的设施，有防止铁水包、钢水包、渣罐等设备引起的高温伤害和防止触电的安全设施。

7.3.5 轧钢过程危险源的控制

一般在轧钢生产现场设有原料仓库、中间仓库、成品仓库和露天堆放地。钢坯通常用磁盘吊和单钩吊装卸。在使用磁盘吊时，要检查磁盘是否牢固，以防脱落砸人。在使用单钩吊时，要检查钢坯在车上的放置状况和钢丝绳的安全状态。钢坯堆垛要放置平稳、整齐，垛与垛之间保持一定的距离，便于工作人员行走，避免吊放钢坯时相互碰撞。钢坯堆垛的高度应以不影响吊车正常作业为标准。

用火焰清除钢坯表面缺陷时，要按操作规程仔细检查火焰枪、煤气和氧气胶管、阀门、接头等有无漏气现象，以防回火爆炸伤人。

轧钢加热炉用的燃料分为固体、液体和气体。气体燃料运输方便、点火容易、易达到完全燃烧，但某些气体燃料有毒，具有爆炸危险，使用时要严格遵守安全操作规程。使用液体燃料，应注意燃油的预热温度不宜过高，点火时进入喷嘴的重油量不得多于空气量。为防止油管的破裂、爆炸，要定期检验油罐和管路的腐蚀情况，储油罐和油管回路附近禁止烟火，应配有灭火装置。

加热设备设有可靠的隔热层，其外表温度不超过100℃。加热炉设有各种安全回路的仪表装置和自动警报系统，以及使用低压燃油、燃气的防爆装置。加热炉安装有安全水源或设置高位水源。加热炉是使用煤气的生产区，其煤气危险区域的划分，应符合 AQ2007—2004 中表 1 的规定。第一类区域，应戴上呼吸器方可工作；第二类区域，应有监护人在场，并配备好呼吸器方可工作；第三类区域，可以工作，但应有人定期巡视检查。加热炉与风机之间设有安全连锁、逆止阀和泄爆装置，严防煤气倒灌爆炸事故。

调压站和一次仪表室均属甲类有爆炸危险的建筑，其操作室与调压站隔开，并设有两个向外开启的门。贮油罐或重油池，安装有排气管和溢流管，输送重油的管路设有火灾时能很快切断重油输送的专用阀。轧钢工序的伤亡事故多发生在辅助设备或作业区域。防止机械伤害最重要的措施是保持设备处于良好状态，安全装置有效。清扫和修理必须停机作业。对交叉作业应进行安全联络，建立安全确认制度。对高速运动和移动的装置或部件应有安全防护装置和警示标识。机械伤害主要来自旋转式机械、移动式机械、往复式机械和运输式设备等。控制措施包括设备状态良好（安全点检）、严禁不停机清理和触摸（危险预知）、检修时三方确认和挂牌、交叉作业安全联络、醒目安全警戒和安全防护装置。

轧机的机架、轧辊和传动轴，设有过载保护装置，以及防止其破坏时碎片飞散的措施。轧机与前后辊道或升降台、推床、翻钢机等辅助设施之间，设有安全连锁装置。自动、半自动程序控制的轧机，设备动作应具有安全连锁功能。轧机的润滑和液压系统，应设置各种检测和保险装置。

加工热辊时，采取措施防止工人受热辐射。应采用机械自动或半自动换辊方式。剪机与锯设专门的控制台控制。喂送料、收集切头和切边，采用机械化作业或机械辅助作业。热锯机应有防止锯屑飞溅的设施，在有人员通行的方向应设防护挡板。轧机除鳞装置包括防止铁鳞飞溅危害的安全护板和水帘。热带连轧机与卷取机之间的输送辊道，两侧设有防护挡板。带钢轧机能在带钢张力作用下安全停车。卷取机工作区周围，设有安全防护网或板。地下式卷取机的上部、周围设有防护栏杆，并有防止带钢冲出轧线的设施。采用吊车运输的钢卷或立式运输的钢卷，进行周向打捆或采取其他固定钢卷外圈的措施。

冷轧厂（车间）应设在企业污染影响较大的生产区最小频率风向的下风侧，厂区布置和主要车间的工艺布置应设有安全通道，以便在异常情况或紧急抢救情况下供人员和消防车、急救车使用。新建、改建和扩建轧钢厂，应按规定靠厂房一侧沿轧制生产线的方向，距离地面适当高度修建供参观和其他生产操作人员行走的安全通廊，设备裸露的转动或快速移动部分，应设有结构可靠的安全防护罩、防护栏杆或防护挡板。

冷轧机的机架、轧辊和传动轴设有过载保护装置，以及防止其破坏时碎片飞散的措施。液压系统和润滑系统的油箱，应设有液位上下限、压力上下限、油温上下限和油泵过滤器堵塞的显示和警报装置，油箱和油泵之间应有安全连锁装置。轧机的润滑和液压系统设置有检测和保险装置。用磨床加工轧辊，操作台设置在砂轮旋转面以外，不使用不带罩的砂轮进行磨削。应优先采用机械自动或半自动换辊方式。板、带冷轧机应设有防止冷轧板、带断裂及头、尾、边飞裂伤人和损坏设备的设施，收集废边和废切头等应采用机械或用机械辅助。

吊车装有能从地面辨别额定荷重的标识，不许超负荷作业。吊车设有吊车之间防碰撞装置；大小行车端头缓冲和防冲撞装置；过载保护装置；主、副卷扬限位、报警装置；登吊车信号装置及门连锁装置。电磁盘吊有防止突然断电的安全措施，吊具是在安全系数允许范围内使用。

主要通道及主要入口设置照明。危险场所、重大危险设备的管理和严重危险作业，设有危险标志牌和（或）警告标志牌。油库、液压站和润滑站，设有灭火装置和自动报警装置。电气室（包括计算机房）、主电缆隧道和电缆夹层，设有火灾自动报警器、烟雾火警信号器、监视装置、灭火装置和防止小动物进入的措施，以及防火墙和遇火能自动封闭的防火门。

冷轧生产的酸洗主要是为了清除表面氧化铁皮，生产时应注意保持防护装置完好，以防机械伤害；注意穿戴要求，以防酸液溅人灼伤。冷轧速度快，清洗轧辊要注意站位，磨辊须停车，处理事故时须停车进行，切断总电源，手柄恢复零位。采用X射线测厚时，要有可靠的防射线装置。酸洗和碱洗区域有防止人员灼伤的措施，并设置安全喷淋或洗涤设施。采用放射性元素检测仪表的区域，应有明显的标志，并有必要的防护措施，按有关规定定期检测。酸洗车间应设置贮酸槽。采用酸泵向酸洗槽供酸，不采用人工搬运酸罐加酸；采用槽式酸碱工艺的，不往碱液槽内放入潮湿钢件。

热处理工序存在的事故危险有火灾、中毒、倒炉和掉卷。在煤气区操作时必须严格遵守《煤气安全操作规程》，保持通风设备良好；如果吊具磨损应及时更换，以防吊具伤人。

对钢铁企业的危险源进行控制，首先应尽可能实现“本质安全化”。总图运输应合理，工艺流程顺畅，避免往返重复运输。厂内运输尽可能实现人货分流，大量采用皮带、辊道或链式运输，减少机动车负荷，减少装卸运等危险作业环节。在总图布置上应充分考虑安全距离和空间。建筑物及附属设施也应在基础、结构、通道等方面考虑防火、阻燃、防震、防风、防洪、防灾和避难等。在安全设计过程中应遵循消除原则、预防原则、减弱原则、隔离原则、连锁原则、强化原则、合理布置、合理布置设备、控制人与人身伤害因素的距离，尽可能实现机械化、自动化和智能化代替人工操作；设置保险装置，减轻伤害程度和缩短作业时间，减轻损害程度。机械化、自动化和智能化不仅可以减轻工人的体力劳动和危险作业，而且具有危险报警、安全连锁和自动停机的功能。发生故障时能够记录和显示故障的时间、地点、性质、原因等，有助于及时排除和预防再发生。

组织在设计和制造主体设备时应注意安全控制，包括设备的配置和连接方式、管道阀门位置和方向、安全装置的位置和结构，充分考虑物理、化学和工艺的安全性、电气设备和消防设施、通风和防尘、照明和采光、隔音和消声、除害和防毒等。例如降低高炉高度与直径比例，提高高炉炉体的安全性。转炉炉体与拖卷采用三点球面支撑和悬挂式星形齿轮传动，保证转炉运行的稳定性；轧机也同样，从材质到结构应具有满足安全要求的强度和刚度。水、电、风、气过程也应有安全可靠的技术设施，并有防火防爆设施。

组织在设计和制造主体设备时应采用新技术和新工艺减少对作业环境的污染；对粉尘和毒物采用有效的治理措施，包括采取代替、抑制、通风、防毒、防尘等措施，并注意防暑降温，降低噪声，建立必要的监测和急救过程。

设备和设施的安全化在很大程度上取决于安全设计。安全设计的内容非常广泛，从厂址选择和布置到工艺方案和设备选型，从方案到图纸，都将影响安全生产和职业健康。组织在设计和工程建设过程中应加强安全管理，坚持“三同时”。

为了防止钢水、铁水和炉渣爆炸，应使设备过程安全状态正常，严防设备水冷过程漏水。严禁钢包、铁罐、渣罐有水或未烘干以及出钢坑和出渣坑积水。防止易燃易爆物质的泄漏，并配置监测和报警装置，管制火源和严格动火制度。设立可靠的和完善的防火防爆装置。必须认真继续安全培训和标准化作业。防火防爆主要来自钢水、铁水和炉渣，煤气、易燃气体和液体，氧气、电气、蒸汽、粉末和超压设备等。控制措施为防火措施（防止起火和火灾）、灭火措施、防爆措施和应急措施。

钢铁企业的起重伤害主要是管理缺陷、作业缺陷、安全装置缺陷、吊具缺陷所引起的伤害。防止起重伤害最重要的措施是加强起重机械和作业的安全管理，指吊配合标准化，指令清楚，标志鲜明。行车安全装置和吊索吊具齐全可靠，在起重过程有危险的范围，严禁人员通过。起重运输伤害主要来自起重驾驶、指挥、点检和维修作业。控制措施为加强安全管理、标准化作业、安全装置齐全可靠和使用专用安全吊索具。

钢铁企业的机动车辆伤害主要发生在交叉路口、倒车、追尾等场合，防止机动车辆伤害最重要的措施是建立交通安全管理制度，加强对驾驶员的培训，在交叉路口安装反光镜，在车上安装后视镜和前后轮间增设护栏等。运输伤害主要来自厂内铁路和机动车辆驾驶。控制措施为加强安全管理、标准化作业、专业培训持证上岗、安全标识、地面反光镜与后视镜、安全护栏和连锁装置。

钢铁企业的电气伤害主要是触电伤害、电弧灼伤和电气火灾爆炸引起的烧伤。防止电气伤害最重要的措施是尽量避免人体接触带电部位，采取必要的安全防护措施，防止误操作，安装机电连锁装置，保护接地，设置电气防火防爆装置等。电气伤害主要来自：电-动（电力传动）、电-热（电热设备）、电-光（照明设备）和电-化（电解设备）等。控制措施为：防止触电（设备、检修、工具）、防止短路电弧灼伤和防止电气火灾爆炸。

钢铁企业对职工健康可能造成危害的主要是粉尘、毒物和噪声危害。直接接触健康损害因素的主要是现场的操作人员，约占职工人数的一半。其中接触粉尘的占三分之一，接触毒物的占五分之一，噪声危害的占三分之一。

钢铁企业的健康损害因素主要有粉尘、焦炉遗散物、工业毒物、噪声、高温、局部振动和放射等。其中防尘和防毒是主要的。粉尘作业工艺应采用隔离方式，在工艺允许的情况下，设立自动喷水设施进行抑尘。除尘过程应实现“三同时”。

中毒主要来自窒息性毒物（CO、N_2）、刺激性毒物（SO_2）、麻醉性毒物（汽油）、全身性毒物（铅、汞）等。首先应防止有毒物质的泄漏并建立监测和报警过程。进入煤气区域作业，必须两人以上并佩带氧气呼吸器和具有良好的通风条件。进入化学毒物设施中进行检修时，应采取可靠的隔离毒源措施，进行置换通风，使用防毒用品，准备急救措施，熟悉急救方法。采取严格密封和排风措施，防止跑冒滴漏，形成良好的作业环境，建立监测和报警过程，作好适宜的个体防护和应急准备与响应。控制措施为：防氮窒息（空气置换）、防CO中毒（防止泄漏、安全监控、保护用具、急救措施）和防化学中毒（审批作业、安全防护、急救措施）。

噪声控制措施有：选用或更换低噪声设备，采用阻尼、隔振、吸声、消声或遥控等措施进行控制，并进行必要的个体防护。

个体防护用品是劳动者在劳动中为抵御危险源伤害人体而穿戴和佩戴的各种物品。个体防护用品只是一种辅助性的安全措施，只能延缓或减轻伤害，不能从根本上解决问题。应根据实际需要发放个体防护用品，不是福利待遇。个体防护用品应保证质量安全可靠。对个体防护用品应有针对性的质量要求，必须经过有关部门核发生产许可证和产品合格证。按照有关要求不同工作工种和不同劳动条件发放个体防护用品。员工应按规定穿戴个体防护用品。通过培训使员工会检查、会使用和会维护个体防护用品。

钢铁企业常见职业病有：尘肺、职业中毒、中暑和噪声聋。控制措施为：职业卫生监护，包括定期体检和三级预防：Ⅰ级预防是“三同时”；Ⅱ级预防是降低有害物质；Ⅲ级预防是患者早期治疗。

对健康损伤因素的主要预防措施是：

（1）粉尘：八字防尘措施（革、水、密、风、护、管、教、查）。

（2）毒物："三同时"、消除、代替、遥控和个人防护。

（3）噪声：85～90dB、消除、降低、防护、体检。

（4）中暑：疏散热源、隔热、通风降温、保健措施（盐水）和防护措施。

（5）电离辐射：执行卫生标准、降低辐射强度、缩短工作时间、远离辐射、屏蔽或防护、标识警示和封闭保管。

7.3.6 设备检修过程危险源的控制

点检是日本开发的一种设备检查和维修制度，我国宝钢引进后又有新的发展。这套制度是通过对设备按规定的检查点，定人、定时、定方法、定标准进行预防性检查（点检），取得设备状态的信息，制定有效的维修方案，把维修工作做在设备发生事故或故障之前，使设备始终处于最佳状态。

点检定修制度的核心是点检，点检是一种完善的设备维修工作过程，是保证设备安全可靠性、维护性和经济性的重要措施。点检是由岗位操作工人进行日常点检，专业点检工人进行定期点检，专业技术人员进行精密点检，这也叫做"三位一体"的点检制。定修制是一种设备检修管理制度。定修安排在设备事故发生之前，包括"工程委托"、"接受工程"、"工程实施"和"工程记录"四个步骤所形成的设备检修制度。

在设备检修时，因为零部件拆卸、吊装空洞暴露、场地堆放混乱、立体交叉作业、动火与停送电作业等原因，危险源很多，危险性也大。因此设备检修的安全管理十分重要。设备检修的安全管理主要内容包括：

（1）检修作业开始前，必须由检修、点检和操作三方进行安全联络，"三方确认"，包括检修前三方会同时的安全确认，检修施工班组现场安全自检确认，动火时的安全确认，检修后的安全确认。

（2）检修作业必须具备安全条件，只有检修的设备编号与检修委托单或检修计划中的设备编号一致时才能施工。只有动力设备的开关，油、水、气与有关的能源介质的阀门关闭时才能施工。检修场地的坑洞有防护，易燃易爆物质必须清理，煤气作业区符合施工要求，动火作业持有证明，"三方确认"后安全联络挂牌，使危险源预知，预防措施到位。

（3）检修过程按标准化程序作业，包括检修工程委托、现场调查和安全交底、安全确认和联络挂牌、危险预知和定置管理、安全巡视和安全会议等活动。

7.3.7 外包过程危险源的控制

对外包方（协力单位）的控制包括实施安全认定，认真资格审核，凡进入企业参加维护检修、施工建设或其他外协服务的组织，必须有营业执照、资质证明、安全生产许可证或其他安全认定要求。在签订的合同或协议中有安全生产、治安消防等的条款要求。

明确对外包方的管理职责，不能以包代管。发包单位或项目单位对外包方明确工作区域、组织机构、人员组成、工作负荷、配套设施、进度要求等。发包单位或项目单位应指定专人对外包单位进行安全检查和监管，特别是应加强现场安全管理，配备符合要求的工器具，必须穿戴符合要求的劳动保护用品。

对外包方进行安全培训和沟通也非常必要。对厂区的主要危险源，特别是煤气、氧气、氮气、放射性和易燃易爆物质进行沟通，提供安全规定。明示煤气管道、氧气管道的安全色和煤气区域的定义以及煤气报警电话，煤气作用于人体的反应和自救方法。对起重、挂吊、登高、特殊工种、动火作业和煤气作业的安全作业应规定注意事项。检修作业实行“安全联络”制度，并设有提示、标示和警示牌的识别。明确火警、救护、应急电话报警和灭火器材适用范围与使用规定。

7.3.8 特种设备和特种作业危险源的控制

特种设备是指涉及生命安全、危险性较大的锅炉、压力容器（含气瓶，下同）、压力管道、电梯、起重机械、客运索道、大型游乐设施。其中锅炉、压力容器（含气瓶）、压力管道为承压类特种设备；电梯、起重机械、客运索道、大型游乐设施为机电类特种设备。

锅炉是指利用各种燃料、电或者其他能源，将所盛装的液体加热到一定的温度并对外输出热能的设备，其范围规定为容积大于或等于 30L 的承压蒸汽锅炉；出口水压大于或等于 0.1MPa（表压）且额定功率大于或等于 0.1MW 的承压热水锅炉；有机热载体锅炉。锅炉伤害主要来自锅炉爆炸、水击、二次燃烧与烟气爆炸。控制措施为：防止超压，定期校准压力表；防止过热，设置超温报警；水处理和除氧；加强缺陷检查；加强培训，规范操作。

压力容器伤害来自变形、泄漏、破裂引起的爆炸、火灾和中毒。控制措施为：遵守安全操作规程；加强容器检验，及时发现缺陷；加强容器维护和管理；加强培训，持证上岗。

压力管道是指利用一定的压力，用于输送气体或者液体的管状设备，其范围规定为最高工作压力大于或等于0.1MPa（表压）的气体、液化气体、蒸汽介质或者可燃、易爆、有毒、有腐蚀性、最高工作温度高于或等于标准沸点的液体介质，且公称直径大于25mm的管道。

起重机械是指用于垂直升降或者垂直升降并水平移动重物的机电设备，其范围规定为额定起重量大于或等于0.5t的升降机；额定起重量大于或等于1t且提升高度大于或等于2m的起重机和承重形式固定的电动葫芦等。

厂内专用机动车辆是指除道路交通、农用车辆以外仅在工厂厂区使用的专用机动车辆。

特种作业范围是指电工、金属焊接切割、起重机械、企业内机动车辆驾驶、登高架设、锅炉作业、压力容器操作、制冷、矿山通风、矿山排水以及政府批准的其他作业。

按《特种作业人员安全技术培训考核大纲》对特种作业人员进行培训和考核。特种作业人员在独立上岗工作前必须接受与本工种相适应的、专门的安全技术培训。特种作业人员的安全技术考核由特种作业人员所在单位或培训单位向当地负责特种作业人员考核的单位提出申请。特种作业人员的安全技术考核分为安全技术理论考核和实际操作考核，经考核合格者发给特种作业操作证。特种作业人员操作证每2年复审一次，连续从事本工作10年以上的复审时间可延长到每4年一次。特种作业人员必须持证上岗，对特种作业人员建立档案，作好申报、培训、考核、复审的组织工作和日常检查工作。加强对特种作业人员的身体检查和健康监护工作。离开特种作业岗位1年以上的特种作业人员，必须重新进行安全技术考核。

近年来，我国钢铁企业的生产过程设备机械化和自动化程度有了很大的提高，甚至在世界上名列前茅；但是特种设备和特种作业的风险依然存在，必须得到重视和控制。特种设备是指涉及生命安全、危险性和危害性较大的设备；特种作业是指容易发生伤亡事故，可能造成重大危害的作业，对钢铁企业来说，特别是与煤气和氧气有关的压力容器和管道、生产过程的起重和运输、检修过程的电工和焊工，具有多种危险和危害因素，特种设备和特种作业应是安全生产的重点。目前，很多企业在贯彻实施 GB/T 28001—2001《职业健康安全管理体系　规范》，并取得了认证，但是在特种设备和特种作业的安全生产管理方面仍然存在薄弱环节，有些企业对特种设备管理的重点只放在向地方特种设备安全监督管理部门登记上（偏重设备注册）；特种作业人员的管理重点也只是关注给考核合格者发特种作业操作证（偏重资格认可）。为了消除或预防特种设备和特种作业的安全风险，安全生产管理体系对以下几点进行严格控制是非常重要的。

（1）对特种设备和特种作业的安全纳入安全生产方针目标中，与生产过程一样，尽可能达到安全生产事故为零，并为目标的实现制订方案，包括责任分工明确、方案措施具体、监督检查落实和考核奖惩严格。

（2）将特种设备和特种作业作为重要对象，采用适宜的方法对机械伤害、车辆伤害、起重伤害、爆炸、火灾、触电、灼烫和中毒等危险源进行辨识和评价，找出重要的危险源进行控制。

（3）对特种设备和特种作业中的危险源的风险控制应执行责任制，明确分工，规定职责和权限。不应只局限于设备和人员管理部门，更应包括运行单位和操作人员。责任不仅是设备登记和人员取证，而应是安全运行。

（4）对特种设备和特种作业的安全控制应提高员工安全生产意识和规范安全生产作业，更应注意设计和使用消除、预防、减弱、隔离、连锁、加强防护、合理布置等措施，防止能量释放和故障传递。

（5）对特种设备和特种作业应具有危险预知和应急响应措施，最好采用可视化方式，做到事先有预防，应急有准备。既注意防止事故发生，也能避免或减轻事故伤害。

（6）加强安全生产教育和培训，提高安全生产意识和能力。除现有的三级教育外，还应加强对特种设备和特种作业的安全生产教育和培训。最好包括案例分析和应急演练。

（7）健全监督检验程序，包括主动检查、被动检查、定性的、定量的、预防性指标、事后性指标等。将特种设备和特种作业安全绩效的检查也包含在方针目标评价和奖惩考核制度中。

8

钢铁企业的能源管理

加强能源管理是由我国基本国情决定的，不仅仅可以转变经济增长方式，而且有利于贯彻科学发展观，是全面建设小康社会的重要保障，也是保障经济和国家安全的重要举措。我国为了贯彻实施节能减排的方针，于2009年发布和实施了能源管理体系标准GB/T 23331—2009《能源管理体系　要求》。为了等同采用国际标准ISO50001：2011《能源管理体系　要求及使用指南》，中华人民共和国国家质量监督检验检疫总局和中国国家标准化管理委员会在2012年12月31日发布，并于2013年10月1日实施了GB/T 23331—2012/ISO50001：2011《能源管理体系　要求》，替代GB/T 23331—2009。

8.1　能源和能源管理

8.1.1　加强能源管理的意义

能源管理分为宏观管理与微观管理。政府及有关部门对能源的开发、生产和消费的全过程进行管理是能源的宏观管理；而企业对能源供给与消费的全过程进行管理是能源的微观管理。能源管理是指对能源生产过程的管理和消费过程的管理。具体来说能源管理是指对能源消费过程的策划、实施、控制、检测和监督等一系列工作。

我国虽然是世界钢铁大国，但是钢铁工业总能耗已占全国工业总能耗的15%，而能源有效率仅为30%左右，与国际先进水平相比差距很大。我国钢铁行业吨钢综合能耗和工序能耗仍然高于世界先进水平，在一定程度上影响了我国的经济发展。虽然近年来我国钢铁企业的能源管理取得了一定成绩，大中型钢铁企业的吨钢综合能耗 2010 年与 2005 年相比下降了 12.8%，年均下降 2.6%；而 2011 年与 2010 年相比，吨钢能耗仅下降 0.5%；从 2012 年每月指标来看，吨钢能耗指标起伏不定，总体呈上升趋势。有些企业的能源管理缺乏全面系统的策划、实施、检查和改进。为了切实加强企业的能源管理，促进节约能源并降低成本，建立能源管理体系是非常重要的措施，对我国现阶段实现“十二五”规划提出的节能目标具有十分重要的意义。在企业内部建立规范的能源管理体系，会使能源管理形成一个完整的整体，全面系统地策划、实施、检查和改进各项能源管理活动，实施全过程管理，以期获得最佳的节能效果。钢铁工业是高能耗、高污染的传统产业。

《中华人民共和国国民经济和社会发展第十二个五年规划纲要》要求，单位国内生产总值能源消耗降低 16%，强调加强资源节约和管理，落实节约优先战略，全面实行资源利用总量控制。纲要中提出：“抑制高耗能产业过快增长，突出抓好工业、建筑、交通、公共机构等领域节能，加强重点用能单位节能管理。强化节能目标责任考核，健全奖惩制度。完善节能法规和标准，制订完善并严格执行主要耗能产品能耗限额和产品能效标准，加强固定资产投资项目节能评估和审查。健全节能市场化机制，加快推行合同能源管理和电力需求管理，完善能效标识、节能产品认证和节能产品政府强制采购制度。推广先进节能技术和产品。加强节能能力建设。开展万家企业节能低碳行动，深入推进节能减排全民行动。”

工业和信息化部发布的《关于钢铁工业节能减排的指导意见》要求，到“十二五”末，重点大中型企业基本建成资源节约型、环境友好型企业，能耗、水耗达到国际先进水平。吨钢综合能耗不超过 615kg 标准煤，主要生产工序能耗全部达到国家《粗钢生产主要工序单位产品能源消耗限额》和《焦炭单位产品能源消耗限额》限定值。《关于钢铁工业节能减排的指导意见》还指出，要全面实施综合污（废）水回收利用，钢铁联合企业废水基本实现“零”排放；氮氧化物、二噁英等污染物排放得到有效控制。冶金废渣基本实现综合利用，尾矿综合利用率较大幅度提高。大幅提升废钢资源循环利用水平，铁钢比降低 5 个百分点。钢铁企业节能减排的工作任重道远。到 2011 年底，重点大中型钢铁企业吨钢综合能耗不超过 620kg 标准煤；吨钢耗用新水

量低于 $5m^3$，水重复利用率95%以上；吨钢烟粉尘排放量小于1.0kg，吨钢二氧化硫排放量低于1.8kg，吨钢化学需氧量排放量低于0.2kg；二次能源基本实现回收利用；钢渣综合利用率94%，铁渣综合利用率97%，尘泥综合利用率99%，尾矿综合利用率10%。钢铁工业新增2200万吨标准煤的节能能力，污染物排放浓度和排放总量双达标。

《指导意见》要求，一是加快淘汰落后产能，严格执行国家炼钢、炼铁、铁合金、焦炭等落后产能淘汰标准，分解制定和严格执行淘汰落后产能年度计划，确保2011年底前实现淘汰 $400m^3$ 及以下高炉炼铁能力12540万吨、30t及以下转炉和电炉炼钢能力2820万吨的目标等任务，积极研究制定以节能环保强制性标准淘汰落后产能的具体措施。

钢铁企业节能减排的目标：一是普及推广已成熟的节能减排技术，大中型钢铁企业2015年干熄焦率达到100%；二是按国家要求2015年焦化、烧结、炼铁、炼钢的工序能耗达标率要达到100%；三是凡没有通过国家建设项目环境影响评价的，要努力完善环保措施，补办手续，获得审批。

为了实现"十二五"的目标要求，必须加强钢铁企业的能源管理。建立和实施能源管理体系可以使识别和控制一次能源（如煤、石油）、中间能源（电力、蒸汽、焦炭等）和其他能源（包括外包加工环节用能、使用及废弃过程中的能源消耗、物流运输过程中的用能等）过程标准化、规范化和长效化，提高能源使用、转换和加工的效率。根据方针、目标和指标管理与标杆对比可以核定合理的能源消耗定额；"运行控制"能够规范能源管理程序和建立健全管理制度；"监视和测量"可以完善能源计量和能源审计过程。使能源管理实现从主体设备到生产全过程、从生产部门到企业所有单位、从企业本身到相关方、从经验管理到科学管理的转变，将能源管理与结构调整和技术进步结合起来，形成全面能源管理机制。

8.1.2 能源管理体系标准的作用

能源管理体系是按系统管理原理，通过实施一系列完整的标准、规范，在组织内建立起一个完整有效的、文件化的能源管理体系，建立和实施过程的控制，使组织的活动、过程及其要素不断优化，通过节能监测、能源审计、平衡统计、能效对标、自我评价、节能技改、节能考核、内部审核和管理评审等措施，不断提高能源管理体系持续改进的有效性，实现能源管理方针和预期的能源目标。

这个标准是组织企业最高管理者的一项战略性决策。根据这个标准的要求，能够启动企业最高管理者的承诺和全员参与，以及制定并实施能源方针和目标。贯彻实施该标准能够规范企业的能源管理，降低能源消耗和提高能源利用效率。通过贯彻实施能源管理体系标准，可以使企业利用过程方法对企业的能源因素进行优化和控制；通过系统方法与法律法规结合，降低能源消耗、提高能源利用效率。应用先进有效的节能技术与管理经验。贯彻实施该标准还可以提高能源管理的有效性，并改进其整体绩效。同时会提高相关方的信任，确信其已经建立了适宜的能源管理体系。

建立能源管理体系使企业有效地识别和遵守适用法律法规，有效地将企业现有的能源管理与有关的法律法规、标准和政策要求结合，使企业能够强化能源管理，降低能源消耗和提高能源利用效率。

8.1.3　能源管理体系标准的控制对象

能源管理体系是以“能源”为核心进行管理和控制，通过“活动、产品和服务”识别和评价能源因素，以及适用的法律法规要求，确定具体的能源目标和指标，根据产品实现全过程以及减少外部影响所产生的能源消耗来确定相关的管理要求。组织的能源消耗、提高能源利用效率将涉及产品实现的全过程，因此，能源管理的控制范围也涉及产品实现的全过程。另外，由于与组织运行相关的经营管理和生活运营也消耗能源，也同样存在节能潜力，因此也应在能源管理体系的控制范围之内。虽然能源消耗一般都发生在组织内部，但是能源供应商也会对组织的能源管理产生影响。因此，能源供应商也包括在组织的能源管理体系的控制范围之内。

能源管理控制的对象主要是“影响能源消耗、能源利用效率的因素”，即通过管理，将能源消耗控制到规定的目标范围之内。在确定能源目标和指标时，一方面要考虑到有关的法律法规要求和组织的自身需求；另一方面能源管理在满足能源目标和指标的同时，也应注重不断挖掘节能潜力，不断提高能源利用效率。能源因素与组织提供的产品和生产过程的工艺设备有关，所以能源管理除要控制对能源利用效率产生重大影响的过程外，也要更加关注设备以及系统间的影响。能源管理控制的对象不仅仅是生产过程的节能降耗，也需要控制生产过程的能源的采购和生产过程的设施与设备。

钢铁企业二次能源的高效回收和利用也应是能源管理体系控制的重点。二次能源包括副产煤气：焦炉、高炉、转炉煤气；余热蒸汽：焦炭、烧结、炼铁、炼钢和轧钢加热炉余热蒸汽回收与利用；余热水：对化工系统余热水的回收与利用；污水：对生活污水、生产污水的收集、处理和再利用；以及高炉压差等余能资源。二次能源主要是可燃气体、余热、余压、余能等，二次能源的高效回收和有效利用是降低生产过程能源消耗和提高能源利用效率的重要途径。例如利用低温余热发电、能源高效转换、焦化过程的干熄焦、高炉和转炉煤气干法除尘、炼焦煤调湿技术、TRT 发电技术、CCPP 发电技术、铁钢间“一罐制”、连铸钢坯热装热送或直接轧制技术、轧钢加热炉蓄热式燃烧技术和建立能源管控中心等，这应当是钢铁行业能源管理的重要发展方向，也应是能源管理体系重要的控制对象，这不仅可以实现系统节能，也会发展科学用能。

8.1.4 能源管理体系标准的监视、测量和评价

能源管理体系与质量、环境和安全生产管理体系相似，也是 PDCA 的管理模式，既要求策划和实施，监视测量和评价也非常重要。

能源计量是能源管理体系监视测量的基础，应加强能源计量网建设，确保能源计量数据准确可靠。能源的范围包括煤炭、原油、天然气、焦炭、煤气、热力、成品油、液化石油气和其他直接或者通过加工、转换而取得有用能的各种资源。计量器具主要有水表、电能表、流量计、衡器、计量罐等。能源计量器具不仅应配置完整，而且也应根据 GB/T 21368—2008《钢铁企业能源计量器具配备和管理要求》，对其进行必要的检定、校准、维护和检修。

能源的监视测量的对象应包括采购能源的质量、生产过程和辅助过程的能源消耗、设施和设备能源的使用和效率。能源的监测不仅包括吨钢综合能耗和工能耗的能耗限额限定值、准入值和先进值等，也应监测主要二次能源回收量。

能源审计也应是能源管理体系监视测量的方式之一。能源审计是通过对企业生产现场调查、资料核查和分析能源利用状况，确认能源利用水平，检查存在的问题，分析对比挖掘节能潜力，提出切实可行的节能措施和建议。能源审计是指依据《中华人民共和国节约能源法》、《企业能源审计技术通则》等适用的法律法规，对企业的能源系统、煤炭、煤气、燃气、燃油、供

水、排水、电力、氧气、氮气、蒸汽和压缩空气系统及主要用能设备的能源管理、能源利用和能源流程、能源计量和统计、能源消费结构、用能设备运行效率、产品综合能耗及实物能耗、能源成本、节能量、节能技改项目等进行审查；并了解企业能源消费结构，对能源消费和产品能耗指标进行分析；根据审计内容和结果，对企业的各种能耗指标、能源成本与能源利用效果进行评价。

能源管理评价是能源管理体系的重要内容。评价应包括方针、目标、指标和管理方案完成情况，也包括能源管理基准和（或）标杆、能源管理绩效、能源消耗和利用效率。标杆管理为钢铁企业能源管理的技术创新提供了目标和增强了能力。定期对适用的法律法规、标准及其他要求的遵循情况、合规性进行评价也是能源管理重要内容。

8.2 钢铁企业的节能

8.2.1 焦化过程的节能技术

（1）焦炉大型化。我国在用的焦炉炉型种类很多，包括有机械化焦炉、土法炼焦和型焦。近年来，焦炉大型化是一种发展趋势，炭化室高度已经由4m左右增高到6～8m；长度也由13m左右增长到16～17m；每孔炭化室的容积由$25m^3$左右增大到$50m^3$；每孔的装煤量由20t增加到40t。目前，我国已投产7.63m超大型焦炉12座，6.98m焦炉12座，在建8座，≥7m的焦炉生产能力约为3000万吨。焦炉大型化的优点是：减少装煤和出焦次数，减少装煤和出焦阵发性污染，吨焦炉体表面积小，减少散热损失，有利于提高焦炉的热效率；大型焦炉的蓄热室是长向分格，有利于改善蓄热室换热效果，降低焦炉耗热量；另外，大型焦炉采用计算机自动控制系统也有利于降低焦炉耗热量；焦炉大型化可以提高生产率，例如7m焦炉每孔推出焦炭27t，而4.3m焦炉每孔推出焦炭只有13.4t；焦炉大型化可以提高装炉煤密度，降低结焦速率，改善焦炭质量，节约焦煤资源；节省基建费用，例如以相同的年产量计算，6m高焦炉的基建费相当于4m高焦炉基建费的85%。焦炉大型化也必须注意炭化室尺寸的优化，据研究表明今后焦炉大型化的尺寸将以下列尺寸为主：炭化室高度7m左右，长度不超过17m，平均宽度450mm左右。

(2) 干熄焦技术。焦炉是高效的能量转换炉窑，它能够将一次能源煤通过高温干馏转换成二次能源焦炭、焦炉煤气和煤焦油等。从焦炉炭化室推出来的红焦，温度有 950～1050℃，这种高温显热占焦炉输出热量的 37%；650～700℃的焦炉荒煤气占焦炉输出热量的 36%；180～230℃的焦炉烟道废气热量占焦炉输出热量的 17%；炉体表面热损失占焦炉输出热量的 10%，应加强炉体保温，尽量减少炉体表面的热损失。

采用干熄焦可以回收约 80% 的红焦显热。平均每熄 1t 红焦可回收 3.9MPa、450℃蒸汽 0.45～0.58t，可直接送入蒸汽管网，也可以发电；还可以改善焦炭质量，降低高炉焦比。在保持焦炭质量不变的情况下，采用干熄焦可在配煤中多用 10%～15% 的弱黏结性煤。采用干熄焦技术可大大减少环境污染。干熄焦回收红焦热产生蒸汽，并可用于发电，避免了生产等量蒸汽燃煤而对大气的污染；还可以节水。到 2009 年 10 月我国投产运行的干熄焦装置共 89 套，占我国机焦产能的 22%，接近产量的 1/3，每年少用强黏结性煤 1150 万吨。

干熄焦的方法有好多种，其中比较好的是地面槽式干熄焦装置。

(3) 回收焦炉荒煤气带出的热量。从炭化室到上升管逸出的 650～700℃荒煤气带出热约占焦炉输出热的 30%。过去，一般采用喷洒循环氨水进行冷却，循环氨水的大量蒸发浪费了大量的热量。现在已经开发采用有机热媒体（导热油）来回收荒煤气带出的热量，即将上升管作成夹套管，有机热媒体（导热油）通过夹套管与高温荒煤气间接换热，被加热的有机热媒体（导热油）可去蒸氨，也可用于煤焦油蒸馏或入炉煤的干馏。

(4) 利用废气余热对煤进行调湿。煤炭调湿技术是将通常水分为 8%～10% 的装炉的原料煤，在不影响装炉扬尘的情况下，将湿度调整到 6% 左右，然后装炉炼焦。可以降低干馏热量，提高生产效率和焦炭质量。

调湿的热源可以使用低压蒸汽，也可以回收利用焦炉煤气的显热。以焦炉烟道 180～230℃的废气作为热源，对入炉煤进行调湿。将入炉煤与焦炉烟道气直接接触换热，这样可以提高烟气余热利用率。这种工艺流程短，设备少，投资省，操作成本低，占地面积少，但是必须设置庞大的除尘器。另外，也有的企业采用流化床的方法进行调湿。应用最多的煤调湿装置是以低压蒸汽为热源。

焦化生产过程常用的节能技术有：干熄焦、炼焦煤调湿、热导油系统、负压蒸馏技术、集中管控、焦炉自动加热技术、上升管余热回收和变频调速技术等。

8.2.2　烧结过程的节能技术

（1）小球烧结技术。小球烧结技术是将原料（含返矿）经配料（只配入一小部分燃料）、混合后，由造球机将混合料制成一定粒度的小球（3～8mm），再在圆筒混合机内将细粒燃料黏附于小球表面。为了减少小球的破碎，用梭式布料机和宽皮带布料机将小球均匀地布在烧结台车上，进行点火抽风烧结。

小球烧结技术可以改善烧结料层透气性，提高烧结速度与产量；有利于增加料层高度和降低固体燃料消耗量以实现低温烧结。由于小球自身是固相扩散固结，而小球间为液相黏结，所以可提高烧结矿强度、增加成品率，可以降低烧结矿的 FeO 含量，改善其还原性；并且可以采用低负压抽风烧结，节省电耗。

（2）降低烧结机漏风率技术。影响烧结机漏风的主要部位是：烧结机风箱头部及尾部、台车两侧的滑板及滑道之间和主抽风系统各个连接法兰及降尘管下部双层漏灰阀处。

降低烧结机漏风率技术包括：设计合理的台车结构，严格的制作要求，严格的安装要求，科学的设计、制造、施工周期，严格遵守烧结机操作规程和加强生产维护与操作管理，这是提高烧结矿产量和质量、节省主抽风机电能消耗、降低工序能耗的重要措施。

（3）低温烧结技术。低温烧结是以较低的烧结温度，生产一种强度高、还原性好的烧结矿的技术。低温烧结与高温烧结工艺相比，烧结温度低，最佳烧结温度为1230～1270℃，最高不超过1300℃；保持时间长，在1100℃以上的高温应保持烧结时间在3～5min以上，比高温烧结的时间要长1～3min。低温烧结技术生产的烧结矿具有强度高、亚铁低、还原度高、节能和节焦等优点。

（4）厚料层烧结技术。厚料层烧结就是通过采取各种措施，使烧结过程中水分适宜、粒度组成合理、料温和布料适宜、生产稳定，在高风量、高副压等因素的推动下，提高烧结机料层厚度，降低固体燃耗，改善烧结矿还原性。厚料层烧结使烧结矿各项能耗指标下降，有利于节能减排。鞍钢和宝钢的料层达到600mm，而首钢京唐达到800mm。

（5）烧结余热回收技术。钢铁企业烧结工序的能耗为钢铁企业总能耗的10%～20%。在烧结工序总能耗中，有近50%的热能以烧结机烟气和冷却机废气的显热形式排入大气，既浪费了热能又污染了环境。烧结厂余热回收的重点是将烧结废（烟）气余热和烧结矿（产品）显热回收。

烧结余热主要利用方式有：

1）在点火前对烧结料层进行预热；

2）送到点火器，进行热风点火；

3）实行热风烧结，回收烧结过程的热量和成品矿显热，降低烧结能耗；

4）利用余热锅炉回收烧结或冷却热废风，所产蒸汽用于预热烧结混合料或生活取暖等，或者进行蒸汽升值发电。

冷却机废气和烧结机烟气的显热约占烧结过程全部热支出的50%，充分回收和利用这部分热量可以显著降低烧结工序能耗。但是这部分热属于中低温废气，利用难度大。冷却机废气主要回收利用方式有：用于加热回收蒸汽、预热点火用的空气、预热点火前的原料层的上部温度（可达到300℃）等。

烧结过程常用的节能技术有烧结余热回收、烧结余热回收发电、热风烧结、混合料预热、多缝式燃烧器、烧结热风点火技术、烧结机和环冷机密封技术及变频调速技术等。

8.2.3 球团生产过程的节能技术

冷却球团矿后的热风，经过除尘用耐高温的高压风机直接送入燃烧室作阻燃风。在保持炉温不变的情况下，可以增加空气与煤气的比例，使燃烧气体中氧含量增加，强化炉内氧化气氛，提高球团矿质量，降低焙烧热耗。热风通过换热器预热煤气和助燃空气，预热温度可大于150℃，然后送至燃烧室，每吨球团矿可以减少热耗70.188～106.633MJ。将200～350℃的热风少量引入烘干机，作为干燥矿粉或混合料的热源，可减少烘干机使用的燃料。带式焙烧机和链箅机可直接用来干燥生球。将水冷却梁改为汽化冷却，这部分冷却水带走的热量变为有用的蒸汽，可以回收总热耗量的5%～10%。现在竖炉导风墙水梁汽化冷却已获得初步成功，将进一步推广应用。

球团矿常用的节能技术主要是链箅机-回转窑球团技术、链箅机-回转窑废热循环利用技术、球团竖炉余热蒸汽回收利用技术和变频调速技术等。

8.2.4 高炉炼铁过程的节能技术

（1）高炉精料技术。高炉精料是指原料入炉之前经加工准备和处理，尽可能满足高炉强化冶炼要求的炉料。高炉精料有天然富矿、烧结矿和球团矿三类。我国高炉精料技术包括四个方面：高、熟、净、匀，即含铁原料品位高、采用熟料（人造富矿）、炉料净以及入炉原燃料粒度和成分匀。高炉炼铁使用精料，可以获得良好的技术经济效果。精料的重点在铁矿石及铁矿粉造块方面，但也包括高炉燃料和熔剂，特别是近年来高炉喷煤水平日益提高，高炉内焦炭负荷不断加重，对于冶金焦品质的要求更加严格。

（2）高炉浓相高效喷煤技术。高效喷煤技术包括低压、远距、高浓相粉料输送和喷吹技术、高效环保节能粉尘收集技术、高效磨煤技术和全自动控制智能化操作技术。采用的设备有：脉动菱形扁平大布袋收粉器、可调高浓相煤粉输送器、高浓相煤粉分配器、静态煤粉过滤器、气动钟阀、喷枪装置、升温炉、气体预热器、粗粉分离器、杂物分离器、锁气器和煤粉取样装置等。

（3）高炉炉顶煤气干式余压发电（TRT）技术。TRT（Blast Furnace Top Gas Recovery Turbine Unit）即高炉煤气余压透平发电装置，是利用高炉炉顶煤气中的压力能及热能经透平膨胀做功来驱动发电机发电。这种发电方式既不消耗任何燃料，也不产生环境污染，发电成本又低，是高炉冶炼工序的重大节能项目，经济效益十分显著。

TRT 工艺有干、湿之分，使用水来降低煤气温度和除尘并设置 TRT 装置的工艺称为湿式 TRT，而采用干式除尘（布袋或电除尘）并设置 TRT 装置的工艺则称为干式 TRT。干式 TRT 工艺不用水洗和冷却，生产每吨铁节省水约 9t，其中节约新水 2t。电除尘耗电 0.25～0.45kW·h，较湿式的节电 60%～70%。干式除尘器的出口煤气温度高，压力损失小，发电功率比湿式高 30%～50%。生产吨铁回收电量约 50kW·h。

（4）燃气-蒸汽联合循环发电技术（CCPP）。燃气-蒸汽联合循环发电技术（Combined Cycle Power Plant）简称 CCPP，是先将高炉煤气与脱硫焦炉煤气混合，经煤气压缩机加压，并压送至燃烧室与空气混合燃烧，生成高温、高压的气体，经燃气透平机膨胀做功，推动燃气透平机带动压缩机和外部负荷高速旋转；从燃气透平中排出的乏气（乏气以前叫废气，就是用过后的低温低压气体，包括废气和混入的空气，统称乏气）引至余热锅炉，产生高温、高压蒸汽驱动汽轮机，与燃气透平一起带动发电机发电。

（5）全燃高炉煤气锅炉发电技术。锅炉的燃料有煤、天然气、轻油、重油、生物质等。而全部以高炉产生的煤气为燃料的锅炉，要在原有基础上进行技术改造后才能适应煤气的燃烧，这种技术改造称为全燃高炉煤气锅炉技术。全燃高炉煤气锅炉是提高高炉余热资源再生利用的关键设备。由于高炉煤气发热值低、可燃成分含量少，所以组织燃烧困难。如果能够掌握高炉煤气燃烧和传热的特点，在设计中解决关键问题，就会使这种余热资源的利用变得安全、稳定、简便、有效。全燃高炉煤气锅炉发电技术，主要是设计高温高压锅炉并可作为冬季取暖抽蒸汽使用。一台220t/h蒸发量的锅炉，每年用14亿~16亿立方米高炉煤气，投资6000万~7000万元，全年可供蒸汽57.6万吨，发电量4320万千瓦·时，增加供电量3181.66万千瓦·时，节约17.6万吨标准煤，年综合效益达4000万元以上。该设备投资仅为普通发电站的60%~70%。

（6）高炉热风炉双预热技术。“双预热”是指利用热风炉排出的烟气，通过热交换器预热燃料煤气和助燃空气，使燃料煤气和助燃空气的温度有一定程度的提高，有利于燃烧，称为“双预热”。预热后的燃料煤气和助燃空气点火燃烧效果特别好，此系统投入使用后，预计可以使风温在目前水平上提高30~50℃，从而提高了资源利用率，达到了节能降耗、降本增效的目的。

（7）高炉煤气汽动鼓风技术。利用高炉煤气燃烧锅炉产生的蒸汽，驱动汽轮机带动风机运转，对高炉进行鼓风，完成高炉煤气—蒸汽—热电—冷风的能源转换，减少企业外购电量；但与电动鼓风形式相比，机组投资和占地面积大，运行维护复杂。

（8）低热制煤气燃气轮机技术。高炉煤气中不可燃的惰性气体（CO_2和N_2等）约占75%，可燃成分（CO和H_2）仅占25%，发热值低。将高炉煤气与脱硫焦炉煤气混合，经煤气压缩机加压，并压送至燃烧室与空气混合燃烧，生成高温、高压的气体，经燃气透平机膨胀做功，推动燃气透平机带动压缩机和外部负荷高速旋转，从燃气透平中排出的烟气，再用余热锅炉产生高温、高压蒸汽，驱动蒸汽轮机与燃气透平一起带动发电机发电。总的热效率能提高45%左右。

（9）高炉熔渣余热回收。高炉熔渣通常在1450℃以上，热含量1700~

2000kJ/kg 渣，相当于标准煤 60kg/t 渣，其热量回收也具有重要作用。余热回收利用的各种方法一般都采用一种冷却介质与熔渣进行直接或间接的接触，对熔渣进行急冷。熔渣冷凝后呈玻璃体，仍可作矿渣水泥原料；冷却介质吸收熔渣热量，供给废热锅炉。鞍钢和首钢以泡渣的高温水用于冬季住房采暖，也是高炉熔渣余热回收的一种方法，已取得良好的经济效益。

高炉常用的节能技术有高炉煤气回收、高炉煤气干法除尘、炉顶余压发电、高效热风炉、热风炉自动烧炉技术、高炉渣微粉技术、高炉热风炉余热回收、热风炉加热用空气预热、热风炉加热用煤气预热、蓄热式烤包器、鼓风脱湿技术、高炉渣余热回收技术、高炉冲渣水余热回收利用技术、鼓风富氧技术、变频调速节能技术、无功补偿技术和绿色照明技术等。

8.2.5 转炉炼钢过程的节能技术

（1）转炉“负能炼钢”工艺技术。转炉炼钢过程中释放出的高温煤气，潜热占 83.6%，显热占 16.4%。煤气所拥有的能量占总热量中的绝大部分，回收煤气可大大降低炼钢工序能耗。因此，要做到“负能炼钢”必须回收煤气，而且应尽可能提高回收煤气的数量和质量。实现“负能炼钢”的主要技术途径有：

1）采用新技术系统，提高煤气回收的质量与数量；

2）采用变频调速技术，降低炼钢过程的电力消耗；

3）改进炼钢操作水平，降低燃料消耗；

4）提高管理水平，保证安全、正常、稳定生产。

（2）转炉烟气高效利用技术。主要是采用电除尘净化转炉运转时的热烟气，并回收煤气，收集的除尘灰进行热压块后又回到转炉中，作为转炉的冷却剂。转炉煤气干法烟气除尘处理和回收煤气可以部分或全部补偿转炉炼钢过程中的能耗。如果采用 LT 干法电除尘和除尘灰热压块技术，不消耗水资源，同时降低了除尘风机的电力消耗，除尘灰经热压块后返回转炉用于炼钢，流程短且污染物排放少。干法烟气除尘处理将转炉除尘灰回收压块或制成化渣剂（冷固球团）再回用于转炉生产，可提高转炉的产量，显著改善转炉炼钢指标，煤气及外排烟气粉尘将小于 10mg/m^3。

（3）转炉烟气干法除尘技术。炼钢过程中产生的煤气采用干法净化与回收技术，就成为实现“负能炼钢”的一个有效途径。转炉干法除尘技术由烟气冷却、净化回收及控制系统组成，其中，净化回收系统由蒸发冷却器、静电除尘器、轴流风机和煤气切换站等组成。与传统的湿法净化技术相比，烟气排空浓度一般在 $10mg/m^3$ 以下，减少 70% ~90% 的排放量。由于煤气含尘浓度低，延长了风机使用寿命，减少了维护工作量。煤气回收量增加，吨钢可多回收煤气 $15m^3$，有助于实现“负能炼钢”。吨钢电耗降低约 5kW · h。煤气净化系统吨钢水耗减少约为 80%。所回收的煤气可以直接供用户使用。

转炉常用的节能技术有转炉煤气回收、转炉汽化冷却烟道余热蒸汽回收、蓄热式烤包器、钢渣水淬技术、钢铁料烘烤、铁水预处理、余热蒸汽发电、自动化控制炼钢、溅渣护炉技术提高转炉炉龄、一罐到底技术和变频调速节能技术等。

8.2.6 电炉炼钢过程的节能技术

(1) 改善固体炉料结构，采用直接还原铁和热装铁水。

(2) 电炉煤氧枪助熔节电技术，即将煤氧枪高温火焰作为辅助热源加热熔化过程的废钢，缩短熔化期时间，降低电能消耗。吨钢喷煤 10 ~20kg，耗氧 $30m^3$，吨钢节电 70 ~100kW · h，工序能耗下降约 5%。

(3) 超高功率供电技术，缩短冶炼时间，提高热效率和降低电耗。

(4) 采用直流电弧炉可以降低电极消耗、节约电能和降低对电网的干扰。

(5) 偏心炉底出钢可以节约电能，底吹搅拌技术不仅能够降低消耗，而且能够提高生产率。

(6) 化学余热可以二次燃烧返回熔池缩短冶炼时间，物理余热可以用于预热废钢。

(7) 电炉优化供电技术，即在分析电弧炉熔化期电气特性的基础上，以电耗最小为目标，建立供电优化模型，来指导确定熔化期供电方案。电炉优化供电技术不仅可以提高生产效率，而且也能提高综合经济效益。

8.2.7 炉外精炼过程的节能技术

不同加热方法的炉外精炼，例如燃料燃烧加热、电弧加热和铝氧化加热三种加热方式，其能源利用效率也有所不同。能源利用最好的是燃料燃烧加热，其能源利用效率是其他两种方法的 1.5 ~2 倍。电弧加热的能源利用效率稍高于铝氧化加热的能源利用效率，从节约能源的角度出发，应尽可能利用燃料燃烧加热补偿温度损失，铝氧化加热只作为调整温度的补充手段。

8.2.8 模铸和连铸过程的节能技术

模铸是将钢水由盛钢桶内流出，直到在钢锭模中凝固成为钢锭，是钢水流动、传热、传质、结晶和凝固的过程。为了节能应注意控制注流、结晶和凝固过程，即浇注方法的选择和控制。

高效连铸技术是连铸的重要节能技术，高效连铸技术的工艺、设备、生产组织和管理、物流管理、生产操作以及与之配套的炼钢车间各个环节是协调与统一的。高效连铸同传统连铸相比，其特点是高拉速、高质量、高效率、高作业率、高温铸坯。

8.2.9 轧钢过程的节能技术

（1）连铸坯热送热装技术。连铸坯热送热装技术是指连铸坯在400℃以上温度装炉或先放入保温装置，协调连铸与轧钢生产节奏，然后待机装入加热炉。在轧钢采用的新技术中热送热装效益明显，主要表现在：大幅度降低加热炉燃耗，减少烧损量，提高成材率，缩短产品生产周期等。我国20世纪80年代后期开始首先在武钢进行热送热装试验，90年代宝钢、鞍钢等在板带轧制中试验，并逐步采用了热送热装技术。90年代中期以后我国棒线材大量采用了热送热装技术。

连铸坯热送热装技术的实现还需要连铸板坯质量合格、工序间协调稳定、相关设备尽可能缩短连铸到热轧之间的距离、在输送辊道上加设保温罩及在板坯库中设保温坑和采用计算机管理系统。

（2）轧钢加热炉蓄热式燃烧技术。蓄热式燃烧技术是利用蓄热室热交换原理，在排烟时高温烟气通过蓄热体储存热能；在供气时蓄热体释放热能，把助燃空气和煤气预热到一定的温度，从而大幅度降低加热炉燃料消耗，是提高加热炉热效率、节能、环保的新技术。采用蓄热式烟气余热回收装置，交替切换空气或气体燃料与烟气，能够在最大程度上回收高温烟气的显热，排烟温度可降到180℃以下，可将助燃介质或气体燃料预热到1000℃以上。轧钢过程的初轧钢锭加热炉以蓄热式均热炉最为节能，并且采用的是低热值的高炉煤气为燃料。因为蓄热室占用车间面积大、换向时间长、操作复杂，逐渐被中心换热均热炉和上部单侧烧嘴均热炉所取代。今后，蓄热式换热技术属于不稳态传热，利用耐火材料作载体，被废气热量加热，再用蓄存的热量加热空气或煤气，使空气和煤气获得高温预热，达到废热回收的效能。

（3）低温轧制技术。低温轧制是坯料加热到低于通常的热轧温度时进行的轧制。低温轧制在加热工序中可以节约能耗，减少氧化铁皮的生成量，减少轧辊由于热应力而造成的断裂现象，减少氧化铁皮对轧辊的磨损，细化晶粒组织，提高钢材的组织性能。但是低温轧制也会增加扭矩、轧制力和轧制功率，降低产品的塑性和恶化轧制咬入条件。

适用于低温轧制的钢种很多，从低碳钢、中碳钢、高碳钢到调质钢、轴承钢和弹簧钢，都可用低温轧制工艺。采用低温轧制生产工艺不仅可有效地节约能源，而且还使产品提高了表面质量，具有高的强度和韧性；但是单纯的冷加工或热处理，均无法使表面质量、强度和韧性达到优良品质。现在正在积极地研究和探索采用控轧控冷工艺作为低温轧制进一步应用的技术。

（4）热带无头轧制/半无头轧制技术。无头轧制主要应用在热轧带钢、棒材和线材生产中，半无头轧制主要应用在薄板坯连铸连轧生产中。采用传统分块轧制方式的轧机要频繁的咬钢、抛钢和变换轧制速度，造成钢材头、尾部的质量难以保证，而且轧机作业率较低，对产品尺寸精度的控制也困难。热带无头轧制/半无头轧制技术是在热轧生产线上设置钢坯对焊机实现连续轧制。与传统轧制方法相比，该方法成材率可提高0.5%～1.0%，生产率可提高10%～15%，产品质量、精度也有较大进步。此外，用传统的轧制方法轧薄板时容易出现跑偏、甩尾、浪形等问题，而无头轧制则没有这些现象，能够改善钢带轧制过程的稳定性，可以生产0.8～1.0mm带材。另外，由于能够避免频繁的咬钢，设备的磨损、废品率和生产成本也有所下降。

（5）在线热处理技术。在线热处理技术是利用钢材热轧后的潜热，控制钢材轧制后的冷却速度，使温度变化过程更接近离线热处理的温降过程，达到相同或相近的钢材组织和性能。钢在热轧过程中组织有一定的变化，对于低碳钢、低合金钢、微合金化钢和多数合金钢都是在奥氏体区进行轧制。轧制后，随着轧件温度的降低，由奥氏体向铁素体或渗碳体和珠光体转变，在这些过程中也有某些碳化物析出。轧件在热轧过程中由于热变形的作用，形变诱导相变，促使变形奥氏体向铁素体转变。相变后的铁素体在高温下晶粒容易长大，珠光体晶粒片层间距增大，使力学性能减弱。为了细化铁素体晶粒、减小珠光体晶粒的间距而采用轧后控制冷却。中高碳钢变形后，由于变形作用，碳化物被析出，而且在高温时碳化物长大，这样就降低了钢的韧性。因此，采用轧后快速冷却工艺可以防止碳化物析出，改变组织结构，从而增强机械强度。

钢材轧制后的在线热处理一般分为以下三步：第一步是淬火阶段；第二步是回火阶段；第三步是最后冷却阶段。在线热处理是把控制加热、控制轧制和控制冷却三者结合成一个完整的节能型生产工艺，因此能节约能源和降低成本。

轧钢过程常用的节能技术有：蓄热式燃烧技术、余热蒸汽回收、余热蒸汽发电、热装热送、加热炉燃烧自动化控制技术、加热炉烟气余热回收利用技术、轧钢加热炉炉筋管汽化冷却技术和变频调速技术等。

8.3 监视、测量和评价

标准要求企业组织应监视、测量和评价能源目标、指标和能源管理方案的日常运行情况；对照能源管理基准和（或）标杆对能源管理绩效进行评价；对能源消耗、能源利用效率具有重大影响的关键特性的变化；定期对适用法律法规、标准及其他要求的遵循情况进行评价。除一般意义上对能源特性的监测和测量外，在能源管理体系中还强调：采用能源测量、综合能耗计算、能量平衡、节能监测、能源审计等手段进行的监测和测量以及能源绩效评价。具体来说，需要监测的内容包括：消耗类、余热余能回收类、控制类目标和指标，以及对设施、技术、过程或系统能效水平的监测。除对能源计量系统数据进行收集和分析外，也应对用能设施设备进行监测，对基准、标杆、目标、指标和管理方案进行监测。

目前，我国钢铁工业能源管理指标主要是能源消耗和利用指标，包括单位产值能耗、单位产品综合能耗（包括吨钢可比综合能耗、工序单位能耗）、单位产品主要能耗指标和能源有效利用率。这些能源管理指标可以作为能源管理基准，而行业或企业的卓越指标可以作为标杆。这种基准和标杆应由国家能源管理部门或行业协会提供。

(1) 单位产值能耗是指亿（或万）元产值消耗的一次能源量，简称“亿元产值能耗”或“万元产值能耗”。单位产值能耗是衡量一个国家或一个企业能源有效利用水平的综合指标。这个指标可以用于国家或不同行业或企业之间的比较，也可以用于同一行业不同企业之间的比较，还可以用于同一企业进行历史性比较，另外也可以用来预测和策划能源需求量。根据国家统计局统计数据，2014 年我国国内生产总值同比增长 7.4%，全年国内单位生产总值能耗比2013 年下降4.8%。2014 年我国能源消耗总量约为38.4 亿吨标准煤，同比只增长了2.2%，比 2013 年下降 1.5 个百分点。2014 年全国用电总量同比增长3.8%，2014 年我国单位产值电耗下降3.4%。

（2）单位产品综合能耗是指某些行业或企业以单位产品的综合能耗来表示能耗水平。例如钢铁工业通常以吨钢（粗钢）综合能耗来表示。吨钢综合能耗不仅与行业或企业能源的利用水平有关，同时也与产品、技术和设备结构等因素有关。单位产品综合能耗不适合用于行业或企业之间能耗水平的对比，但可以利用它来发现能源消耗或利用水平的升降变化。为了比较各企业之间的能耗水平，一般采用吨钢可比综合能耗。

（3）吨钢可比综合能耗是指钢铁联合企业生产 1t 粗钢所消耗的能源数量。可比综合能耗也不是钢铁企业的全部能耗，只包括焦化、烧结、球团、炼铁、炼钢、连铸、轧钢、燃气、机车运输、能源亏损等。在钢铁企业中，化工副产品、矿山、选矿、铁合金、耐火材料、石灰、轧辊、机修、基建和其他非生产设施的能耗不计入吨钢可比综合能耗。吨钢可比综合能耗只能作为能耗水平的比较，不能作为能源消耗的依据。

（4）工序单位能耗是指产品生产过程中某一基本工序生产单位产品所消耗的能源。例如钢铁企业中主要的工序有炼焦、烧结、球团、炼铁、炼钢（含精炼和连铸）、轧钢等。在这些工序中分别以生产 1t 焦炭、烧结矿或球团、生铁、钢锭或连铸坯、钢材所消耗的能源，作为该工序的单位产品能耗，用于衡量各工序能源消耗或利用水平。工序单位能耗是该工序总能耗减去回收的二次能源后与该工序产品产量之比。

（5）单位产品主要能耗指标是指生产某种单位产品直接消耗的某种能源数量。例如高炉的焦比、电炉钢的冶炼电耗、火力发电厂的标准煤耗等。

（6）能源有效利用率是指有效利用能量占供给能量的百分数，它表示供给能量的有效利用程度。这个指标主要取决于产品生产技术和装备的水平。

目前不少企业开展能耗指标“对标挖潜”活动，有些企业通过与宝钢等国内外先进企业的能耗指标对比，找出各自的能耗指标差距，并制定赶超措施，不断降低工序能耗，这些就是建立能源管理标杆，作为制定能源目标和指标、评价能源绩效的主要依据的重要方法。

表8-1～表8-20是钢铁企业单位产品能源消耗限额和标杆指标，是钢铁企业监视、测量和评价能源消耗的依据。

表8-1　焦炭单位产品能源消耗限额（GB 21342—2013）

焦炭生产方式	单位产品能耗限定值/kgce·t^{-1}	2014年10月新改扩建单位产品能耗准入值/kgce·t^{-1}	单位产品能耗先进值/kgce·t^{-1}
顶装焦炉	150	≤122	≤115
捣固焦炉	155	≤127	

注：电力按标煤系数为当量时（0.1229kgce/(kW·h)）焦炭单位产品能耗限定值、准入值、先进值。

表8-2　焦化行业准入条件（2014年修订）

项　目	常规焦炉	热回收焦炉	半焦炉
焦炭单位产品能耗/kgce·t^{-1}	≤150 ≤155	≤155	≤340（内热） ≤230（外热）
吨焦耗新水/m^3	≤2.4	≤1.2	≤2.4
焦炉煤气利用率/%	≥98	—	≥98
水循环利用率/%	≥96	≥96	≥96
炼焦煤烧损率/%	—	≤1.5	—

注：电力折算系数为0.1229kgce/(kW·h)。

表8-3　焦炉煤气制甲醇、煤焦油加工、苯精制生产企业单位产品能耗

产　品	单位产品能耗/kgce·t^{-1}
焦炉煤气制甲醇	≤1570（甲醇）
煤焦油加工	≤75（焦油）
苯精制	≤270（轻苯） ≤297（粗苯）

注：1. 炼焦油加工单位产品能耗计算范围：无水焦油经过焦油蒸馏和工业萘蒸馏装置加工主体部分所消耗的能量。

2. 苯精制单位产品能耗计算范围：粗苯或轻苯加氢、萃取蒸馏工艺主装置所消耗的能量（不包括制氢和油库部分的工艺耗能）。

3. 电力折算系数为0.1229kgce/(kW·h)。

表 8-4 HJ/T 126—2003《清洁生产标准 炼焦行业》资源能源利用指标

指 标		等 级		
		一级	二级	三级
工序能耗/kgce·t 焦$^{-1}$		≤150	≤170	≤180
吨焦耗新鲜水量/m^3		≤2.5	≤3.5	
吨焦耗蒸汽量/t		≤0.20	≤0.25	≤0.40
吨焦耗电量/kW·h		≤30	≤35	≤40
炼焦耗热量（7% H_2O）/kJ·kgce^{-1}	焦炉煤气	≤2150	≤2250	2350
	高炉煤气	≤2450	≤2550	2650
焦炉煤气利用率/%		100	≥95	≥80
水循环利用率/%		≥95	≥85	≥75

表 8-5 焦化工序标杆指标

序号	指标名称	单 位	能效标杆指标	备 注
一	能耗指标			
1	工序能耗	kgce/t	105	包括焦炉及化产、含干熄焦装置用电
2	吨焦炭电耗	kW·h	35	
3	吨焦炭蒸汽消耗	t	0.12	
4	吨焦炭燃料消耗	GJ	3.3	
二	物耗指标			
1	洗精煤单耗（干）	t/t	1.30	
三	能源回收指标			
1	吨焦余热回收量（折蒸汽）	kgce	61	7.63m 焦炉，采用高温高压干熄焦装置可达到 70kgce/t

表 8-6 烧结工序单位产品能源消耗限额（GB 21256—2013）

（采用电力当量值 0.1229kgce/(kW·h)）

1. 现有烧结生产工序单位产品能耗限定值	
工序名称	单位产品能耗限定值/kgce·t^{-1}
烧结工序	≤55
2. 新改扩建烧结生产工序单位产品能耗准入值	
工序名称	新改扩建单位产品能耗准入值/kgce·t^{-1}
烧结工序	≤50（2014 年新改扩建项目）
3. 烧结生产工序单位产品能耗先进值	
工序名称	单位产品能耗先进值/kgce·t^{-1}
烧结工序	≤45

续表 8-6

4. 烧结生产工序主要能源回收量先进值	
分　类	能源回收先进值/kgce · t^{-1}
合格烧结矿烧结工序余热回收量	≥45
5. 电力折标系数取等价值（0.342kgce/(kW · h)）的能耗先进值	
工序名称	单位产品能耗先进值/kgce · t^{-1}
烧结工序	≤52

表 8-7　烧结工序标杆指标

序号	指标名称	单位	能效标杆指标	备　注
一	能耗指标			
1	工序能耗	kgce/t	42.17	
2	吨烧结矿固体燃料消耗	kg	39	
3	吨烧结矿电耗	kW · h	38	未含脱硫系统
4	吨烧结矿点火煤气消耗	GJ	0.06	
二	能源回收指标			
1	吨烧结矿余热回收量（折蒸汽）	kgce	4.6	烧结余热发电按回收蒸汽量计算

表 8-8　球团工序单位产品能源消耗限额（GB 21256—2013）

（采用电力当量值 0.1229kgce/(kW · h)）

1. 现有球团生产工序单位产品能耗限定值	
工序名称	单位产品能耗限定值/kgce · t^{-1}
球团工序	≤36
2. 新改扩建球团生产工序单位产品能耗限定值	
工序名称	新改扩建单位产品能耗准入值/kgce · t^{-1}
球团工序	≤32（2014 年新改扩建项目）
3. 球团生产工序单位产品能耗先进值	
工序名称	单位产品能耗先进值/kgce · t^{-1}
球团工序	≤15
4. 电力折标系数取等价值（0.342kgce/(kW · h)）的能耗先进值	
工序名称	单位产品能耗先进值/kgce · t^{-1}
球团工序	≤22

表 8-9　球团工序标杆指标

序　号	指标名称	单　位	标杆指标	备　注
一	能耗指标			
1	工序能耗	kgce/t	18.0	
2	吨球团矿燃料消耗	GJ	0.49	
3	吨球团矿电耗	kW · h	22.83	

表 8-10 高炉工序单位产品能源消耗限额（GB 21256—2013）

（采用电力当量值0.1229kgce/(kW·h)）

1. 现有高炉生产工序单位产品能耗限定值	
工序名称	单位产品能耗限定值/kgce·t^{-1}
高炉工序	≤435
2. 新改扩建高炉生产工序单位产品能耗准入值	
工序名称	新改扩建单位产品能耗准入值/kgce·t^{-1}
高炉工序	≤5370（2014 年新改扩建）
3. 高炉生产工序单位产品能耗限额先进值	
工序名称	单位产品能耗先进值/kgce·t^{-1}
高炉工序	≤361
4. 高炉生产工序主要能源回收量先进值	
分 类	能源回收先进值/kgce·$(kW·h)^{-1}$
合格生铁高炉炉顶余热发电量	≥42
5. 电力折标系数取等价值（0.342kgce/(kW·h)）的能耗先进值	
工序名称	单位产品能耗先进值/kgce·t^{-1}
高炉工序	≤388

表 8-11 炼铁工序能效标杆指标

序号	指标名称	单位	能效标杆指标	备 注
一	能耗指标			
1	工序能耗	kgce/t	378.22	
2	入炉焦比	kg/t	264	含小块碎焦
3	喷煤比	kg/t	200	
4	燃料比	kg/t	464	
5	吨铁电耗	kW·h	18.22/110	汽动鼓风/电动鼓风
6	吨铁新水消耗	m^3	0.12	
7	吨铁蒸汽消耗	kg	13.32	
8	热风炉吨铁燃料消耗	GJ	1.89	
二	能源回收指标			
1	吨铁 TRT 发电量（干法除尘）	kW·h	52	湿法除尘 30
三	其他重要指标			
1	TRT 配备率	%	100	
2	入炉风温	℃	1250	
3	高炉富氧率	%	4.18	

表 8-12　转炉工序单位产品能源消耗限额（GB 21256—2013）
（采用电力当量值 0.1229kgce/(kW · h)）

1. 现有转炉生产工序单位产品能耗限定值	
工序名称	单位产品能耗限定值/kgce · t^{-1}
转炉工序	≤ -10
2. 新改扩建转炉生产工序单位产品能耗准入值	
工序名称	单位产品能耗准入值/kgce · t^{-1}
转炉工序	≤ -25（2014 年新改扩建）
3. 转炉生产工序单位产品能耗先进值	
工序名称	单位产品能耗先进值/kgce · t^{-1}
转炉工序	≤ -30
4. 转炉生产工序主要能源回收量先进值	
分　类	能源回收量先进值/kgce · t^{-1}
合格粗钢转炉煤气和余热蒸汽折标煤量之和	≥42
5. 电力折标系数取等价值（0.342kgce/(kW · h)）的能耗先进值	
工序名称	单位产品能耗先进值/kgce · t^{-1}
转炉工序	≤ -17

表 8-13　转炉炼钢工序能效标杆指标

序　号	指标名称	单　位	能效标杆指标	备　注
1	工序能耗	kgce/t	-24	
2	吨钢氧气消耗（标态）	m^3	46	
3	吨钢电耗	kW · h	12	
4	吨钢新水消耗	m^3	0.24	
5	吨钢燃料消耗	GJ	0.08	
6	吨钢转炉煤气回收量（标态）	m^3	100	吨钢回收 ≥36kgce
7	吨钢转炉蒸汽回收量	kg	100	

表 8-14　电炉工序能耗值（GB 21256—2007）

电炉类型	现有电炉能耗限额限定值 /kgce · t^{-1}	新建电炉能耗限额限定值 /kgce · t^{-1}	电炉能耗限额先进值 /kgce · t^{-1}	备　注
普钢电炉	≤215	≤190	≤180	电力折标准煤系数采用等价值 0.404kgce/(kW · h)
特钢电炉	≤325	≤300	≤280	
普钢电炉	≤92	≤90	≤88	电力折标准煤系数采用当量值 0.1229kgce/(kW · h)
特钢电炉	≤171	≤159	≤154	

表 8-15 电炉炼钢工序能效标杆指标

序　号	指标名称	单　位	能效标杆指标	备　注
1	电炉工序能耗	kgce/t 钢	65/50	全废钢/30% 铁水
2	吨钢电耗	kW·h	320/260	全废钢/30% 铁水
3	吨钢新水消耗	t	0.5	
4	吨钢氧气消耗（标态）	m^3	32	
5	吨钢燃料消耗	GJ	0.04	
6	吨钢余热回收量	kgce	20	

表 8-16 炉外精炼工序能耗值

工序能耗（标煤）		LF	VD	VOD	BH-KTB	AOD	CAS-OB
电按等价值 1kW·h=0.404kg	kg/t	≤21.30	≤13.17	≤20.92	≤19.40	≤45.2	≤4.1
	MJ/t	≤625	≤386	≤613	≤569	≤1326	≤120
电按当量值 1kW·h=0.1229kg	kg/t	≤6.6	≤10.57	≤14.60	≤14.96	≤15.66	≤1.26
	MJ/t	≤194	≤310	≤428	≤438	≤459	≤37

表 8-17 炉外精炼工序能效标杆指标

序　号	指 标 名 称	单　位	国家标准先进值
1	LF 精炼炉工序能耗	kgce/t	6.6
2	LF 精炼炉吨钢电耗	kW·h	
3	LF 炉吨钢氩气消耗（标态）	m^3	
4	RH-KTB 精炼炉工序能耗	kgce/t	14.96
5	RH-KTB 精炼炉吨钢电耗	kW·h	
6	RH-KTB 炉吨钢氩气消耗（标态）	m^3	
7	RH-KTB 炉吨钢蒸汽消耗	kg	
8	RH 精炼炉吨钢燃气消耗	GJ	
9	CAS-OB 精炼炉工序能耗	kgce/t	1.26
10	CAS-OB 精炼炉吨钢电耗	kW·h	
11	CAS-OB 炉吨钢氧气消耗（标态）	m^3	
12	CAS-OB 炉吨钢氩气消耗（标态）	m^3	
13	VD 精炼炉工序能耗	kgce/t	10.57
14	VD 精炼炉吨钢电耗	kW·h	
15	VD 炉吨钢氩气消耗（标态）	m^3	
16	VD 炉吨钢蒸汽消耗	kg	
17	VOD 精炼炉工序能耗	kgce/t	14.6

续表 8-17

序　号	指 标 名 称	单　位	国家标准先进值
18	VOD 精炼炉吨钢电耗	kW · h	
19	VOD 炉吨钢氧气消耗（标态）	m^3	
20	VOD 炉吨钢氩气消耗（标态）	m^3	
21	VOD 炉吨钢蒸汽消耗	kg	
22	AOD 精炼炉工序能耗	kgce/t	15.66
23	AOD 精炼炉吨钢电耗	kW · h	
24	AOD 炉吨钢氩气消耗（标态）	m^3	
25	AOD 炉吨钢氧气消耗（标态）	m^3	
26	AOD 炉吨钢氮气消耗（标态）	m^3	
27	AOD 炉吨钢燃气消耗	GJ	

表 8-18　连铸工序能效标杆指标

序　号	指 标 名 称	单　位	国家标准先进值	备　注
一	方坯连铸			
1	工序能耗	kgce/t	6.0	
2	吨坯电耗	kW · h	—	有电磁搅拌
3	吨坯新水消耗	t	—	
4	吨坯氧气消耗（标态）	m^3	—	
5	吨坯氩气消耗（标态）	m^3	—	
6	吨坯燃料消耗	GJ	—	
二	板坯/圆坯/异型坯连铸			
1	工序能耗	kgce/t	7.0	
2	吨坯电耗	kW · h	—	有电磁搅拌
3	吨坯新水消耗	t	—	
4	吨坯氧气消耗（标态）	m^3	—	
5	吨坯氩气消耗（标态）	m^3	—	
6	吨坯燃料消耗	GJ	—	

表 8-19　轧钢工序能源指标

工　序	轧钢工序能耗/$kgce \cdot t^{-1}$	吨钢电耗/kW · h	吨钢燃料消耗/kgce
大型轧梁	84.4	290	1.38
中/小型钢	52.7/56	90/110	1.13/1.14
H 型钢	54	70	1.23

续表 8-19

工 序	轧钢工序能耗/kgce·t^{-1}	吨钢电耗/kW·h	吨钢燃料消耗/kgce
线 材	57	125	1.12
热轧带钢	47	80	1.2
冷轧带钢	71	130	1.05
涂/镀层产品	144/98	250/200	2.0/1.2
无缝钢管	76	115	1.75

表 8-20 轧钢工序标杆值

序 号	指 标 名 称	单 位	国家标准先进值
一	大型、轨梁轧机		
1	工序能耗	kgce/t	84.4
2	吨材燃料消耗	GJ	1.35
3	吨材电耗	kW·h	290
4	吨材新水消耗	m^3	—
5	吨材余热回收量	kgce	—
二	H 型钢		
1	工序能耗	kgce/t	54
2	吨材燃料消耗	GJ	1.23
3	吨材电耗	kW·h	70
4	吨材新水消耗	m^3	—
5	吨材余热回收量	kgce	—
三	中型轧机		
1	工序能耗	kgce/t	52.7
2	吨材燃料消耗	GJ	1.13
3	吨材电耗	kW·h	90
4	吨材新水消耗	m^3	—
5	吨材余热回收量	kgce	—
四	小型轧机		
1	工序能耗	kgce/t	56
2	吨材燃料消耗	GJ	1.14
3	吨材电耗	kW·h	110
4	吨材新水消耗	m^3	—
5	吨材余热回收量	kgce	—
五	线材轧机		

续表 8-20

序 号	指标名称	单 位	国家标准先进值
1	工序能耗	kgce/t	57
2	吨材燃料消耗	GJ	1.12
3	吨材电耗	kW·h	125
4	吨材水耗	m^3	—
5	吨材余热回收量	kgce	—
六	中厚板轧机（不包括热处理）		
1	工序能耗	kgce/t	53
2	吨材燃料消耗	GJ	1.37
3	吨材电耗	kW·h	70
4	吨材水耗	m^3	—
5	吨材余热回收量	kgce	—
七	热轧带钢		
1	工序能耗	kgce/t	47
2	吨材燃料消耗	GJ	1.2
3	吨材电耗	kW·h	80
4	吨材水耗	m^3	—
5	吨材余热回收量	kgce	—
八	连铸连轧		
1	工序能耗	kgce/t	42
2	吨材燃料消耗	GJ	0.85
3	吨材电耗	kW·h	90
4	吨材水耗	m^3	—
5	吨材余热回收量	kgce	—
九	冷轧宽带钢		
1	工序能耗	kgce/t	71
2	吨材燃料消耗	GJ	1.05
3	吨材电耗	kW·h	130
4	吨材新水消耗	m^3	—
5	吨材余热回收量	kgce	—
十	冷轧涂层		
1	工序能耗	kgce/t	144
2	吨材燃料消耗	GJ	2.0
3	吨材电耗	kW·h	250

续表 8-20

序 号	指 标 名 称	单 位	国家标准先进值
4	吨材新水消耗	m^3	—
5	吨材余热回收量	kgce	—
十一	冷轧镀层		
1	工序能耗	kgce/t	98
2	吨材燃料消耗	GJ	1.2
3	吨材电耗	kW · h	200
4	吨材新水消耗	m^3	—
5	吨材余热回收量	kgce	—
十二	无缝管轧机		
1	工序能耗	kgce/t	76
2	吨材燃料消耗	GJ	1.75
3	吨材电耗	kW · h	115
4	吨材新水消耗	m^3	—
5	吨材余热回收量	kgce	—

能源计量是能源测量和能源绩效评价的基础。如果企业没有合理配备能源计量器具，能源管理部门就难以获得准确可靠的能源计量数据。企业领导应重视能源计量工作，识别和遵守适用的能源和计量的法律法规，组织协调企业的能源计量工作。应按合同规定的方法对采购的能源进行计量。企业应执行 GB 17167 的规定，建立企业能源计量管理体系，形成能源计量网络，实现计量数据化管理。制定企业能源计量管理制度，要加强企业能源计量人才队伍的建设。支持节能项目改造，特别在实施新建、改建和扩建工程时应将能源计量作为工程的重要组成部分，以免造成没有计量保证的隐患。配备满足管理需要的能源计量器具，制定和实施有关文件，对计量器具的购置、安装、维护和定期检定实行管理，保证其准确可靠。

能源审计是能源监测的一种形式，是对企业的系统节能管理、能源利用效率和能源绩效等进行监督、检测、分析和评价，并提出节能和有效用能的建议。能源审计有时段性、整体性、系统性和优化性。能源系统运行和使用状态会直接对企业的成本产生重大影响，另外实时掌握能源消耗情况还有助于企业发现安全隐患。

8.4 能源管控中心及优化调控技术

能源管控中心具有以下职能：能耗预测、能源计划、能源监控、能源调度和能源分析。能源管控中心能够帮助企业建立能源预测模型和能源投入产出模型，优化能源结构，实现能源利用效益最大化。同时，通过各项能源指标，分析产品能耗、吨钢综合能耗、工序能耗、钢坯入炉温度等指标，及时采取措施，提高能源系统效率。能源管控中心能够提供与能源设备、仪表的接口，帮助企业建立能源计量网络，对企业生产过程中各种能源介质的各类信息，进行实时采集与监控，实时掌控能源运行状况。

钢铁生产是物质流、能源流和价值流的共同有序流动，能量流是动力流。能源管控中心是在线监测、分析、控制和优化功能的实现平台。能源管控中心是指采用自动化、信息化技术和集中管理模式，对企业能源系统的生产、输配和消耗环节实施集中扁平化的动态监控和数字化管理，改进和优化能源平衡，实现系统性节能降耗的管控一体化系统。能源管控中心是为了达到节能减排的目标及其实现科学发展战略的重要措施，也是通过信息化指导政府决策的重要系统。

钢铁企业能源管控中心主要有三种类型：一是以宝钢、马钢等为代表的企业能源管控中心，按照扁平化和集中一贯的理念，实现了企业能源管控中心系统的管控一体化设计，系统和应用功能比较完善。二是以济钢等为代表的企业能源管控中心，基本实现了基于计量数据分析的能源管理功能和与信息化系统结合的离线优化，但限于现场条件，高效扁平化的调度和在线平衡管理等功能还受到一定的限制。三是其他企业的能源管控中心，主要功能是采集动力计量信息，与真正意义上的企业能源管控中心还有较大差距。当前大多数钢铁企业的能源管理部门都属于第三类，其职能仅限于对实时数据的在线收集和统计，基本属于管理职能，不具备整体优化与智能调控的宏观预测和对生产过程的指导功能。

能源管控中心应该既是调控公司能源生产和使用的业务单元，又是公司能源管理的职能部门，在全公司能源管理上起到承上启下的重要作用。对于现代化钢铁企业来说，迫切需要建立优化调控技术，集成、优化、调控各能源子系统，实现对各种能源介质发生、使用与回收的全面监视，适时进行能源介质的集成优化管理与控制，保证能源介质的高效、安全与经济使用。

9

钢铁企业的“两化融合”管理

钢铁工业是我国国民经济的基础产业，得到了迅速发展。在经历了长期粗放型扩张后，钢铁工业已进入了加速结构调整、全面提高竞争力为主的阶段。钢铁行业2013年的销售利润率仍然处于我国工业行业的最低水平，2014年钢铁行业提高经济效益的形势依然十分困难。在这种形势下，我们更应认真进行客观分析，应对新的形势，包括机遇和挑战。近年来，我国钢铁业产能过剩问题逐步显现。为改变钢铁行业面临的产能过剩、产业结构不合理的现状，政府相关部门相继出台了一系列政策措施，推动钢铁企业兼并重组，限制新增产能，并加大淘汰落后产能的力度，实现产品结构升级，以推动钢铁行业做大做强。今后的发展方向应坚持以市场需求为导向，严格控制钢铁产量、发展高效钢材、加大淘汰落后力度、规范企业生产经营秩序和兼并重组提高集中度水平。

工业和信息化部为了深入贯彻落实中央“保增长、保民生、保稳定”的各项部署，落实《钢铁产业调整和振兴规划》，要求和引领钢铁行业以信息化的力量应对危机的同时寻找可持续发展之路。我国钢铁工业在“两化融合”的支持下努力调整，在向由大变强的目标发展。钢铁企业“两化融合”是提高竞争力的有效手段。

中国钢铁工业协会在2011年曾经发布《中国钢铁行业企业信息化和工业化融合发展水平评估报告》，将“两化融合”划分为四个阶段：基础建设阶段、单项应用阶段、综合集成阶段和协同与创新阶段。

（1）基础建设阶段。该阶段企业建立少数单项应用支撑系统，大部分单项系统没有建立，或已经建立的单项应用系统业务支撑面还不够。基本没有综合集成应用和协同与创新业务系统，同时在就绪度方面得分偏低。

（2）单项应用阶段。该阶段企业已经建立大部分单项业务支撑系统，还有少部分单项应用系统没有建立，或已经建立的部分单项应用系统的支撑面和覆盖面还不够，在综合集成和协同与创新业务领域应用支撑很少。

（3）综合集成阶段。该阶段企业的单项业务支撑系统建设比较完善，部分综合集成业务已经得到系统支持，还有部分综合集成业务没有建立，有些企业尽管已经涉足协同与创新业务的信息化，但还须继续优化完善。

（4）协同与创新阶段。该阶段企业的单项业务支撑系统建设比较完善，大部分或全部综合集成业务已经得到系统支持，部分协同与创新业务的信息化支撑项目已经完成，目前信息化的重点已经进入协同与创新业务领域。

工业和信息化部2009年6月15日在鞍钢召开了第一次全国钢铁行业信息化与工业化融合典型经验座谈会。会议认为，开展企业"两化融合"水平评估，培育提供技术支持和服务的信息化企业，制定和完善钢铁行业信息化的标准规范体系，已成为钢铁行业下一阶段的工作重点。目前钢铁企业"两化融合"的发展有三种模式：

（1）以全程自主开发为主的发展模式。宝钢、武钢等钢铁企业的"两化融合"属于全程自主开发为主的发展模式，使企业在满足"两化融合"发展深层次需求、实现全面的综合集成、适应企业需求变化、降低运营成本等方面，表现出强大的优势。

（2）以套件为主、开发为辅的外包主导型模式。首钢、邯钢、济钢、太钢等企业选用成熟的ERP（企业资源计划）套件和MES（制造执行管理系统）软件来构建企业信息化系统。

（3）开发与套件并重的混合发展型模式。鞍钢、湘钢等企业的信息化发展采用开发与套件并重的混合发展型模式，这种模式既能充分考虑本企业的特点，又能充分利用套件在财务管理、设备管理、人力资源管理、项目管理等方面积累的成熟经验。

为深入贯彻落实全面深化改革要求，大力推进信息化和工业化深度融合，推动产业转型升级、经济结构调整和发展方式转变，根据《信息化和工业化深度融合专项行动计划（2013～2018年）》，工业和信息化部于2014年1月17日发布了《信息化和工业化融合管理体系 要求》（试行）。

企业应按照《信息化和工业化融合管理体系 要求》的要求，建立、实施、监视与测量、保持和改进文化性的“两化融合”管理体系。

企业应界定“两化融合”管理体系的管理范围和边界，并在相关文件中予以明确。“两化融合”管理体系文件至少应包括：

（1）“两化融合”管理体系的范围和边界；

（2）“两化融合”方针和目标；

（3）“两化融合”管理手册，包括对“两化融合”管理体系过程及其相互作用的表述，以及相关文件的查询途径；

（4）本规范所要求的文件，包括记录；

（5）企业为确保对“两化融合”过程进行有效策划、运行和控制所需的文件与记录。

信息化和工业化融合管理体系的主要要求有以下几个方面。

9.1 “两化融合”的管理职责

9.1.1 最高管理者

根据国家和政府的要求，为了提高工业企业的管理和技术水平，在全国企业建立和实施信息化和工业化融合管理体系。钢铁企业也应按要求实现“两化融合”。为此，钢铁企业的最高管理者应承诺建立、实施、保持和改进“两化融合”，并持续改进其有效性。为了符合规范的要求和取得有效绩效，企业的最高管理者具有重要的责任和作用，这主要体现在以下几个方面：

（1）向全员传达“两化融合”的重要性和必要性。最高管理者应向本企业员工传达“两化融合”的重要性和必要性。为了提高产品质量、减少废次品、降低成本、安全生产、节能减排、使管理流程优化、最大限度地满足客户需求，应以信息技术为手段，以改革创新为动力，实现生产过程自动化和管理信息化。使用先进的信息技术不仅能够实现优化设计、制造和管理，而且对各种生产和消费过程能够进行数字化、智能化的监控，让员工理解信息化是企业合理利用资源、降低资源消耗的重要途径。

（2）建立“两化融合”的方针和目标。最高管理者应在企业战略层面统筹推进“两化融合”、制定“两化融合”方针和目标。方针目标的确定将为企业今后的“两化融合”工作指明方向和明确目标。钢铁企业的方针应体现企业发展特色、企业发展全局和企业发展未来，并根据企业的特征，并充分考虑执行战略的创新性和差异性；而将目标确定为实现“两化融合”企业的优质产品、开发创新和科学发展的核心能力。

(3) 明确管理职责。为了使“两化融合”符合企业发展战略、方针和目标的要求，最高管理者应任命一名公司级领导干部（例如副总经理）担任“两化融合”管理者代表，并在企业的管理机构中建立健全“两化融合”的管理职责分工与协调体制。

(4) 管理评审。最高管理者应对“两化融合”管理体系运行管理评审，包括了解“两化融合”改进的机会和变更的需求，以便确保“两化融合”管理体系具有持续的适宜性、充分性和有效性。

最高管理者在进行管理评审时应首先了解管理评审的输入内容，主要是了解“两化融合”管理体系的运行是否符合“两化融合”管理体系规范的要求，是否按要求有效地运行并取得了在方针目标中的规定成效。

最高管理者在管理评审时也应了解可能影响“两化融合”管理体系的内外部环境变化以及上次管理评审规定的要求有无得到完成，对存在的问题是否采取了有关的纠正措施或预防措施，改进的效果如何等。

最高管理者在管理评审时应针对存在的问题和需要改进的措施做出决定。将“两化融合”管理体系的符合性、有效性、“两化融合”过程的绩效以及具有竞争优势的信息化新型能力加以改进。

(5) 确保基础条件和资源保障到位。为了使“两化融合”能够有效地运行和取得明显的绩效，最高管理者应对“两化融合”管理体系规定和提供必要的基础条件和资源保障，包括人力、物力、财力以及计算机、网络和软件等。

(6) 确保可持续竞争优势。最高管理者应以增强与企业战略匹配的可持续竞争优势为目的，确保可持续竞争优势获取对信息化环境下新型能力的要求得到确定并予以满足。

9.1.2 管理者代表

管理者代表由最高管理者任命，是“两化融合”管理体系建设和实施的直接负责人，负责推动“两化融合”方针、目标的策划落实，并监控和改进体系运行全过程。管理者代表行政级别至少应是企业副职以上，应被授予足够的管理权限（包括必要的人力、财力、物资的支配权以及相关的绩效考核权），确保“两化融合”管理体系得以建立、实施、保持和改进。

管理者代表应向最高管理者报告“两化融合”管理体系的绩效和改进需求，并提升企业全员对打造信息化环境下新型能力的意识。应用信息技术推动技术、业务流程、组织结构的优化、创新和变革，持续提升数据的开发利用能力。

9.2 “两化融合”的方针和目标

企业的最高管理者应增强与企业发展战略相匹配的可持续竞争优势和提高在信息化环境下具有新型能力，为此应建立“两化融合”的方针和目标。

9.2.1 “两化融合”的方针

“两化融合”的方针应与企业战略保持一致，并考虑获取竞争优势和兼顾相关方的要求，满足“两化融合”管理体系的要求，最高管理者应主持制定“两化融合”管理体系的方针和目标。

在制定方针时应充分了解和认识本企业的现状，找出问题点作为制订方针的输入。具体来说包括企业“两化融合”的理念、“两化融合”的环境和存在的问题。方针应逐级展开，使方针落到实处。方针应推动企业围绕数据、技术、业务流程、组织结构的互动创新和持续优化，不断打造信息化环境下的新型能力。

9.2.2 “两化融合”的目标

最高管理者应确保建立“两化融合”的目标，以便推动企业围绕数据、技术、业务流程、组织结构的互动创新和持续优化，不断打造信息化环境下的新型能力。

目标应是具体的、可测量的、可实现的且具有时间要求的，并与“两化融合”方针保持一致。企业的方针必须转化为目标，否则方针是空的。只有各相关职能和层次的目标完成了，企业的总体目标才能得以实现，方针才能得以落实。

9.3 “两化融合”所需资源

为了保证“两化融合”管理体系有效运行，企业应确保有效地识别、评估、提供、配置、优化和维护基础条件和资源。

基础条件和资源包括：资金投入、人才保障、设备设施和信息资源。

(1)“两化融合”的资金投入。“两化融合”的资金投入应具有合理性、适度性和及时性。企业稳定和持续地确保“两化融合”过程的资金投入，避免投入不足、重复资金投入，也应避免重建设和轻维护的现象。资金投入应针对技术改造、设备设施、系统建设、运行维护、咨询培训等需求，具有合理性、适度性、及时性和有效性。

(2)“两化融合”的人才保障。“两化融合”的人才保障应通过培训使员工具有所需的能力。企业的“两化融合”也需要具有人力资源保障，为了提高人力资源水平，企业应开展“两化融合”的教育和培训。采取适宜的方式，激发员工参与、提升创新热情，建立激励机制，完善企业人才保障体系。

(3)“两化融合”的设备设施。“两化融合”的设备设施应具有自动化、数字化、网络化和智能化水平。设备设施自动化是指在生产过程中所用的设备能够高效、精密、可靠地自动进行。设备设施数字化是指在生产过程中所用的设备设施是利用“数据驱动”和软件控制。设备设施网络化是指设备设施利用网络整合实现计算机控制。设备设施智能化是指由现代信息技术、网络技术、计算机技术和智能控制技术汇集而成。

(4)“两化融合”的信息资源。“两化融合”的信息资源是可靠和有用的数据和知识资产。信息资源是企业生产及管理过程中所涉及的一切文件、资料、图表和数据等信息的总称。它涉及企业“两化融合”过程中的一切信息资源。

为确保基础条件和资源的持续提供，企业应识别和评估这些基础条件和资源不合理所产生的风险，并寻找改进的机会。

9.4 “两化融合”的实施过程

“两化融合”管理体系实施过程的要求包括策划、业务流程与组织结构优化、技术实现、匹配与规范、运行维护、数据开展利用与动态调整等 7 个方面的内容。

9.4.1 “两化融合”实施过程的策划

实施过程中的策划与“两化融合”管理体系策划有所不同。“两化融合”管理体系的策划主要是利用文件化进行策划；而实施过程中的策划是在已经形成的文件化管理体系的基础上，再策划“两化融合”的实施过程。

“两化融合”实施过程的策划主要是根据企业的业务流程、组织结构和技术来策划业务流程与组织结构优化和技术实现过程。实施过程中的策划是运用企业的自动化、网络和软件等准确地收集、开发和利用信息技术与产品设计、生产过程、质量管理、企业管理、市场营销、物资供应、设备管理、节能减排、安全生产等有机融合，实现企业数据集中、业务集成和流程接续的企业系统。通过合理的功能分配，做到物流、信息流、业务流三流管控结合，使产供销一体，通过信息资源与业务流程和管理结构优化融合提高企业产品创新、生产运作、经营管理和科学决策的水平，提高企业竞争力。

9.4.2 业务流程和组织结构优化

9.4.2.1 业务流程优化

业务流程优化是业务流程通过不断发展、完善和优化，保持企业竞争优势的策略，包括对现有业务流程的梳理、完善和改进的过程。企业业务流程包含三个层次：领导层、管理层（管理机构）、作业层（生产现场）。

“两化融合”对企业业务流程的全过程进行全面管控，利用实时数据进行分析改进，实现精益化生产，这是业务流程优化的主要途径。

钢铁企业流程包含从销售合同，经过投入产出，再到销售发货和售后服务的整体产销业务流程，即采购管理、销售管理、研发设计、生产管理、质量管理、环境管理、安全生产管理、能源管理、设备管理、运输管理、成本管理、人力资源管理、信息管理和财务管理等。

采购管理包括采购计划、询价、比价、计划审批、合同录入、合同审批、订货、验收、结算、库存、领用和盘点等过程。

销售管理包括客户管理、价格管理、销售合同管理、销售资源管理、出厂管理、销售货款管理和销售结算管理等。

研发设计包括需求分析、产品或工艺设计、半工业试制、工业试制（包括顾客试用)、设计修改、对产品进行评价、提出改进的方案等过程。

生产管理包括生产计划（分月计划和临时计划)、下达计划、组织生产、指挥过程、监督调节和统计报表功能。生产分厂应根据公司生产计划转化为作业计划。

质量管理包括产品标准管理、原料检验、半成品检验、产品检验、入库检验、质量保证书、不合格品处理和改进措施。

环境管理包括环境因素识别与评价、运行控制、监测测量、应急准备和响应措施。

安全生产管理包括危险源辨识和风险评价、安全生产运行控制、监测测量、应急准备和响应措施。

能源管理包括识别和评价能源因素、确定能源管理基准和标杆、控制实施和运行、监视、测量和评价、应急准备和响应措施。

设备管理包括设备使用、维护检修、备品备件管理、故障和异常分析、防治与处理。

运输管理包括货物通知、提货、送货、装运交接、意外事件处理等过程。

成本管理包括用于产品生产的材料费用、能源费用、生产费用、设备维护费用、管理费用、人工费用、福利费用、经营费用、产品存贮、运输和交付费用等。

人力资源管理包括人力资源配置、教育培训、考核评价、晋升与降级、档案管理等。

信息管理包括信息收集、信息传输、信息加工和信息储存管理等。

财务管理包括预算管理、资金管理、会计管理、收付账款管理和票据管理。

信息化是指企业以现代信息技术为手段，以开发和利用信息资料为对象，以改造企业生产、管理和营销等业务流程为主要内容，以提升企业的经济效益和竞争力为目标的动态发展过程。

信息化的内容主要是采用信息设备、应用信息技术、信息内容数字化和信息服务完善化。第一是生产过程和产品设计的自动化；第二是信息传递、各部门协同工作及工作系统应用自动化，生产、流通或服务信息化及商务活动网络化；第三是信息管理化，包括人、财、物、供、产、销等管理全过程的信息化。

国际标准化组织（ISO）提议，钢铁企业信息系统按功能分为六级：检测驱动机级（L0）、设备控制级（L1）、过程控制级（L2）、生产管理级（L3）、经营管理级（L4）和辅助决策级（L5）。近年来，信息系统按功能又分为四级，即L2过程控制系统（PCS，Process Control System）、L3制造执行系统（MES，Manufacturing Execution System）、L4企业资源规划系统（ERP，Enterprise Resource System）和L5决策支持系统（DSS，Decision Support System或KMS，Knowledge Management System）。将经营管理级（L4）和辅助决策级（L5）整合为企业资源规划层（ERP），实现PCS/MES/ERP三层架构，已成为企业信息化建设发展的一种必然选择。企业信息系统建设的五层架构的功能与应用见表9-1。

表9-1 企业信息系统建设的五层架构的功能与应用

层 次	系 统	功 能 与 应 用
L1	基础自动化	生产设备控制
L2	过程控制系统（PCS）	生产自动化控制和优化
L3	制造执行系统（MES）	生产作业执行监控、生产实时数据采集整理和归档
L4	企业资源计划系统（ERP）	客户订单管理、采购与库存管理、生产计划管理、财务管理等
L5	决策支持系统（DSS或KMS）	对业务数据进行收集和分析，为企业管理者提供决策参考

信息化与工业化融合主要在技术、产品、业务、产业四个方面进行。也就是说，“两化融合”包括技术融合、产品融合、业务融合、产业衍生四个方面。

技术融合是指工业技术与信息技术的融合，产生新的技术，推动技术创新。

产品融合是指电子信息技术或产品渗透到产品中，增加产品的技术含量。

业务融合是指信息技术应用到企业研发设计、生产制造、经营管理、市场营销等各个环节，推动企业业务创新和管理升级。

产业衍生是指“两化融合”可以催生出新的产业，形成一些新兴业态，如工业电子、工业软件、工业信息服务业。

生产过程控制系统（PCS，Process Control System）主要包括过程控制、基础自动化、检测和执行等。如果把MES和ERP运用到企业信息化管理中，那么PCS便属于典型的自动化系统。

制造执行系统MES是企业面向车间的生产管理技术，用以提供生产活动中从订单到产品间的优化信息。钢铁企业 MES 的技术具有较强的一体化计划编制功能和实时动态优化功能，具有较强的与 ERP 系统及 PCS 系统的集成性，能广泛适用于钢铁企业各种生产线，包括板材、线材、型钢、钢管等不同的生产线和流程。钢铁企业生产过程是一个离散和连续混合的生产过程，产线长、工序多、设备复杂，完全靠人工的方式进行管理和控制几乎是不可能的，因此，钢铁企业采用 MES 非常重要。

企业资源规划系统 ERP 是以产销一体化系统为核心，集成销售管理、采购管理、生产管理、质量管理、财务管理、设备管理、人力资源管理、资产管理、能源管理、客户关系管理、供应链管理和办公自动化等，即集成财务、销售、供应和生产制造全部管理过程，构成完整的企业资源管理流程，支持多种制造类型，系统甚至可以延伸到供应商和客户。ERP 在企业管理信息化中具有核心作用。

如果开发出适应于钢铁企业的 MES 软件产品，实现 PCS-MES-ERP 的紧密集成，形成流程行业 MES 的技术规范与实施标准，对提升流程行业信息化的水平，增强与国际先进企业的竞争力，都具有重要的意义。

钢铁企业的信息化主要集中在两个方面：ERP 和 MES。

ERP 是指整合企业内部资源的经营管理系统，使企业业务数据统一化，全部在线处理。从电子商务运作系统看，ERP 是基础工程，是现代管理手段，其核心是实现对整个供应链进行有效的管理。除 ERP 外，MES 系统也在钢铁企业信息化过程中起到关键作用。MES 系统在生产过程中具有承上启下的作用，包括企业物流的控制与管理、生产过程成本的控制与管理等，生产管理活动都在 MES 层完成。虽然 MES 的应用晚于 ERP 等软件，但 MES 的应用将更为广泛，钢铁企业 MES 的实施应用也将更为重要。

目前，宝钢、济钢、南钢、武钢、湘钢、鞍钢、昆钢、马钢已经被列入首批“两化融合”的试点示范企业，沙钢、太钢、邯钢、建龙钢铁、莱钢、酒钢被列入重点关注企业。

宝钢经过多年的发展，从基础自动化（L1）、过程控制系统（L2）、生产控制系统（L3）到经营管理系统（L4），建成了自下而上纵向集成的四级计算机体系。其中，L1 系统的功能定位是设备电气仪表控制，L2 系统的功能定位是模型计算和过程优化，L3 系统的功能定位是单元管理和作业管理，L4 系统的功能定位是生产管理和经营决策。ERP 需要 L1、L2 作为基础，宝钢建成了自下而上纵向集成的四级计算机体系。其中，经过不断的经验积累和优化完善，宝钢的 MES 系统已经形成了具有自主知识产权的软件产品。宝钢还牵头制定了 MES 规范，对国内 MES 系统的建设和发展起到了重要的推动作用，也为国内钢铁企业信息化建设提供了典型范例。

鞍钢在“十一五”期间，策划了一个五级的信息系统架构：一级设备控制系统、二级过程控制系统（PCS）、三级制造执行系统（MES）、四级企业资源计划系统（ERP）、五级集团运营与决策系统。到了 21 世纪，鞍钢将所有钢铁主体生产线，从基础自动化、过程自动化直到制造执行 MES、企业资源计划 ERP，并集成为一个整体。鞍钢将继续把信息技术应用覆盖到鞍钢生产运营的所有领域，从组织机构、技术规范、管理制度三个方面，进一步健全信息化管理体系，提高信息化对企业运营发展的贡献。

武钢信息化一是按照 ERP 系统的管理模式开发，建立以市场为导向、合同为主轴的产销整合管理，实现产销一体化；二是成本管理覆盖生产全流程，资金控制贯穿企业全部业务活动；三是建立机构上的一级管理模式，实现物流、信息流与价值流的高度统一。

南钢的 ERP 项目是以实现整体产销为目标，采用统一的编码规划、单一的数据交换机制，整合公司生产、销售、质量、采购、物流、人资、设备以及财务成本等信息资源，建立公司财务业务一体化的管理平台，系统包括生产管理、质量管理、销售管理、财务成本管理、购储运管理、人力资源管理、设备管理、公文管理、信息运作及交换平台等 9 个主系统、71 个子系统。为配合和支撑 ERP 运行，同期建设或完善的相关子系统有：计量系统、检化验系统、中板 MES 系统、EMS 系统、电子商务系统、门禁系统等。通过 ERP 系统的建设，实现了“两化融合”。

济钢以“高度集成”和“综合应用”为目标，确立“两化”深度融合模式。济钢以管控一体为目标，开发实施 MES、物流管控、生产调度指挥等信息系统，为企业实现精细化管理提供了支撑，并与过程控制系统在各领域互联互通，最大限度地利用好各种资源。为了实时掌控降本增效，在物流信息化方面以管控一体为目标开发实施 MES，并与 ERP 系统进行集成，提升了物流管控水平。

沙钢决定进行 ERP 集成项目系统建设，希望形成纵向一体化管理与横向集成化运营相结合的全新管理模式，实现管理精细化和决策敏捷化。

太钢的 ERP + MES 信息化，实现了采购、销售、生产、质量、库存、财务成本、设备等管理功能和数据仓库；建成了包括炼钢、热轧、冷轧等主要产线的 MES 系统。

9.4.2.2　组织结构优化

组织结构（organizational structure）是指对于工作任务如何进行分工、分组和协调合作。组织结构是表明组织各部分的顺序、位置、状态、方式以及各要素之间相互关系的一种模式，是整个管理系统的“框架”。组织结构是为了实现企业发展战略方针和目标而采取的一种分工协作的体系。组织结构主要依据企业的流程运转、机构设置及职能规划等组成。

组织结构是组织在管理工作中的职务范围的责任权利和在所形成的结构体系中的分工协作。在信息化过程中，组织结构必须坚持目标一致性、有效管理性、统一指挥性、责权对等性、授权适当性、分工协作性和弹性结构性，精简有效，所以在进行“两化融合”时应进行必要的调整。信息系统为组织提供信息服务；组织为了获取信息必须具有优化的结构。信息系统对企业管理的计划、组织、领导和管控具有重要支持。先进的信息技术和优化的组织结构具有重要的和密切的关系。技术的功能集成和管理的职能集成，需要打破传统的职能型组织结构，建立全新的过程型组织结构，实现企业经营成本、质量、服务和效率的巨大改善，能够更好地适应顾客要求和市场竞争，改进企业的经营环境。信息系统与组织的关系取决于组织结构、作业程序、周围环境和管理决策。

企业组织结构的发展趋势和新型组织结构形态的特点是：重心两极化、外形扁平化、运作柔性化和结构动态化。

为了促使企业“两化融合”，以更快和更灵活的方式满足市场和顾客不断变化的需求，要求企业具备扁平化的组织结构。

扁平化的组织结构是现代企业组织结构形式之一，这种组织结构形式改变了原来层级组织结构中的企业上下级组织和领导者之间的纵向联系方式、平级各单位之间的横向联系方式以及组织体与外部各方面的联系方式等。

扁平化组织结构的优点是：能够提高管理效率，减少管理失误，降低管理费用和扩大管理幅度。

我国钢铁企业的组织结构大多为职能型层次式组织结构，机构臃肿，人员繁多，严重影响工作效率，阻碍企业的发展，应以扁平化的组织结构替代。

扁平化是组织结构优化的方向。

扁平化组织有利于信息技术的迅速发展和企业的“两化融合”。当前钢铁企业面对市场环境瞬息万变的形势，必须对组织结构做出快速调整，提高“两化融合”水平，保持企业的竞争优势。组织结构的扁平化是组织结构优化的主要发展方向，可以增强组织快速反应的能力。

美国战略管理领域的奠基者钱德勒认为：经营战略决定组织结构。他提出的“结构跟随战略”是当企业确定战略之后，为了有效地实施战略，必须分析和确定实施战略所需要的组织结构。钱德勒也认为：生产率的提高和单位成本的降低，主要是来自物质流量在数量和速度上的提高，而不是企业规模。

在美国组织结构有直线职能制结构（U 型结构）、事业部制组织结构（M 型结构）和控股公司（H 型结构）。事业部制组织结构（M 型结构）和控股公司（H 型结构）的出现是因为企业具有一定规模时，企业内部管理得到有效分工，并能节约组织管理的成本。在企业成长初期，企业组织管理的重点是日常经营决策管理，管理分工表现为职能层面的分工，组织必然会采用 U 型结构；而大型组织企业高层核心管理内容应是企业的战略管理，与之相适应的组织结构是 M 型结构或 H 型结构。

U 型结构是按职能来组织部门分工的，即从企业高层到基层，都把承担相同职能的管理业务及其人员组合在一起，设置相应的管理部门和管理职务。优点是按职能划分部门，其职责容易明确规定；缺点是横向协调差。主要适用于中小型的、产品品种比较单一、生产技术发展变化较慢、外部环境比较稳定的企业。

M 型结构（事业部制组织结构）是一种常见的组织结构形式，是按照企业所经营的事业，包括按产品、按地区、按市场等来划分部门，设立若干事业部。事业部是在企业领导下，拥有完全的经营自主权，实行独立经营、独立核算的部门。事业部虽然受公司控制利润，但具有利润生产和经营管理的职能。事业部是产品责任单位或市场责任单位，对产品设计、生产制造及销售活动负有统一领导的职能。

H 型结构（控股公司）是指企业通过持有某一公司一定数量的股份，而对该公司进行控制的公司。控股公司不但拥有子公司在财政上的控制权，也拥有经营上的控制权。母公司与子公司各自仍然是独立的法人，实行独立核算，母公司并不承担子公司的债务和亏损的责任。

事业部和控股公司结构是当前大型企业采取的较为普遍的结构形式。

事业部是在企业行政协调中，引入了市场协调方式，部门之间的关系模拟市场上企业与企业之间的关系设计，使得高层经理人员不再卷入运营细节，专心致力于战略决策和长期计划。事业部结构中的分部作为利润中心进行运营，部门经理专门负责职能部门的具体业务，并根据所在部门的业绩受到奖励，这就使得单个部门对整个公司的贡献更容易测量。

控股公司结构开始出现在由横向合并形成的企业中，在这种组织结构中总公司放弃了对具体经营管理的职能，更关注重大的战略决策，给予各子公司经营活动上大的独立性，控股公司只保留重大事项的决策权。

ERP 系统要求企业建立扁平化组织结构。ERP 系统中的计划体系主要包括：生产计划、物料需求计划、能力计划、采购计划、销售执行计划、利润计划、财务预算和人力资源计划等，而且这些计划功能完全集成到整个供应链系统中。企业的组织结构向“扁平式”方向转变，可以提高企业对市场动态变化的响应速度。

扁平化的组织结构具有以下特点：

（1）扁平化的组织结构是围绕工作流程，而不是部门职能来建立机构，打破了传统意义上的部门边界。

（2）扁平化的组织结构改变的是金字塔型的等级结构，取消了中间层级，实现了纵向层级的扁平化。

（3）扁平化的组织机构将管理的任务委托到了操作层次，大幅度增加了底层的管理决策权限。

（4）扁平化的组织机构的流程是以顾客需要或客户导向为基础，能使横向的组织结构设计更加有效。

扁平化的组织结构，能够保证组织内部上下层之间的及时沟通，以及企业与市场之间信息的及时沟通，有利于在企业内部形成互相学习交流、整体互动思考、密切协调合作的氛围，从而产生持久的竞争能力。

宝钢集团采用的是事业部制组织结构，也叫产品部制结构或战略经营单位。宝钢股份组织架构的调整，将宝钢的三大钢材品种所在的分公司撤销，变为事业部制管理，以压缩管理层级，提高决策效率。事业部制主要的特点是分级管理、分级核算、自负盈亏，适用于经营规模大、业务多样化的企业，对市场环境变化具有较强的适应性。事业部制也属于扁平化，并具有细分化、柔性化和网络化特点。

武钢原来机构层次较多，呈金字塔型，存在多等级、多层次、机构臃肿、横向沟通比较困难、信息传递失真和缺乏活力等问题，对外界变化反应也比较迟缓。“两化融合”推动了组织结构重组和优化。将原来的金字塔型结构改为精简、高效的扁平化结构。计算机系统取代中层监督和控制部门的大量职能，加强决策层与执行层的直接沟通，使中层管理的作用大为降低，从而大幅度地减少了武钢的管理层次，提升了武钢的市场反应能力和用户服务水平。将钢铁生产厂的职能管理机构由原来的十几个科室精简为“三部一办一会”（生产技术部、设备部、政工部、办公室和工会）。为适应整体产销系统要求，将技术质量部和质量检验中心两个部门整合为技术质量部，实现了技术质量管理精干和高效。将生产计划的二级管理改为生产计划一级管理。

9.4.3 技术实现

与业务流程和组织结构优化一样，技术实现过程也是“两化融合”的对象，为此，企业应明确技术方案和技术获取过程，并进行监督和控制。企业应规范管理技术获取过程，确保所获取技术的适宜性和有效性。技术方案要明确技术实现的主体及相关方的责任和权限，选择技术路线，明确性能参数要求等技术指标，并按照规定的程序确认和批准。

现代钢铁生产流程也是优化的进程。紧凑、高效和智能化是主要发展方向，符合社会可持续发展的要求是钢铁流程优化最重要的目标。紧凑流程必然具有全过程高水平的自动控制特点，并实现全流程的高效和智能化。

技术获取是明确技术方案的实施过程的准备、执行、安装、调试和测试等过程。CIMS（Computer Integrated Manufacture System）是通过计算机硬软件，并综合运用现代管理技术、制造技术、信息技术、自动化技术、系统工程技术，将企业生产全部过程中有关的人、技术、经营管理三要素及其信息与物流有机集成并优化运行的复杂的大系统。因此，企业作为一个统一的整体，必须从系统的观点和全局的观点广泛采用计算机等高新技术，加速信息的采集、传递和加工处理过程，提高工作效率和质量，从而提高企业的总体水平。

CIMS 是自动化程度不同的多个子系统的集成，如管理信息系统（MIS）、制造资源计划系统（MRPII）、计算机辅助设计系统（CAD）、计算机辅助工艺设计系统（CAPP）、计算机辅助制造系统（CAM）、柔性制造系统（FMC）等。CIMS是针对整个工厂企业的集成，包括生产经营管理、工程设计和生产制造各个环节，即从接受订单开始，经计划安排、设计、制造直到产品出厂及售后服务等的全过程。CAD-CAPP-CAM-FMS的核心流程中融合的系统包括全面质量监控和合同、计划、供应、财务、设备、销售、劳资等各种管理子系统，整合成为CIMS。

钢铁企业的CIMS，即计算机集成制造系统，是现代制造业的一种生产、制造、经营和管理模式的关键技术中的系统体系结构，以成本为中心的信息集成技术能较好地适合钢铁企业；在经营管理分系统中设立电子商务接口具有规范、统一、实用的特点；基础数据采集与管理技术、信息分类与编码技术具有高效、适用等特点。

但是，CIMS在我国钢铁企业应用得并不多。MES应用比较普遍。

MES(Manufacturing Execution System）意为制造执行系统，国际联合会对MES的定义为：MES能通过信息的传递对从生产命令下发到产品完成的整个生产过程进行优化管理。MES与企业资源计划系统ERP和过程控制系统PCS具有较强的集成性。

企业资源计划系统ERP(Enterprise Resource System）是指建立在信息技术基础上，以系统化的管理思想为企业决策层及员工提供决策运行手段的管理平台。

过程控制系统PCS(Process Control System）不仅可以在生产现场实现主要过程的自动化，而且可以实现生产现场的辅助流程或输入输出物流的自动化。

MES集成了ERP和PCS，能广泛适用于钢铁企业各种生产线，包括板材、线材、型钢、钢管等不同的产线和流程。

技术方案主要包括以下内容：

（1）合同处理与设计技术。合同处理与设计技术是指对销售合同进行产品和生产过程设计技术。

合同是客户和生产企业之间的买卖契约。合同反映客户对产品质量、数量、价格和交付等方面的要求。对生产企业来说，合同不仅是生产和经营的依据，也是产品和技术设计的依据。“两化融合”管理体系要求技术方案应满足客户合同要求。

合同也是企业经营管理基础工作的重要内容，通过提高合同管理水平，规范企业合同签订和履行，能够有效地防范风险、优化管理、降低成本、提高效益。合同信息化建设的目标是实现合同在网上的起草申报、审查批准、签订管理、履行管理、数据统计、分析汇报等性能，以信息化技术提高企业合同管理水平，是现代企业合同管理的必然趋势。合同管理信息化可以提高合同审查批准的节奏和效率、节约管理成本、提高经济效益，科学高效地管理合同的信息数据，增加合同管理的透明度，提高管理监督能力，防止不正之风。合同管理信息化应采取多种方式，例如通过例会、电话、电子邮件、即时通讯软件（messenger）、短信、局域网等多种渠道进行沟通，保证运行效率，及时发现和解决系统运行过程中出现的问题。合同信息化是提高合同管理水平的重要手段。

客户关系管理 CRM（Customer Relationship Management）是企业经营思想的创新，即以客户为本，利用相应的信息技术和互联网技术来协调和提升企业与客户之间在营销和服务方面的交流和管理方式，向客户提供满足要求的产品或服务，满足客户的需求。在 CRM 中客户服务与支持主要是通过呼叫中心（Call Center）来实现的。呼叫中心也称客户服务中心，是以信息技术为核心，通过多种现代通信手段为客户提供交互服务的系统。

设计技术是产品的定型阶段，它将对产品进行全面的设计，包括确定产品成分、组织、性能、尺寸以及技术条件等。设计技术包括 CAD、CAE 集成设计技术等。计算机辅助设计 CAD（Computer Aided Design）广泛应用于机械、电子、建筑和土木工程的设计，是工程技术人员以计算机为工具，对产品和工程进行设计、绘图、分析和编写技术文档等设计活动的总称。CAE（Computer Aided Engineering）是用计算机辅助求解复杂工程和产品结构强度、刚度、屈曲稳定性、动力响应、热传导、三维多体接触、弹塑性等力学性能的分析计算以及结构性能的优化设计等问题的一种近似数值分析方法。

CAE 是目前国内外产品研究、开发和创新设计中先进的设计方法。当前，我国的设计制造企业大都采用了计算机辅助设计（CAD）、计算机辅助工程仿真（CAE），以及计算机辅助制造技术（CAM）进行产品设计和制造；有的企业实现了 CAD/CAE/CAM 技术一体化集成，使研究、开发和创新设计能力获得明显的增强。在这个过程当中，CAE 仿真技术起着巨大的推动作用。

CAE 仿真分析正是解决上述设计功能要求的有力方式。一般情况下，

CAE 仿真分析主要完成的工作包括：发现设计缺陷、减少自重、增加强度、确保尺寸和优化性能等。

（2）产品规范生产技术。产品规范生产技术是企业产品满足销售合同和设计规范的生产技术。

钢铁产品生产技术应包括焦化、烧结、炼铁、炼钢、精炼、连铸和轧制等过程的生产技术。

过程控制系统 PCS（Process Control System）是钢铁企业信息化的基础，是自动化系统的核心部分。PCS 以过程优化监控为主要目的，相对于企业管理层和基础自动化层处于中间层，起着承上启下的作用。过程控制系统在钢铁企业适用于各类冶炼、加工和热处理线等生产单元。PCS 是以生产过程数学模型为核心，连接实时数据库，对生产过程进行实时监视、诊断和控制。PCS 对产品的工艺参数进行优化，另外也能从其他系统中获取数据，保证 PCS 正常运行。

PCS 强调的是设备的控制，通过控制优化减少人为因素的影响，提高产品的质量与系统的运行效率。而 ERP 强调的是企业的计划性。PCS 和 ERP 均是以生产能力、客户订单和市场需求为计划依据，力求充分利用企业内的各种资源降低库存、提高企业的整体运作效率。PCS 和 ERP 在钢铁企业已经得到了应用，但是如果忽略了两者之间的有效配合，将会导致企业上层经营管理缺乏有效的实时信息支持，下层控制环节缺乏优化的调度与协调。为此，将经营计划与制造过程统一起来的制造执行系统 MES 在钢铁企业应运而生。

MES 能把钢铁企业生产过程控制系统 PCS 与以 ERP 为核心的管理信息系统联系起来，成为推进钢铁工业“两化融合”的有效切入点。MES 以过程数学模型为核心，连接实时数据库或非实时的关系数据库，对生产过程进行实时监视、诊断和控制，完成单元整合和系统优化，在生产过程中进行物料平衡，安排生产计划，实施调度、排产及优化，进而对生产过程的物料流、能量流、质量流和资金流、数据流统一监测、分析、控制和优化。

ERP 是企业资源计划，除了生产资源计划、制造财务、销售、采购等功能外，还包括质量管理、实验室管理、业务流程管理、产品数据管理、存货、分销与运输管理、热力资源管理和定期报告系统。目前，ERP 已经用于钢铁企业，钢铁企业的各类软件也纳入了 ERP 的范畴。

在钢铁企业信息化建设中，过程控制系统与管理信息系统之间存在明显数字界限，导致无法将管理同生产紧密结合，使信息化与工业化的融合受到制约。而MES能把PCS与ERP联系起来，打通数字界限，使企业实现生产活动与经营活动的有效集成，导致优化运行、优化控制与优化管理，形成完整的产销一体化系统，有助于提高企业的综合竞争能力，成为推进钢铁工业“两化融合”的有效切入点。

钢铁行业的信息系统架构分为五级系统：一级系统为设备控制系统；二级系统为过程控制系统；三级系统为车间或分厂级制造执行系统（即MES）；四级系统为企业资源计划系统（即ERP）；五级系统为企业间管理系统及决策系统。这五层系统之间相互集成、相互协调，构成了一个完整的企业信息化管理系统。其中，四级系统（即ERP）用于企业管理层，三级系统（即MES）用于工厂及车间的作业管理。

随着整体信息化建设的开展，宝钢重新规划、构建了公司企业级管理系统（ERP）、各分厂级的制造执行系统（MES）以及各底层的过程控制系统，在我国钢铁企业首次构造了完整的ERP/MES/PCS架构的信息化系统。

（3）产品质量判定技术。产品质量判定技术是根据合同和设计规范对产品实物进行判定的技术。

产品质量是“反映实体满足明确和隐含需要的能力的特性总和”。“需要”包括“明确需要”和“隐含需要”，而“特性”则是指产品所特有的，区别于其他产品的性质。无论是“明确需要”，还是“隐含需要”，都应将其转化为质量特性。质量应包括性能、可信性、安全性、适应性、经济性、时间性等六个方面，既分别反映了产品的使用性能和外观性能，也反映了产品可靠、安全、及时和灵活的程度，以及与之相适应的顾客和社会所付出的代价。反映产品质量主要特性的技术经济参数明确规定下来，作为衡量产品质量的尺度，就形成了产品的技术标准。因此，产品技术标准是衡量产品质量的重要依据。

为了保证产品质量满足客户要求，企业在产品生产过程中应设定工艺质量检测点，对生产过程中的原料、半成品和成品在线取样检测，按照客户的要求进行比较，及时发现潜在的质量问题，并进行处理。如不符合要求，可采取纠正、纠正措施或预防措施，避免产品不合格。MIC是计算机监测信息控制系统，能够按检、化验标准和用户要求进行检测和判定，对半成品和成品的性能判定达到自动化，确保产品在生产过程中的质量控制及最终产品的质量。在操作前，必须向 MIC 提供必要的生产参数，在操作过程中，设定的参数不断地与每一工序获得的实际数据相比较，当接到任何差异信号时，会停止运行。

MIC 系统中有企业生产的所有产品的质量和工艺特征。在与用户签订合同时，用户对产品的质量需求和特殊需求（包括标准要求 + α）通过检索 MIC 能够很快得到反映，从而快速进行产品质量设计、生产设计和组织生产。使用 MIC 系统可以改变传统生产方式，由预测驱动（Forecast-driven）向用户需求驱动（Customer-driven）方式转变，生产管理方式由按 MTS（Make-to-Stock）库存生产向按 MTO（Maker-to-Order）订单生产转变。MIC 体系对各加工工序现场进行实时跟踪和质量监控提供支撑，可以快速调整生产计划，提高生产管理速度，缩短生产周期和提高生产效率。

（4）合同执行进程跟踪管理技术。合同执行进程跟踪管理技术是根据合同要求，对实时动态跟踪的技术。

通过对销售合同执行过程的跟踪可以提高合同履行质量、合同履行信誉和减少资金风险。对销售合同执行过程的跟踪包括销售合同跟踪、销售合同执行、执行偏差协调、销售合同执行偏差处理和处理决定执行等活动。合同执行进程跟踪管理技术也包括改进过程的有效跟踪，实现企业产品及过程质量的持续提升。

客户关系管理 CRM（Customer Relationship Management）是利用信息技术，通过有针对性的交流与沟通，了解客户的需求，提供客户满意的产品或服务，提高客户满意度，建立企业与客户之间的互利共赢关系。

CRM 的概念集中于企业的经营管理模式，主要体现在市场经营、销售实现、客户服务和决策分析四个业务领域。

CRM 的模式体现在以客户为中心，以市场为定位，为提高客户满意度和市场竞争力，企业以改进业务活动和提高技术水平为主要任务。所以企业在合同执行过程中应跟踪管理和技术。

在制定技术方案时，企业应明确技术实现的责任部门和责任人、参与部门和参与人，参与部门和参与人应覆盖业务流程与组织结构优化相关的部门和业务骨干。企业应依据“两化融合”实施框架、业务流程与组织结构优化方案，评估现有相关的技术及其应用现状，开展技术需求分析，论证可选技术路线，明确性能参数要求等技术指标，编制投资概预算，确定技术实施范围，形成技术方案，并按照规定的程序确认和批准。需要强调的是，技术方案的确认程序应包括其得到业务流程与组织结构优化实施主体的确认。

实现“两化融合”应从方案、制度和技术三方面来考虑：方案是“两化融合”的方法；制度是“两化融合”的管理制度；技术是“两化融合”的信息化和工业化的技术。工业软件是重要的技术。没有工业软件，就不可能在工业化的“硬”优势基础上形成信息化的“软”优势，也就没有“两化融合”。技术实现的“两化融合”，工业软件具有重要的技术实现作用。在制定“两化融合”技术方案时，企业应正确地确认和批准技术方案。技术获取方式包括自主开发、共同开发、外包、外购等。必要时应对技术实现过程进行监督和控制。

技术获取包括实施准备、执行、安装部署、调试和测试等过程。

企业应在受控条件下进行技术实现，必要时对技术实现过程实施监视和测量，制定适宜的措施，有效防范技术风险，并应有监督与控制的记录。

9.4.4 匹配与规范

匹配是指配合或搭配，匹配是协同创造“两化融合”的整体优势。使企业各项活动有机协调组合，就是匹配。企业的核心竞争力，只有靠技术、业务流程、组织结构有机协调组合，才能创造企业整体的战略优势。

规范是对于某一过程或流程作业规定定性的信息。标准是定量的，而规范是定性的。

“两化融合”要求对技术、业务流程、组织结构进行匹配性调整、规范化和制度化。

9.4.4.1 技术、业务流程、组织结构的匹配性调整

业务流程一般包括营销、研发、生产、人力、财务和行政等。组织结构的设计应以业务流程为基础，按业务内容和规模划分部门或岗位并规定相应的权利和职责。组织机构主要涉及内部的工作和外部的协调，组织结构应按科学管理的要求精简高效，并按工作和作业内容划分部门或岗位。在业务流程与组织结构优化、技术实现后，应进行试运行，反馈并调整。

企业应在合理的时间范围内组织开展试运行。试运行是实现技术、业务流程与组织结构相互匹配的必要过程，也是检验“两化融合”实施框架中业务需求与目标是否实现的手段。在试运行（包括新旧系统切换、新系统上线、

技术装备启用等）前，应制定试运行方案，确保试运行期间企业正常运转。企业应高度重视静态和动态数据初始化，包括数据转化、导入与校验等，需提前做好充分准备，确保快速、准确完成。企业应确保全面、有效收集各方反馈意见，识别问题或缺陷，并采取适宜的措施，确保其得到及时解决。必要时，应制定调整方案，并在得到各相关方确认、批准后实施。试运行过程中，如果存在不匹配的情况，需要开展业务流程与组织结构的优化调整或者开展技术实现的优化调整，确保在合理的时间范围内实现技术、业务流程、组织结构的有效匹配。在原有人员不能满足变更后的岗位能力要求时，应通过培训、人员调岗等措施，确保员工满足新的岗位能力要求。

9.4.4.2 技术、业务流程、组织结构的规范化与制度化

规范化和制度化是企业的重要管理原则。

规范化管理是从企业生产经营系统的整体出发，对企业的生产和管理过程有规范性要求，制订制度、规程、指标等规范，并严格地实施这些规范，以使企业协调统一地运转。

制度化管理是企业为了促进企业整体优化，以制度为标准，把制度看成是企业的法规，员工必须严格执行，即依靠由制度规范体系，构建具有客观性的管理机制进行管理。

在技术、业务流程与组织结构匹配性调整完成后，识别、确定并建立或修订管理、业务、岗位、技术等规范化和制度化文件，确保匹配后的技术、业务流程与组织结构得以固化。

技术规范化和制度化是对技术的规定要求的。它和标准是有联系的。标准中的一些技术要求可以引用技术规范，这样的技术规范中的某些内容也成为标准的一部分。

业务流程的规范化和制度化是业务流程的文件化以及相对固定。同时也指用批准的规范来实施业务流程，例如用统一的质量管理体系标准、环境管理体系标准、职业健康安全管理体系标准和能源管理体系标准等管理企业的业务流程。

组织结构规范化和制度化是对组织结构在职、责、权方面的动态结构体系适应企业重大战略调整而形成的制度化和标准化。为了实行“两化融合”，组织结构应从职能导向向流程导向转变，使职能管理与流程管理相结合，形成横向型和扁平化的组织机构。

技术、业务流程、组织结构的规范化与制度化是“两化融合”的重要条件。

9.4.5 运行维护

企业应对“两化融合”过程进行运行维护。运行维护的对象包括信息资源、设备设施、应用系统与集成等范围，是对相关技术系统有效、高效运行的坚实保障。随着技术系统集成度的持续提升，企业的正常运转对其依赖性就会不断增强，运行维护的重要性也将日益凸显。

企业应围绕日常运行、预防性维护、故障处理、应急响应等方面不断完善运行维护机制和制度，针对不同层次、不同重要性等级开展分层分级管理。

日常运行维护是支持性维护，通过培训使员工掌握“两化融合”的运行技能，保证“两化融合”有效运行。

预防性维护是相关部门定期对“两化融合”的软件和硬件进行巡检，按规定进行调整、优化、维护和预防，及时发现潜在问题，提高运行效率。

故障维护是识别和纠正运行过程的问题进行改正性或完善性维护，避免或减弱故障的发生。

应急响应是因为有“事件”发生。所谓“事件”包括影响“两化融合”的计算机系统和网络安全的不当行为。应急响应技术是针对“事件”性质采取应急措施防止和减弱事件的发生，降低和减少损失。

适宜时，企业应充分应用信息技术手段，实施动态采集、监视运行维护的相应数据和信息，开展统计分析，不断提高预防性运行维护水平，以确保技术系统持续稳定可靠。

9.4.6 数据开发利用

数据开发利用是通过对数据的选取、分析和应用，进而全面实现数据价值的活动。企业应充分认识到数据开发利用是优化资源配置和运营管理的重要手段，并对其在获取可持续竞争优势方面日益提升的价值形成共识。

数据开发利用的价值可表现为有助于技术改进，如寻找最佳产品设计和工艺参数；有助于优化业务流程，如持续优化产供销协同水平；也有助于改善组织结构，如不断提升岗位及其职能设置和业务流程需求的匹配程度等。企业通过对数据的开发利用，可以加速技术、业务流程、组织结构的同步创新和持续优化。同时，技术、业务流程、组织结构的改进也会为数据开发利用创造新的机会和起点。

9.4.7 动态调整

动态调整是指为了实现“两化融合”的管理目标，使企业获取最佳效益，对管理过程的每一个步骤都必须实行动态调整。动态调整一般是一个局部优化过程。“两化融合”是一个循序渐进、持续优化的长期过程，企业应关注可能引起数据、技术、业务流程与组织结构等要素变化的内外部因素，在此基础上通过必要的动态调整实现持续优化和提升。

9.5 “两化融合”的评测与改进

企业应策划并建立一套完整、有效的评测与改进体系。通过评估与诊断、监视与测量、内部审核、考核、管理评审等过程，对“两化融合”及其管理体系的绩效、符合性、有效性以及持续的适宜性、充分性进行全面评价和分析，确定“两化融合”方针和目标的实现程度，寻找可以改进的机会，并持续改进“两化融合”的绩效及其管理体系的有效性，不断提升信息化环境下的新型能力，从而获取可持续的竞争优势。

9.5.1 评估与诊断

工业和信息化部电子科学技术情报研究所工业企业“两化融合”评估工作组形成一套“两化融合”评估框架体系（GB/T 23020—2013），用于评估企业“两化融合”发展现状、经验和做法，引导企业明确“两化融合”发展的方向和路径，有助于帮助企业在信息化过程中提高市场竞争能力。企业“两化融合”总体评估包括水平与能力评估、效能与效益评估两个部分。水平与能力评估包括基础建设、单项应用、综合集成、协同与创新等四个主要评估方面。效能与效益评估包括竞争力、经济和社会效益等两个主要评估方面。

(1) 基础建设旨在通过评估“两化融合”基础设施和条件建设情况，衡量“两化融合”基本资源保障的水平与能力级别。主要评估内容包括与“财”相关的资金投入、与“人”相关的组织和规划、与“物”相关的设备设施、与“信息”相关的信息资源、与“安全”相关的信息安全等。

(2) 单项应用旨在通过评估信息技术在企业部门级单一业务环节中的应用情况，衡量信息技术与工业技术以及企业单项业务的结合和融合的水平与能力级别。主要评估内容包括产品设计、工艺设计、生产管理、生产制造、采购管理、销售管理、财务管理、质量和计量、能源与环保、安全管理、项目管理、设备管理、人力资源管理、办公管理等。

(3) 综合集成旨在通过评估企业跨部门、跨业务环节的业务综合和集成情况，衡量“两化融合”环境下企业内多业务综合集成和融合的水平与能力级别。主要评估内容包括产品设计与制造集成、管理与控制集成、产供销集成、财务与业务集成、决策支持等。

(4) 协同与创新旨在通过评估跨企业的业务协同和发展模式创新情况，衡量“两化融合”环境下企业间业务协同、创新和融合的水平与能力级别。主要评估内容包括产品协同创新和绿色发展、企业集团管控、产业链协同等。

(5) 竞争力旨在通过评估企业综合竞争力变化情况，衡量“两化融合”直接或间接带来的企业能力提升效果。主要评估内容包括质量提升与顾客满意、业务效率、财务优化、创新能力等。

(6) 经济和社会效益旨在通过评估企业经济和社会效益水平变化情况，衡量“两化融合”直接或间接带来的企业效益提升作用。主要评估内容包括经济效益、社会效益等。

我们将企业“两化融合”发展分为四个阶段：起步建设、单项覆盖、集成提升和创新突破，可共同表征企业“两化融合”不断跃升的阶段特征和内涵，适用于工业领域各行各业。

企业已经开始建设“两化融合”基础设施并具备了一定条件，但其单项应用尚未开展或刚刚起步，则企业处于“两化融合”的起步建设阶段。企业具备了一定的“两化融合”基础设施和条件，单项应用对企业业务覆盖和渗透逐渐加强，发挥了一定作用，但其综合集成尚未有效实现，则企业处于“两化融合”的单项覆盖阶段。企业基础建设水平进一步提高，单项应用基本成熟，综合集成有效实现，但其协同与创新尚未有效开展，则企业处于“两化融合”的集成提升阶段。企业基础建设趋于完备，单项应用和综合集成趋于成熟，且协同与创新得到有效实现，则企业处于“两化融合”的创新突破阶段。

企业实现信息化和工业化深度融合的过程，就是不断实现上述阶段性跃升的过程。企业通过“两化融合”促进能力增强，实现竞争力提升，并进一步促进经济和社会效益提高，其提升作用随企业“两化融合”发展阶段跃升而跃进。企业所处的“两化融合”发展阶段及其对应评估方面的水平与能力级别，与竞争力、经济和社会效益水平相辅相成，可实现持续改进和螺旋式上升。

企业“两化融合”总体水平等级评定需综合水平与能力评估和效能与效益评估的结论。在总体评估框架体系指导下，各行业评估体系充分突出行业特点。在总体评估体系架构稳定、上层指标基本一致的情况下，各行业对总体评估指标进行必要的取舍、细化和调整，这样既能够体现行业特点，加强对行业企业的引导性，又可以增强行业之间的可比性，以及对总体情况进行准确的判断和分析。

9.5.2 监视与测量

企业应在管理体系策划阶段考虑监视与测量的需求。监视与测量的关键指标应涵盖与“两化融合”目标和实施框架相关的职能和层次，以及技术、业务流程、组织结构和数据开发利用互动发展的相关方面。

传感器是在技术和业务流传中的一种检测装置，能感受到被测量的信息，并能将感受到的信息按一定规律变换成为信息输出，可以满足信息的传输、处理、存储、显示、记录和控制等要求。传感器一般具有微型化、数字化、智能化、多功能化、系统化和网络化特点。传感器是实现自动检测和自动控制的重要工具。钢铁企业使用的传感器主要有称重传感器、温度传感器和压力传感器。另外光谱仪、金属分析仪、碳硫分析仪和质谱仪等化学分析和物性测试仪，也用于在线检测和监控。

探伤工具手段有：射线探伤、超声波探伤、涡流探伤、漏磁探伤、磁粉探伤和表面视觉，可以用到的传感器有：射线检测用的光电转换板（显像板）、激发/接受超声的超声波探头（压电/电磁/激光）、涡流检测用的涡流线圈、漏磁线圈、视觉检测用的CCD（图像传感器）等。

企业应充分应用传感器、控制与信息系统、网络等信息技术手段，提升监视与测量数据的及时性、准确性和完整性。适宜时，应从源头自动采集数据。

依据监视的结果，分析关键指标运行的趋势和异常。依据测量的结果，评价关键指标是否符合预期要求。

对组织结构的监视和测量主要是评价能否达成预定的目标，能否适应环境的变化并适时做出必要的调整，能否发挥各层次各部门的整合作用，能否维护组织的基本形式与架构而不作出不适合形势的改变。

有效地利用和开发数据具有潜在的商业价值，是钢铁企业走出同质化竞争迷局、摆脱全行业亏损困境的重要途径。如果能够将数据应用于经营管理和流程再造，可使共同企业获得明显的经济效益。监视和测量数据的开发和利用既可以提升钢铁企业生产力，也可以优化经营决策，完善企业价值链和供应链，提高企业管控水平，开辟新的利润来源。

9.5.3 内部审核

企业开展内部审核，主要用于评价“两化融合”管理体系的符合性和有效性，也可用于识别改进机会。

审核方案的制定应基于企业规模、性质、复杂程度及以往审核的结果。审核方式可采用集中式或滚动式，但应确保在一个审核周期内，覆盖所有应审核的对象。

“两化融合”管理体系审核用于确定符合“两化融合”管理体系要求的程度。审核发现用于评定“两化融合”管理体系的有效性和识别改进的机会。内部审核由企业自己进行，用于内部目的，可作为组织自我合格声明的基础。

内审的主要目的在于对“两化融合”管理体系的运行进行自我检查和改进，为管理评审提供信息和为“两化融合”认证做准备。一般“两化融合”管理体系是在建立文件化后进行运行。在运行过程中，文件化的“两化融合”管理体系是否符合标准要求和企业实际，运行是否达到目标要求并取得实效，“两化融合”管理体系是否在不断完善、改进和提高，内部审核可以进行评价，对“两化融合”管理体系的有效运行和持续改进具有推动作用。

内部审核能够系统地和客观地对“两化融合”管理体系运行进行评价和提供改进意见。管理评审是一项重要的输入，能够为最高管理者提供决策信息，同时也为“两化融合”认证的现场审核或监督审核做准备。

内部审核与第二方和第三方审核一样，以信息化和工业化融合-规范为审核准则，另外“两化融合”管理体系文件(“两化融合”管理手册、程序文件和作业文件）和适用的法律法规也是审核的准则。内部审核的范围涉及与体系“两化融合”有关的部门、单位和生产现场。频次一般为每年一次，但出现异常时（例如出现“两化融合”事故或投诉）应调整或增加频次。审核方法在文件审核的基础上主要是对现场进行审核。

为了确保审核过程的客观性和公正性，审核员不应审核自己的工作。内审员不仅应熟悉“两化融合”管理体系的标准和文件，也应具有一定的专业技术水平，同时具有良好的素质和审核技巧。

内审必须具有程序文件，规定审核的策划、实施、形成记录以及报告结果的职责和要求。审核应保持审核及其结果的记录。审核前应进行充分准备，由管理者代表指定组长，成立内审组，组长选择组员，编制内审计划，在审核计划中规定审核目的、范围、准则、进度和分工，内审员对“两化融合”管理体系文件进行审核和编制检查表。

在进行现场审核时，应在首次会议上说明审核目的、范围、准则、进度和分工。现场审核应按计划以事实为依据，以标准和文件为准则，收集客观证据，公正判断符合不符合准则要求。如有不符合，应在不符合报告中具体描述，正确判断，并请受审核部门或单位认可。在末次会议上宣读审核报告，包括不符合报告，并向受审核部门或单位提出纠正和（或）纠正措施要求。内审报告应由管理者代表批准发放给有关部门或单位。后续活动应包括对所采取措施的验证和验证结果的报告。内审组应对不符合项的责任部门或单位采取的纠正、纠正措施或预防措施的实施情况按规定进行跟踪验证，使“两化融合”管理体系有效运行。

如果有必要时，内部审核也应考虑：“两化融合”体系的有关过程能力、过程是否得到有效和高效地运行、是否有效地使用了相关方法、对“两化融合”业绩的测量与评价、持续改进活动和与相关方的关系等。

企业内部审核员应保持客观、公正，不应审核自己的工作。审核组应具备审核所需的专业能力，必要时可借助内外部技术专家的帮助。

内部审核结果应形成并提交正式报告，并作为管理评审的输入。

对于审核发现的不符合，应及时采取必要的纠正措施。

9.5.4 考核

企业应以业务流程为导向制定考核指标，并将其分解至相关的部门和岗位。企业应将“两化融合”考核指标和考核制度纳入企业绩效考核体系，确保考核的整体有效性。考核指企业在既定的“两化融合”目标下，根据企业确定的指标，对“两化融合”取得的工作业绩进行考核，并运用考核的结果对“两化融合”业绩进行改进和提高。企业应采取适宜的方式，公开和反馈考核结果。

企业“两化融合”整体性评估应采用《工业企业“信息化和工业化融合”评估规范》（GB/T 23020—2013）的指标体系。

“两化融合”的考核指标可以分保障度、融合度和贡献度三大类，保障度包括：信息化基础、信息化规划和业务流程重组（BPR）、信息化培训情况和信息化安全；融合度包括：供应链管理一体化（SCM）和企业资源计划（ERP）；贡献度包括：信息化投入的社会效益与经济效益。同时设考评指标的分数（例如设二级指标，其中一级指标 7 个，二级指标 45 个，考评指标满分 100 分）。

9.5.5 管理评审

管理评审是评价“两化融合”管理体系持续适宜性、充分性和有效性，并识别改进机会和变更需求的活动。

最高管理者应按照策划的周期，定期主持管理评审活动。参加管理评审的人员至少应包括企业相关部门和职能的负责人。管理评审所采用的形式应适合企业的实际情况，并可与企业其他管理体系的管理评审和例行的年终总结活动相结合。

为确保管理评审的效果，最高管理者应对照管理评审输入内容的要求事先布置材料的准备工作，各相关部门应按照分工认真准备好相关材料。

在评审过程中，应从具体问题入手，评价“两化融合”管理体系是否：

（1）适宜，即对于内外部环境的变化，企业现有的“两化融合”方针、目标和文件化的管理体系是否仍然适宜。

（2）充分，即企业现有文件化的管理体系对于实现企业的“两化融合”方针和目标是否充分，是否需要加以完善、优化和调整。

（3）有效，即企业现有文件化的管理体系是否得到有效的实施和保持，并确保“两化融合”目标得以实现和持续提高。

管理评审的结果应形成正式的决议，决议内容应包括对管理体系持续适宜性、充分性和有效性评价的结论，识别出管理体系规定、执行以及资源配置等方面的问题，并提出具体的改进方向和要求。

对于管理评审提出的问题，应明确具体的责任部门、责任人和完成期限，进行原因分析并采取有效的纠正措施或预防措施。同时还应明确具体的责任部门和人员，对纠正措施或预防措施的实施情况和实施效果进行验证，并向最高管理者报告。

9.5.6　改进

在评估与诊断、监视与测量、内部审核、管理评审等活动的实施过程中，对照预期的目标和要求进行评价，当发现管理体系的相关过程未按规定实施或未达到预期的绩效要求时，即可视为不符合。对于可能导致潜在问题发生的不符合也应予以识别。

9.5.6.1　持续改进

持续改进是为了不断提升企业信息化环境下的创新能力，并致力于获取可持续竞争优势，所采取的循环活动。通过评估与诊断、监视与测量、审核、考核、管理评审等机制发现已经发生的或潜在的问题，然后对问题的原因进行分析，并依托当前的资源针对导向问题的原因采取纠正措施或预防措施，从管理体系的规定和执行两方面实施持续改进。

目前钢铁企业在信息化过程中主要存在以下几个方面的问题，需要持续改进：一是“两化融合”中信息化和工业化发展不平衡；二是信息化对钢铁企业研究开发业务的支撑力还有待提高；三是钢铁企业环境经营的信息化支撑还没有深入展开；四是对职能管控应用的重视程度不高，宣传、推广先进企业经验的力度不够。

钢铁行业“两化融合”发展不平衡主要体现在成熟度方面，处于四个阶段的应用水平从得分上看存在较大差距，基础建设阶段和单项应用阶段企业信息化的深度和广度还远远不够。

钢铁企业环境经营的信息化支撑还没有深入展开。当前钢铁企业一次能源以煤炭为主，占能源消耗总量比较高，对减少碳排放面临着巨大挑战。目前企业环境经营意识虽然正在加强，但信息化投入也应增大，目前企业能源管理系统的信息化支撑已经有所发展，但还须继续扩大覆盖面，在资源再生等方面的信息化支撑仍然需要改进和提高。

钢铁企业对智能管控方面的应用重视程度需要进一步提高。产业链集成应用还缺少技术标准支持。

持续改进活动可能会对“两化融合”手册、程序文件、作业文件等进行修改，任何文件的改动都应符合文件控制的要求。

9.5.6.2 不符合

对于实际或潜在的不符合，应调查分析并确定其内在原因，针对消除该原因提出并落实切实可行的纠正措施或预防措施，以避免问题的重复发生或潜在问题的实际发生。

目前，在企业“两化融合”中存在以下几个方面的问题，也属于不符合“两化融合”规范的要求：

（1）企业对“两化融合”的学习和理解不深刻，对长期性和艰巨性准备不足。没有领导建立、实施和保持“两化融合”管理体系，并持续改进其有效性，只靠具体管理部门策划和组织实施。

（2）企业在制定具体的业务规划时，与“两化融合”战略、方针目标基本不匹配，导致“两化融合”的预期作用不能充分发挥。造成这种问题的原因是企业各层人员对“两化融合”的策划的认识程度不统一，缺乏对员工“两化融合”战略的学习和理解。

（3）有的企业认为信息化等于“两化融合”。“两化融合”解决的是三个方向的转变，即装备现代化、过程信息化和管理集约化，并非仅仅是发展信息化的问题。不能只重视信息化，而没有实现与技术、业务流程和组织结构的优化融合。

（4）有的企业虽然想在车间实现“两化融合”，但只考虑了相关的硬件，缺乏必要的软件，在生产线建有计算机和网络，但这些设施没有发挥作用。

（5）有的钢铁企业对 MES 还没有给予足够的重视。完全由人工来编制生产计划，效益低、计划不尽合理、调整计划非常困难。调度人员工作强度大，极大地制约了生产管理水平的提高。信息化系统的整体性欠缺，部分区域 MES 的不完善，不仅制约了工作效率的提升，也使系统功能的发挥受到一定的限制。

（6）有的钢铁企业采用ERP系统作为发展信息化的终极目标，但并没有在企业各管理业务、经营职能领域全面展开，而且信息化、智能化的覆盖面不足。例如销售系统、物流系统、采购系统、财务系统、能源系统和人力资源系统等没有投用，制约了管理水平的提升。

（7）有的企业对“两化融合”管理体系只有内部审核和管理评审程序，没有对评价“两化融合”整体绩效建立评估与诊断、监视与测量程序，缺乏对信息化环境下的新型能力以及所获取的可持续竞争优势的措施。

（8）有的企业管理层对发挥现场作业者的能动精神认识不够，只将作业者作为管控的对象，而不是生产过程中的自控主体，忽视人员素质的培养。

（9）“两化融合”的投资不足或绩效不明显。部分企业对“两化融合”在投资不足，或即使有所投资，但是却缺少投资绩效。原因可能是在“两化融合”工作中，缺乏体系化的“两化融合”和信息化投资绩效的管理制度和方法，使信息系统的有效应用难以得到保证，总体应用绩效不明显。

（10）“两化融合”的信息安全管理存在问题。在企业的“两化融合”工作过程中，由于缺乏“两化融合”的信息安全管理，企业存在数据丢失或篡改、信息泄露等一系列信息安全问题，影响推动企业“两化融合”管理体系适用性和有效性。

9.5.6.3　纠正措施和预防措施

为了使“两化融合”管理体系持续有效，企业应当以系统的方法确定实际和潜在的不符合，并采取纠正措施或预防措施。这是“两化融合”管理体系实现闭环管理的一项至关重要的活动，企业对此务必予以高度重视，如该活动的实施流于形式将直接影响到企业能否有效打造信息化环境下的新型能力。

典型的纠正措施或预防措施，至少应包括规定为消除问题原因所需采取的具体措施及优先次序、职责划分、完成期限等内容。纠正措施或预防措施实施后，应由不符合的提出部门对措施的效果加以验证。适用时，在纠正措施或预防措施实施前应由不符合的提出部门对措施的充分性和可行性进行评审，对于涉及资源调整的措施还应由授权人员对资源调整的可行性进行认可。

当所采取的措施导致“两化融合”管理体系文件发生变化时，应确保通知相关人员。

10

钢铁企业标准化管理体系一体化

10.1 管理体系一体化的基本概念

管理体系一体化是通过对不同管理体系中类似的管理过程进行整合，以便提高管理效率。目前整合的管理体系包括质量管理体系、环境管理体系、职业健康安全管理体系、能源管理体系以及未来正式批准发布的信息化和工业化融合（“两化融合”）管理体系。

管理体系一体化是让企业作为一个整体协调运作，局部之间相互协调、相互促进、相互补充、相互强化，形成管理水平比较高的企业。但企业发展过程中，随着规模的扩大，企业的各组成部分之间出现了不协同的情况，管理有一定困难。“管理体系一体化”实际上是将分散运作和互不协同管理，进行整合形成完整的和协调的管理能力，以实现企业质量、环境、安全、节能和“两化融合”的方针和目标。管理体系一体化包括有软性要素和硬性要素两个方面。软性要素包括：核心价值观、文化、使命、领导力、管理风格等；硬性要素包括：战略、组织结构、制度流程、绩效管理等。管理体系一体化是将这两方面的因素融合。另外，管理体系一体化包括一个中心和两条主线。所谓“一个中心”，就是指组织的核心价值观、使命、战略、领导力为中心，从这个中心出发，形成“横向一体化”和“纵向一体化”。“横向一体化”是指企业同级单位之间的协同，尤其是总部部门之间的协同、总部部门与业务单位的协同。而“纵向一体化”是指上下单位之间的一致性和分工协调，也就是分权和集权之间平衡的问题。

管理体系一体化也是指多个管理体系原来独立的程序，通过某种方式结合成为一个统一的过程。

一体化管理是通过对不同管理体系的类似管理过程进行整合优化、补充完善、有效管理和提高效率。一体化是解决各管理体系标准中相同内容，建立同样秩序、解决企业管理的有效性。目前企业的质量管理、环境管理、职业健康安全管理、能源管理和“两化融合”管理体系中，对最高管理者、管理职责、方针目标管理、资源管理、文件和记录管理、内部审核和管理评审以及持续改进等具有相同和相似的规定和要求，适合一体化管理。一体化管理满足所适用的所有国家标准的要求。因此，建立一体化管理体系，应是贯标的发展趋势。总之，一体化有利于促进企业管理有效进行，也有利于管理体系体制的审核，可以全面、准确和客观地评价企业的综合管理水平，有利于企业采取更为合理的措施，改进整体绩效，实现持续改进。

我国很多钢铁企业已经完成了质量管理体系（GB/T 19001）、环境管理体系（GB/T 24001）、职业健康安全管理体系（GB/T 28001）的认证，有些钢铁企业正在贯彻实施能源管理体系（GB/T 23331）与信息化和工业化管理体系（简称“两化融合”管理体系）。另外，我国仍然继续发布其他管理体系标准。目前有不少钢铁企业在贯彻实施多种管理体系标准，这就存在多种管理体系中有些运行程序相同而管理过程和方法重复的问题，应探讨简捷有效的管理方法。

管理体系标准是相互关联的，内容互有交叉，在管理体系的运行模式、文件的架构上是基本相同的，为建立和实施一体化管理体系提供了可能性。

管理体系的理论基础相同，均采用了戴明管理理论，即采用 PDCA（计划—实施—检查—措施）改进模型作为基本骨架。

管理体系标准的基本框架基本上是一致的。特别是“过程方法”的模式结构，具有相容性和兼容性。在文件、记录、内审、管理评审等方面管理的要求和方式是相同的，强调预防为主和持续改进，指导思想是相同的。

管理体系标准的关联性是很明显的。例如质量管理不好，就要多出废品、浪费能源和原材料，废品处理也可能带来污染；环境污染的受害者首先是职工，就会产生职业健康和安全问题；信息化与工业化融合不到位，就可能发生质量问题、安全事故、环境污染和能源损耗。所以，需要采取综合的措施，将质量、环境、职业健康安全、能源和“两化融合”管理体系进行一体化管理。

上述管理体系标准分别是为了规范和提高质量、环境、职业健康安全、能源和“两化融合”管理水平，从不同的方面使企业以高效率实现企业方针和目标，提高企业管理能力和增强企业竞争实力。

以上几个管理体系标准都是国家标准化组织制定的标准，标准中的要求都是采用从方针目标规划的策划，实施运行、检查与改进模式，并对最高管理者、管理者代表、组织机构和职责权限、方针、目标和方案、资源管理（包括人力、物力、信息等）、文件和记录管理、合规性评价、改进方法（包括对不符合的控制、纠正和预防措施、持续改进）、内部审核和管理评审等提出类似的要求。如果不同管理体系进行重复或不同管理，对企业管理有不利影响。

企业建立一体化管理体系，不仅可以将认证的各个管理体系进行整合，更重要的是要把认证的管理体系与其他方面的管理体系整合为一个有机整体。

10.2 管理体系一体化的主要目的

由于质量管理体系、环境管理体系、职业健康安全管理体系、能源管理体系和“两化融合”管理体系的标准中，有相当多的要求在内容上有很强的关联性，而且运行模式是基本相同的，这样就为管理体系一体化的建立和实施提供了可能。企业建立一体化的管理体系，有助于实现一体化的审核和认证。

另外，上述管理体系的理论基础和基本框架也是相同的，均采用 PDCA（计划—实施—检查—处理）改进模型作为基本管理和运行原则，强调写所做、做所写、记所做，特别是对文件、记录、内部审核、管理评审和持续改进等管理要素可以实行一体化管理。

管理体系标准有很多相同之处，有利于一体化，例如：

（1）各管理体系的目的相同。各管理体系标准表面看分别是为了推动组织实现质量、环境、职业健康安全、能源和“两化融合”管理等不同方面的目标，其根本目的则是从不同的角度推动组织进步，进而实现组织整体素质提高和实力增强。

（2）各管理体系的机理相同。各管理体系标准为使企业以最小的投入获得最大效益，以最高效率实现组织的管理方针和目标，都要求组织内各个层次、各个区域、各个专业的管理及各项活动都最精确地指向组织的管理方针和目标，减少因方向偏差导致的成本损失。

(3) 各管理体系的方法相同。各管理体系标准从总体思路到要素要求等，都强调和运用 PDCA 循环的原理。同样，在标准的建立、实施、审核及改进中 PDCA 循环也应得到全面的推广应用。

(4) 各管理体系的理念相同。追求持续改进是各管理体系标准提倡的重要理念。各管理体系标准都强调组织要通过持续改进以使组织具有长久的适应外部环境变化的能力，从而长久地提高组织的综合实力。

最重要的是质量管理、环境管理、职业健康安全管理、能源管理和“两化融合”管理关联性非常明显。如果质量控制不好，不仅会出废品，也会影响环境和浪费能源；环境污染也会影响员工的职业健康和安全。如果环境、安全、能源和信息化管理不好，也会影响产品质量。如果将管理体系一体化不仅有助于管理，也会使管理简化和有效，在内审和外审时更加方便。

所谓“管理体系一体化”就是将上述管理体系中相同的或相似的要素或过程进行统一策划、实施、检查及改进。也就是说，遵循策划、实施、检查、改进（PDCA）循环模式使管理体系发挥最大的效能。

为了实现管理体系一体化的方针和目标，必须统一策划组织机构和权责分工。资源管理也必须满足质量、环境、职业健康安全、能源和“两化融合”管理的要求，识别并完成各管理体系所必需的组织机构设置、相应的职责和权限及必要的资源配备等。

针对各管理体系标准的要求，编制反映各管理体系标准具有特性要求的管理体系文件，例如：GB/T 19001 质量管理体系标准识别和控制对产品质量有重要影响的工艺和工序；GB/T 24001 环境管理体系标准必须识别和控制与环境有影响的因素；GB/T 28001 职业健康安全管理体系标准应识别和控制职业活动中可能的危险源；GB/T 23331 能源管理体系标准应进行能源评审；“两化融合”管理体系要求策划业务流程与组织结构优化。凡涉及管理体系标准的个性要求的，应单独编制程序文件，尽可能地体现不同管理体系标准间的区别。

但在各管理体系标准中也存在一些要求基本相同的程序，如文件控制程序、记录控制程序、内审程序、管理评审程序等。通过对上述程序文件的一体化，也能够减少管理体系文件的数量。

为了实现管理体系一体化必须认识和掌握管理体系的规律性，建立一致性的管理基础。例如质量管理、环境管理、职业健康安全管理、能源管理和“两化融合”管理都遵循 PDCA 循环的规律，都按照策划（计划）、实施、检查、总结的工作思路实施管理，这便于认识和掌握管理的规律性，能在组织建立一致性的管理基础。

质量管理体系、环境管理体系、职业健康安全管理体系、能源管理体系和“两化融合”管理体系对人力资源均有明确的要求，而且要求组织明确规定岗位、职责与权限。管理体系一体化后，组织可结合每个管理体系标准的要求，统一考虑人员的岗位设置，提出综合性要求，同时重新设置和调整组织的管理结构。例如在一体化前质量管理体系由质量管理部门主要负责，环境管理体系由环境管理部门主要负责，职业健康安全管理体系由安全管理部门主要负责，一体化后可设置一个体系管理部门来全面负责体系的运行，将负责内部审核和管理评审日常工作及文件控制、记录控制、纠正预防措施等工作的岗位人员的工作合并。

企业可以统一策划管理体系的运行、统一进行文件修订、统一开展综合的内部审核（内审）和管理评审，结合管理体系标准的要求考虑纠正和预防措施等，可大大提高工作效率。另外，由于减少了文件数量，合理调配了资源，提高了工作效率，减少了内审管理评审及外部审核的频次等，组织的管理费用必然会大大降低。因此管理体系一体化是必要的，可以更好地帮助企业统一运作管理体系。

建立一体化管理体系不是只为了满足认证审核的要求，或简化标准化管理体系的文件编写和管理，而是以提高企业核心竞争力为目标，对管理体系进行全面设计，取得企业的竞争优势。在策划管理体系一体化时应对各管理体系进行深入调查和诊断，理清各管理体系的相互作用关系，识别各个管理体系的共性和个性，求同存异，才能将各个管理体系有机地融合在一起，形成一个完整的一体化管理体系。

标准化管理体系的一体化应以过程增值为原则。一体化可以以质量管理体系为基础，来整合其他管理体系。一体化管理体系是由诸多过程构成的系统，体系的一体化实质上是过程的有机结合。无论采用何种方式，都应遵循过程增值的原则，整合多余和重复的管理过程，融合交叉和间隔的管理过程，改进各个过程的有效性和效率，通过管理体系一体化提升管理绩效。

管理体系一体化过程是一个循序渐进的管理变革过程，不可能通过一次整合就完成。由于企业和相关方的期望不断提高，管理体系要求也在不断发生变化。国际标准化组织每隔几年就要对其制定的管理体系标准进行修订换版，我国也在推行一些新的管理体系。随着新的管理体系标准出现，或者管理体系标准要求进行了修改或发生了变化，企业就需要建立和修订相应的管理体系，并将新的管理体系与原有的管理体系进行整合。为了满足顾客和相关方不断变化的要求，企业必须建立一个适应性强的管理体系才能拥有竞争力。因此，企业应具有创新理念，根据市场竞争形势和相关方期望的变化，对各管理体系进行动态调整和整合。总之，企业管理体系的一体化不是对各个子管理体系进行简单的合并，而是以企业战略方针目标为导向的增值优化过程，实现“一加一大于二”的系统管理效果。

10.3 管理体系一体化的主要内容

各管理体系标准间存在的相同之处是进行多种管理体系一体化的基础。管理体系一体化主要包括以下几个方面的内容。

10.3.1 高层管理者的决策

企业管理体系的有效运行在很大程度上取决于管理者的决策，特别是高层管理者的战略决策。当前，钢铁企业处于动荡多变的环境中，如果在质量管理、环境管理、职业健康安全管理、能源管理和“两化融合”管理方面没有改革和创新，钢铁企业将无法适应变化的形势。企业的业绩在很大程度上依靠管理体系一体化的有效运行，不仅需要企业各管理部门间的协调和配合，更重要的是最高管理者的责任，也就是说需要有权威又有经验的高层管理者来组织协调。否则企业难于实现管理体系一体化，甚至各自为政，难于协作，不能把企业中各管理体系集中到实现统一的目标上来。企业的方针目标能否实现，不仅依靠广大员工，充分调动广大员工的积极性和创造性，更需要高层管理者的作用。德鲁克认为：“管理者是事业的最基本的、最稀有的、最昂贵的而且是最易消逝的资源……”；“管理比所有权更重要，更为优先，所有权必须存于适当的管理体制之中……”。可以这样认为：没有高层管理者在管理体系一体化过程中的领导作用，企业管理体系的一体化就不可能实现，更不能获取优良业绩。

各管理体系标准都要求企业最高管理者组织制定的方针与企业的宗旨和方向相适应，满足相关方要求，为制定目标提供框架，在企业内得到沟通和理解，并在持续适宜性方面得到评审，针对其内部相关职能和层次，建立目标并形成文件。质量、环境、职业健康安全、能源和“两化融合”的目标全是根据方针而制定的。方针是由最高管理者根据企业质量、环境、职业健康安全、能源和“两化融合”绩效正式表述的总的意图和方向；目标是依据方针规定的要实现的总体目的和具体的目标。在策划组织的质量、环境、职业健康安全、能源和“两化融合”的方针和目标时，根据组织的发展方向、服务宗旨、技术和财务能力以及风险可承受能力，综合考虑，分步实施，保证组织总体目标的实现。

10.3.2 方针和目标的协调及管理

企业在贯彻实施 GB/T 19001 质量管理体系标准时，为了实现以质量为主要对象的管理体系，首先应制定长期或年度质量方针目标，充分调动全体员工积极性，通过个体与群体的自我控制与协调，实现个人或部门目标，从而保证实现企业总体目标和绩效。

在管理体系整合和一体化制定方针时，应充分了解和认识本企业的现状，找出质量、环境、职业健康安全、能源和“两化融合”管理中存在的问题作为方针的输入。方针应逐级展开，使方针落到实处。

质量、环境、职业健康安全、能源和“两化融合”管理的方针必须转化为目标。只有质量、环境、职业健康安全、能源和“两化融合”管理各相关职能和层次的目标完成了，企业的总体质量、环境、职业健康安全、能源和“两化融合”管理目标才能得以实现；总体质量、环境、职业健康安全、能源和“两化融合”管理方针才能得以落实。目标与方针是不可分的。但是，方针与目标仍然有所区别，方针侧重于战略或宏观，而目标偏重于战术或微观。方针目标管理是自上而下的管理，两者相互补充，构成了企业经营管理的重要支柱。

管理体系一体化要求质量、环境、职业健康安全、能源和“两化融合”管理的方针目标管理也必须遵从过程方法原则和 PDCA 循环的方法。过程方法要求明确输入和输出，规定职责职权和资源支持，规定管理方法和检验方法，并根据检查结果进行处置和改进。质量、环境、职业健康安全、能源和“两化融合”管理整合的方针目标管理也必须有明确的职责与权限的分工，不然就会流于形式。首先应从最高管理者作起，因为方针管理是最高管理者实行领导的主要内容和方式。最高管理者不仅应组织制订和发布方针，而且应亲自检查方针目标进展和完成情况。目标的展开是将目标分解为子目标后再将它分配到基层去，在展开和分解时应当注意由谁来展开和分解，应当采用什么样的过程和需要什么样的资源，规定具体进度和验收方式，其实也是一个 PDCA 循环。成功的展开要求形成一个基本的架构，不仅能够保证目标的展开和分解，而且能够对目标的实现过程进行控制。例如上级和下级、部门与部门、单位和单位之间充分交换意见。将目标展开和分解的意见上下左右充分传递和交换，不仅有利于上下之间的理解和左右之间的沟通，树立整体观念和协作精神；而且也便于了解所实现目标包括有哪些过程或项目，有哪些部门或单位参加，本部门或单位有哪些参与的过程或项目，如何完成和协作。

10.3.3　文件和记录管理

管理体系的文件有手册、程序文件和作业文件。目前耐火材料企业的程序文件和作业文件基本上是以质量管理为主。为了实现节能减排和安全生产的目标，管理体系整合和一体化应将相同的或一致的要求包括在程序文件和作业文件中。另外，对文件和记录控制也进行整合，不同的管理体系不应采用不同的控制程序，或者同样的控制程序规定在不同的管理体系文件中。内容相同，文件重复是不可取的。

如果把质量、环境、职业健康安全、能源和“两化融合”管理放在一个手册中是非常复杂的，不一定合适，甚至缺乏针对性、符合性和有效性。管理手册可以分别编制；在管理体系整合和一体化比较成熟时，也可以将质量、环境、职业健康安全、能源和“两化融合”管理放在一个手册中。

程序文件、作业文件和记录控制的整合和一体化是必要的和可行的。

对管理体系共有的要素，可以编制共用的文件和记录，这样可以减少文件和记录的重复编制和提高实施效率。

记录是证实体系是否有效运行的客观证据，同时也是实施体系改进的依据。尽管各种记录不同，但一体化管理体系应统一规定记录形式和管理方式。

一体化管理有利于文件和记录管理的规范化和有效化。所有文件都必须进行统一的编制、审查、批准、发放、使用、评审、修改或作废。可以将各管理体系的文件进行一致性和统一性管理。对所有记录都必须进行统一的策划、标识、贮存、保护、检索、保留和处置，并按规定进行一致性的保持和识别与检索。

10.3.4 人员的能力和培训

传统的人力资源管理主要是对人员的进与出、升与降、奖与罚等进行管理。当代企业竞争的实质是人才的竞争，人是企业最宝贵的资源，如何充分发挥人的作用，对企业质量、环境、安全和能源管理都非常重要。企业应根据战略规划和目标，建立以人为本的人力资源管理系统，包括人力资源的开发和管理，建立适宜的质量、环境、安全和能源绩效考核和激励机制、员工培训与教育体系，提高员工的能力和意识，营造充分发挥员工能力的良好环境，保护员工合法权益，充分发挥和调动员工的潜能，提高员工满意程度，发挥人力资源的积极性和创造性，为企业质量、环境、安全和能源管理水平提高贡献力量。

按管理体系要求应分层次和分阶段进行全员培训，培训的深入程度取决于员工的素质和组织产品活动过程的复杂程度。培训效果直接影响管理体系是否正常运行。培训应主要包括法律法规、体系文件与实际操作。管理体系一体化应在质量管理培训的基础上，增加有关环境、职业健康安全、能源和“两化融合”方面的内容，除了操作技能方面的培训外，员工的质量意识、环境意识、健康安全意识、能源意识和“两化融合”的培训，对一体化管理体系的有效实施和运行具有有效的影响。

10.3.5 信息化管理的整合

管理体系一体化包括将基础自动化、生产过程控制、在线作业管理、生产计划管理和经营决策管理整合，从合同订货到产品交付全部用计算机管理。近年来，自动化技术在钢铁企业的能源系统也得到了应用，并建立了能源管理中心，利用监测技术、信息技术和计算机技术，优化能源管理，达到节能减排的目标。

企业信息化管理的核心是信息集成，建立数据采集平台，并通过信息化管理系统把企业的设计和开发、采购、生产、财务和营销、质量、环境、安全和能源等各个管理环节集成起来，共享信息资源，达到提高产品质量、降低生产成本、准时交付、降低库存、快速应变、环境保护、安全生产、节约能耗的目的，有效地支撑企业领导的决策，增强企业的市场竞争力。“两化融合”管理体系对企业的信息化管理与其他管理体系一体化管理具有重要作用。

10.3.6　配备必要的资源

管理体系一体化，需要投入一定的、相适应的必要资源才能保证体系的正常运行。例如，环境管理体系没有强制性要求组织的环境绩效要达到多高程度，但是要求企业通过管理体系运行，不断改进自身的环境绩效，满足相关方和社会的要求，这就需要组织投入相应的资金、人员和设备来不断改进其环境绩效。对职业健康安全、能源管理和“两化融合”，也是非常重要的管理体系，也需要配备必要的资源。例如，职业健康安全管理体系应给相关作业人员进行健康检查和提供劳保防护用品，也需要投入一定的资金和资源，职业健康安全管理体系才能有效运行。能源管理体系需要能源消耗和能源回收的设备设施，“两化融合”管理体系也需要必要的设施和信息资源。

10.3.7　沟通与协调管理

沟通与协调对管理体系一体化具有重要作用。著名组织管理学家巴纳德认为“沟通是把一个组织中的成员联系在一起，以实现共同目标的手段”。沟通和协调对管理体系一体化非常重要。从管理角度来讲，大量的工作都需要进行协调和沟通。沟通是指人和人之间传达思想、转移信息这样一种过程，也是员工获得企业或单位质量、环境、安全、能源和“两化融合”的要求和规定，员工通过沟通，有助于协调。沟通不好几乎是每个企业都存在的问题，企业的机构越是复杂，其沟通越是困难。没有沟通难于协调。管理体系一体化在策划、实施、监测和改进等方面均需要沟通与协调。没有沟通，就难于实现一体化管理。

10.3.8　遵循法律法规要求

建立遵循法律法规要求的一体化的内容，包括：

（1）识别和收集质量、环境、职业健康安全、能源和“两化融合”适用的法律法规。

（2）组织贯彻和执行质量、环境、职业健康安全、能源和“两化融合”适用的法律法规。

管理体系一体化有利于企业全面识别和遵守适用的法律法规要求，不仅应识别和执行质量的法律法规要求，也应识别和执行节能减排、安全生产和“两化融合”的法律法规要求，使企业和员工具有全面和完整的合规性水平。

10.3.9 内部审核和管理评审

一体化管理体系可以整合各标准化管理体系的内部审核和管理评审。

一体化管理体系审核需要培训复合型内审员。这是一体化管理体系运行的需要，在管理体系运行过程中，这些内审员将起到桥梁和指导作用。

管理评审是推动管理体系持续改进的最有效方式，通过组织的最高管理者亲自主持，对一体化管理体系运行中的问题进行分析和评审，特别是针对组织外部环境的变化，提出组织的应对策略和改进方案并组织实施，保持体系的持续适应性。

10.3.10 持续改进

持续改进也是管理体系一体化的重要内容。持续改进要求组织不断寻求对管理体系过程进行改进的机会，以实现组织的管理体系所设定的目标。改进措施可以是日常渐进的改进活动，也可以是重大的改进活动。

一般持续改进包括：

（1）定期或适时评审和调整企业管理方针和目标。包括质量、环境、职业健康安全、能源和“两化融合”管理体系的企业的管理方针目标，代表了企业的经营方向和宗旨，它要依据外界环境的变化而进行调整。定期或适时对组织的方针目标进行评审并做调整，使管理体系的运行始终向企业所期望的方向发展，为实现组织的战略目标提供体系保障。

（2）按要求进行内部管理体系审核。根据管理体系规定的周期或适当时机对管理体系运行进行充分性、符合性审核，能系统有效地发现管理体系运行中的缺陷和薄弱环节，通过对发现问题的原因分析、采取纠正和预防措施，并对纠正、预防措施的实施效果进行有效性验证，这种体系运行、问题诊断、解决问题、改进体系的 PDCA 过程方法在内审中的运用，可以有效地推动管理体系持续改进。

(3) 认真进行数据分析。任何改进都是建立在对管理体系运行的客观分析基础上的，进行客观分析的基础是体系运行的客观数据（或记录），因此，数据分析对体系的改进具有决定性影响。

企业可统一策划管理体系的运行、统一进行文件修订、统一开展综合的内部审核（内审）和管理评审，结合管理体系标准的要求考虑纠正和预防措施等，可大大提高工作效率。管理体系一体化有利于企业对不符合，进行全面的和统一的控制和管理，针对不同的不符合均采用统一规定的纠正、纠正措施、预防措施和持续改进。

10.4 管理体系一体化应注意的问题

在建立和完善市场经济过程中，质量已经成为企业竞争的核心要素，而且质量不仅仅指产品质量，还包括服务质量和工作质量。产品质量也不仅要考虑生产制造质量，更应考虑设计开发质量。因此有许多的企业在质量认证时，将设计开发作为提高核心竞争力的条件之一，建立了企业的技术中心，加强了研究开发力度，提高了满足顾客要求的能力。我国钢铁企业都是非常讲究设计开发质量的，从而赢得了顾客，赢得了市场。但是，在我国加入 WTO 后，为了提高企业在国际市场上的竞争能力，企业还需要进一步树立广义的质量观念。将质量管理与环境、职业健康安全、能源管理和“两化融合”管理相融合。企业在生产产品和提供服务时，不仅仅要考虑满足顾客的要求，同时还应考虑满足员工和社会的要求。牺牲员工利益和社会环境而生产出来的产品不是好产品，在进入国际市场时必然会遇到技术壁垒的障碍，没有竞争力。因此推进管理体系的一体化势在必行。

质量管理、环境、职业健康安全、能源和“两化融合”管理的不同点主要在于管理所关注的焦点不同。质量管理关注的是产品形成过程，并使其受控，从而生产出满足顾客要求的产品或服务；职业健康安全管理关注的是危险源，并使其受控，从而实现员工健康和生产安全；环境管理关注的是污染源（环境因素），并使其受控，从而实现对环境的保护和可持续发展；能源管理关注的是能源评审，并使能源消耗和再生受控；“两化融合”管理关注的是在信息技术不断发展的环境下，企业围绕其战略目标，将信息化作为企业的内生发展要素，夯实工业化基础，推进数据、技术、业务流程、组织结构的互动创新和持续优化，充分挖掘资源配置潜力，不断打造信息化环境下新型能力，形成可持续竞争优势，实现创新发展、智能发展和绿色发展的过程。这些目标是企业总目标的一部分，是相互关联和相互依存的。管理体系的一体化有利于企业协调发展和整体优化。目前，有一些钢铁企业开始对质量、职业健康安全、环境、能源和“两化融合”管理体系进行一体化，取得了一定成效，但也存在一些问题，主要应注意以下几个方面的问题：

（1）管理体系一体化的机遇和范围。从理论上讲应当一开始就一体化，但是难度很大。一般来说，钢铁企业虽然在建立质量管理体系后，也存在职业健康安全管理、环境管理、能源管理和“两化融合”管理，并设有节能环保、安全生产和信息化机构，但是管理机构与质量管理是分开的，而且在管理方式上，多数企业也没有按进行一体化的模式进行。现在基于管理或营销目的谋求认证，才开始按国家标准建立环境管理、职业健康安全管理、能源管理和“两化融合”管理体系。从建立方针目标开始，进行环境因素识别、危险源辨识、评价和分级以及能源评审，制定和实施管理方案，并准备应急措施，通过监视测量、分析和持续改进，使环境、职业健康安全、能源和“两化融合”管理的绩效不断提高。对多数企业来说，这是一项新的管理模式，从文件化到运行需要有个过程。从实际情况出发，先分别建立然后再一体化，比较现实。

虽然有些企业的质量管理、环境管理、职业健康安全管理、能源管理和“两化融合”体系标准从模式和结构上融合了，但是仍然有各自的管理对象，监视和测量方法也不一样，全部一体化有一定的难度。首先对质量管理、环境管理、职业健康安全管理、能源管理和“两化融合”管理五个体系的方针目标管理、管理职责、资源（包括人力资源、基础设施和工作环境）管理、文件控制、记录控制、内部审核、管理评审、不合格品、事故、事件或不符合项的控制、纠正和预防措施或应急措施的控制、内部和外部沟通、数据和信息分析等可以先进行一体化。至于有关过程策划、管理方案、实施和运行、过程控制、监视和测量等可以在五个体系有效运行后再进行一体化比较稳妥。

（2）管理体系一体化的系统优化。将质量管理体系、环境管理体系、职业健康安全管理体系、能源管理体系和“两化融合”管理体系从片面的、孤立的和重复的管理，一体化后成为协调的、互补的和综合的管理，是管理体系的增值优化过程，而不是简单的合并。一体化可以实现管理上的精干、顺畅和高效。一体化过程将涉及组织机构和职责权限的重组，减少部门和层次的障碍，优化管理程序和统一管理方法，减少文件的种类和数量，有利于沟通与协调，使方针目标管理贯穿和融合于各管理体系中。一体化后，企业不仅以顾客为关注焦点，同时考虑所有相关方的利益，以人为本，在生产或服务提供过程中，实现废品为零、人身事故为零、设备事故为零、无污染、无公害和节能减排，实行生产和管理信息化，向顾客和社会提供一流的产品和服务。

管理体系一体化有利于企业对质量、环境、职业健康安全、能源和“两化融合”管理体系进行规范性或一致性的内部审核和管理评审，在审核和评审过程中既关心质量，也关心节能减排、安全生产和“两化融合”。

目前有一些企业的各管理体系仍然独立运作，尽管在某些方面有一定的一体化过程，但仍然没有兼顾和包容，未纳入管理体系一体化的管理，不能适应建立现代企业制度和加强管理的要求。对现有管理体系进行一体化，将企业各项管理全面纳入体系范畴，统筹兼顾，合理规划，认真实施，规范运行，通过检查、改进和评审等措施，持续改进企业管理方式和方法，能够发挥企业管理和管理体系的实力，对企业现代化管理将起到积极的促进作用。

（3）管理体系一体化的必要条件。无论是大型企业或小型企业，无论是国营企业或民营企业，以及从事何种活动、产品和服务的企业，都应根据其任务、需要和特点建立一体化的管理体系。按标准要求建立一体化管理体系实际上是企业进行质量管理、环境管理、职业健康安全管理、能源管理和“两化融合”管理，提高产品质量、改善环境、保证安全、节约能源和实现信息化与工业化融合，达到可持续发展的运行机制。一体化管理体系虽然不只是独立的管理体系，但也不能取代现行有效的管理体系。建立一体化体系仍然是按标准要求来调整机构、明确职责、制定目标、加强控制，使各标准化管理体系与全面管理体系融合为一个有机的整体。

目前，有些钢铁企业正在或已经进行三个（或更多）管理体系的认证，也取得了一定的成效。但是，一体化存在一些问题。主要是受政府职能分割和行政干预的影响，使某些企业的管理体系整合变成了“貌合神离”“同床异梦”。机构没有精简、文件没有减少、过程没有优化、认证没有统一，反而增加了工作量。如果政府机构干预过多，甚至插手认证，而且企业又不能在同一个认证机构进行认证，管理体系的一体化是很难实现的。为了管理或经营的需要，企业在完成质量管理体系认证后，积极对环境、职业健康安全、能源和“两化融合”管理进行策划，建立、实施和保持符合标准要求的管理体系，并取得认证是必要的。而一体化的工作应视企业的内部和外部环境，切忌盲目的或形式主义的，否则就有悖于整合的宗旨。

参考文献

[1] 薛正良．钢铁冶金概论[M]．北京：冶金工业出版社，2009.
[2] 德国钢铁学会．钢铁生产概览[M]．北京：冶金工业出版社，2011.
[3] 殷瑞钰．钢的质量现代进展[M]．北京：冶金工业出版社，1995.
[4] 杨吉春，等．钢铁冶金600问[M]．北京：化学工业出版社，2008.
[5] 陈林，等．轧钢生产问答[M]．北京：化学工业出版社，2008.
[6] 时彦林，李鹏飞．冶炼设备维护与检修[M]．北京：冶金工业出版社，2008.
[7] 袁建路，马宝振．轧钢设备维护与检修[M]．北京：冶金工业出版社，2010.
[8] 日本鉄鋼協会．日本鉄鋼における分析技術[R]．社团法人　日本鉄鋼協会，1982.
[9] 朱学仪．钢材检验手册[M]．北京：中国标准出版社，2009.
[10] 那宝魁．解读质量管理[M]．北京：冶金工业出版社，2008.
[11] 那宝魁．"绿色钢铁"和环境管理[M]．北京：冶金工业出版社，2009.
[12] 王社斌，许并社．钢铁生产节能减排技术[M]．北京：化学工业出版社，2009.
[13] 那宝魁．钢铁企业安全生产管理[M]．2版．北京：冶金工业出版社，2013.
[14] 漆永新．冶金企业管理信息化技术[M]．北京：冶金工业出版社，2008.
[15] 吴胜武，沈斌．信息化与工业化融合[M]．杭州：浙江大学出版社，2010.
[16] 国家标准化管理委员会．企业标准体系实施指南[M]．北京：中国标准出版社，2003.
[17] 那宝魁，管炳春．钢铁企业内审员手册[M]．北京：中国标准出版社，2012.
[18] 陈志田．管理体系一体化总论[M]．北京：中国计量出版社，2002.